KB042769

渡來人의 考古學과 歷史

1,400년간 (c. 800 BC~AD 600)

한반도에서 일본열도로 이동한 사람들, 기술, 그리고 문화

이송래

멜빈 에이켄스

지나 반즈

김경택 옮김

渡來人의 考古學과 歷史

1,400년간 (c. 800 BC~AD 600)

한반도에서 일본열도로 이동한 사람들, 기술, 그리고 문화

이송래

멜빈 에이켄스

지나 반즈

김경택 옮김

주류성

Archaeology and History of Toraijin

by Song-nai Rhee, C. Melvin Aikens
with Gina L. Barnes

* 본서의 번역 출판은 재단법인 한양문화재연구원(원장 강병학)의 재정 지원으로 이루어졌습니다.

『도래인의 고고학과 역사(*Archaeology and History of Toraijin*)』 한국어판을 내면서

Song-nai Rhee(李松來)·
C. Melvin Aikens with Gina L. Barnes

한반도와 일본열도는 지리적으로 비교적 서로 가깝고, 5~6천 년 전 선사시대부터, 양 지역 주민들은 서로 우호적으로 접촉과 교류를 해왔다. 그런데 약 430년 전 일본이 한반도를 무력으로 침범하면서, 양측의 관계는 꼬이기 시작됐다.

임진왜란과 정유재란(1592~97)으로, 일본은 한국의 적국이 되었고, 20세기 제국주의 일본의 한반도 침탈은 일본에 대한 한국인의 적개심을 증폭시켰으며, 결국 일본이라는 나라는 한국인에게 "가깝고도 먼 나라"가 되어버렸다.

일제강점기 중 일본은 한반도의 식민지화와 지배를 정당화하기 위해서, "임나일본부설(任那日本府說)"과 "남선경영론(南鮮經營論)"을 주장했다. 현재도 많은 일본인은 이런 주장을 사실로 믿고 있다.

이러한 주장의 영향을 받은 조지 샌섬(George Sansom 1958: 16-17), 에드윈 라이샤워(Edwin Reischauer 1964: 14), 존 홀(John Hall 1970: 37-43) 등 영향력 있는 구미의 日本史 연구자들 역시 자신의 저서 및 논고에서 고대 일본의 "임나일본부설" 과 "남선경영론" 을 반복했다.

이와 정반대로, 東京大學 江上波夫(에가미 나미오)(1967) 교수와 컬럼비아 대학(Columbia University) 레드야드(Ledyard: 1975) 교수 등은 서기 300년경 한반도 남부에 자리잡고 있던 기마민족이 北九州에 上陸한 후, 지역의 토착 엘리트와 연합했고, 100년 후 서기 400년경 北東進하여 近機(긴키)를 정복하고 大和國(야마토)(일본최초의 국가)을 設立했다는 소위 기마민족설(騎馬民族說) 또는 기마민족 일본열도 정복설(騎馬民族日本列島征服說)을 주장했다.

그러나 근래 한반도와 일본열도에서 발굴조사된 고고학 자료와 戰後 再審査를 받아온 고대 일본 사료들은 이러한 論說을 전혀 허용하지 않는다. 대신 고대 일본열도는 1400여 년이라는 장기간에 걸쳐 한반도에서 일본열도로 ***平和的으로*** 이주한 도래인들의 문화와 기술에 압도적으로 "석권"되었으며, 일본열도에 ***貴賓으로*** 정착한 도래인은 열도의 지도자가 되었고, 열도사회와 문화 발전에 선구자적 역할을 수행했다는 사실을 알려준다. 우리는 이 역사적 사실을 다음의 다섯 가지 테마로 설명한다.

첫째, 우리는 인류사회는 기술(technology) 발달을 기반으로 경제적·군사적·정치적으로 발전했음을 대전제로 인식하고 있다. 일본열도의 경우, 수렵과 채집으로 12,000년 이상 생계(subsistence)를 유지해 왔던 원시[先土器·繩文(죠몽)] 사회가 수도작 농경 기반의 彌生(야요이) 사회로 발전했고, 야요이시대 중기에는 계급화/계층화(ranked/stratified)가 이루어진 족장사회(chiefdom society)로 발전했고, 古墳(고훈) 시대 중기 초 국가 수준 사회(state level society)로 발전했다. 그런데 이러한 일본열도의 사회 발전 과정에서 절대적으로 필요했던 새로운 기술(technology)은 한반도에서 일본열도로 이주한 도래인(渡來人)이 전파/이식(傳播/移植)했다.

둘째, 위신재, 석기, 도토기(陶土器), 동검, 동경, 철부, 철도, 철 소재 등을 포함한 모든 물품은 교역과 교역 체계(trade system)을 통해 A지역에서 B지역으로 전파될 수 있지만(高田貫太 2014 참조), 선사시대와 고대의 경우 복잡한 물품 제작 기술과 고도 첨단기술(Hi-tech technology)은 주로 기술 소유자의 이동/이주(movement/migration)를 통해 전파/이식(diffusion/transplanting)되었다고 이해된다.

이를 인지한 學習院大學 末松(스에마츠) 교수는 일찍이 임나일본부를 통해 大和(야마토) 정권 엘리트들이 한반도의 기술자들을 확보했다는 의미에서 임나일본부설(任那日本府說)을 주장한 바 있고, 京都大學 樋口(히구치) 교수 역시 古墳시대 大和(야마토) 세력이 한반도의 기술을 취하기 위해 한반도 남부를 군사적으로 침략하고 기술자들을 포로로 데려갔음을 시사했다. 정유재란 중 왜군들의 노략질과 도공 납치 행위 등이 이런 주장의 배경이 되었을 것이다. 그러나, 이미 지적한 대로, 고고학 자료와 戰後 再審査를 받아온 고대 일본사료들은 末松과 樋口의 가설을 허용하지 않는다. 古墳時代 일본의 王都였던 奈良(나라) 남부의 南鄕(난고)에서 하이테크 기술자였던 도래 철기제작 기술자들은 포로 신세가 아닌 엘리트로 대우받으며 활약했다. 이러한 고고학 증거는 末松과 樋口의 가설을 전적으로 부정한다.

지금까지 확인된 고고학 자료는 日本列島의 야요이시대 농경사회는 수전 농경기술을 지닌 한반도 남부 송국리형 농경문화 주민 집단이 북구주(北九州) 연안지역으로 이동/이주하면서 성립되었고, 야요이시대 중기 족장사회를 출현시킨 청동기문화와 청동기 제작기술은 호남지방에서 佐賀(사가)平野의 吉野ヶ里(요시노가리) 지역으로 이주한 마한 청동기 기술자들이 전파/이식했다. 이 청동기문화를 소유한 마한인들이 검·경·곡옥(劍·鏡·曲玉)을 일본열도로 전파/이식했는데, 마한사회에서 위신재로 사용된 이 세 가지 보물이 일본 국왕의 상징인 〈三種의 神器〉가 되었음이 도래인의 고고 자료에서 확인되었다.

뿐만 아니라 古墳時代 전기 사회를 동시대 중기 및 후기에 역동적인(dynamic) 국가 수준 사회로 발전시킨 철 생산, 고급 철기 제작기술, 須恵器(스에키) 제작기술, 수리(水利)·토목(土木)·건축(建築) 기술, 말사육[馬飼育]·승마법(乘馬法) 등은 가야·백제·마한 지역에서 이주한 도래인들이 전파 또는 이식했음 역시 확인되었다. 무엇보다도 제철기술과 원두정결합기법(圓頭釘結合

技法 riveting technology)를 포함한 고급 철기 제작기술은 古墳時代 사회 발전에 절대적으로 중요한 역할을 담당했다.

일본과 구미의 많은 동양사 교과서(Sansom 1958: 14-18; Reischauer 1964: 16-19 등)는 일본문화는 중국의 영향을 받아 발달했다고 서술해 왔는데, 이러한 시각은 심각한 오류(誤謬)이다. 서기전 9~8세기부터 서기 600년까지, 중국이 일본열도에 미친 직접적인 학문적·기술적 영향은 全無했다. 서기 1~3세기경, 한반도 서북부에 있었던 낙랑(樂浪)과 대방(帶方)이란 中國貿易區域을 통해 청동거울[靑銅鏡]을 비롯한 중국 물건이 열도로 수입되었고, 5세기 "倭五王"이 중국의 晋, 宋, 齊에게 조공을 했다는 기록은 있으나, 당시 중국학자들과 기술자들이 일본열도로 이주했다는 고고학 및 문헌 증거는 전무하다.

특히, 서기 220년경 漢의 멸망 후 혼란했던 三國時代가 시작되고, 314년경 낙랑과 대방이 축소 및 축출되면서 倭國과 중국과의 교류 및 교역 루트 역시 완전히 중단되고 소멸되었다.

따라서 九州大學 岡崎敬(오카자키 타카시) 교수(Okazaki 1993: 308-309)의 지적대로, 거의 300년간(AD 314~600) 일본열도의 엘리트들은 한반도의 기술에 절대적으로 의존할 수밖에 없었음은 매우 중요한 역사적 사실이다. 당시 하이테크 기술을 확보해야 했던 열도의 엘리트들은 기술자를 포함한 가야, 후기 마한, 백제로부터의 도래인들을 귀빈으로 환영했다.

서기 600년경 처음으로 大和(야마토) 정부가 중국 문화를 수입할 목적으로 중국 수(隋) 조정에 문화사절단을 파견했는데, 사절단원의 대다수는 奈良에 정착한 도래인들이었다는 놀라운 사실은 당시 상황을 잘 보여준다. 즉, 고대 일본의 中國化 역시 도래인들이 주도했다.

셋째, 도래인의 정체성에 대한 고고학적 설명이다. 저자들은 서기전 800년경부터 서기 600년까지 약 1400년 동안 일본열도로 이동/이주한 도래인

(渡來人)의 대부분은 한반도 중부, 서남부, 남해안 출신의 한반도 주민들이었다는 사실을 강조했다.

上田(우에다), 森(모리), 井上(이노우에), 山尾(야마오), 白井(시라이), 片崗(가타오카), 吉井(요시이), 龜田(카메다) 교수와 白石(시라이시) 관장 등 일부 일본 학자는 이를 인정해 왔지만, 대부분의 일본 학자를 포함한 일본 학계는 도래인이 중국 출신이라고 말해 왔고, 구미 학계는 일본 학계의 주류 의견을 그대로 수용해 왔다. 일례로, 최근 12명의 일본 학자들은 「Population Dynamics in the Japanese Archipelago since the Pleistocene Revealed by the Complete Mitochondrial Genome Sequences」(*Scientific Reports* 2021(11): 12018)란 연구에서 현대 일본인의 기원을 논의한 바 있다. 이들은 야요이시대 초 한반도에서 건너온 이주민들에 의해 농경 경제가 등장하고 발전하면서 일본열도의 인구가 급속도로 증가했음을 인정하면서도 이주민은 "대륙에서 온 사람들"이라 주장했다. 같은 맥락에서 16명의 서양과 일본 학자가 함께 발표한 「Ancient Genomics Reveals Tripartite Origins of Japanese Population」(Science Advances 2021(7): 1-15)이란 연구는 渡來人이 일본 古墳時代 인구 구성의 주요 요소 중 하나였음을 과학적으로 입증하면서, 이 현상을 "influx of East Asian ancestry(동아시아 선조들의 쇄도)"라 애매하게 표현했다. 이는 왜곡된 표현은 아니지만, 독자들에게 혼동을 줄 여지는 충분하다.

실제로 일본 주류 학계는 '도래인=한반도 주민'이란 사실을 부정하고, 극히 일부 학자를 제외한 대부분의 학자는 "대륙에서" 또는 "동아시아에서 이주한"이라는 애매한 표현으로 고고학적·역사적 자료에 기반한 사실을 은폐하는 경향이 있어 필자들은 본서에서 도래인은 한반도 주민이었음을 강조했다.

이미 지적했듯이 일본열도와 중국 대륙과의 문화/기술 교류가 全無했던 일본 古墳時代 국가형성기(c. AD 300~600)에 한반도 남부에서 이주한 도래인이 일본 고대국가 형성에 절대적인 기여를 했음을 다시 한번 강조했다. 또 이 역동적인 古墳時代 사회발전 과정에서, 특히 백제 왕족들과 백제 귀족 출신으로 알려진 木滿致(일본명: 蘇我滿智(소가만치))와 그 後孫이 大和(야마토) 정부의 최고 지도자로서 실질적이고 절대적인 역할을 수행했음을 밝혔다.

『續日本紀』에 따르면, 서기 8세기, 日本王族과 日本 最古 엘리트의 고장이었든 奈良(나라) 南部 人口의 80~90%가 한반도에서 열도로 이주한 도래인과 그 자손들이었다. 이는 고대 일본 사회의 발전에서 도래인의 역할이 절대적으로 중요했음을 말해 주며, 또 도래인들이 많은 현대 日本人의 祖上이 되었음을 시사해 준다.

넷째, 우리는 선사 및 고대 한반도 주민의 일본열도로의 이주를 "밀고-당기기 역학(push-pull dynamics)" 으로 설명한다. 데이비스 앤소니(David Anthony 1990: 899)는 "일반적으로 이주는 특정 지역에 부정적 스트레스(push)가 존재하고, 이주 대상 지역에 긍정적 매력(pull)이 있을 때 가장 발생하기 쉽다"고 말한다.

부정적 스트레스(push)는 경제적·환경적(기후 변화, 경작지 부족) 또는 사회적·정치적(인구압, 내적 갈등, 내전, 침략, 전쟁)일 수 있다. 긍정적 매력(pull) 역시 환경적·경제적(경작 가능한 비옥한 땅, 더 나은 기후, 더 많은 물질 자원, 더 나은 삶의 기회) 또는 사회적·정치적(전쟁/사회 분쟁의 부재, 자신들의 삶에 외지인이 큰 도움이 되리라고 생각하며 환영해 주는 원주민들)인 것일 수도 있다. 여기에 친족 여부와 무관하게 기존 이주민의 존재는 긍정적 매력(pull) 요소로 작용한다.

이주는 생존과 삶의 개선을 위한 인간의 적응 전략에서 필수적이고 합리적인 과정으로 어디로, 언제, 어떻게 라는 질문에 대한 결정이 이루어진다. 목적지에 대한 정보가 수집되고, 네트워크가 구축되며, 실행 계획이 개발된다. 이주에 관한 기존의 연구에 따르면, 다양한 이주의 구조는 파동보다는 흐름에 가깝다.

서기전 800년경에 시작된 한반도 주민의 日本列島로의 이동은 밀고-당기기 역학 속에서 1400년간 계속 흐르는 강물과 같이 진행되었다. 한반도 내의 인구증가, 기후 변화, 외부로부터의 침입, 반도 내 국가들 간의 전쟁 등이 한반도 주민들을 밖으로 밀어내는 push 역할을 했고, 열도의 온화한 기후, 농경에 적합한 토지, 한반도의 발달된 문화와 하이테크(Hi-tech) 기술을 갈망하는 열도 내 엘리트들이 당기는 pull 역할을 했다.

다섯째, 도래인(渡來人)들과 토착 열도인(土着列島人)들은 서로 적대적(敵對的)이지 않았고, 협력하면서 열도사회를 발전시켜 나갔음을 강조했다. 즉, 도래인의 평화적 이동/이주(移動/移住)를 강조하면서 江上(에가미)와 레드야드(Ledyard) 교수 등이 주장한 기마민족설(騎馬民族說) 또는 기마민족일본열도정복설(騎馬民族日本列島征服說)을 비판하고 부정했다.

본서는 이 다섯 가지 테마를 강조하면서 도래인의 역사적·사회적·문화적 배경과 한반도 주민이 왜 고향을 떠나 일본열도로 가야 했던 사정과 고대 일본의 원시사회가 국가사회로 발전하는 데 어떤 공헌을 했는지를 고고자료와 고대 사료를 중심으로 설명했다.

궁극적으로 우리의 이 도래인 연구가 한국인과 일본인은 서로 상반된 차이점보다는 공통점이 훨씬 많음을 이해하고, 이를 통해 우호적인 관계를 구축하고, 더 나아가 잔혹했던 일본의 과거 침략(1592~98)과 강제적이고, 가혹했던 20세기 일제강점기로 잃어버린 우애(Farris 1996: 1-2) 회복에 기여할 수 있기를 희망한다.

마지막으로 이 책을 한국어로 번역해 주신 한국전통문화대학교 융합고고학과 김경택 교수에게 손모아 깊이 감사드린다. 또한, 이 책의 한국어 출판을 적극적으로 맡아 주신 주류성 출판사 대표 최병식 박사님께 깊이 감사드린다.

목차

제2장 /

청동기/제작기술을 전파한 彌生(야요이) 중기의 도래인 (c. 350 BC~AD 50)

제3장 /

야요이 고훈

철기/철공 기술과 유리 제작 기술을 전파한 彌生 후기/古墳 전기의 도래인

제4장 /

고훈

古墳時代 중·후기의 도래인: "최근 도착한 숙련된 장인들(今來才技)"

제5장 /

"최근 도착한 숙련된 장인(今來才技)들"의 古墳 중기·후기 사회에의 공헌

<도면/표 목록>

<지도 목록>

[일러두기]

아시아 단어의 로마자 표기

수십 년 동안 세계의 작가들은 한국어 단어의 로마자 표기에 매큔-라이샤워 시스템[McCune-Reischauer (M-R) system]을 사용해 왔다. 불행하게도 매큔-라이샤워 시스템에 익숙하지 않은 대부분의 독자들은 한국어 단어, 특히 인명과 지명들을 혼동하거나 틀리게 이해해 왔다. 지난 2000년 한국 정부는 개정된 한글 로마자 표기법(R-R)을 공식적으로 채택했고, 이후 개정 로마자 표기법(R-R)은 매큔-라이샤워 시스템 (M-R) 대신 기본 한글 로마자 표기법으로 사용되고 있다.

이 책에서는 M-R 시스템(발음 구별 부호 사용 안함)과 R-R 시스템을 모두 사용한다: 전자는 고구려, 백제, 가야, 부산, 대구, 평양, 경주, 김해, 인천, 김, 이, 리, 박 등과 같은 서양 문헌에 이미 잘 알려진 일부 한국 인명과 지명의 경우에 적용되고, 후자는 덜 널리 알려진 인명과 지명, 그리고 모든 일반 한글 단어들에 적용된다. 일부 경우, 한국 저자 이름은 저자 자신이 선호하는 로마자로 표기한다. 중국어 단어는 1989년 이전의 웨이드-자일스 표기법(Wade-Giles system) 시스템을 대체한 한어 병음 표기법(Pinyin system)에 따라 로마자 표기한다. 일본어 단어의 로마자 표기는 일반적으로 장음 기호 없이 수정된 햅번식 로마자 표기법(modified Hepburn system)을 따른다.

*** 아시아 인명(Asian names)**

아시아 고유명사 전체를 인용할 경우, 아시아 관행에 따라 성(姓)이 이름에 선행한다. 이를 명확하게 하기 위해 성(姓)들은 작은 대문자로 표기한다(예: KIM Won-yong 및 KADOWAKI Teiji)[1].

*** 번역된 구절(Translated passages)**

본서에 인용된 『일본서기(日本書紀)』의 영어 번역은 W. G. Aston의 *Nihongi*(Tuttle 1972), 『삼국사기(三國史記)』와 『삼국유사(三國遺事)』는 이병도(1972, 1977) 버전과 Jonathan Best(2006)를 따랐으며, 다른 모든 번역은 필자들 스스로 수행했다.

1) 번역서에서는 적용되지 않는 사안임(역자주)

[감사의 말]

많은 한국과 일본의 고고학·역사학 전문가들이 본서의 완성을 도와주었다. 한국과 일본을 방문해서 우리 연구를 도와줄 연구자와 학자들을 만나 이야기를 듣고 대화했다. 그들과의 토론, 고고학 현장 안내 및 견학, 그리고 출판된 연구 자료는 본서의 기초가 되었다.

배기동, 백승옥, 최성락, 최완규, 곽장근, 홍보식, 전영래, 김구군, 김경택, 김장석, 김성구, 김승옥, 이재현, 이성주, 박중환, 신경철, 송의정, 윤덕향 (이상 한국), 平郡達哉(히라코리 타츠야), 廣瀨雄一(히로세 유이치), 石野博信(이시노 히로노부), 木之下涉(키노시타 와타루), 小浜成(코하마 세이), 小山田宏一(코야마다 코이치), 松本一夫(마츠모토 카즈오), 西谷正(니시타니 타다시), 田中俊明(타나카 토시아키), 富岡直人(토모이카 나오토), 吉井秀夫(요시이 히데) (이상 일본) 등 여러분께 감사드린다.

우리 연구를 지원하고 도와준 많은 박물관과 연구 기관 소속 연구원들께도 깊이 감사드린다: 백제문화연구소, 복천박물관, 국립부여박물관, 국립부여문화재연구소, 국립공주박물관, 대성동 고분박물관, 함안박물관, 국립김해박물관, 국립경주박물관, 국립나주박물관, 국립광주박물관, 국립중앙박물관, 현 국립서울문화재연구소 풍납토성조사단, 부산대 박물관, 서울대 박물관, 영남대 박물관 (이상 한국); 前原市(마에바라) 伊都国歴史博物館(이토코쿠)(九州), 吉野ヶ里(요시노가리)歴史公園センター(센타)(九州), 橿原(가시하라)考古学研究所附属博物館, 奈良(나라)文化財研究所(奈文研), 岡山(오카야마)県古代吉備(키비)文化財センター(센타), 大阪(오사카)府立近つ飛鳥(아스카)博物館, 大阪(오사카)府立彌生(야요이)文化博物館, 滋賀(시가)県立安土(아즈치)城考古博物館 (이상 일본).

특히 본서의 집필과 완성에 절대적인 도움을 주신 몇 분의 학자와 일선의 연구자들께 진심에서 우러난 감사를 표하고 싶다. 서울대 명예교수 최몽룡

교수는 최신 출판물과 사적 대화를 통해 선사 및 고대 한국 관련 최신 고고학적 발견과 학술적 논의를 거의 정기적으로 업데이트해 주셨다. 특히 한반도의 무문토기시대는 물론 마한과 백제 시기 고고학에 대한 그의 방대한 지식은 본서의 집필에 귀중한 자산이었다.

송국리 유형 문화 전문가인 전북대 박물관 이종철 박사는 서기전 1천년기에 송국리 유형 문화를 지니고 일본열도에 도착한 최초의 도래인(渡來人)에 대한 통찰력으로 우리를 깨우쳐 주었다. 그뿐 아니라 그는 친절하게도 본서에 수록된 여러 도면의 준비를 도와주었다.

일본열도와 한반도와의 학문적 가교 역할을 해준 일본 奈良의 庄田愼矢(쇼다 신야)는 자신의 시간과 지식, 그리고 본서의 주요 토픽 중 하나인 한반도의 청동기시대와 일본열도의 彌生時代 고고학에 대한 자신의 통찰력을 공유해 주었다. 특히 출판된 연구성과와 그와의 온라인(online) 대화는 彌生時代 편년을 포함한 많은 쟁점들을 명확하게 해 주었다.

저명한 古墳時代 도래인(渡來人) 고고학 권위자인 일본 岡山(오카야마)의 龜田修一(카메다 슈이치)교수는 도래인의 역사와 도래인의 古墳 사회에의 공헌, 특히 일본열도의 철 산업 발전에의 공헌에 대한 자신의 연구 결과를 아낌없이 제공해 주었다. 특히 그가 岡山에서 우리에게 할애해 준 시간과 직원이 제공해 준 현장 답사 가이드에 깊이 감사드린다.

마지막으로, 도서관 간 대출(interlibrary loan)과 전자 접속 시스템(electronic access system)을 통해 우리 연구에 필수적인 세계 각지에서 출판된 모노그래프(monograph)와 정기 학술지 논문 입수에 관대하고 효율적인 서비스를 제공해 준 오레곤주립대학교(University of Oregon) 나이트 도서관(Knight Library)에 감사를 표하고 싶다. 본서를 마치는데 지원을 아끼지 않은 아시아·태평양 연구센터(Center for the Asian and Pacific Studies)의 Jeffrey Hanes, Maria Epstein, 그리고 Holly Lakey에게도 감사드린다.

[서문(Preface)]

현재도 진행 중인 한일 관계 토론에서 2000년과 2001년 두 가지 특별한 사건이 목격되었다. 지난 2000년 저명한 일본 역사학자 井上滿郎(이노우에 미츠오)(2000: 16-18)는 "도래인이 없었다면 일본사는 200년 지체되었을 것"이라는 매우 자극적 내용의 논문을 통해 일본사에서 도래인의 특별한 위치를 강조했다. 바로 다음해인 2001년 일왕(日王) 明仁(아키히토)은 "한국에서 일본으로 이주 또는 초청된 사람들은 문화와 기술을 소개했다... 이러한 문화와 기술이 일본인들의 열정과 한국인들의 우호적인 태도를 통해 일본에 전해짐은 참으로 다행스러운 일이었다. 또 이 문화와 기술은 이후 일본의 발전에 크게 기여했다고 믿는다"고 공개적으로 말했다(宮內庁 2001; French 2002).

일본 사람들과 문화가 한반도의 초기 사회들에 진 빚에 놀라지 않고 일본열도의 사회 발전을 검토할 수 없음은 사실이다. 서기전 1천년기 초 한반도로부터의 도작 농민의 이주는 대륙과 일본열도 사이의 3가지 중요한 기술 전파 물결 중 첫 번째였다. 두 번째 물결은 서기전 4세기경 열도에 청동기와 철기 제작기술을 들여왔고, 세 번째 물결은 서기 5~6세기경 열도에 유교와 불교는 물론 엘리트 기술자와 행정 기술을 전해주었다.

1970년대까지 도래인(주로 한반도에서 일본열도로의 이주민)에 대한 정보는 『古事記』(712년 편찬), 『日本書紀』(720년), 『續日本紀』(797년), 『新撰姓氏録』(815년) 등 도래인 관련 실제 사건들보다 한참 나중에 편찬된 몇몇 고대 사료들에 주로 기반했다.

그러나 일본열도 전역에서 수행된 대규모 구제고고학 발굴 덕분에 1980년대 초부터 유례없는 양의 고고학 자료가 수집되고 분석되면서 도래인의 기원, 취락, 생활, 초기 일본 사회와 초기 일본 문명에의 기여 등 도래인과 관련된 많은 부분이 밝혀지게 되었다. 마찬가지로, 지난 40년 동안 남한에서 이루어진 발굴 역시 도래인의 역사적·사회문화적 배경과 관련된 많은 정보를 제공해 주었다.

이러한 정보의 해석, 즉 한반도의 주민들이 어디에서, 언제, 왜 이주했고, 또 이주민과 그 후손들이 일본열도의 주민 구조와 물질 문화를 어떻게 변하게 했는지를 입증하는 것이 본서의 과제이다. 이러한 기술 이전과 주민 이동의 물결은 선사시대에 드물지 않으며, 영국제도의 역사는 그 좋은 사례로 인식된다. 한반도의 주민들 역시 중국 본토, 스텝 지역, 그리고 동북아시아로부터 파생된 물결의 영향을 받았다.

그러나 이러한 입장이 당시와 지금 한국과 일본에 고유문화(unique culture)가 없었음을 의미하지는 않는다. 철새의 휴지 기간은 반도/섬에 토착화된 새로운 형태의 물질 조성과 사회적 행동의 자율적 개화를 가능하게 했다. 본서에서 다루는 시간대는 서양 문화가 탐욕스럽게 수용되고 소비되던 일본의 明治時代(메이지)(1868~1912)와 비견될 수 있다. 오늘날 일본의 외형이 노골적으로 서구적이라고 해서 고유한 일본 문화가 없다고 말할 수 있는 사람은 없다. 따라서 본서는 일본 문화의 폄하(貶下)가 아닌 일본 역사의 일부 뿌리와 요소의 설명을 시도했다.

4C~5C 한반도의 호전적 집단에 의한 열도의 정복과 지배를 말하는 일본 내외의 사람들(江上波夫, Ledyard, Covell and Covell, 홍원탁)이 있다. 한편 초기 일본은 침략을 통해 한국의 선진 문화와 기술을 획득하여 사회 발전을 이룩했다는 한 무리의 사람들(末松保和와 추종자들)은 주로 일본인들이다. 사실 반도와 열도 사이의 초기 관계사는 이보다 훨씬 미묘하고, 복잡하고, 가변적이며, 국가의 지원을 받은 대규모 군사적 침략의 증거는 양측 모두에서 확인된 바 없다.

이러한 관계들을 풀어내는 작업은 매우 흥미로우며, 매년 새로운 발굴과 분석은 이전보다 더 깊이 파고들 수 있게 해준다. 도래인 이야기는 일본의 시작이란 미스터리들이 담긴 상자를 여는 중요한 열쇠이다.

서론

Ⅰ. 주제의 중요성: 渡來人

'바다를 건너온 사람들'이란 의미를 지닌 용어인 도래인은 민족-문화적인 동시에 역사적 뉘앙스를 지닌다. 도래인이란 표현은 동아시아의 다른 나라들보다 일본에서 훨씬 많이 사용된다. 중국과 한국에서는 거의 언급되지 않으며, 설명을 듣기 전까지 한중(韓中)의 일반 대중들은 그 의미를 이해하지 못할 것이다. 일본에서는 주로 서기전 800년부터 서기 600년에 이르는 두 천년기 동안 한반도에서 열도로 이주해 온 사람들을 지칭할 때 도래인이란 표현을 사용한다.

이처럼 민족-문화적으로 도출된 인지적 차이의 맥락에서 京都文化博物館은 1989년 1주년 기념 행사의 일환으로 『海を渡つて來た人と文化(바다를 건너온 사람과 문화)』라는 눈길을 끄는 제목의 사진을 많이 담은 멋진 책을 발간했다. 이 책의 주 초점은 "바다를 건너(渡) 열도로 온(來) 사람(人)인 渡來人과 그들의 일본 사회에 대한 문화적·기술적·이념적·인구학적 기여"였다.

이 책은 同志社大學 森浩一(모리 코이치), 九州大學 西谷正 (이상 고고학), 京都大學 上田正昭(우에다 마사아키), 京都府立大學 門脇禎二(카도와키 테이지), 京都産業大学 井上滿郎(이노우에 미츠오) (이상 일본 고대사) 교수 등을 포함한 일본의 저명한 고고학자와 역사학자의 특강 시리즈를 바탕으로 했다.

일본 고대사학계와 고고학계 최정상에 있는 이 다섯 학자는 도래인에 대한 논의 없이는 제대로 된 일본사 집필이 불가능할 만큼 도래인 현상은 중요했다고 굳게 믿는다.

일본 고대 기록에 따르면, 도래인은 다양한 종류의 선진 기술과 함께 집단을 이루어 여러 시기에 걸쳐 열도로 온 대륙 사람들로 오랫동안 일본인들의 상상력을 자극해 왔다(中村直勝 1915; 菅野和太郎 1932; 丸山二郎 1934). 초기의 관심은 제2차 세계대전 이후 일본 학계의 진지한 학술 조사를 이끌었다(竹内理三 1948; 関晃 1956; 志田諄一 1959; 上田正昭 1965; 江上波夫 1967; 今井啓一 1969; 門脇禎二 1973; 山尾幸久 1977; 中村新太郎 1981). 1960년대까지 고대의 외국인들은 귀화인(歸化人[키카진])으로 묘사되었다. 그러나 1970년대 초 귀화인은 도래인이란 용어로 대체되는데, 이는 열도에 온 외국인이 모두 귀화한 것은 아니었기 때문이다(上田正昭 1991: 45-80).

1980년대 초부터 일본 전역에서 이루어진 전례없는 대규모 고고학 조사는 도래인의 성격을 구명하기 시작했고, 이는 일본의 형성기 동안 중요한 역할을 수행한 도래인에 대한 고고학적 연구서의 출간을 촉발했다(京都文化博物館 1989; 大阪府立彌生文化博物館 1999, 2004; 滋賀県立安土城考古博物館 2001; 大阪府立近つ飛鳥博物館 2004). 또 亀田修一[카메다 슈이치](1997, 2000, 2003a, 2003b, 2003b, 2004b, 2004c, 2005, 2010, 2011, 2012, 2016)와 다른 학자들(岩永省三 1991; 片岡宏二 1999, 2006; 七田忠昭 2005, 2007a, 2017b; 佐賀県教育委員会 2008; 端野晋平 2014; 宮本一夫 2017)은 도래인 고고학에 매우 의미 있는 기여를 해 왔다.

좀더 일찍 도착했던 개인들이 있었을 수 있지만(Bausch 2017), 열도에서 도래인의 첫 번째 중요한 파도는 서기전 1천년기 초에 처음 등장했음을 고고학적 발견들은 말해 왔다. 그들은 선사시대 일본의 수렵-어로-채집 사회가 식량을 생산하는 彌生[야요이] 농경사회로 변화하고 彌生[야요이]사회가 청동기와 철기 기술을 익히도록 도움을 주었다. 그후 도래인들은 5세기 일본이 그때까지 알려지지 않았던 새로운 문화와 기술로 더욱 진보된 사회로 발전하도록 도왔다. 따라서, 亀田修一(2011: 116)는 "5세기는 [日本]의 기술 혁명의 세기로 간주된다"고 말한다:

> 스에키
> 須惠器(陶質土器), 마구, 무기, 투구와 갑옷, 새로운 철 단조 기법과 금동 세공 기술과 같은 전쟁과 군사력 관련 장비의 일본 전래와 선진 농경구, 토지 개간, 그리고 공공 사업은 일본의 기술을 크게 변화시켰다. 또 말과 토제 부뚜막인 竈를 포함한 새로운 조리 설비는 일본의 생활 양식을 크게 변화시켰다.

또 亀田修一에 의하면,

> 혁명적인 변화는 특정한 개개의 물건들이 들어왔기 때문이 아니라 테크닉과 기술을 가진 사람들이 들어왔기 때문에 발생했다. 더 이른 시기에도 역시 사람들의 이동을 통한 문화적 교환이 있었지만, 특히 5세기에 있었던 혁명적 변화들은 많은 사람들의 유입, 즉 '도래인' 없이는 고려될 수 없다. 따라서 5세기는 '도래인의 세기(世紀)'라고 할 수도 있겠다.

시라이시 타치로
亀田修一와 입장을 같이 하는 大阪府立近つ飛鳥博物館의 白石太一郎 관장은 일본사에서 4~7세기 도래인의 중요성을 다음과 같이 요약했다(2004: 7-14).

> 도래인은 … 토목·건축 기술, 천문학, 역법, 산수, 한자, 종교·정치 이데올로기와 함께 말 사육과 말타기, 야금술, 須惠器, 직조 기술을 포함한 새로운 기술들을 왜(倭, 일본)에 가져왔다. 이러한 새로운 문화적·기술적 기여가 일본 문명의 발전을 촉진했음에는 이론의 여지가 없다 … 왜의 문명화에서 도래인의 역할은 실로 엄청났다.

白石太一郎는 고대 일본을 의미하는 '와(Wa)'가 고대 중국 기록에는 倭 또는 倭國으로 서술되었음을 지적했다. 1060년 편찬된 『新唐書』에 따르면, 열도는 서기 670년 처음으로 日本이라 지칭되었다.

5C 도래인의 일부는 외교사절단의 관리 또는 (19C 말 明治[메이지] 정부가 초대한 영국인과 미국인 고문들과 다소 비슷한) 임시 거주 학자 및 선생이었다. 그러나 대다수는 농부, (청동기·철기) 대장장이, 도공, 기술자, 군 인사, 그리고 심지어 어떤 이유로든 새로운 피난처/안식처를 찾아 원향을 떠난 엘리트를 포함한 일반 주민들로 구성되었다. 이들은 영구적으로 정착하여 歸化人이 되었다.

세월이 흐르면서 일부 도래인은 강력한 호족(豪族)이 되고, 또 일부는 고대 일본의 정치, 경제, 문화 발전에 중요한 역할을 담당한 행정·기술·정치 관료가 되었다(上田正昭 1965: 86-96, 180). 도래인이 고대 일본의 사회, 경제, 농업, 산업, 정치적 변혁에서 수행했던 절대적 역할을 강조하는 山尾幸久[야마오 유키히사](1977: 39-50)는 "도래인을 배제하고 6~7세기 [일본]의 국가 형성 과정을 고려하는 것은 불가능하다"고 했다. 도래인은 또한 많은 현대 일본인들의 조상이 되었다.

The Cambridge History of Japan(케임브리지 일본사) 제1권의 "Japan and Continent(일본과 대륙)" 章에서 岡崎敬[오카자키 타카시](1993: 268)는 일본 문명이 아시아 대륙에게 입은 은혜를 강조한다.

> 선사시대 일본에는 아시아 대륙 문명들의 기술과 인공물들이 점진적 전승되었다… 논벼 재배와 청동기/철기 제작 기술 등 수입 기술은 일본인들이 안정된 계층 사회를 조성할 수 있게 했고, …일본 국가 형성에 기여했다.

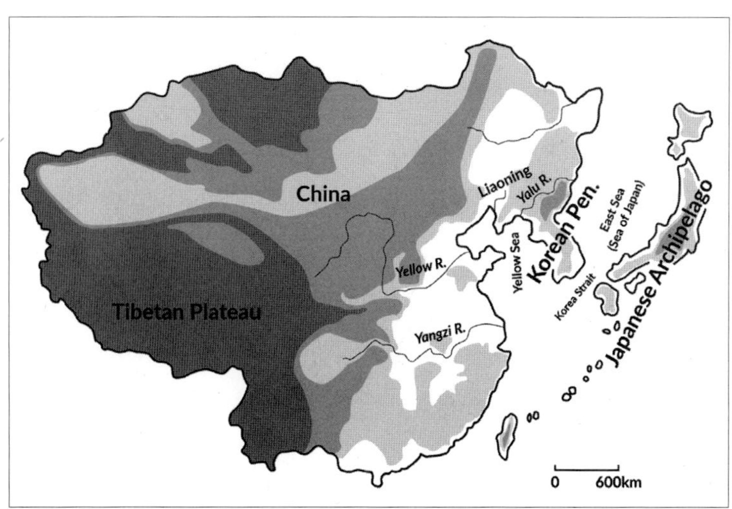

지도 0.1 동아시아 지도 (Lucas Pauly 圖)

Date	China	Korea	Japan
BC 14,000	PALAEOLITHIC	PALAEOLITHIC	PALAEOLITHIC JOMON Incipient
10,000			
9000	NEOLITHIC		
8000	Yangshao		Initial
7000		NEOLITHIC (Chulmun)	
6000			
5000			Early
4000			
3000	Longshan		Middle
2000	SHANG	BRONZE AGE (Mumun)	Late
1000	W. ZHOU		Final
900		Early	
800			
700	E. ZHOU	Middle	YAYOI
600			Early
500			
400	WARRING STATES	Late	
300		IRON AGE	
200	QIN/W. HAN	GO CHOSON (WIMAN CHOSON)	Middle
100		SAM HAN/LELANG-DAIFANG	
0	E. HAN		
AD 100		KOGURYO	Late
200	THREE KINGDOMS	PAEKCHE, SILLA, KAYA	KOFUN
300	(222-280)	LATER MAHAN	Early
400	SIX DYNASTIES		Middle
500	(420-581)		Late
600	SUI (581-618)		ASUKA
700	TANG (618-966)	UNIFIED SILLA	HEIJO (Nara)
800			HEIAN (Kyoto)
900			(794-857)

표 0.1 동아시아 연표 (Lucas Pauly 작성)

이는 '황해상호작용권(黃海相互作用圈, Yellow Sea Interaction Sphere)'(지도 0.1)이라 적절하게 명명된 세계의 한 구석에서 발생한 거대한 문명 드라마의 한 부분이며, 아시아 본토에서 1만년 훨씬 이전에 시작된 위대한 동아시아 문명 형성의 마지막 단계이기도 했다(Barnes 2015: 361-383) (표 0.1).

대륙 문명이 열도로 전달되는 과정에는 상인, 여행자, 외교관, 이주민, 그리고 심지어 대외 원정의 군사를 포함한 많은 이들이 연루되었다. 그러나 일본 문명 발전에 절대적으로 필요한 특정 기술들은 해당 기술의 노하우(know-how)를 갖춘 숙련된 기술자들이 열도에 도착한 이후에 비로소 활용될 수 있었었다. 열도의 제철 기술의 역사는 그 좋은 사례이다.

Ⅱ. 철기/철공기술의 傳播/移植: 事例

석기와 목기에 대한 철기의 우월함을 발견한 서기전 3세기(또는 더 이른 시기) 이후 열도 주민들은 스스로 철 기술을 개발하려 노력했다(村上恭通 1999: 84-150, 2007: 9-138). 대륙에서 배운 기술과 창의력으로 열도의 대장장이들은 대륙에서 수입한 철소재(鐵素材)로 다양한 간단한 철기를 제작했다. 古墳時代 전기가 되면 개량된 단조 방법[鍛冶]으로 도끼, 끌, 낫, 괭이, 화살촉, 도검, 단검과 같은 유용한 철기를 제작하였다(村上恭通 2007: 123-126).

그러나 원두정결합(圓頭釘結合)과 같은 복잡한 기술이 필요한 철기 제작은 숙련된 도래인 기술자들이 도착하는 서기 5세기까지 기다려야 했다. 도래인 장인들은 신흥 엘리트들의 새로운 위신재가 된 고급 무기, 말 갖춤, 투구, 갑옷 생산을 가능하게 했던 古墳 중기 제철 기술의 혁신을 도왔다(村上恭通1999: 128-129, 188-189, 龜田修一 2000: 165-169).

열도의 철 기술 발전에서 가장 심각한 문제는 철 생산의 실패였다. 8~9세기 이상에 걸친 열도 장인들의 현지 철소재(鐵素材) 생산 시도에도 불구하고, 서기 550년 무렵 철 생산에 꼭 필요한 기술[seitetsu gijutsu(製鐵技術)]은 여전히 초기 또는 제로 상태에 머물러 있었다(村上恭通 2007: 47-50, 170-175). 결과적으로 열도는 古墳時代 말까지도 거의 모든 철 공급을 대륙에 의존해야 했다(村上恭通 1999: 60-120, 2004: 70-75, 2007: 110-135). 서기 550년 이후 대륙에서 숙련된 철 기술자들이 열도로 건너와 제철업을 발전시키면서 상황은 변화되었다(龜田修一 2000: 174-179; 滋賀県立安土城考古博物館 2001: 34-36). 채울 수 없는 철 수요로 인해 왜(倭) 엘리트들은 계속 대륙에 원료 공급을 의존했지만(村上恭通 2007: 304-305), 도래인 기술자들은 현지 제철업 발전의 토대를 마련했다(龜田修一 2000: 174-179; 滋賀県立安土城考古博物館 2001: 34-36).

안정된 계층사회, 궁극적으로는 국가로 발전하기 위해 고대 일본은 선진적인 상품과 기술(수도작 테크닉, 청동기 및 철기 제작 기술, 말 사육 및 말을 이용한 수송, 토목 등)은 물론 중요한 기술을 열도 현지에 이식할 수 있는 기술자를 대륙에 의존해야만 했다.

III. 정체: 그들은 어디에서 왔고, 열도에 무엇을 공헌했는가?

片岡宏二(카타오카 코지)(1999: 177)는 도래인을 "한반도에서 바다를 건너 일본열도로 건너온 사람들과 (부모와 조부모의) 생활 방식과 전통을 유지하며 계속 생활했던 그 후손들"이라 정의한다. 井上満郎(이노우에 미츠오)(1991: 96-97)는 좀더 구체적으로 "간단히 말해서, 그들은 한국에서 *뚜렷한 목적을 갖고 집단으로*(集團で意志を持つて) 온 사람들이다"(이탤릭체는 원저자 추가)라고 말했다.

京都文化博物館(1989: 9)의 연구진은 다음과 같이 도래인을 일본 문명의 기원과 결부시킨다.

> 일본 고대 문화의 근원을 찾으려는 많은 이들이 중국을 우선적으로 염두에 두겠지만, 결국 그 탐구는 중국의 선진 문화를 수용하고 동화시킨 한국으로 인도될 것이다. 실제로 바다를 건너온 사람들, 즉 도래인은 한반도 사람들이었고, 그들의 문화는 한국 문화였다.

세계사학자들은 일본 문명의 발생 배경으로 중국의 선진 문화와 광범위한 영향력을 강조해 왔지만(Murdoch 1910; Sansom 1958; Reischauer and Fairbank 1958, 1960; Hall 1970; Brown 1993), 이러한 담론에서 중국과 일본 사이에 위치한 한반도는 선진 대륙 문명이 일본열도로 가는 길에 통과하는 단순한 가교(架橋) 또는 도관(導管) 정도로 인식되어 왔다.

이러한 한반도의 역할에 대한 인식은 단편적이고 잘못된 것이다. 일례로 한국의 초기 국가 출현 논의에서 반즈(Barnes 2015: 331)는 3세기 말 등장한 한반도의 정치체들은 [중국] 왕조 권력의 연장선상이나 중국 왕조 체제의 모방적 차입과는 전혀 무관함을 관찰했다. 또 상당한 차이를 보이는 각

정치체의 내부 역학과 물질적 표출은 문화적 창의성과 행정적 문제들에 대한 지역적 해결 방안 도출의 증거로 보았다. 왈시(Walsh 2017: 161)는 토기 생산과 사용 및 교환에 관한 자신의 분석에 근거하여 "초기 백제 왕국은 수입된 중국 관료 모델에 의존하기 보다는 영토를 통합하고 관리하는 자율적인 정치적·경제적·사회적 전략을 효율적으로 전개했음이 분명하다"는 결론을 도출했다.

이러한 입장에 근거하여 반즈(Barnes 2007: 1-3)는 한반도를 중국 문명이 일본으로 건너가는 통로에 불과하다는 세계사학자들의 경향을 비판했다. 다른 민족들과 마찬가지로, 고대 한반도 주민들은 이웃과의 긴밀한 상호작용을 통해 문명을 발전시켰다. 고고·역사 기록들은 한반도 주민들이 중국과 북방 이웃들의 선진 문화 요소들을 수용했음을 명확하게 보여준다. 그런데 그들은 발전 과정에서 차용해 온 문화와 기술을 동화시키고, 자신의 필요에 따라 더욱 정제했다(岡崎敬 1993: 271; 이성주 2007: 164-185; Barnes 2015: 331). 본서 이후 장(章)들에서 보이듯이, 도래인과 함께 도착한 한반도 문화 역시 시간이 지남에 따라 수용되고 정제되면서 현지에서 일본화되어 갔다.

시간이 경과하면서 한반도 주민 중 일부는 이런저런 이유로 바다를 건넌 사람인 도래인이 되어 일본열도에 이르렀다. 그들 중 일부는 임시 거주자였지만, (수백 년에 걸쳐 일백만 명 이상의) 대다수는 일본열도 전역에 영구 정착하여 일본 문명 건설에 중요한 공헌을 했다. 늦어도 서기 600년경까지는 다수의 고대 한국 이주민 공동체들이 大阪(오사카)—京都(교토)—奈良(나라)에 정착했고, 이들은 일본 토양에 대륙의 필수 기술들을 이식하고, 고대 일본이 대륙과 대륙의 풍요로운 문명에 접근하는데 없어서는 안 될 중요한 역할을 수행했다. 『宋書』[서기 488년 편찬된 劉宋(AD 420~479)의 공식 사서]는 서기 5C 다섯 倭王이 중국 남조의 劉宋 궁정을 공식 방문했다고 전한다.

地村邦夫(이치무라 쿠니오)(2004: 49)는 "도래인의 지식과 정보망이 없었다면, 다섯 왜왕이 [劉]宋 중국에 외교 사절을 보내는 자체가 불가능했을 것"이라 말한다. 마찬가지로, 大和(야마토) 조정이 서기 608년 중국 문명의 정수를 얻기 위해 중국(隋)에 공식 문화 사절을 보냈을 때도 사절단의 7명 또는 8명 전원이 한반도에서 건너온 이민자들과 그 후손으로 구성된 東漢氏(야마토노아야)였다(『日本書紀』 推古 16年).

요약하자면, 일본열도 원주민들이 여전히 어로, 수렵, 채집에 기반한 생활 양식에 머물러 있던 약 3천년 전, 도래인들이 와서 열도에 수도작 농경을 이식했고, 일본인들의 생활 방식을 완전히 변화시켰다. 그리고 600년 후, 도래인들은 청동 기술을 가져와 이식했다. 서기 5~6세기 도래인들은 말 사육과 말을 이용한 수송, 도질토기, 고온의 제철과 첨단 철기 제작, 문자, 국가 성립에 필수적인 유교와 불교 이데올로기를 추가했다.

고고학과 고대사 기록을 관찰한 일본 학자들(上田正昭 1965; 山尾幸久 1977; 岡崎敬 1993; 片岡宏二 1999; 酒井清治 2013; 端野晋平 2014; 宮本一夫 2017; 七田忠昭 2017)은 彌生 도작 농경사회의 발생부터 彌生 중기 야금술의 출현을 거쳐 古墳시대의 혁신적인 사회·문화적 역동성에 이르기까지 일본사의 신기원은 도래인의 등장과 밀접한 관계가 있었다는 결론에 도달했다. 따라서 위기의 산물인 도래인들이 일본의 문화/국가형성기(8C BC~AD 600) 동안 문화 발전의 발동자(發動者, cultural agent)의 역할을 수행했는데, 이는 본서의 핵심 주제이기도 하다.

본질적으로 도래인은 선진 대륙 문명을 일본열도에 전달함은 물론 이를 열도에 이식하는 역할을 수행했다. 그러나 한반도 사람들 자체가 기장과 벼농사, 청동기와 철기, 그리고 기술을 보다 발전된 서쪽과 북쪽 지역으로부터 도입하면서 비슷한 변혁을 이미 겪었음을 인정하는 것이 선행되어야 한다. 일본의 발전은 이러한 방식에서 독특하지 않다. 이처럼 대륙의 영향의 무시나 거부도 용납될 수 없지만, 본서에서 후에 살펴볼 대륙으로부터의 정복설인 소위 기마민족설(騎馬民族說, Horserider Theory)처럼 과장해서도 곤란하다.

IV. 이주의 밀고 당기기의 역학

고대의 인간 이주는 하나의 과정이자 사건으로 고고학자와 역사학자들 사이에서 오랫동안 진지한 관심 대상이 되어 왔다(Haury 1958; Rouse 1986; Anthony 1990; Burmeister 2000; Lyons 2003; Manning 2013). 이주민, 이동, 그리고 이주 표지(migration marker)의 추적 방법은 잘 개발되어 있다.

앤소니(Anthony 1990: 899)는 "일반적으로, 이주는 한 지역에 부정적(push) 스트레스가 존재하고, 이주 대상 지역에 긍정적(pull) 매력이 있을 때 가장 발생하기 쉽다"고 말한다.

부정적 스트레스(push)는 경제적·환경적(기후 변화, 경작지 부족) 또는 사회적·정치적(인구압, 내적 갈등, 내전, 침략, 전쟁)일 수 있다. 긍정적 매력(pull) 역시 환경적·경제적(경작이 가능한 비옥한 땅, 더 나은 기후, 더 많은 물질 자원, 더 나은 삶의 기회) 또는 사회적·정치적(전쟁/사회 분쟁의 부재, 외지인들이 자기들의 삶에 큰 도움이 되리라고 생각하며 환영해 주는 원주민들)인 것일 수도 있다. 여기에 친족이든 아니든 기존 이주민들의 존재는 긍정적(pull) 요소로 작용한다.

이주는 생존과 삶의 개선을 위한 인간의 적응 전략에서 필수적이고 합리적인 과정이다. 어디로, 언제, 어떻게 라는 질문에 대한 결정이 이루어진다.

목적지에 대한 정보가 수집되고, 네트워크가 구축되며, 실행 계획이 개발된다. 이주에 관한 기존의 연구에 따르면, 앤소니(Anthony 1990: 903)의 지적대로 다양한 이주의 구조는 파동보다는 흐름에 더 가깝다.

> 이주자들은 알기 쉬운 명확한 루트를 따라 특정 목적지로 진행해 나아가는 경향이 있다… 시기적으로 앞선 이주자들은 장애물을 극복하고 향후 이주자들에게 여정 정보를 제공하며 경로를 조성했다. 따라서 이 루트는 종종 목적지만큼 정교하게 설정된다. 고고학적으로 이 루트는 구체적인 이동 라인을 따른 유물 분포로 대변된다.

이주민들이 남긴 문화적 잔해의 연구 덕분에 그들의 기원, 최초 도착지, 확산, 정착, 그리고 경제 및 다른 행위들을 지도상에 표시될 수 있다. 역사적 기록들은 귀중한 보완 정보를 제공할 수 있다. 광범한 일본 고고학계의 연구(龜田修一 2000, 2004a, 2004c, 2010, 2016; 大阪府立彌生文化博物館 1999; 滋賀県立安土城考古博物館 2001; 大阪府立近つ飛鳥博物館 2004; 奥野正男 2012)는 고대 일본의 도래인, 즉 한반도 이주민들의 여러 측면들을 많이 알려 주었다. 환경·고고학·고대사 자료는 한반도 무문토기시대 중기 사람들의 대한해협을 통한 일본열도로의 이주에서 이 밀고 당기기(push/pull)의 역학이 확인된다.

V. 이 책의 주 목적: 일곱 가지 질문

京都文化博物館이 도래인과 고대 일본에서 도래인의 특별한 의미를 강조한 지 30년이 훨씬 지났다. 이후 도래인은 일본 학계의 주요 관심사가 되었고, 일본 고고학자와 역사학자는 앞에서 언급한 바와 같이 연구 결과의 출판을 통해 도래인의 성격을 밝혀 왔다. 그러나 미국과 유럽 지역에서 도래인에 초점을 둔 서적은 아직까지 한 권도 나오지 않았고 우리는 그 이유를 다만 추측할 수 있을 뿐이다.

필자들이 수십 년에 걸쳐 한일 양국에서 수행한 고고학/역사 연구와 한일 양국의 학자들이 제공한 보고와 통찰에 기초하여 필자들은 본서에 긴 14세기 동안(800 BC~AD 600)에 걸친 도래인 이야기를 파노라마식으로 다루고자 한다.

구체적으로 우리는 다음 7가지 질문에 답변하고자 한다.

(1) 도래인은 어디에서 왔는가?

(2) 도래인의 역사적/사회문화적 배경은 무엇인가?

(3) 도래인들은 왜 목숨을 걸고 위험하기로 악명 높은 대마도 해협을 넘어 고향을 떠났을까?

(4) 그들은 일본열도 내 어디에 정착했을까?

(5) 그들은 일본열도에서 무엇을 했을까?

(6) 일본열도 사람들은 도래인을 어떻게 대우했는가?

(7) 도래인은 고대 일본 사회에 무엇을 공헌했는가?

이러한 질문들이 본서의 5개 장에서 탐구되는데, 각 장은 일본 역사의 주요 시대에 초점을 맞춘다: 彌生(야요이)時代 초창기/전기(제1장), 중기(제2장), 彌生(야요이)時代 후기/古墳(고훈)時代 전기(제4장), 古墳(고훈)時代 중기/후기(제4장과 5장). 도래인 이야기의 흐름을 강화하기 위해, 본서는 "한반도에서 일본열도로의" 접근 방식을 선택했다. 그러므로, 각 장은 먼저 원향인 한반도에서 고고학적·역사적(역사 기록이 있는 경우)으로 도래인을 만난 후에 일본열도에서 고고학적·역사적(역사 기록이 있는 경우)으로 도래인을 만난다.

한반도에서 이주 전의 그들을 만나 그들의 취락, 생활 양식, 주거, 제작·사용 도구, 무기, 토기 용기, 매장 의례, 그리고 사회 조직의 특징을 관찰한다. 그리고 일본열도에서 도래인을 만나 그들의 취락유적들을 찾고 그들의 주거, 제작·사용 도구, 토기 용기, 매장 의례, 열도 사람들과의 소통 및 교류 방식 등 도래인이 열도에 이식한 한반도의 문화복합을 조사한다.

각 주요 시대의 도래인을 따라가면서 본서가 찾으려는 다음 세 가지 중요한 질문들에 답이 특히 중요하다. (1) 왜 고대 한반도 사람들은 고향을 떠나 남해와 대한/쓰시마 해협을 건넜을까? (2) 일본열도 사람들은 도래인을 어떻게 대했을까? 그리고 (3) 도래인은 무엇을 열도 사회에 기여했는가?

끝으로, 마지막 장 "정복이 *아닌* 협력(Collaboration *Not* Conquest)"에서, 우리는 고대 일본의 혁명적인 사회-문화적 변혁에 관한 주요 대안적 설명들을 검토하고 평가하고, 5개 장에 제시된 고고학적·역사학적 증거에 비추어 우리가 발견한 것들을 제안한다. 또한, 우리는 도래인이 일본 형성기에 공헌한 기여의 성격을 논의한다.

VI. 이 책에 인용된 연구자료

고고자료

본서에서는 일본열도의 도래인 관련 고고 자료의 경우 일본 자료만을 사용했고, 한국의 고고 자료는 한국 학자들이 제시한 증거를 우선적으로 수용했다.

본서의 연구진이 유적 발굴보고서에 직접 접근하는 것은 현실적으로 한계가 있기 때문에, 본서의 논의는 주로 발굴보고서의 검토와 자신들의 현장 조사 경험을 바탕으로 유의미한 모노그래프(monograph)를 출간해 온 일본의 여러 박물관, 대학, 현장 연구 기관의 연구진과 고고학자들의 출판물에 의존했다. 특별히 언급되지 않았다면, 필자들의 번역이긴 하지만, 실제 연구자들의 관찰을 그들 자신의 표현들로 전달하기 위해 의식적으로 노력했다. 따라서 본서의 내용은 외부 관찰자가 아닌 한국과 일본의 학자들과 일선 연구자들이 들려준 이야기라 할 수 있다.

한국 고고학의 경우 현장 연구진, 연구소, 박물관, 그리고 고고학 전공 교수진들이 발표한 모노그래프와 학술지 논문들에 구체화된 정보와 필진의 연구 성과들을 접목했다.

龜田修一(카메다 슈이치)와 일부 학자들은 일상 생활용 토기, 특히 연질토기를 포함한 조리 특징, 매장 의례, 그리고/또는 이주 이전 도래인 생활방식 고유의 주거 패턴 등의 측면에서 열도에서 도래인 취락의 고고학적 표지를 확인해 왔다(龜田修一 2003a: 1-14, 2003b: 55-65, 2005:1-16, 2011: 116-119; 田中俊明 2004: 88-95; 京都文化博物館 1989; 大阪府立彌生文化博物館 1999, 2004; 滋賀県立安土城考古博物館 2001; 大阪府立近つ飛鳥博物館 2004; 岩永省三

1991; 片岡宏二 1999, 2006; 七田忠昭 2005, 2007a, 2017; 滋賀県教育委員會 2008; 酒井清治 2013; 端野晋平 2014; 宮本一夫 2017).

예를 들어 한반도의 무문토기시대 중기 사회 고유의 송국리 유형 주거와 지석묘 축조 매장 문화는 이러한 특징들이 고고학적으로 상호 결부되어 나타날 때 (즉, 개별적인 유물이 아니라 취락 체계와 연계되었을 때) 야요이시대 전기 도래인의 고고학적 표지 역할을 한다. 마찬가지로, 한반도의 점토대토기와 목관묘란 장제의 급작스러운 출현은 야요이시대 중기 도래인의 존재를 나타낼 것이다(片岡宏二 1999, 2006).

또한 고대 한국의 연질토기를 동반하는 한반도식 조리용 오븐(부뚜막)이 설치된 4주식 주거, 두꺼운 벽체 건물, 전통적인 한국 고대 바닥 난방시설인 온돌이 설치된 건물은 古墳時代 도래인 취락들의 고고학적 표지이다(龜田修一 2003a: 1-14, 2004a: 75-94, 2005: 1-16, 2016: 283-321; 酒井清治 2013: 77-78; 국립공주박물관 1999: 60).

이러한 문화적 특징들과 함께, 인골 잔해는 취락 유적들과 결부된 사람들의 정착지와 관련된 사람들의 신원/정체에 관한 중요한 단서를 제공한다(七田忠昭 2017: 41-42). 골격 형태의 양적·질적 차이는 한반도에서 유입된 주민들과 열도의 토착 수렵·채집 주민을 구별해 준다. 두 집단 간의 통혼(intermarriage)은 두 인종의 특징이 혼합된 후손을 만들었다. 현대 일본인의 덴탈 메트릭스(Dental metrics)는 이주민/원주민의 영향 비율이 琉球 3:2와 北海道 아이누 3:7에 반해 關東은 3:1임을 보여준다(Matsumura 2001).

DNA 연구는 대륙으로부터의 유전자 흐름을 분명하게 말해주지만, 무문토기시대와 야요이시대에는 인골 잔해가 부족한 관계로 연구는 주로 현대 주민 구성에 집중되고 있다. 그렇지만, 아이누를 포함한 현대 일본인들은 50~80%의 대륙계 유전자(나머지 유전자는 토착 수렵·채집민으로부터 물

려받음)를 지닌 것으로 알려져 있다. 또 최근 연구에 따르면, 일본 북단(北端)을 제외하면 대륙계 유전자가 평균 80% 이상이다(Kanazawa-Kiriyama et al. 2017).

민족학적으로 현대의 일본 주민은 "토착 繩文(죠몽) 특질과 이주민 彌生(야요이) 특질(the native Jomon and immigrant Yayoi traits)"의 이중 구조를 보인다(Hanihara 1991, 2000: 4; Allen 2008: 122). 유전자 연구에 따르면, 현대 일본인에서 서로 다른 두 세트의 Y염색체가 확인되는데 "일본의 부계 유전자 풀에서 확인된 죠몽 개체군과 야요이 개체군은 각각 2만 년과 3천 년을 거슬러 올라간다(the Jomon and the Yayoi populations in the Japanese paternal gene pool, going back over twenty thousand years and three thousand years respectively)" (Allen 2008: 122-123). 한국인에게는 드문 繩文 염색체 표지가 本州(혼슈) 사람들보다는 아이누 인과 沖繩(오키나와) 사람들에게 훨씬 더 흔하다는 점은 특별한 의미가 있다. 반면에 야요이 염색체 표지는 아이누 인과 오키나와에는 드물고, 일본과 한국에는 흔하다. 앨렌(Allen 2008: 123)은 "이는 한반도 이주민들과 그 후손들이 일본 많은 지역에서 우세했고, 토착 주민과 문화는 북부와 남부 지역권에서 지배적이었다는 가설을 뒷받침한다"고 결론짓는다. 즉, 다시 말해서 도래인의 이주는 일본열도의 문화를 바꾸는 것으로 끝나지 않고 오늘날 남아있는 일본열도 주민 구성의 변화에도 큰 영향을 미쳤다.

사료

고고 자료는 司馬遷(145~85? BC)이 편찬한 『史記』, 서기전 1C 말 班固가 편찬한 『漢書』, 그리고 서기 3C 말 陳壽(AD 233~297)가 편찬한 『三國志』의 『魏志』를 포함한 고대 중국 사료에서 모은 자료로 보완된다.

한반도의 三國時代와 일본 古墳時代의 경우는 풍부한 고고 자료와 함께 廣開土大王碑(AD 414), 『三國史記』(1145), 『三國遺事』(1281), 『古事記』(712), 그리고 『日本書紀』(720) 텍스트에서 유용한 정보를 추출해 왔다.

광개토대왕비는 1880년 무렵 발견된 이래로 논란의 대상이 되어 왔고, 새겨진 단어들의 상당수가 더 이상 분명하게 판독되지 않고, 현존하는 원탁본의 사본들 사이에 불일치가 있어 내용에 관한 의문이 결코 끊이지 않을 것이다(박시형 2007; 이형구·박로희 1996; 박진석 1996). 마찬가지로 고고 자료와 고대 중국 사료들에 비추어 볼 때 『三國史記』와 『三國遺事』의 사료적 신뢰도에 대한 의문도 많다(신형식 1981; Shultz 2005; McBride II 2006; Best 2003: 165-167, 2006: 31-35, 2016). 조나단 베스트(Jonathan Best 2016)는 『三國史記』의 초기 연대를 신뢰할 수 없음을 발견하고, 그 내용의 무분별한 사용에 주의를 표한다.

마찬가지로 『古事記』와 『日本書紀』의 많은 내용의 역사적 신뢰성에도 상당한 논란이 있다(津田左右吉 1924, 1948, 1950; 梅沢伊勢三 1962, 1988; 三品彰英 1971; 山田英雄 1991; 古田武彦·渋谷雅男 1994; Piggott 2002; 新川登龜男·早川万年 2011). 大和(야마토) 패권을 정당화하기 위해 역사 서술보다는 정치 문건으로 조성된 『日本書紀』는 역사적 정확성에 문제가 있다. 애스톤(Aston 1972 [1896]: xv-xvi)은 『日本書紀』의 초기 부분은 본질적으로 허구이며 "신뢰할 만한 사건의 기록"은 서기 5세기 중반 이후 나타난다고 보았다. 또 편찬자들은 많은 고대 역사 기록들의 순서를 뒤바꾸어 수많은 연대기적 불일치는 물론 다양한 역사적 사건의 주인공에 대한 혼란을 야기하기도 했다(津田左右吉 1924, 1948, 1950). 고대 倭를 '日本', 고대 倭王을 '天皇'*(두 표현 모두 7C 후반 처음 등장)으로 묘사한 것처럼 서기 4C~5C

* 본서에서는 천황(天皇) 대신 大和(야마토)王, 大和 군주, 日王, □□王(예를 들어 用明王), □□(예를 들어 用明) 등으로 표현하였음을 밝힌다.

사건들을 8C 인식에 따라 묘사한 시대착오적 사례도 많다. 결국 『日本書紀』 편찬자의 이데올로기에 내재된 일본 중심의 세계관은 大和와 이웃 국가들, 특히 한반도의 국가(정치체)들과의 관계에 대한 왜곡된 인식으로 귀결되었다.

텍스트에 내재된 문제점들을 고려하면서 고대 사료에서 인용된 기사가 다른 신뢰할 만한 역사 기록 및 고고학 연구와 모순되지 않음을 확실히 하기 위해 노력했다. 특히 역사성이 의문시되는 경우 더욱 주의했다.

한국과 일본의 많은 연구 기관에서 나온 방대한 양의 발굴 및 현장 조사 보고서를 모두 다루기에는 현실적인 어려움이 있어 필자들은 한국과 일본의 고고학 연구자들과 연구 기관에서 연구의 정수를 담아 발표한 학술지 논문과 모노그래프에 주로 의존했다.

이 책은 연구자, 연구소, 박물관, 대학에 의한 수많은 출판물 외에도 서울에서 교토에 이르는 많은 연구 기관, 대학, 박물관에 근무하는 한국과 일본의 저명한 학자들과 개인적으로 나눈 많은 대화를 반영하고 있다.

필자들은 마지막으로 독자들에게 이 책의 1차적 초점이 한국사나 일본사가 아닌 도래인과 그들의 고대 일본 사회에의 공헌이었음을 상기시키고 싶다. 따라서 도래인의 고고와 역사와 이야기의 많은 부분을 할애한다. 한국과 일본의 역사는 단지 도래인과 관련된 경우에 한해서 논의된다.

제1장

쌀[水稻作技術]을
전파/이식한 도래인

I. 역사적·문화적 배경: 한반도 중기 무문토기사회의 송국리 유형 문화 (c. 900~400 BC)

繩文(죠몽)時代 말 일본열도로 이주해 온 초기 도래인은 한반도의 무문토기시대 중기 농민이었다. 무문토기문화는 서기전 1500년[1]경 신석기(즐문토기)시대 말 무문토기의 출현과 함께 시작되었다. 무문(無文)은 '장식/문양이 없는(without decoration)' 또는 '무늬가 없는(plain)'을 의미한다. 표면 처리가 전혀 이루어지지 않은 것은 아니지만, 다양한 빗살무늬가 정교하게 시문된 이전 시대의 빗살무늬토기와의 구별을 위해 무문토기라 명명되었다.

무문토기시대 사회는 집약 농경에 기반한 농경사회였다(GA Lee 2011: S326). 농경은 광역적 자원 활용 경제가 오랫동안 빗살무늬토기시대 식단의 일부였던 조와 수수(GA Lee 2003, 2005, 2011; Shin, Rhee, and Aikens 2012: 68-109)외에 보리, 콩, 쌀 재배와 연루되기 시작하는 약 3500년 전(3500 BP) 신석기시대에 시작되었다(GA Lee 2011: S319-S322; Y Oh et al. 2017: 1766-1768).

수 세기에 걸친 발전 이후 무문토기시대 농경사회는 서기전 900~800년 즉, 무문토기시대 중기에 이르러 '송국리 유형 문화'로 알려진 새로운 무문토기시대 문화 체계의 출현과 함께 절정기를 맞이했다. 김하범(HB Kim 2019: 2)의 정의에 따르면, 송국리문화는 서기전 900~400년경 한반도에서 "시간과 공간과 연관된 물질 기록에서 반복되는 특정 유형의 유물복합체(a particular type of recurrent assemblage in material records that is

1) 보정연대(calibrated date)를 포함한 무문토기시대 연대 측정치는 이종철(2015: 26–44)과 HB Kim(2019: 2, 24).

associated with a time and space)"이다. 바닥 중앙에 타원형 구덩이가 설치된 주거(도면 1.1 A), 외반구연호(도면 1.1 B-D), 삼각형석도(도면 1.1 E), 일단병식석검(도면 1.1 F), 유구석부(도면 1.1 G) (김승옥 2006b: 51; HB Kim 2019: 26-48) 등이 송국리문화의 특징에 포함된다.

서기전 900년경 또는 이보다 약간 늦게 한반도 중서부 금강 하류에서 출현한 송국리문화(Kwak, Kim, and Lee 2017: 1092; 이종철 2015: 33-37; HB Kim 2019: 18)는 거의 남한 전역으로 확산되었고(지도 1.1), 무문토기시대 중기가 되면 남한 지역의 지배적인 무문토기문화가 되었다(이종철 2015; 김경택 외 2015). 금강 유역에 외부로 확대되면서 송국리문화는 무문토기시대 전기에 형성된 다양한 지역 문화전통들과 조우하게 되었다. 동남해안 인근 대평리(국립진주박물관·경상남도 2001; HB Kim 2019: 11-12)에서 보고된 고고 자료에서 입증되었듯이 대부분의 지점에서 두 문화 전통은 공존하였다.

1. 송국리식 토기

가장 두드러진 송국리식 토기는 호(壺)와 발(鉢)이다(도면 1.1 B-D) (김경택 외 2015). 기고(器高) 20~40cm에 이르는 광구호의 외반된 구연은 송국리식 호의 주요 특징이며, 대체로 달걀 모양의 동체부와 축약된 평저의 저부를 지니고 있다. 또 눈에 띄는 송국리문화 토기로는 무문토기시대 전기 후반에 처음 등장한 구형 동체부를 지닌 적색마연토기가 있다(김병섭 2013: 248). 주로 장례 목적으로 제작되어 대부분 무덤에서 출토되는데, 사자(死者)에게 음식이나 음료를 제공하기 위해 사용되었다.

역시 무문토기시대 전기 장례 문화의 일환으로 등장한 회색이나 흑색 가지무늬가 시문된 구형 단지(도면 1.1 D) (김병섭 2013: 248)도 송국리문화 토기 구성에 포함된다. 처음에는 가지문 토기가 마제 석검·석촉과 세트를 이루어 엘리트 무덤(석관묘, 지석묘, 주구묘)에 부장되었으나, 무문토기시대 중기 후반 남해안에서 엘리트 무덤에 토기 한 점만이 부장된 사례가 종종

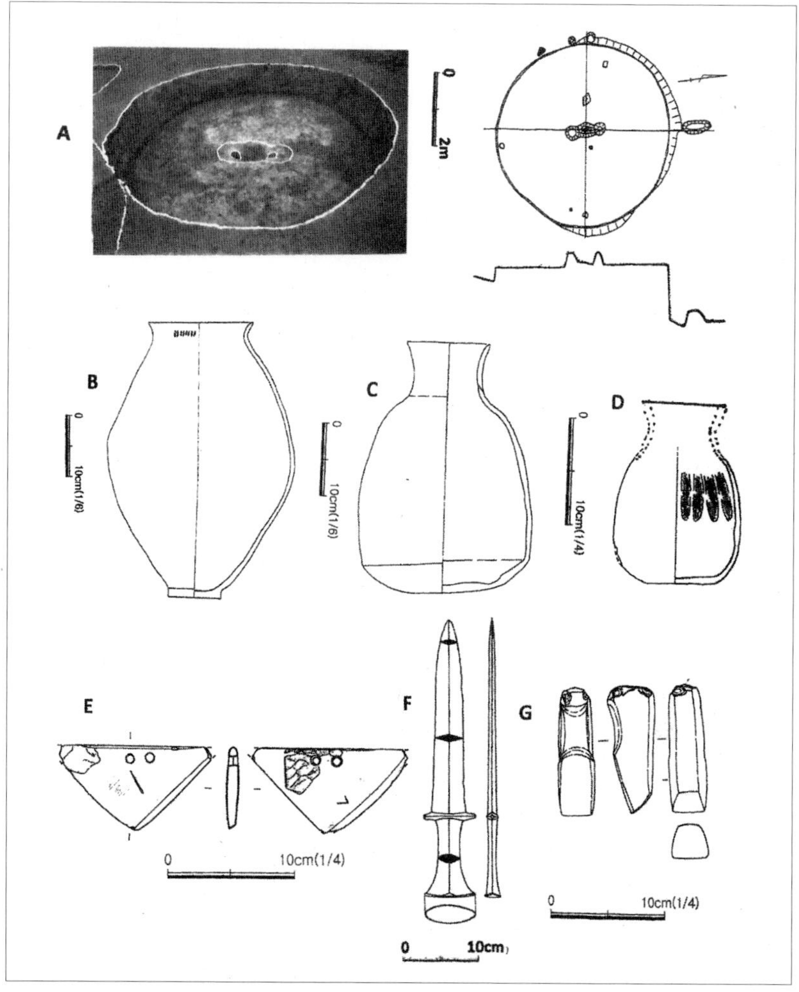

도면 1.1 송국리 유형 문화의 특징

A: 양단에 주공이 있는 중앙 타원형 구덩이를 지닌 주거지 바닥 및 평면, B: 외반구연 송국리 저장용 토기, C: 적색마연토기 원저호(주로 무덤 부장용), D: 가지문 원저호, E: (교대로 날을 사용하는) 수확용 삼각형석도, F: 일단병식 마제석검, G: 유구석부(김경택 외 2015: 38, 148, 153, 220, 252, 259)

보고된 것으로 보아 이 풍습은 점차 느슨해졌다(平郡達哉 2013: 157-159).

송국리문화가 남한 전역으로 확산되면서 송국리문화 토기는 지역 문화 전통들과 공존하게 되었다. 예를 들어, 무문토기시대 중기의 주요 취락유적인 대평리에서는 송국리 토기와 지역 전통 토기를 포함하는 다양한 유형의 토기들이 출토되어 왔다. 송국리문화가 다양한 지역 전통들과 상호작용하게 되면서 두 문화 역시 토기 형태에서 융합 과정을 거치게 되었다(국립진

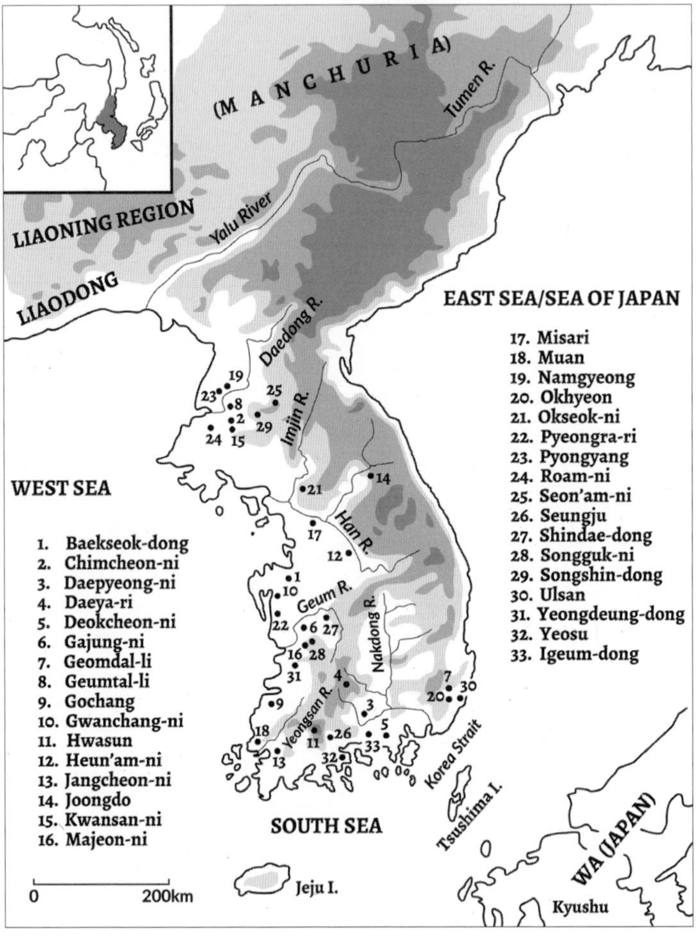

지도 1.1 한반도의 무문토기시대 유적 (Lucas Pauly 圖)

주박물관·경상남도 2001; 이종철 2015: 138-143).

2. 취락

대부분의 무문토기시대 전기 취락들(진주 대평리·상촌리·평거동, 대구 동천동, 김천 송죽리)은 하천 주변 충적 평야에 번성했지만, 무문토기시대 중기 농민들은 부여 송국리의 경우처럼 하천과 비옥한 평야에 인접한 해발고도 40~50m의 낮은 구릉도 선택했다(이형원 2009: 111-112) (지도 1.1 참조).

최근 원주민[에믹(emic)] 관점에서 이루어진 송국리 사람들의 이동성과 취락 패턴 연구(HB Kim 2019: 98)는 다음과 같이 관찰했다.

> 하천 유역에서 경사는 과거 무문토기시대 주민의 이동성을 제약하는 요소로 강력하게 작용했음이 확실하다. 반면에 평야 지역에서 경사는 훨씬 미미한 제약 요소로 작용했다. 무문토기시대 사람들의 입장, 즉 에믹(emic) 관점에서 볼 때, 사람들은 평야 지역에서는 경사에 따른 제약없이 상대적으로 자유로운 이동을 할 수 있었지만, 하천 유역의 경사 지형은 사람들의 이동성을 상당히 제약했다.

무문토기시대 중기 취락은 평면 방형, 장방형, 원형의 움집들로 구성된다. 움집의 가장 두드러진 특징은 주거 바닥 중앙에 위치한 타원형 구덩이인데, 이 타원형 구덩이 내부 또는 외부에는 기둥 구멍이 설치되었다(도면 1.1 A) (국립중앙박물관 1979: 110-114; 원광대 박물관 2000: 338-350; 이종철 2015: 51-58). 이 타원형 구덩이의 기능은 논란의 대상이 되어 왔다. 즉, 일부 학자는 이 타원형 구덩이가 중앙의 노(爐)였다고 믿는 반면에 어떤 이들은 석기 제조와 관련된 폐기물 구덩이로 취급한다(이형원 2009: 127-132).

이금동 유적에서 보이듯이 굴립주 건물 역시 송국리 유형 취락의 두드러진 요소이다(도면 1.2). 한반도 서남해안 평야에 소재한 익산 영등동 유적에는 탁 트인 공간에 주거지들로 둘러싸인 5기의 굴립주 건물이 무리를 이루고 있다(원광대 마한백제연구소 2000: 349-350). 한국 서남부에 소재한 또 다른 연안 평야 유적인 장천리에서도 12기 주거지 중 1기가 저장용 굴립주 건물로 보고되었다(최성락 1986: 35-36, 48). 발굴 조사된 다양한 유적에서 보고된 증거에 따르면, 주거용 가옥 4~5기마다 이러한 대형 저장용 건물 1기가 존재한다고 한다(국립진주박물관 2002: 32; 도면 1.2 上). 송국리 유형 취락은 공동 기반으로 관리되는 상당량의 쌀과 다른 작물을 생산했음이 분명하다.

주거 면적은 무문토기시대 중기 들어 축소되었다. 예를 들어 무문토기시대 전기의 백석동 유적에서는 면적 40㎡가 넘는 주거가 다수 보고되었지만, 진라리 유적에서 확인된 송국리 유형 주거 20기의 평균 면적은 15.8㎡였다(이형원 2009: 121-124; 이수홍 2014: 23, 28). 동시에 개별 주거지의 수는 증가했다. 안재호(2006: 59)는 고고학적으로 입증된 농업의 팽창과 인구 증가에 근거하여 무문토기시대 중기에 이전 시기의 대가족 체제가 붕괴되고 핵가족 체제가 등장했음을 상정한다. 이를 동일한 사회경제적 요인에 의해 유발된 공동 생활 붕괴의 결과라고 주장하는 연구자(김승옥 2006a; 이형원 2009)도 있다.

그 이유와 상관없이 낮은 충적 대지와 구릉 사면에 조성된 무문토기시대 중기 취락 수는 폭발적으로 증가했다(이수홍 2014: 19). 대구 동천동에 조성된 무문토기시대 중기 취락은 60기에 이르는 동시대 주거로 구성된 대규모 농촌 마을이고, 청도 진라리 유적에서는 93기의 주거로 구성된 취락이 보고되었다(이수홍 2014: 24). 이는 의심할 여지없이 아래에서 논의될 수도작 농경 확장의 결과였다(이수홍 2014: 28).

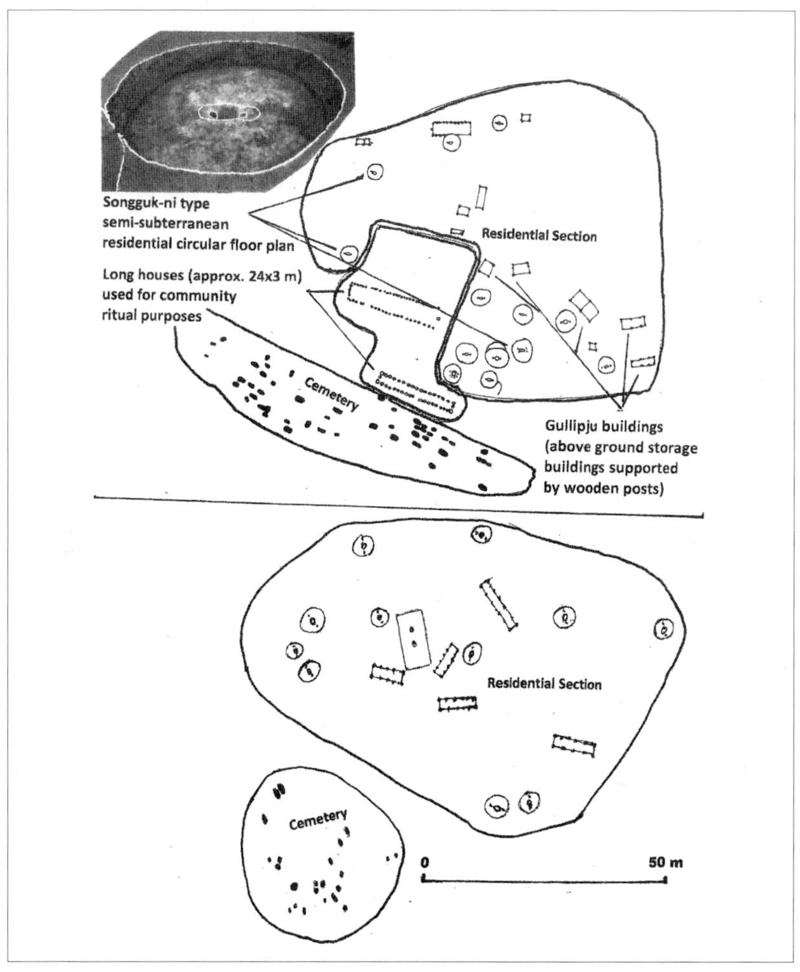

도면 1.2 송국리 유형 문화 마을

上: 한국 남해안 이금동 송국리 유형 마을(이형원 2009: 233), 下: 九州 북부 江辻 송국리 유형 마을 (Mizoguchi 2013: 56)

공동체 유형의 관점에서 송국리 취락은 주거, 공방, 묘지, 농경지 각각의 입지에서 보이는 중심 계획을 보여준다. 일부 사례에서 송국리 유형 문화의 취락은 마을을 둘러싸는 1개 또는 그 이상의 환호를 포함한 요새 시설들로 보호되었다(이종철 2015: 206-234).

진라리 유적과 동천동 유적에서 보이듯이 공간적으로 중앙 광장을 중심으로 큰 마을이 구성되며, 광장 부근에 초대형 주거 건물과 함께 저장용 굴립주 건물이 배치된다(이수홍 2014: 23-24). 창고 근처의 대형 주거 건물에 사는 개인은 잉여 식량의 수거와 분배 체계를 담당하는 공동체 지도자들로 믿어진다.

송국리 유형 문화의 또 하나의 특징은 옥외 저장용 굴립주 건물과 더불어 수많은 옥외 플라스크형 저장 구덩이의 존재이다. 무문토기시대 전기에는 저장 구덩이가 주거 내부에 있었지만, 중기가 되면 개별 주거로부터 떨어진 옥외에 배치되었다. 이수홍(2014: 25-30)은 잉여 식량을 개별 가구가 아닌 공동체의 통제 하에 두려는 목적에서 저장시설이 옥외에 설치되었다고 상정한다. 그렇다면, 굴립주 저장시설과 함께 옥외 저장 구덩이들은 공동체 내에 관리자 계급의 출현, 즉 계층사회의 시작을 조장했다고 할 수 있겠다.

7C~5C BC에 이르러 여러 송국리 유형 취락은 많은 수의 주민과 주거, 확장된 농경지, 뚜렷한 사회 계층화를 갖춘 타운(town)이라 불릴 수 있을 정도의 거대 공동체로 성장했다. 금강 하류 송국리, 금강 상류 내륙 여의곡, 중서부 해안 관창리, 서남 해안 탐진강 유역 신풍과 갈두, 남해안 섬진강 유역 대곡리, 동남해안 남강 유역 대평리 유적이 이런 유적에 해당한다. 전형적으로 1~2기의 초대형 주거가 공동체의 중심부를 점유하는 이러한 대규모 송국리 유형 문화 공동체는 사회적으로 계층화되었다(송만영 2006: 9-29; 이종철 2015: 279-354).

3. 농경

송구리형 취락은 "벼는 물론 조, 수수, 밀, 보리, 호리병박, 팥, 콩, 들깨를 포함하는 다양한 고지대 작물(a variety of upland crops, including foxtail and broomcorn millets, wheat, barley, bottle gourd, azuki, soybean, beefsteak plant, and melon species as well as rice)"의 다모작에 기반한 완전한 농경사회였다(Kwak et al. 2017: 1091-1092). 무문토

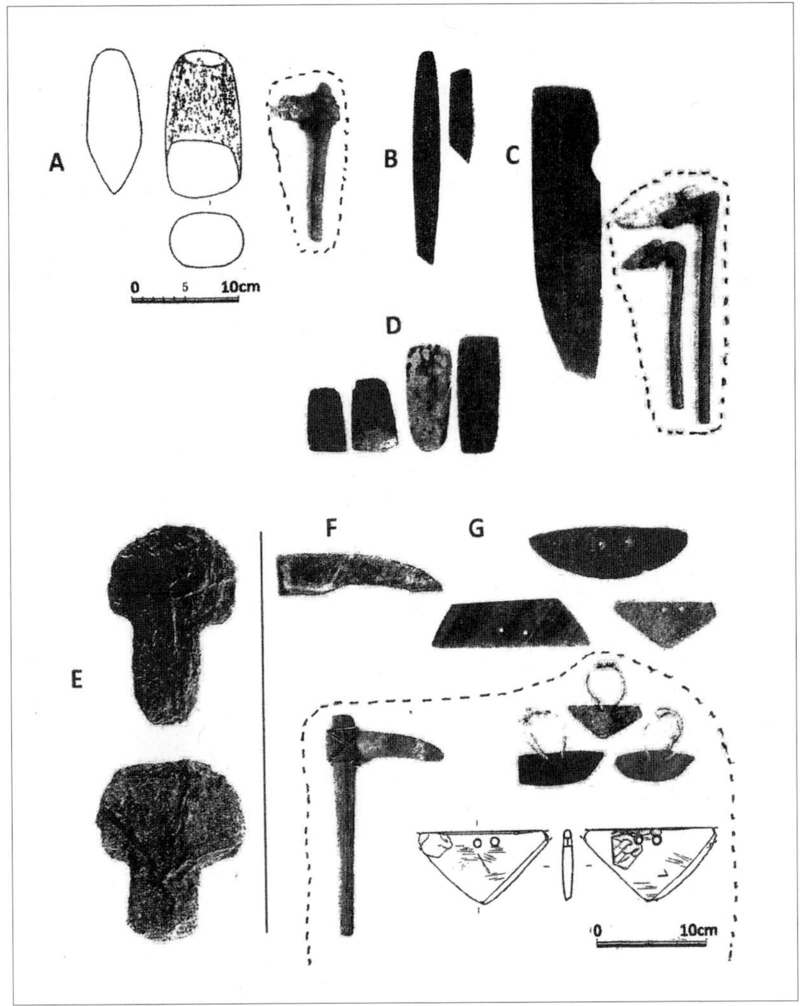

도면 1.3 무문토기시대 중기 석기류

공구류[A: 석부, B: 석착, C: 유구석부(21.8cm), D: 대팻날] (국립중앙박물관 2003: 46-47), 농구류[E: 괭이, F: 돌낫(25.6cm), G: 장방형, 주형, 삼각형 석도(12~18cm)] (국립중앙박물관 2002: 68, 101)

기시대 중기 유적 중 송국리와 마전리에서 탄화미가 보고되었다. 특히 송국리 유적에서는 약 395g의 *자포니카(japonica)* 탄화미가 출토되었는데, 그 방사성탄소연대 측정치는 c. 2665 and c. 2565 cal. BP였다.

구봉·노화리(박순발·이성준·土田純子·정원재 2004)와 마전리(국립공주박물관 2002: 40)에서는 논, 관개수로, 제방, 저수지 등이 보고되었다. 인근의 관창리에서도 수전(水田)과 관개 수로가 노출되었다(김규혁·김재진 2001: 525-533). 당시 남해안 인근 남강 유역 대평리에 살던 송국리 유형 문화 사람들은 쌀, 밀, 보리, 기장을 모두 재배하였다(국립진주박물관 2002: 58-59).

수도(水稻) 경작은 황무지의 평탄화, 제방 건설, 토양 준비, 벼의 성장·숙성·수확 준비 등 서로 다른 시점에서의 물 공급 통제에 꼭 필요한 지구물리학적·수리공학적 기술을 요구했는데, 이는 매우 노동집약적이기도 했다. 심지어 오늘날에도 수도(水稻) 경작은 아시아 농부들의 주요 산업으로 고지대 경작보다 훨씬 복잡하고 어렵다.

구봉·노화리, 마전리, 관창리 농민들이 관개 경작지의 벼 재배 발전에 시간, 에너지, 자원을 투입했다는 사실은 무문토기시대 중기에 이미 벼가 매우 중요한 곡물로 자리잡았음을 말해 준다. 송국리 유형 문화 취락에서 발견된 탄화 곡물의 분석 결과는 쌀은 거의 모든 주거에서 확인되는 아주 흔한 존재였음을 알려준다(MK Kim 2015: 838-853). 시간이 지나면서 한국과 아시아 전역에서 쌀은 부와 권력을 상징하는 가장 중요한 상품으로 부상했다(이수홍 2014: 28-29).

4. 석기

A. 농공구

무문토기시대 전기 석기들은 무문토기시대 중기에도 계속 농공구로 채택되었다. 공구로는 크고 작고 방형·타원형 양인석부가 있는데, 무문토기시대 전기 후반에 유행했던 합인석부(도면 1.3 A)가 가장 중요한 공구로 부

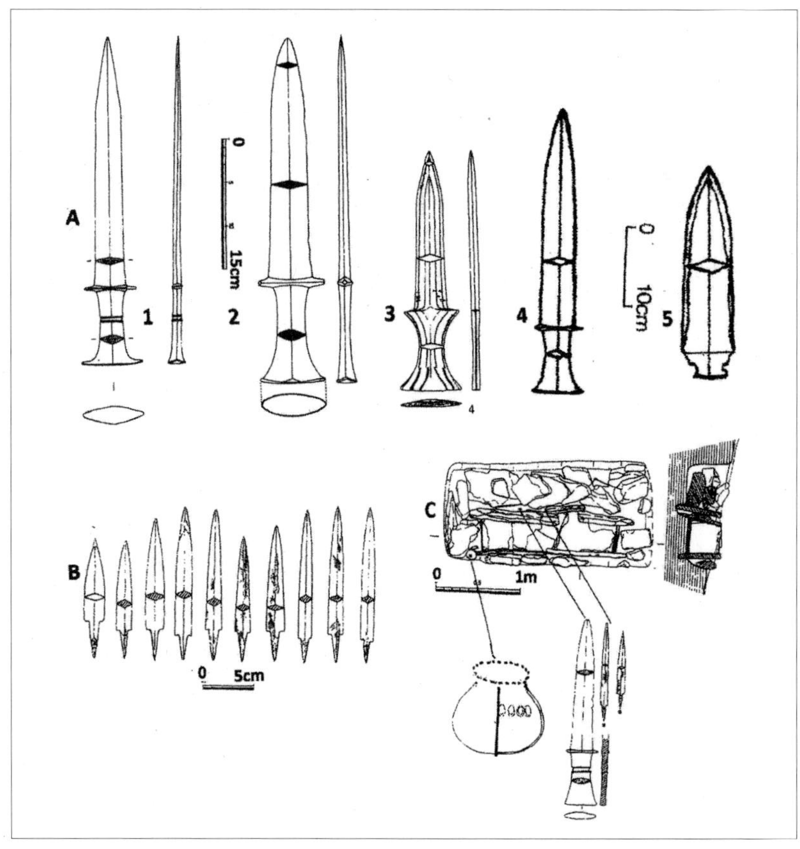

도면 1.4 무문토기시대 중기 의식용 마제석기 무기류

A-1: 이단병식 석검, A-2~4: 일단병식 석검, A-5: 유경식 석검, B: 유엽형 마제석촉, C: 이단병식 마제석검, 유엽형 마제석촉, 적색마연토기가 부장된 남해안 신촌리 지석묘(平郡達哉 2013: 111)

상했다(배진성 2007: 66).

무문토기시대 중기에는 석착(石鑿, 끌) (도면 1.3 B)과 대팻날로 사용된 편평편인석부(도면 1.3 D)와 같은 목공 관련 도구의 수가 늘어나는 현상이 보인다(이종철 2015: 166-168). 여기에 유구석부(도면 1.3 C)가 새롭게 추가되었는데, 끌의 경우처럼 한쪽 면에만 마연된 날이 있는 석부(石斧)를 나무 손잡이에 고정했다. 홈은 도끼를 끈으로 나무 손잡이에 단단히 결착(結着)하기 위함이다(이종철 2015: 166). 한반도 특유의 유구석부는 무문토기시대 산업, 특히 목기 생산과 주거 건축에 크게 기여했다(배진성 2014: 66, 71-72).

무문토기시대 중기 농민들은 곡물 낟알 수확을 위해 무문토기시대 전기의 납작한 수확용(장방형, 빗 모양, 배 모양) 석도를 계속 사용했다. 그러나 무문토기시대 중기 사람들은 수확 효과를 향상시키기 위해 석겸(石鎌, 낫)과 날을 바꿔 사용할 수 있는 삼각형석도(三角形石刀) 형태의 새로운 수확용 석기를 발명했다(그림 1.3 G). 이전의 수확용 석도는 날이 한쪽에만 있었지만, 삼각형석도는 한쪽 날이 무디어지면 뒤집어 다른 한쪽 날을 사용할 수 있었다. 이러한 수확용 석도는 훨씬 효율적인 수확을 필요로 하는 농경의 확장에 대응하여 발명되었다. 돌낫(그림 1.3 F) 역시 같은 이유로 발명되었지만, 수확용 석도만큼 인기를 끌지는 못했는데 그 이유는 밝혀지지 않았다(이종철 2015: 167-172).

B. 의식용 무기

무문토시시대 중기의 석제 무기류는 마제석검(磨製石劍), 석창 봉부(石槍 鋒部), 석촉(石鏃)으로 구성된다. 무문토기시대 전기의 이단병식(二段柄式) 석검 이외에 병부 중간에 절대(節帶)가 있는 유절병식(有節柄式) 석검, 병부가 일직선인 일단병식(一段柄式) 석검, 그리고 유경식(有莖式) 석검의 세 형식의 마제석검이 새롭게 등장했다(도면 1.4) (이종철 2015: 154-162).

유경식 석검의 경우 경부를 목제 손잡이에 끼웠다. 무문토기시대 중기 의식용 무기의 일부는 서기전 1천년기 중반 러시아 연해주 지역으로 전파된 것으로 보인다(Shoda, Yanshina, Son, and Teramae 2009). 유절병식 석검의 길이는 21~29cm에서 45cm에 이른다. 청도 진라리 3호 지석묘에서 출토된 마제석검의 길이는 66.7cm였는데, 이는 예외적 사례이고, 1자형 병부를 지닌 마제석검의 길이는 24.7cm~35.8cm이다.

무문토기시대 마제석기 무기는 쉽게 갈라지고 깨지는 점판암, 응회암, 변성암(호펠스), 편암으로 제작되었다(Shoda 2015: 156). 따라서 학자들은 이 석기류는 실제 무기 용도보다는 엘리트들의 의식용으로 주로 생산되었다고 믿는다. 또 이러한 견해는 이러한 석기류 대부분이 엘리트 무덤에서 발견되어 왔다는 사실을 통해 더욱 지지된다.

몇몇 학자(배진성 2007: 180-182; 平郡達哉 2013: 160-161, 180-194; 이종철 2015: 151-153)는 고도로 전문화된 장인이 제작하고, 먼 지역으로 교역되고, 주로 매장 의식용으로 사용된 마제석검은 거석 매장 구조, 즉 지석묘와 밀접한 관련이 있다고 주장한다. 따라서 "매우 제한적(highly restricted)"으로 소유된 마제석검의 주인은 주로 남성이었다(Shoda 2015: 156, 158). "뚜렷한 제작 기법상의 규칙성(clear regularity in the production technique)"은 물론 "제작상의 규칙성과 장례 의식은 특정 강 유역에서 공유되었다(production regularities and funeral rites [were] shared within single river basins…)" (Shoda 2015: 156).

히라코리 타츠야
平郡達哉(2013: 180-194)는 절대(節帶)가 있는 유절병식 마제석검(도면 1.4A1)은 개인이나 가족의 장례가 아닌 훨씬 큰 범위에 걸친 공공 장례 의식의 필수 요소였다고 이해한다. 따라서 석검은 공동체의 의식용 재산으로 기능했고, 공동체의 성원들은 석검을 통해 서로를 식별(동일시)했다. 유경식(有莖式) 석검은 나무 손잡이에 단단하게 삽입되었고, 석창 봉부(鋒部)의

슴베는 나무나 대나무 장대 끝부분에 삽입되었다(이종철 2015: 164-165).

마제석검의 경우처럼 마제석촉, 특히 세장한 유엽형석촉[2](柳葉式石鏃)(도면 1.4 B)은 주로 장례 의식용으로 제작되어 마제석검과 함께 엘리트 무덤에 부장되었다(도면 1.4 C) (이종철 2015: 162-164).

5. 청동단검과 청동기 제작

무문토기시대 중기 청동단검(도면 1.5)은 엘리트들의 지위 상징으로 마제석검과 마제석촉, 준보석용 원석으로 제작된 관옥(管玉), 홍도(紅陶)와 함께 주로 무덤에 부장되었다. 청동 무기류는 때로는 강이나 바다가 내려다 보이는 외딴 지점과 같은 퇴적층(즉, 매장 의식과 무관한 지점)에서 발견되기도 했다. 이상길(2000: 23-55)은 이런 종류의 청동기들을 전쟁, 역병, 자연재해 발생시 또는 수로 여행자의 의례적 보호를 위해 봉헌된 의식용 제물로 추정한 바 있다.

한반도의 청동단검은 외형상 만주 서남부 요령(遼寧) 청동기와 관련이 있다. 즉, 이 지역 청동단검이 한반도 서북 지역과 중서부 해안으로 전래되었고, 이후 남한 전역으로 확산되었다(국립중앙박물관·국립광주박물관 1992: 126-132). 요령지역에서 기원했기 때문에 요령식동검(遼寧式銅劍)이라 불리기도 하고, 또 비파(琵琶)라는 악기의 외형을 닮았기에 "비파형동검(琵琶形銅劍)"이라고도 불린다. 특히 한반도 출토 동검 경부에서 확인되는 홈은 한반도 동검을 만주 요령지역 동검과 구분해 준다. 이러한 특징과 송국리를 포함한 한반도 전역의 여러 유적에서 보고된 석제 청동기 용범(鎔范)은 학

2) 유엽형석촉에 관한 다양한 의견이 있으나, 이송래 박사와의 교신 결과 본서 필진은 그 중 전영래(1987a)의 형식분류안과 해석을 따르고 있음을 밝힌다(역자주).

계가 한반도 무문토기시대 중기 기술자들이 청동기 자체 제작기술을 지니고 있었음을 확신하게 해주었다. 주로 한반도 남부의 송국리 유형 문화권에서 발견되는 청동단검은 송국리 유형 문화의 핵심적 부분으로 인식되어 왔다(이영문 1998).

1990년까지 100점이 넘는 요령식 청동유물이 한반도에서 보고되었는데, 그 중 58점이 비파형동검이었다. 가장 이른 시기 동검의 경우 돌기가 검신부 중간보다 약간 위에 있었지만 시간이 흐르면서 돌기가 점점 더 위로 올라갔고 비파형의 검신부가 좁아져 훨씬 세장한 동검이 되었다(林沄 1990).

송국리 유형 문화 유적에서 발견된 다른 청동기로는 동창(銅槍) (13), 동촉(銅鏃) (13), 선형동부(扇形銅斧) (10) (도면 1.5 下)가 있다(이영문 1998). 한반도에서도 드물게 요령식 동경(銅鏡)이 발견되었는데, 특히 편평한 표면에 지그재그문 또는 뇌문(雷紋)이 시문된 다뉴경 몇 점이 보고된 바 있다.

6. 방직기술

한반도처럼 겨울이 추운 환경에서 의복은 인간 생활의 기본이다. 방추차는 신석기시대 서기전 3000년경 한반도 동북 서포항 3기층과 서북 궁산 유적에서 나타나기 시작했다(국립문화재연구소 1991: 191-192, 468-480; 도유호·황기덕 1957). 주거 유적과 무덤에서 발견되는 방추차는 직조된 천으로 만든 의류가 한국 무문토기시대 문화의 필수적인 일부가 되어 왔음을 보여준다. 주로 돌이나 구운 점토로 만든 방추차는 중앙에 구멍이 뚫린 원형 디스크 형태인데, 이 구멍으로 목제 방추(紡錘 또는 가락)를 끼워 넣었다. 이 바퀴(車)는 직공이 식물 섬유를 능숙하게 꼬아 계속 이어지는 실을 만들어 방추에 감을 때, 직공들이 계속해서 방추를 편하게 회전시키도록 돕는 추 또는 플라이휠(flywheel) 역할을 했다. 이렇게 만든 실로 베틀에서 직물

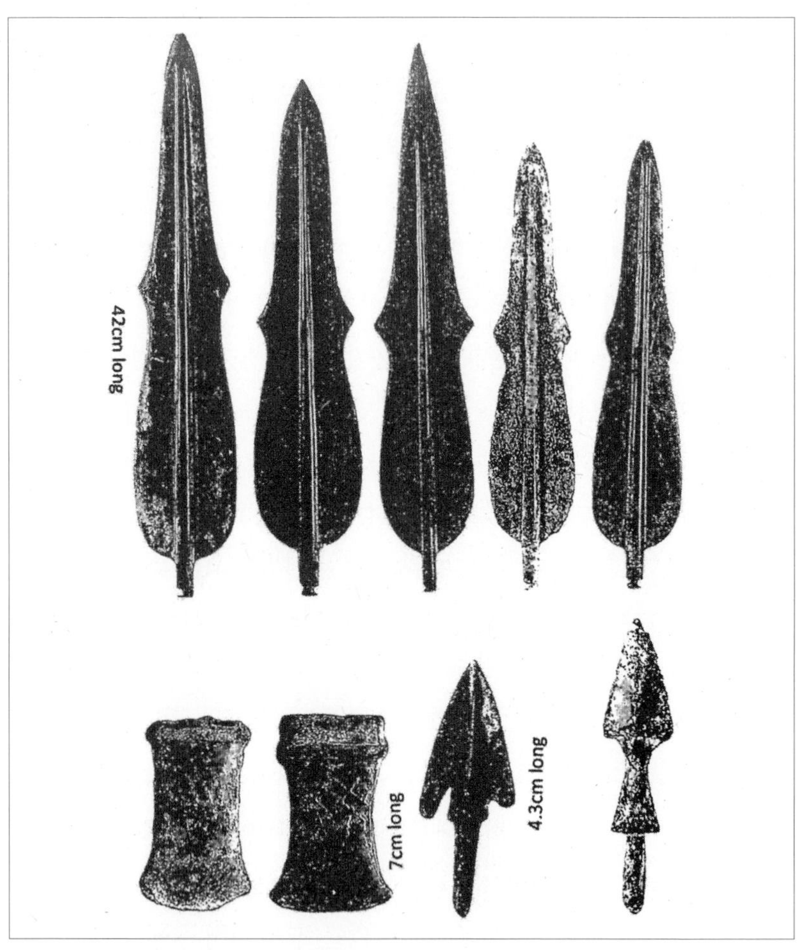

도면 1.5 무문토기시대 중기 요령식 청동기: 단검, 도끼, 화살촉
(국립중앙박물관·국립광주박물관 1992: 19, 22)

을 짜고, 직물은 다시 옷으로 지어졌다(국립진주박물관 2002: 114).

궁산 유적 패총에서 출토된 골침(骨針)과 같이 발견된 대마 섬유로 엮은 실은 대마가 옷을 짓는데 이용된 식물 재료 중 하나였음을 알려준다(도유호·황기덕 1957). 방적(紡績), 직조(織造), 재단(裁斷)은 힘든 노동이었지만, 사냥·살해·도살한 동물 가죽을 벗기고, 무두질하고, 자르고, 꿰매 옷을 만드는 구석기시대 방법보다는 훨씬 용이했다.

한국 청동기시대 방추차에 대한 최근 연구에 따르면 서기전 800년 이후 방추차가 전보다 작고 가벼워졌는데, 이는 직물을 촘촘하게 짜는데 필요한 가는 실을 생산하기 시작했음을 의미한다. 두꺼운 실로 짠 다공성(多孔性) 직물보다 가는 실로 촘촘하게 짠 직물로 지은 옷이 더 나은 따뜻함과 편안함을 제공할 수 있으므로 이러한 혁신을 이전보다 추워진 기후 변화에 대한 대응으로 보는 연구자도 있다(박병욱 2015: 5-31).

7. 위신재 및 정치 권력의 상징

유물 형식상 약 800~700 BC로 편년되는 송국리 1호 석관묘(庄田慎矢 2009: 129-133; 林沄 1990) 내부에는 비파형동검, 마제석검, 유엽형 마제석촉 11점, 관옥 17점, 천하석제(天河石製) 곡옥 2점, 동착(銅鑿)을 포함한 인상적인 위신재가 부장되었다(도면 1.6). 부장품은 원래 피장자가 착용하거나 지니고 있던 자리에서 발견되었다. 즉, 동검은 피장자의 왼손 바로 옆에 놓여 있었고, 석촉은 동검 위에 있었다. 단검 봉부 양쪽에 자리한 2점의 곡옥은 지금은 부식되어 사라진 단검집을 마치 귀걸이처럼 장식했던 것으로 보이고, 관옥은 동검의 중간 지점과 봉부 사이에 흩어져 있었다. 무덤 주인 허리 부분에 자리한 마제석검의 끝은 오른발 쪽을 향하고 있는데, 이는 석검을 허리에 착용했음을 알려 준다.

이 석관묘는 송국리 공동체의 최고 위계 지도자의 무덤으로 추정되며(이형원 2009: 227-228), 특히 공포와 경외심을 불러일으키는 동검과 석촉은 무문토기시대 중기의 정치 권력과 사회적 위신의 상징으로 기능했다(배진성 2007: 172-191).

앞서 살펴본 엘리트 부장품에서 보이듯이, 특정 옥 장신구들은 그 희귀성으로 인해 사회적·정치적 상징의 필수적 구성 요소로 기능했는데(庄田愼矢 2009: 187, 204), 이는 구체적으로는 천하석제 곡옥(曲玉), 벽옥·호박제 관옥(管玉), 그리고 천하석·수정·호박제 소형 구슬로 구성된다. 곡옥은 석관묘 외에 지석묘에서 출토되어 왔고(순천 우산리[3], 여수 평거동, 무안 월암리, 남해 및 서남해안의 진주 대평리), 무문토기시대 중기 주거지에서도 종종 발견되어 왔다(충주 조동리, 울산 창평리).

순천 우산리의 한 지석묘에서 한 쌍의 천하석제 곡옥과 관옥 1점이 마제석검, 비파형동검, 소형 구슬과 함께 출토되었다(국립중앙박물관·국립광주박물관 1992: 13, 23). 단독으로 발견된 옥은 관옥과 곡옥과 함께 목걸이를 구성한 목걸이를 구성했고, 쌍으로 발견된 옥은 귀걸이로 사용된 것으로 추정된다(국립진주박물관 2002: 103; 경상남도·동아대 박물관 1999: 231).

천하석제 곡옥의 기원은 遼河 유역 북단에서 발견된 신석기시대 홍산문화(紅山文化 약 4,500~3,000 BC)의 용 모양 옥들과 어느 정도 관련이 있다는 견해가 있다(이형구 2004: 118-122). 그러나 양자 간의 시간적·공간적 거리로 인해 본서의 저자들을 포함한 대부분의 연구자는 양자 간의 계보적 관계에 대해 회의적이다. 신석기시대에 종종 펜던트로, 달 숭배자들에게 신성한 반달의 상징으로, 또는 태아/출산의 상징으로 사용된 맹수의 송곳니에서 그 형태가 유래되었다는 것이 일반적인 해석이다(노희숙 1997).

1995~1999년 남해안 근처 진주 대평리 무문토기시대 마을 유적 발굴 과정에서 조사단은 벽옥제 관옥과 천하석제 곡옥 장신구가 제작되던 공방(工房) 몇 지점을 찾는 성과를 거두었다. 완성되거나 제작 중인 미완성 장신구, 원재료, 마연도구 등이 출토되었다.

3) 발굴조사 및 보고서 출판 당시는 행정구역상 전남 승주군 소속이었는데, 1995년 승주군은 순천시로 통합되었으므로 이하 순천으로 표기함(역자주).

庄田愼矢(2009: 187-203)는 대평리 유적 분석을 토대로 대평리 공동체는 효율성 향상을 목적으로 공동체 내의 서로 다른 두 구역에 자리한 두 전문화된 집단이 위신재를 생산했다고 주장한다. 즉, 동쪽 구역은 원료와 원석을 거칠게 자른 반면에 서쪽 구역에서는 이를 정교한 제품으로 완성했다.

완성된 장신구는 장거리 교역의 일환으로 남한의 다른 지역들로 유통되

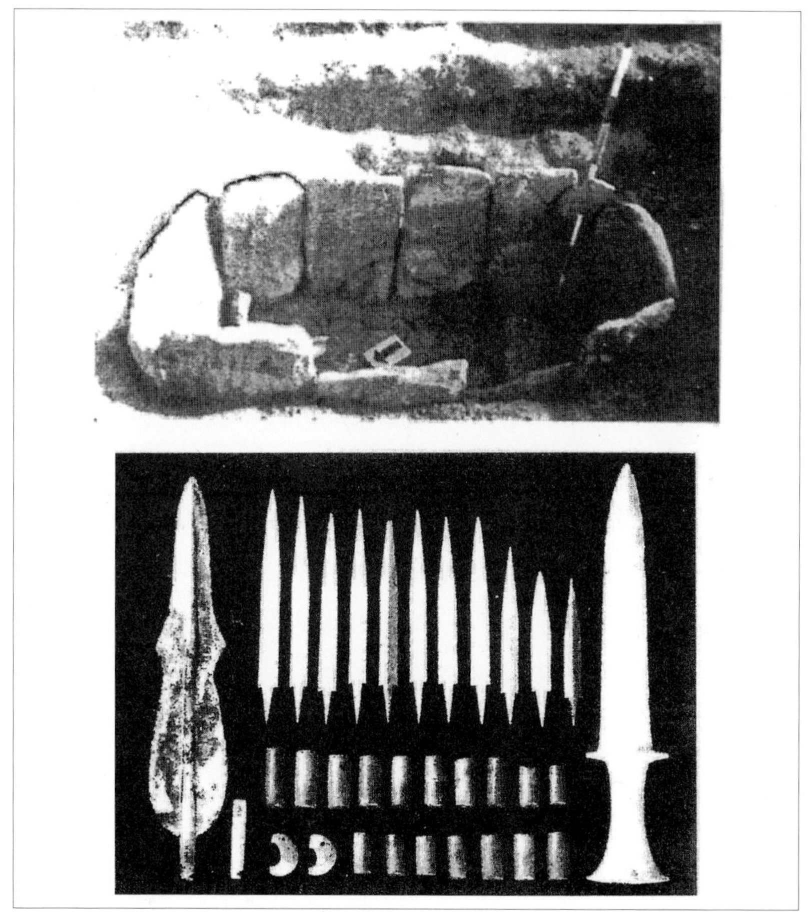

도면 1.6 송국리 석관묘 엘리트 위신재

上: 석관묘, 下: 위신재. 비파형동검(33cm), 마제석촉, 동착, 관옥, 곡옥, 마제석검(28cm) (국립중앙박물관 1986: 21)

었는데, 여수, 순천, 무안, 울산 등 남해안에서 발견된 위신재 장신구는 진주 대평리(大坪里) 유적에서 제작되었을 가능성이 높다(국립진주박물관 2002: 103-109).

8. 무문토기시대 중기의 매장 의례

무문토기시대 중기 농민들은 거석 지석묘, 석관묘(석관묘와 석곽묘), 주구묘(周溝墓), 옹관묘 등 4종류의 무덤을 채택했다.

A. 거석 매장 구조: 지석묘

거석 지석묘는 사실상 한반도 전역에서 발견되는데 동북아시아 어느 지역보다도 한반도에 더 많은 수가 분포한다. 그런데 한반도에서 확인된 30,000여 기의 지석묘 중 거의 70%는 서남부와 남해안에 분포하는데, 이는 지석묘가 한반도 남부에서 훨씬 성행했음을 시사한다(지도 1.3) (문화재청·서울대 박물관 1999). 한반도의 지석묘는 본질적으로 새로이 등장한 농업 공동체와 밀접하게 연관된 선사시대 무덤이었다. 무문토기시대 전기에 시작된 농경 마을들은 공동 프로젝트로 마을 지도자와 그 가족의 무덤으로 지석묘를 조성하기 시작했다. 정규적인 지석묘 축조 의례를 통해 농업 공동체는 농사짓는 토지와의 관계 및 공동 결속력을 강화하고자 했다(이성주 1999a: 423-441; 김범철 2010: 5-24).

한반도의 지석묘는 크게 탁자식, 기반식, 개석식의 세 가지 형식으로 구성된다(이영문 1999: 938-939). 주로 한국 서북부에서 발견되는 탁자식은 편평한 상석과 양측에서 이 상석을 받치는 2매의 판석으로 구성되어 탁자나 책상과 같은 외관을 띤다(도면 1.7 上). 이 구조 내부에 시신이 안치되면, 그 앞뒤로 두 매의 판석이 놓여 전체 구조가 무덤방(墓室)으로 바뀐다. 기념비적 규모의 탁자식 지석묘들도 일부 존재하는데, 운율 관산리 지석묘(길이 8.75m, 폭 4.5m, 두께 0.31m), 연탄 송신동 지석묘(길이 8.3m, 폭 6.3m, 두께 0.5m), 안악 로암리 지석묘(길이 7.7m, 폭 6m, 두께 0.64m)는 가장 큰 탁자식 지석묘의 예들이다(석광준 1977). 강화도, 보령, 고창에서 발견된 다양한 형태의 많은 탁자식 지석묘들은 무문토기시대에 서해안을 따라 북에서 남으로 사람들의 이주가 있었음을 시사해 준다(홍형우 1999: 213-224; 최몽룡 1999: 128; 박양진 1999: 1069).

주로 남한지역에 축조된 기반식 지석묘는 '북방식 지석묘'라 불리는 탁자식 지석묘와 대비되어 '남방식 지석묘'라 불린다. 기반식 지석묘는 대형 상석, 여러 매의 지석, 그리고 지하 묘광으로 이루어진 거석 구조이다. A형식(도면 1.7 中左)의 경우 높이 2~5피트 내외의 직립 기둥 형태 지석이 지면에 단단하게 고정되어 육중한 상석을 받치고 있다. 먼 거리에서도 보이는 커다란 상석은 기본적으로 지하에 설치된 묘광을 덮고 보호하려는 목적을 지닌다. B형식(도면 1.7 中右)의 경우 보통 길이 1~2 피트, 폭 1~2 피트 내외의 여러 매의 작은 원형, 방형, 또는 장방형 돌들이 큰 바위 형태의 상석을 받치고 있다. 지하에 설치된 묘광 주변에 위치한 지석들 위로 큰 상석이 놓인다. 남해안을 따라 많이 보이는 B형식은 九州 북부에서 주로 발견되는 지석묘 형식이기도 하다(端野晋平 2014: 105).

남한과 북한에서 발견되는 개석식 지석묘(도면 1.7 下)는 지석 없이 지하 묘광과 (보통 편평한) 큰 상석으로 구성되는 거석 무덤이다. 시각적으로 인지되는 지석이 없기 때문에 자연적으로 생성된 바위나 암석으로 오인되기 쉽다.

모든 지석묘에 부장(副葬)이 이루어지는 것은 아니며, 지석묘 형식과 지리적 위치에 따라 부장품의 종류도 다양하다. 주로 북한지역에 분포하는 탁자식 지석묘에서는 팽이형 토기와 무문토기, 반월형석도, 유경식 마제석검, 마제석촉, 곤봉 대가리, 마제석부 등이 출토되었다(석광준 1979). 기반식 지석묘와 개석식 지석묘에서는 공열토기, 홍도, 유병식·유경식 마제석검, 마제석촉, 방추차 등이 출토되었고(최몽룡 1978), 요령식 동검은 남부지방과 서남해안의 기반식 지석묘에서 출토되어 왔다(이영문 1990).

작고 단순했던 초기 지석묘는 시간이 지나면서 점점 대형화되고 웅장해졌고(석광준 1979; Rhee 1984; 전영래 1991; 이성주 1999a: 423-441,

도면 1.7 무문토기시대 중기 지석묘 형식

上: 탁자식 지석묘, 中: 기반식 지석묘, 下: 개석식 지석묘

1999b: 880), 서기전 7세기경 서북 지역의 탁자식 거석은 관산리, 송신동, 로암리 지석묘의 경우처럼 기념비적 건축물 수준에 이르렀다(석광준 1979). 한편 서기전 6세기경이 되면, 전남 화순, 전북 고창, 그리고 한반도 동남부의 남강 하류 지역의 매머드급 지석묘에서 보이듯이 남한지역의 기반식 지석묘에서도 동일한 경향이 확인된다(Rhee 1984; 이송래 1999: 927; 이영문 1999: 1004; 이성주 1999b: 855-880). 이러한 경향은 무문토기시대 중기에 발생한 사회복합도의 성장과 부합한다.

B. 석관묘

석관묘는 대형 뚜껑돌 없이 토광 내부에 판석이나 자갈로 조성된 석관 구조의 무덤이다. 가장 흔한 것은 4매의 얇은 판석으로 목관처럼 조성한 장방형 석관이다. 지하에 설치된 석관을 1~4매의 판석으로 덮었고, 일부 석관묘에는 한 쪽 끝에 부장품을 안치할 공간이 추가되었다.

한국 석관묘의 두드러진 특징으로 비파형동검을 비롯한 부장품 중 무기의 강조를 들 수 있다. 일례로 부여 송국리 석관묘에서는 비파형동검 1점, 마제석검 1점, 유엽형 마제석촉 11점이 출토되었다(도면 1.6). 한반도 서북부 백천 대아리에서 보고된 6매의 판석으로 구성된 석관묘에서는 비파형동검 1점, 양익형 동촉 1점, 그리고 마제석촉 7점이 출토되었다. 신평 선암리 1호 석관묘에서는 비파형동검 1점과 마제석촉 4점이 출토되었다(조선유적유물도감편찬위원회 1989: 48-49). 특히 요령식 청동무기류를 지닌 석관묘들의 또 다른 특징은 관옥, 구슬, 천하석 곡옥과 같은 위신재 성격의 장신구의 존재이다.

남해안에서는 부장품이 석관 자체의 내부나 외부에 안치되는 사례들이 보고되었다(平郡達哉 2013). 마산 신촌리 유적 1지구에서는 마제석검 1점, 마제석촉 1점, 적색마연토기 1점이 세트를 이루어 석관 외부에 안치되었는데, 이는 관에 시신이 모시기 전에 벽사(辟邪)의 의미로 안치된 것으로 믿어진다(平郡達哉 2013: 100, 124). 특히 김해와 마산 등 남해안 일대에서는 적색마연호의 부장(副葬)이 유행했다(平郡達哉 2013: 100).

남해안 근처 대평리 유적의 무문토기시대 중기 무덤에서 훼손 없이 발견된 인골 잔해는 시신들이 신전장(伸展葬)과 굴장(屈葬)을 포함한 다양한 자세로 석관에 안치되었음을 보여준다. 신전장의 경우 보통 반듯이 누운 앙와위(仰臥位)를 취했는데, 일부 사례에서는 알려지지 않은 의례적 이유에서 머리가 없거나 발치된 채 매장되기도 했다(경상남도 1998: 52; 국립진주박물관 2002: 132-137).

C. 옹관묘

송국리 유형 문화권에서 저장용 단지의 옹관 사용은 일반적 관행이었다. 이러한 관행은 금강 중하류에 집중되었지만, 사천 이금동의 사례에서 알 수 있듯이 멀게는 남해안에 이르는 타 지역들로 확산되었다. 관으로 사용된 항아리들은 토광에 수직, 수평 또는 경사지게 안치되었다. 무문토기시대 중기 말에 이르러 서로 구연부가 결합된 두 항아리의 수평 안치가 더욱 우세해졌다(이명훈 2016: 42-74).

금강 유역에서는 보통 기고 25~57cm, 구연부 지름 20~24cm 내외의 전형적인 외반구연 송국리식 저장용 호를 옹관으로 사용했다. 성인용으로는 크기가 작아 유아 매장용이란 가설이 제기되기도 했지만, 2차장의 가능성도 배제할 수는 없다. 그러나 무문토기시대 중기 말에 이르러 두 점의 저장용 토기를 결합한 합구식 옹관이 등장하면서 성인 시신의 매장도 가능하게 되었다. 주로 단순한 원형 구슬과 같은 보잘것없는 물품만이 부장되어 옹관묘는 평민용 무덤으로 인식되기도 한다(강인구 외 1979).

9. 새로운 사회복합도

적어도 단순 족장사회 수준 복합사회의 기본 요소 중 일부는 무문토기시대 중기에 이미 존재했다는 공감대가 한국 학계에 형성되어 있다. 새로운 농업 경제 이외에 인구증가, 취락 확대, 어느 정도의 수평적 분화, 상당한 수준의 수직적 분화 등은 복합사회의 기본 요소의 일부분을 구성한다(Blanton 1981: 21; Chapman 1990: 169).

취락 연구에 따르면, 무문토기시대 전기와 중기 사이에 취락이 확대되고, 기하급수적으로 인구가 증가했다(김장석 2018: 34; 이종철 2015: 191-194, 279-354; 이수홍 2014; 송만영 2006: 9-29). 토기 용기들이 변화하고, 숙련된 전문가들이 마제석기를 제작했고, 비파형동검, 동모(銅矛), 동부(銅斧), 동착(銅鑿), 동촉(銅鏃), 옥 장신구 등 위신재가 증가했다(조선유적유물도감 1989).

부장품의 정교함은 공예 전문가의 존재를 시사하며, 오늘날 한국의 무당들이 사용하는 것과 유사한 의례용 청동 종(銅鐸)의 존재는 무당이나 사제와 같은 종교 전문가의 존재도 시사한다. 이러한 문화적 특징은 수평적 기능 분화를 나타낸다(배진성 2006: 87-109; 이상길 2006: 117-149; 김승옥 2006a; 김범철 2010: 5-24).

수직적 기능 분화는 차별화된 지석묘, 석관묘, 옹관묘, 토광묘 등 매장 관습에서 쉽게 확인된다. 관련된 부장품이나 조성에 필요한 에너지 소비는 지석묘와 석관묘는 무문토기시대 사회 특권층을 위한 것임을 알려주며, 특히 지석묘와 석관묘는 공시적·통시적 양면에서 차별적 신분에 대한 유용한 정보를 제공한다(김승옥 2006a: 39-82).

단순족장사회에서 족장은 주로 자기친족 집단인 사람들과의 밀접한 개인적 관계에서 운영되는 생산과 재분배의 파트타임 관리자이자 조력자였다(Steponatis 1978). 친족들은, 족장과 그 가족은 스스로의 경제 활동으로 자신들의 생활을 유지하는 동시에 자기들에게, '탁월하고 관대한 친척(superiorly generous kinsman)'의 역할을 수행할 것을 기대했다. 따라서 족장은 자신이 나눠줄 것을 확보하기 위해 남들보다 훨씬 더 열심히 일했다(Steponatis 1978: 420). 족장은 기껏해야 동료 중 제1인자였다(앞서 서술한 취락 관련 논의를 보라).

최근 한반도 서남부 영산강 유역의 친족 기반 지석묘군에 대한 연구는 족장은 생산과 재분배, 그리고 지석묘군과 연관된 다양한 공동체의 중요 정보 네트워크를 효율적으로 관리할 수 있는 중심적 위치에 자리했다고 가정한다(강동석 2019: 6-41).

10. 무문토기시대 중기 사회의 밀고 당기기의 역학

수도(水稻)를 포함한 혼작물(混作物, mixed crop) 농업의 등장과 함께 무문토기시대 사회 인구는 급격히 증가하기 시작했다(김장석 2018: 30-35; YJ Oh et al. 2017: 1767-1768). 남해안 인근 남강 하류의 소남리 유적의 경우 신석기시대에 2기였던 주거지가 무문토기시대에는 50기로 늘어났고, 대평리 유적 옥방 4구역의 경우 신석기시대에 1기만 발견된 주거지가 무문토기시대에는 65기가 보고되었다(경상남도·동아대 박물관 1999: 54, 90-91).

무문토기시대 중기(약 800~400 BC)의 한반도에서는 농경이 확대되고 인구와 취락이 더욱 늘었고, 대부분의 취락은 주요 하천 유역 충적대지에 입지했다(김장석 2018: 34; 이종철 2015: 191-194, 279-354; 이수홍 2014; 송만영 2006: 9-29). 무문토기시대 중기의 인구를 무문토기시대 전기 인구의 7배로 추정한 연구자도 있다(김권구 2003: 115-119).

춘천 중도 유적 C구역의 167동의 편년 가능한 주거지 중 무문토기시대 전기 주거지는 14기인 반면 나머지 153기는 무문토기시대 중기에 속한다. 이러한 수적 차이는 당시 혼작물 농업 체제에서 무문토기시대 사회 인구가 지속적으로 증가했음을 분명하게 보여준다(예맥문화재연구원 2014: 56-72). 농업 확장, 인구, 취락의 증가와 함께 사회적 분화, 내부적 긴장, 공동체간 갈등이 발생했다. 약 700 BC 직후 일부 지역에서 등장하기 시작한 엘리트 주거 구역과 방어 체계는 주요 사회 분화와 내부적 긴장을 보여주는 강력한 지표이다(안재호 2000: 54-56; 부산대 박물관 1995: 288, 295; 송만영 2001: 99-105, 2006: 9-29).

환호는 서남해안의 방기리·검단리 유적, 남해안의 사월리·남산리·덕천리 유적, 중남부 및 남부 연안 지역의 대평리 유적에서 발견되었다(이종철 2015: 279-354). 일반적으로 해자는 중도 유적와 검단리 유적에서 볼 수 있듯이 취락 전체가 아닌 취락 내 특정 구역만을 둘러싸고 있다. 아마도 군사적인 만큼 상징적이기도 했을 것이라는 주장이 제기되기도 했지만, 환호는 공동체 엘리트를 위한 특별 구역을 제공하고, (우연이 아니라 의도적으로) 수확한 곡식과 공동체의 재산을 격리시키는 역할을 수행했다(부산대 박물관 1995; 정의도 2000: 97-137).

무문토기시대 중기에도 사회적 갈등과 전쟁의 증거는 분명히 있다. 한반도 서남부 지역 최대 무문토기시대 중기 취락의 하나인 송국리 유적의 경우 목책[4]으로 둘러싸인 방형 수혈 주거의 대다수는 부식되지 않은 살림을 그대로 지닌 채 심하게 불탔는데 반해 방형 주거들과 공간적으로 떨어져 있는 원형 수혈 주거들은 소수만이 화재 피해를 입었다. 언급했듯이 송국리

4) 과거 취락을 둘러싸는 목책의 증거로 이해되었던 주혈(柱穴)들은 2008년 이후 발굴을 수행해 온 역자가 소속된 한국전통문화대학교 고고학연구소의 조사 결과 목책 흔적이 아닌 2022년 현재 200m 이상 계속 연결되고 있는 쌍(pair)을 이룬 목주열의 흔적임이 확인되었고, 송국리 유적에서는 과거 상정되어 왔던 환호 역시 아직 확인되지 않았다(역자주).

유적에서 평면 방형 움집과 원형 움집 사이에 보이는 화재로 인한 파괴 정도의 현저한 차이는 송국리 사회 내부에 존재했던 갈등을 시사한다고 이해되기도 했다(김길식 1994: 179-180). 한편 축적된 증거에 근거하여, 송만영(2000: 142-144)은 무문토기시대 중기에 발생한 지속적인 인구 증가와 사회복합도의 성장은 토지와 다른 주요 자원의 부족을 유발했고, 이는 필연적으로 사회적 갈등과 전쟁을 초래했다고 가정해 왔다. 한반도 서북지역은 이러한 화재로 인한 주거 파괴 비율이 더욱 높았고, 특히 평양지역의 경우 발굴된 무문토기시대 움집의 최대 93.5%가 큰 화재를 입었다.

송국리 유형 문화 사람들이 많이 거주한 대평리 유적은 서기전 6C~5C경 포기되었는데, 현 시점에서 그 이유는 불분명하다. 즉, 그 사람들에게 무슨 일이 일어났는지 모른다. 그러나 무문토기시대 중기와 이후 유적에 발생한 많은 폭력적 화재에 비추어 볼 때, 무문토기시대 중기의 인구 및 취락 규모의 급격한 증가는 사회적 갈등과 전쟁을 초래했고, 결과적으로 일부 송국리 유형 문화 주민의 이주 및 이동을 상정해보는 것은 타당성이 있다. 송국리 유형 문화 체계가 북구주에 출현하기 시작하는 시기는 남한지역에서 취락의 급증과 폭력적 파괴가 일어나는 것과 거의 같은 시기였다.

특히 대평리는 남강과 낙동강을 거쳐 빼어난 하천 운송 네트워크로 대한해협과 연결되어 있었다. 대평리에 거주하던 송국리 유형 문화 사람들은 내부 갈등 또는 비상시 본거지를 떠나 남해(대한해협)와 그 너머 九州 북부로의 이동이 상대적으로 용이했을 것이다. 이 연결은 너무 잘 드러나 있어 알아채지 못할 수 없으며, 이러한 상황에 처한 한반도 사람들이 광활한 九州 북부의 개간되지 않은 평야로 발길을 돌리게 되었음을 이해할 때 복잡한 이론은 필요하지 않다. 물론 대한(또는 쓰시마)해협 양측에서 발견된 다량의 토기와 다른 증거는 늦어도 6,000 BC 이래 사람들은 물품 교역을 위해 양측을 왔다갔다했음을 보여주므로 당시 九州는 미지의 신비로운 땅은 아니었다(정징원·하인수 1998: 1-90; 이동주 2000: 35-96).

九州 북부와 남한지역에서 출토된 수확용 석도, 적색마연토기호, 지석묘의 면밀한 비교 연구 결과 九州 북부와 남강 유역 사이의 유사성이 가장 높음을 확인한 端野晋平(하시노 심페이)(2014: 86-107)는 남강 유역을 최초 도래인의 원향이라는 결론을 내렸다. 즉, 남강 유역에는 무문토기시대 중기 사람들이 거주했던 대평리 유적을 비롯하여 그 인근에 많은 무문토기시대 중기 농촌 마을이 존재했다.

농업 생산과 식량 공급에 심대한 영향을 준 황해상호작용권의 기후 한랭화는 인구 압박과 내부 갈등을 심화시켰다. 今村峯雄(이마무라 토모요)와 藤尾慎一郎(후지오 신이치로)(2009: 47-58)의 자료를 근거로 宮本一夫(미야모토 카즈오)(2017: 240-241)는 서기전 1천년기에 중요한 한랭화가 세 차례(c. 2850~2720 cal. BP, c. 2680~2660 cal. BP, c. 2420~2340 cal. BP) 발생했다고 상정한다.

인구 증가, 내부 갈등, 기온 하강 등 동시에 발생한 부정적 압박은 한반도에서도 송국리 유형 문화 주민들을 남쪽으로 밀어냈는데, 이러한 상황은 남강 유역 대평리와 같은 비옥한 평야로, 다시 남강 유역에서 남해안으로, 그리고 궁극적으로 바다 건너 福岡(후쿠오카)와 唐津(카라츠)의 연안 평야로의 확산으로 귀결되었음이 고고학적으로 입증되었다.

수도작(水稻作) 농경에 적합한 온화한 기후와 평탄 저지대, 해수면 하강으로 조성된 연안을 따라 조성된 넓은 풍부한 미개간 토지, 그리고 수렵과 어업에만 종사하는 소수의 토착 繩文人 등은 九州 북부가 제공한 긍정적인 견인력으로 작용했다. 宮本一夫(2017: 240-241)는 송국리 유형 문화 사람은 8C BC 처음 도착했다고 보고 있다. 한편 端野晋平(2014: 110-114)는 九州 북부 연안을 따라 사구가 형성된 서기전 730년경 수도작 농민인 최초 도래인(渡來人)이 九州 북부에 도착했다고 믿고 있다.

II. 벼와 벼농사기술에 익숙한 도래인들이 일본열도에 도착하다

1. 대륙에서 온 새로운 사람들

14,000년 이상 일본열도에는 고고학적·역사적으로 繩文人으로 알려진 사람들이 거주했다. 일부 繩文人들은 식량을 재배했지만(Crawford 2006: 77-95, 2008: 445-468; D'Andrea 2007: 172-174; Kaner and Yano 2015: 359-362), 대부분의 繩文 사람들은 자연환경에 잘 적응한 야생 견과류, 뿌리, 식물 등의 채집자였다(Aikens and Higuchi 1982: 182-185; Matsui and Kanehara 2006: 271; 小林達雄 2008: 27-39; Habu 2004: 61-62). 일부 繩文 공동체는 농경 기반 없이(小林達雄 2008: 27-39; Aikens and Higuchi 1982: 182-185; Pearson 2007: 388) 사회적 위계를 보였다(Pearson 2007: 388). 지나 반즈(Barnes 2015: 282-283)는 繩文時代 내내 "분화의 정도는 미미했고……[그리고] 위계사회는 발전하지 않았다(the degree of differentiation was minimal… [and] hierarchal societies did not develop)"는 입장을 피력한 바 있고, 溝口居士(미조구치 고지)(Mizoguchi 2002: 232-23) 역시 이에 동의했다. 그런데 대륙에서 새로운 사람들이 오면서 모든 상황은 변했다.

京都文化博物館(1989: 27)에 따르면:

> 彌生時代로의 전환과 함께 일본인의 특성은 극적으로 변화하기 시작했다… 九州 北部에서 토착 繩文人과 한반도에서 바다를 건너온 사람들, 즉 길쭉한 얼굴을 가진 사람들이 서로 가까운 마을에 거주했던 것으로 보인다. 바다를 건너온 사람들은 문화적으로 우월했을 뿐만

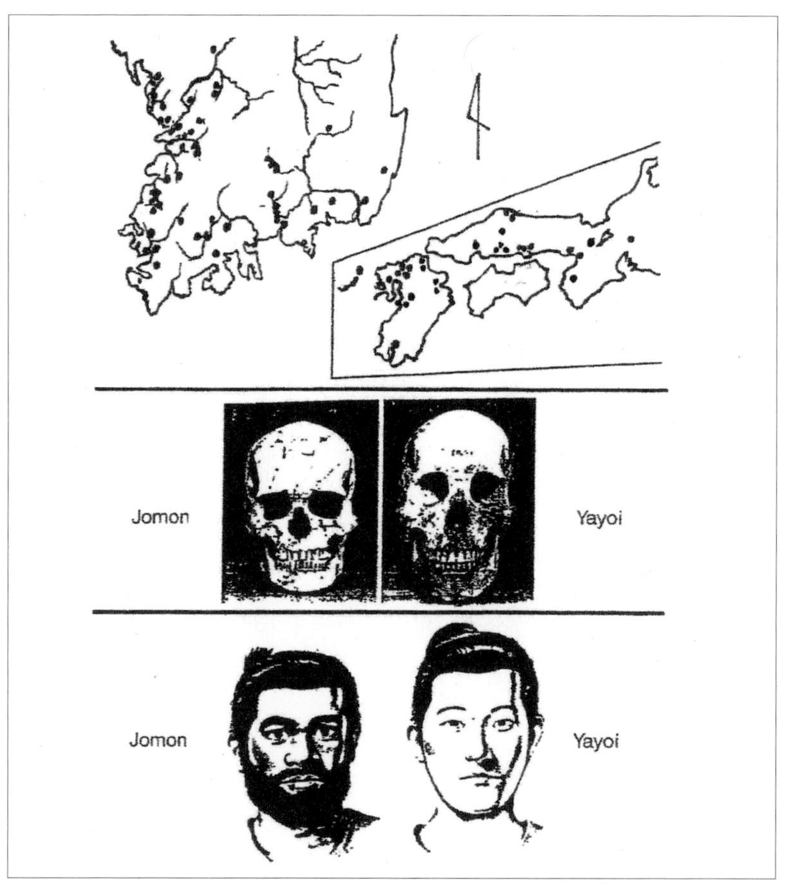

도면 1.8 열도 내 송국리 유형 주거의 분포(이종철 2015: 393; cf. 大阪府立彌生文化博物館 1999: 36)**와 繩文·彌生時代 인골과 복원된 얼굴**(Baba 1997: 26-27)

아니라, 그중 상당수의 사람들은 파도같은 패턴을 보이며 바다를 건너왔던 것으로 보인다.

축적된 다른 증거와 함께 福岡(후쿠오카) 金隈(카네노쿠마), 佐賀(사가) 吉野ケ里(요시노가리), 山口(야마구치) 井ケ浜(도이가하마)에서 출토된 방대하고 특징적인 600개체가 넘는 彌生 인골들은 일본 고고학자와 인류학자들로 하여금 繩文 말 대륙에서 큰 키와 긴 얼굴을 특징으로 하

는 새로운 사람들이 도래했고, 이들은 토착 繩文 사람들과의 교배를 통해 지속적으로 그들의 수를 늘려 갔음을 확신하도록 했다(도면 1.8) (埴原和郎 1993: 6-29; 中橋孝博·飯塚勝 1998: 31-53; Hudson 1999: 62-81; 片岡宏二 2006: 13-50; 田中良之 2014: 24-44; 下條信行 2014b: 229-233; 下條信行·田中良之 2014: 279-324; 端野晋平 2014: 79-115; 宮本一夫 2017: 151-179, 202-209).

나카하시 타카히로 이주카 마사루
中橋孝博·飯塚勝(1998: 31-53, 2008: 131-143)는 彌生 중기의 인골 잔해들의 형태학적 분석에 근거하여 (1) 단지 10~20%의 彌生 인골만이 繩文 특징들을 지닌 '繩文系 彌生人'인 반면에 80~90%에 이르는 대다수의 彌生 인골은 繩文 특성을 지니지 않은 '渡來人系 彌生人'이며, (2) 후자는 전 彌生時代 내내 彌生 주민의 압도적 다수를 유지했다고 결론 내렸다. 허드슨(Hudson 1999: 80)은 유전학적 연구 성과에 근거하여 "繩文 사람들이 새로 등장하는 彌生 이주민들로 완전히 대체되지는 않았지만, 후대 일본인에 대한 繩文人의 유전적 기여도는 작아서 아마도 1/4에 미치지 못할 것이다(although the Jomon people were not totally replaced by the incoming Yayoi migrants, their genetic contributions to the later Japanese was small, perhaps less than one quarter)"라고 말하며 中橋孝博·飯塚勝의 견해에 동의했다.

中橋孝博·飯塚勝(1998)는 이러한 관찰을 토대로 彌生時代 渡來人系 彌生 주민이 토착 繩文系 주민을 수적으로 압도하며, 수도작 농경에 기반한 彌生 농경 사회의 시작과 발전을 이끌었다고 가정한다. 이 두 학자는 彌生時代에 九州 북부의 인구학적·경제적·사회적 변혁은 많은 渡來人系 彌生 주민을 통해서만 성취될 수 있었던 것으로 결론짓는다.

카타오카 코지
따라서 片岡宏二(2006: 3-8)는 九州 북부에서 彌生社會 를 열고 발전시킨 주인공은 토착 繩文人이 아닌 渡來人이었다고 주장한다. 그러나

타나카 요시유키
田中良之(2014: 43)는 彌生 농경사회를 발전시킨 주체는 토착 繩文人도 도래인도 아닌 혼혈의 渡來人系 彌生 사람들과 繩文人의 자식들이었다고 주장한다.

中橋孝博와 飯塚勝는 彌生系 도래인의 선조들이 어디에서 왔는지를 구체적으로 명시하지 않은 반면에 허드슨(Hudson 1999: 68)은 한국 남해안을 따라 발견된 인골들이 "九州 북부와 山口의 彌生 및 古墳 시대 주민들과 밀접한 관련성을 보임(show a close affinity with Yayoi and Kofun populations in north Kyushu and Yamaguchi)"을 지적하며 한국 남해안을 그 기원지로 제시한다. 한편 부산 인근 김해 예안리 유적에서 발견된 200개체가 넘는 4C~7C의 인골들은 "남성 평균 신장 164.7cm, 여성 평균 신장 150.8cm와 높은 안면 뼈(高顔面頭骨)와 낮은 코뼈(平鼻骨前頭骨) (an average statue of 164.7cm for males and 150.8cm for females; with their high facial skeleton and flat naso-frontal region)"에서 彌生 인골들과 매우 흡사하다.

시치다 타다아키 요시노가리
七田忠昭(2017: 41-42)에 따르면, 九州 북부의 吉野ヶ里유적과 그 인근에서 출토된 300개체가 넘는 양의 인골 분석 결과 彌生 남성 평균 신장은 162.4cm, 161.98cm, 164.27cm, 彌生 여성 평균 신장은 148.9cm와 151.91cm였다. 이 수치는 앞서 언급한 한반도 남부에서 발견된 인골에서 나온 수치와 놀라울 정도로 비슷하다. 신장과 얼굴 형태에서 彌生 인골과 한반도 인골과의 近似함을 근거로 片岡宏二(1999: 177), 허드슨(Husdon 1999: 68), 그리고 七田忠昭(2017: 41-42)는 吉野ヶ里유적에서 출토된 300구의 유해는 이주민(도래인)과 그 후손의 것이라고 주장해 왔다.

또 다음 페이지에서 보이듯이 새로운 사람들과 관련된 문화적 잔재는 그들이 대륙의 다른 지역이 아닌 한반도 남부 출신임을 분명하게 보여준다. 구체적으로는 송국리 유형 주거, 한반도 남부 기원의 매장 관습["지석묘

(dolmen)"로 알려진 거석 매장 구조, 마제석검과 마제석촉, 적색마연토기호를 포함한 부장품을 묘광 내부나 근처에 두는 풍습], 한반도 남부의 무문토기, 包丁石(이시보쵸)(수확용 석도), 그리고 방추차, 그리고 가장 중요한 무문토기시대 한반도 남부 농부의 水稻作 농경 기술이 포함된다(片岡宏二 2006: 20-26).

장거리 이주에서는 보통 이주 집단과 그들의 부모 공동체 사이에 통신 네트워크가 구축되어 연쇄 이주가 발생한다. 부모 공동체에서 밀어내는 인

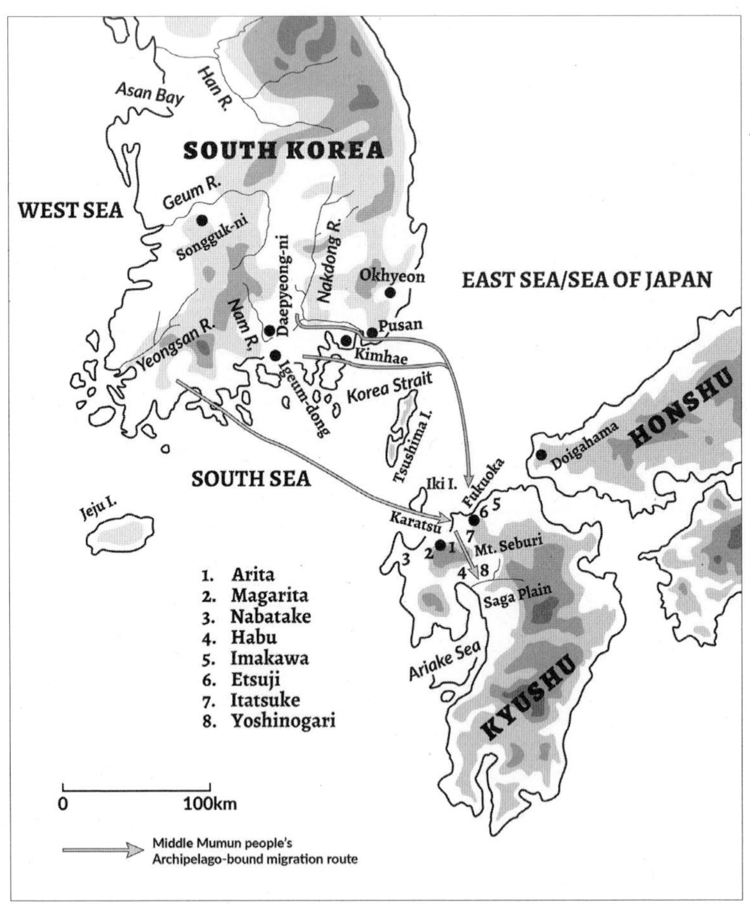

지도 1.2 九州 북부의 彌生 조기·전기 유적 (Lucas Pauly 圖)

자들이 계속될 때 다른 이들은 원 이주 집단을 강 물결처럼 따를 것이다(Anthony 1990: 895-914). 역사에 보이는 이러한 인간 이주에 대한 인류학적 관찰을 반영한 端野晋平(2014: 109-110)는 무문토기시대 도래인의 九州 북부 도착을 여러 단계로 설명했다.

이는 최초 도래인이 북쪽 해안을 따라 여러 유적(板付(이타즈케), 有田(아리타), 今川(이마카와), 曲り田(마가리타), 菜畑(나바타케))에 도착한 후에 일어났다. 또 다른 무문토기시대 중기 농민 집단은 남쪽 내륙 지대인 三國(미쿠니)丘陵의 낮은 산마루와 佐賀(사가)平野로 향했다(지도 1.2). 두 지역에 대한 고고학적 조사 결과 松原(마츠바라), 神埼(칸사키), 吉野(요시노) 力武(리키타케), 横隈(요코쿠마), 三沢(미사와), 津古(츠코), 吉野ケ里(요시노가리), 土生(하부), 鍋島(나베시마) 등의 유적에서 많은 지석묘와 송국리 유형 취락이 드러났다(片岡宏二 1999: 103-113, 2006: 141-168; 七田忠昭 2017: 15-18, 25-26; 田中良之 2014: 17-44; 宮本一夫 2017: 151-179).

片岡宏二(2006: 47, 121-124, 131-132, 141-168; cf. 七田忠昭 2017: 25-26)는 식량을 생산하는 도래인과 도래인의 1~3세대 후손들로 인한 해안 평야의 인구 포화가 三國丘陵과 佐賀平野으로의 이동을 촉발시켰다고 단정한다. 彌生 중기에 이르러 佐賀縣 吉野ケ里는 가장 영향력 있는 일본 최대 규모의 환호 취락으로 부상한다(七田忠昭 2007a: 117-133, 2007b: 346-34, 2017: 33-34; 片岡宏二 2006: 192-193).

최초의 도래인은 남한지역 무문토기시대 중기 사회의 문화 체계(수전도작농경기술, 송국리 유형 주거지, 송국리 유형 토기, 삼각형석도, 일단병식석검, 지석묘, 석관묘, 옹관묘 등)를 九州 북부에 가져왔다.

2. 열도에 나타난 새로운 주거 유형

새로운 사람들이 도래하면서 새로운 주거 유형도 출현했다(端野晋平 2014: 86-93). 彌生 전기의 지배적인 주거 구조는 한반도 남부와 매우 유사한 평면 방형 및 원형의 반수혈 주거였다. 彌生 전기 주거의 상당 부분은 800~200 BC에 한반도 남부 전역에서 흔히 보이는 바닥 중앙에 설치된 타원형 구덩이를 특징으로 하는 평면 원형의 송국리 유형 주거였다(新宅信久 1994: 118-135) (도면 1.2 下).

片岡宏二(2006: 6, 131-140)는 繩文·彌生時代 九州 북부의 취락 유형 연구를 토대로 繩文시대에는 筑紫(치쿠시)野平野 북쪽 三國丘陵에 사실상 취락이 존재하지 않았지만, 개시기(板付(이타즈케)I式土器)에 새로운 취락이 강과 하천 인근에 등장하여 널리 확산되기 시작한다고 말해 왔다. 片岡宏二(2006: 6)은 다음과 같이 말한다.

> 力武(리키타케) 취락 유적은 새로운 취락의 대표적인 예이다. 새로운 취락은 고도로 발달된 水稻作 농경 기술을 보유했고, 송국리 유형 주거를 건설하고, 또 토착 繩文人과는 다른 방식으로 생활했던 한반도에서 온 도래인이 운영했다.

송국리 유형 반수혈 주거와 함께 彌生 전기 사람들은 저장 시설로 지면보다 높은 지점에 바닥면이 있는 평면 장방형의 고상식 건물을 축조했다(宮本長二郎 1986: 19-22). 이 건물들은 움집의 경우와 마찬가지로 남한 전역의 송국리 유형 문화 취락에서 저장용으로 축조된 굴립주 건물 또는 고상가옥으로 불리는 것들과 매우 유사하다(이종철 2015: 213-217).

1987년 기준으로 福岡縣에서만 50기가 넘는 송국리 유형 주거지가 확인되었다(春成秀爾 1990: 121-122; 이종철 2000: 73-3, 2015: 392-397; 宮本長二郎 1996: 128; 武末純一 2001: 102-103). 佐賀縣 吉野ケ里 유적(七田忠昭 2005: 43-45)에서는 60여 기의 송국리 유형 주거지가 발굴되었다. 夜臼(유스)/板付(이타즈케)I 문화 단계의 여러 새로운 일본 농경 취락에서도 남한 무문토기시대

대형 취락의 또 하나의 특징인 환호가 보고된다. 농경 사회의 사회적 갈등에 비추어 보았을 때, 무문토기시대 한반도의 경우처럼, 일본에서 발견된 환호는 군사적 방어, 내부 방위, 사회적 경계 등이었던 것으로 보인다(寺沢薫 2001: 26-28).

대한해협에 면한 九州 북부 해안 근처 福岡縣 糟屋町(카수야마치) 江辻(에츠지)에서 보고된 彌生 조기 마을 유적은 특히 중요하다(도면 1.2 下). 남한 지역의 송국리 유형 문화 마을처럼 江辻 유적은 수혈 주거지들과 지상식 창고들, 그리고 주거들 인근에 조성된 대형 장방형 건물로 구성되었다(新宅信久 1994: 118-135). 이 취락 유적은 거창 대야리(동의대학교 박물관 1998: 45), 사천 이금동(이형원 2009: 233), 청도 진라리(이수홍 2014: 24), 영암 장천리(최성락: 1986: 56), 진주 대평리(국립진주박물관 2002: 31-35)에서 발견된 송국리 유형 문화 취락들과 매우 닮았다.

그러나 무문토기시대 중기의 유구석부와 수확용 석도와 함께 수많은 繩文 토기와 도구들이 공반되는 江辻 유적은 순수한 송국리 유형 촌락으로 보이지 않는다. 또 마을의 내부 배치 역시 전형적인 송국리 유형보다는 토착 繩文 유형에 가까운데, 이는 江辻 유적은 무문토기문화와 繩文문화 모두의 특징을 지닌 마을로 민족적·문화적 혼합이 진행되고 있었음을 시사한다. 이와 같은 혼혈/혼합적 문화 현상을, 溝口居士(Mizoguchi 2013: 55-68, 81-86)는 "토착적 의미가 한반도에서 건너온 물리적 형태들과 통합된 것"이라고 말한다.

3. 열도에 나타난 새로운 묘제

민족지 관찰에 따르면, 고대 및 전통 사회에서 매장 관습은 피장자와 관련된 사람들과 공동체의 "사회적 정체성과 사회적 기억(social identity and social memory)"의 보호 및 강화의 핵심이다(Joyce 2001: 13-26). 묘지를 "소통과 기억의 구성/보존의 현장 또는 무대(as a locale for communication and the constitution/preservation of memory)"로 인식하는 溝口(미조구치)(Mizoguchi 2014: 848)는 이러한 점을 강조하며, 더 나아가 묘지를 다음과 같이 정의한다(Mizoguchi 2014: 849).

> (공동체의) 묘지는, 하나의 공동체 네트워크 내에서 서로 교환/교류하며 생활해 온 사람들이, 사자들의 물질화된 기억과 조상의 존재와 그 기억을 매개로 공동체 내에서 신원, 정체, 그들의 역사, 친족관계, 그리고 사회적 관계를 확인해 주는 공간 또는 장소이다.

따라서 매장 풍습은 완고할 정도로 전통적으로 유지되며, 갑작스러운 변화에 강하게 저항한다.

도래인은 주거 문화와 함께 장례 문화도 가져왔다(広瀨和郎 1997: 65-69; 大阪府立彌生文化博物館 1999: 42-47, 86; 佐原真·金関恕 1981: 24; 中山淸隆 2003: 78; Mizoguchi 2013: 79; 端野晋平 2014: 101-106; 宮本一夫 2017: 151-178). 지석묘, 석관묘와 옹관묘로 구성된 도래인 문화는 무문토기시대 중기 문화의 핵심이다.

이들은 九州 북부에서 새로운 것이었을 뿐만 아니라 新舊 간의 휴지 기간을 구성했다. 溝口居士(Mizoguchi 2013: 79)는 다음과 같이 지적한다.

> 繩文 주민들은 亡者의 존재, 즉 아마도 선조들의 존재를 계속 인식하고 있었기에 과거 繩文 취락에서 매장지는 종종 취락 중심부에 소재했다…. 그런데 彌生時代가 시작되면서, 산 자와 죽은 자 (그리고 아마도 조상들) 사이의 이러한 친밀감은 사라졌다.

이는 산 자와 죽은 자, 즉 주거 구역과 묘역 사이에 명확한 경계가 존재했던 한반도의 무문토기시대 취락들과 매우 비슷했다(cf. 도면 1.8).

A. 지석묘(거석묘)

九州에서는 700기가 넘는 지석묘가 보고되었는데, 그 중 약 350기가 福

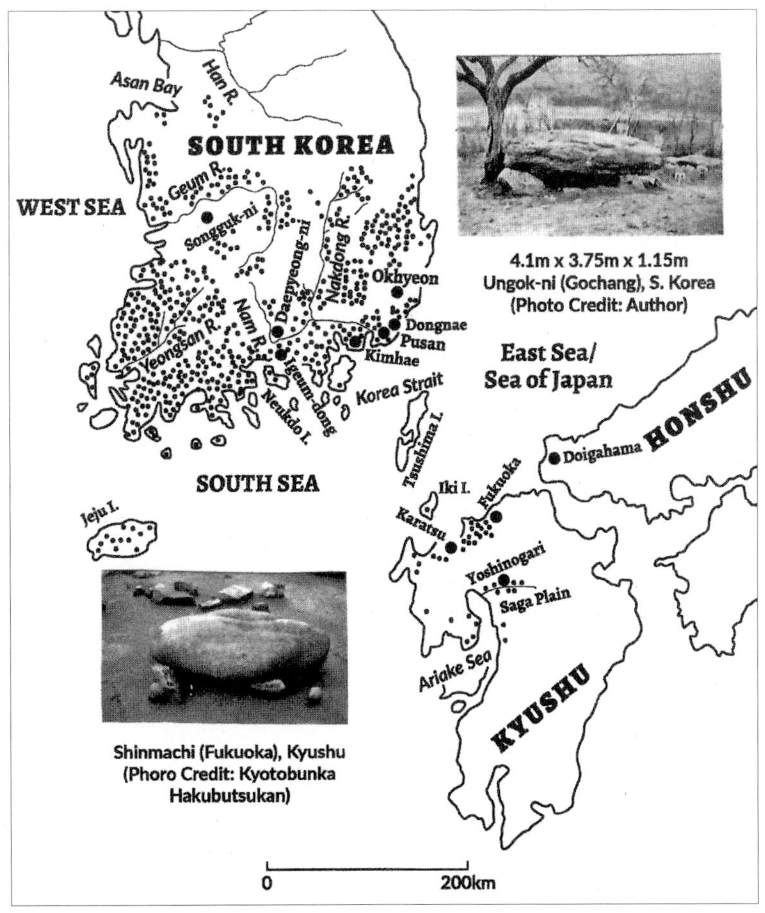

지도 1.3 九州 북부의 지석묘 유적

남한과 九州 북부의 기반식 지석묘(Lucas Pauly 圖) (이영문 1993: 418; 西谷正 1997: 27, 57, 73, 82; 宮本一夫 2017: 165)

岡縣과 佐賀縣에 있다(西谷正 1997: 56-150) (지도 1.3 下). 예로부터 토지 개간 과정에서 지석묘가 지속적으로 파괴되어 왔음을 고려하면, 원래는 훨씬 더 많았을 것이다.

九州의 지석묘는 외형상 남한에서 많이 보이는 기반식(바둑판형) 지석묘와 매우 비슷하다(심봉근 1999: 153-210). 彌生 조기 후반 지석묘가 나타나기 시작하는데, 열도 도착 직후 지석묘는 지역적 변형을 겪기 시작했다(端野晋平 2014: 101-106; 宮本一夫 2017: 146, 151-167).

한반도와 비교하면 九州 지석묘의 부장품은 훨씬 적지만, 송국리식 적색마연토기 호를 포함한 壺와 鉢 그리고 한반도 지석묘에서 보이는 것과 비슷한 방추차, 천하석제 옥, 유엽형 마제석촉 등으로 구성된다(西谷正 1997: 56-128). 福岡縣 동부 宗像(무나카타)의 경우는 한반도처럼 지석묘에 마제석촉과 (또는) 마제석검이 부장되었다(中山清隆 2003: 80; 宮本一夫 2017: 163-167).

길이 6피트가 넘는 상석을 지닌 거석 지석묘 여러 기가 福岡縣 志摩(시마)에서 보고되었는데, 한반도에서 제작된 대형 관옥과 마제석촉이 부장되었다. 일부 지석묘는 지역 주민들의 지도자 역할을 했던 한반도에서 이주해 온 엘리트의 무덤으로 믿어진다(柳田康雄 1992: 32). 지석묘에서 보고된 繩文人 인골은 토착 繩文人들이 도래인의 묘제를 채택했음을 시사한다(宮本一夫 2017: 178). 일부 혼혈된 도래인계 彌生人이 繩文人의 신체적 특징을 지녔을 수도 있다.

B. 석관묘와 옹관묘

한반도 본향에서처럼 九州 북부의 초기 도래인과 그 자손들은 죽은 사람을 석관묘와 옹관묘에 안치했던 것으로 보인다. 한반도의 경우와 동일하게 장방형 구덩이에 얇은 판석을 수직을 세워 조성된 석관묘에는 한반도의 경우처럼 마제석검, 적색마연토기 호, 관옥이 부장되었다. 본질적으로 이들은 석실을 묘광으로 하고 덮개돌을 지닌 무문토기시대 중기의 개석식 지석묘와 동일한 구조를 지닌다(김권구 1999: 673-854; 森貞次郎 1985: 73-74; 宮本一夫 2017: 156-163). 남한의 무문토기시대 중기 사회에서와 마찬가지로, 시신은 신전장과 굴장 자세로 안치되었다(경상남도 1998: 49-52; 宮本一夫 2017: 160, 172-173).

端野晋平(2003: 1-25)는 福岡 동부에서 발견된 석관묘는 상석이 사라진 지석묘라는 의견을 제시했지만, 사실 이들은 처음부터 남한의 매장 풍습대로 석관으로 조성되었다. 남강 유역 대평리 유적에서 보고된 고고 자료를 통해 알려졌듯이 동남해안의 무문토기시대 중기 사람들은 친족 매장 전통에 따라 지석묘 또는 석관묘를 조성했다(경상남도·동아대 박물관 1999: 90-102).

지석묘·석관묘와 마찬가지로 무문토기시대 중기 옹관묘도 彌生 조기부터 九州 북부에 출현하기 시작한다(Mizoguchi 2013: 59; 七田忠昭 2017: 31). 저장용 항아리를 관으로 사용하는 것은 송국리문화, 특히 금강 중하류 지역에서 일반적인 관행이었고, 옹관묘는 멀게는 남해안 인근 이금동까지 다른 지역들로 확산되었다. 옹관은 토광 내에 수직으로, 기울게, 또는 눕혀 안치되었다(이명훈 2016: 42-74).

彌生 조기와 전기 전반에도 九州 북부의 일부 사람들은 무문토기시대 중기 사회처럼 유아 매장에 평범한 소형 저장용 단지를 사용했다(武末純一 2012: 84). 彌生 전기 후반 성인 매장에도 "원저호(圓底壺)"가 사용되기 시작했다(Mizoguchi 2013: 59). 彌生 중기에 이르러 옹관묘는 수적으로 지배적이 되었고 吉野ヶ里유적에서 보고된 3,100기가 넘는 옹관묘들로 알 수 있듯이 彌生 내내 가장 지속적인 묘제로 남았다(七田忠昭 2017: 30-31).

한반도 무문토기시대 적색마연토기 원저호(圓底壺)에서 유래된 원저호(Mizoguchi 2013: 59-61; 端野晋平 2014: 98-100)는 기고(器高) 10~15인치

의 소형과 30인치 내외의 대형의 2형식으로 구성된다. 주거 유적은 물론 무덤에서도 발견되는데, 무문토기시대 한반도의 경우처럼 봄에 새로운 작물을 위한 파종용은 물론 먹기 위한 쌀 저장에도 이용되었다.

이 적색 원저호의 이중적 역할에서 溝口居士는 죽음과 부활의 상징적 의미를 보았다. 즉, 그는 사자, 쌀알, 그리고 붉은 색 간의 연계에서 “인간은 물론 곡식의 죽음과 재생의 개념들 사이의 변환적·은유적 형상 (the metaphorical-transformative between the concepts of the death and regeneration of life of grains as well as human beings …)”을 보았다(Mizoguchi 2013: 59). 다시 말해서 외래에서 기원한 적색마연토기 원저호는 그 기능과 의미의 양립성때문에 토착 토기 문화에 통합되었다 (Mizoguchi 2013: 66).

4. 초기 도래인의 기여

A. 九州 북부의 수도작

일본 최초의 수도작 증거는 九州 북부 福岡와 唐津 인근 博多(하카타)灣과 唐津(카라츠)灣 주변의 비옥한 평야에서 발견된다(지도 1.1과 1.2). 1951년부터 실시된 福岡市 소재 板付 유적 발굴에서 관개 수로, 저수지, 그리고 작은 논두렁들로 경계가 구분된 논(畓) 등이 노출되었다. 화산재로 보존된 100개가 넘는 사람 발자국들도 발굴조사에서 확인되었다.

단립형(短粒形) 자포니카 탄화미와 함께 夜臼式·板付I式 토기편에서 쌀알 자국들도 발견되었다. 석제 자귀와 대팻날, 수확용 삼각형석도, 석겸(石鎌), 석부, 유엽형 유경식 석촉, 마제석검과 함께 침수 토양에 보존된 목제 괭이, 미완성 목제 갈퀴, 방추차 등 한반도 기원의 도구들도 발견되었다.

내부 및 외부 환호를 갖춘 彌生 전기 마을의 경작지 인근에서 夜臼式 옹

(甕), 호(壺), 발(鉢), 고배(高杯)와 板付I式 대형 적색마연토기 호(壺)가 확인되었다(福岡教育委員會 1995: 15-39; 森貞次郎 1985: 48-55; 小田富士雄 1986a: 143-145). 福岡市 有田(아리타) 유적에서 부분적으로 발굴된 반수혈 주거지에서는 다량의 자포니카 탄화미가 출토되었다. 주로 夜臼式·板付I式 옹(甕), 호(壺), 발(鉢)이 출토되었는데, 호(壺)의 대부분은 板付I式 적색마연토기였다. 板付 유적에서처럼 한반도식 삼각형석도, 유구석부, 돌도끼와 대팻날, 유엽형 유경식 석촉, 유병식 마제석검 등의 석기가 출토되었고, 繩文式 방추차와 타제석기도 발견되었다(小田富士雄 1986a: 145-146).

博多灣 동쪽 今川(이마카와)유적 발굴에서는 환호와 평면 원형 반수혈 주거지가 확인되었다. 한반도 기원의 돌 도끼와 대팻날, 유경식 마제석촉, 숫돌(砥石), 갈돌, 방추차, 유병식 마제석검, 벽옥(碧玉)·천하석제(天河石製) 구슬과 함께 환호 내부에서는 夜臼式·板付I式 옹(甕), 호(壺), 발(鉢), 고배(高杯)가 출토되었다. 재가공 동촉(銅鏃), 동착(銅鑿 끌), 철촉 등의 금속기와 繩文式 타제석기와 석부도 발견되었다(小田富士雄 1986a: 147-148).

唐津灣 해안 분지 작은 언덕 위에 자리한 曲り田(마가리타) 유적에서는 평면 방형의 반수혈 주거지 30여 기가 보고되었다. 夜臼式 토기가 지배적이지만, 板付I式 적색마연토기와 비슷한 것들도 발견되며, 彌生式 옹관묘와 소형 지석묘가 이 취락과 연관된다. 한반도 무문토기시대 탄화미, 삼각형석도, 돌낫과 대팻날, 석부, 숫돌, 무경식·유경식 마제석촉, 유병식 마제석검, 벽옥제(碧玉製)·경옥제(硬玉製) 관옥, 토제 방추차도 발견되었다(森貞次郎 1985: 55-59; 小田富士雄 1986a: 150).

고고학자들은 1980~1981년 唐津灣 서쪽 菜畑(나바타케)에서 繩文時代에서 彌生時代로 넘어가는 과도기의 상황을 가장 잘 보여주는 16개의 문화층을 조사했다. 최하층인 제16층~제13층은 특징적인 토기 형식을 근거로 繩文 전기와 중기로 편년되었다. 繩文 말기인 제12층~제9층의 경우 繩文 형식의 타제석기는 줄어들고, 무문토기시대 한반도 기원의 삼각형 마제석도, 대팻날, 마제석검, 마제석촉으로 점진적으로 대체되었다. 하층에 해당하는 제8층에서는 호(壺), 천발(淺鉢), 고배(高杯), 적색마연토기와 흑색마연토기로 대표되는 繩文 말기 夜臼式土器가 지배적이었다. 그러나 무문토기시대 한반도에서 기원한 유병식 마제석검, 벽옥제 관옥, 석부, 석착이 추가되고, 친숙한 彌生時代 반월형석도, 대팻날, 유경식 마제석촉도 등장했다. 또 제8층의 경우 板付I式土器와 함께 한반도 기원의 유구석부와 훨씬 많은 석착이 추가되었다(唐津市文化振興財團 1993: 29-30).

九州 북부에 수립된 수도작 농경은 송국리 유형 문화의 특성들과 함께 九州는 물론 그 너머로 확산되었다. 彌生 전기가 끝나기 전에 이미 瀨內海(세토나이카이) 沿岸 전역, 京都-大阪-奈良 지역, 그리고 오늘날 名古屋(나고야) 주변의 濃尾(노비) 평야까지 수도작 농경이 확산되었다(大阪府立彌生文化博物館 1999: 36; 宮本一夫 2017: 256-257).

B. 토기

남한지역 무문토기는 각목돌대문(刻目突帶文) 토기, 공열(孔列) 토기, 송국리식(松菊里式) 토기, 적색마연(赤色磨研) 토기를 포함하는 다양한 무문토기 전통으로 구성된다. 이러한 토기 전통은 모두 彌生 전기 동안 九州의 초창기 渡來人과 함께 등장했다(이홍종 2007: 31-33; 川上洋一 2014: 32-33).

九州 북부의 彌生 전기 공동체에서는 거의 예외 없이 九州 북부 福岡 근처의 유적 지명을 따라 명명된 夜臼式土器와 板付式土器라는 새로운 두 형식의 토기가 보고된다(Aikens and Higuchi 1982: 200). 夜臼Ⅰ式·夜臼Ⅱa式 토기는 彌生문화 가장 이른 단계에 해당하는 반면에 板付Ⅰ式·板付Ⅱ式 토기는 夜臼Ⅱb式 토기와 함께 彌生 전기에 해당한다. 두 형식의 토

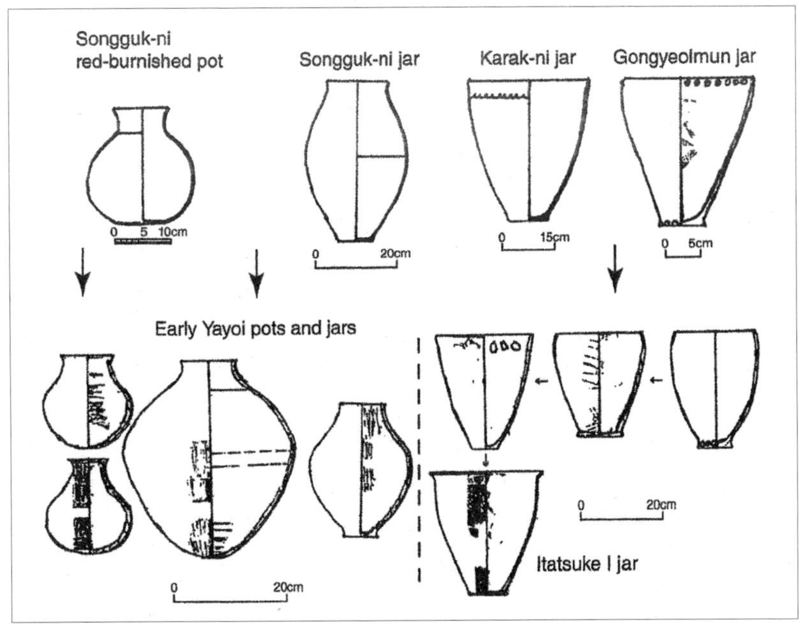

도면 1.9 무문토기가 彌生時代 전기 토기에 미친 영향
上: 무문토기시대 전기 토기(송만영 2001: 83), 下: 彌生 전기 토기(春成秀爾 1990: 34, 39)

기는 기본적으로 구별이 쉽지 않지만, 夜臼式 토기는 좁고 납작한 저부와 어깨와/또는 구연부에 돌려진 새김덧띠문으로 식별되는 반면에 板付式 토기는 깊은 동체부, 외반구연, 좁고 납작한 저부를 특징으로 한다(도면 1.9).

돌대문(突帶文)을 특징으로 하는 夜臼式土器는 夜臼土器 이전의 繩文土器보다 한반도 무문토기 전통의 각목돌대문(刻目突帶文) 토기를 훨씬 더 닮았다. 孔列이 있는 일부 夜臼式土器는 九州와 本州 서남부에 공존했던 공열토기의 영향을 받은 것으로 이해된다. 마찬가지로 彌生 토기 레퍼토리에서 두드러지는 원저호(圓底壺)는 송국리식 토기의 동일 형식의 영향을 받았음이 분명하다(片岡宏二 1999: 31-44).

상세한 비교 분석에 따르면, 서일본의 彌生 초창기 토기의 대부분은 점토띠를 쌓는 방식과 토기 표면 처리, 점토, 소성 등에서 이전 시대의 繩文

土器에서 전례를 찾을 수 없으며, 한반도 무문토기에서 유래되었다(高橋護一 1987: 7-10; 大阪府立彌生文化博物館 1999: 34-37; 심봉근 1999: 47-56, 96-97; 안재호 2000: 56-58; 이홍종 2007: 24-37; Mizoguchi 2013: 67-74).

무문토기와 彌生 토기의 요리 용기에서 "繩文 토기와 반대 방향으로 점토 가락(coil)이 합쳐진다는 제작 기법의 변화"를 관찰한 반즈(Barnes 2015: 273)는 "일본열도로 이주해 온 한반도 남성이 繩文 여성과 혼인했다"는 의견을 제시한다. 그렇다면, 이는 "한반도/열도 토기의 혼인"(Barnes 2015: 273)이며, 溝口居士(Mizoguchi 2013: 55-65)가 강조해 온 것처럼 민족적·문화적 혼혈화 과정을 통해 彌生 사람/문화가 탄생했음을 의미한다.

C. 석기

立岩(타데이와)를 포함하는 彌生 조기와 전기 유적에서 종종 세트로 발견되는 무문토기시대 석기로는 유구석부, 편평단인석부, 수확용 석도(한국: 반월형석도, 일본: 石包丁), 돌낫(석겸), 유병식 마제석검, 유경식 마제석검, 유엽형 마제석촉이 있다(下條信行 2014: 183-186, 199-205) (도면 1.10).

유구석부와 유엽형 마제석촉은 한반도 무문토기시대 중기 고유의 석기이며, 일단병식 마제석검과 유절병식 마제석검도 그렇다. 전자는 주로 福岡 서부 해안 평야에서, 후자는 福岡 동부와 남부 지역에서 발견되는데, 이는 양자의 기원이 한반도 남부의 서로 다른 지역과 연관됨을 시사한다(宮本一夫 2017: 168-173). 수확용 석도는 삼각형석도가 지배적인데, 그중 일부는 한반도 무문토기시대 중기 사회 석도처럼 교대로 사용하는 자르는 날을 지녔다(下條信行 2014: 199-203).

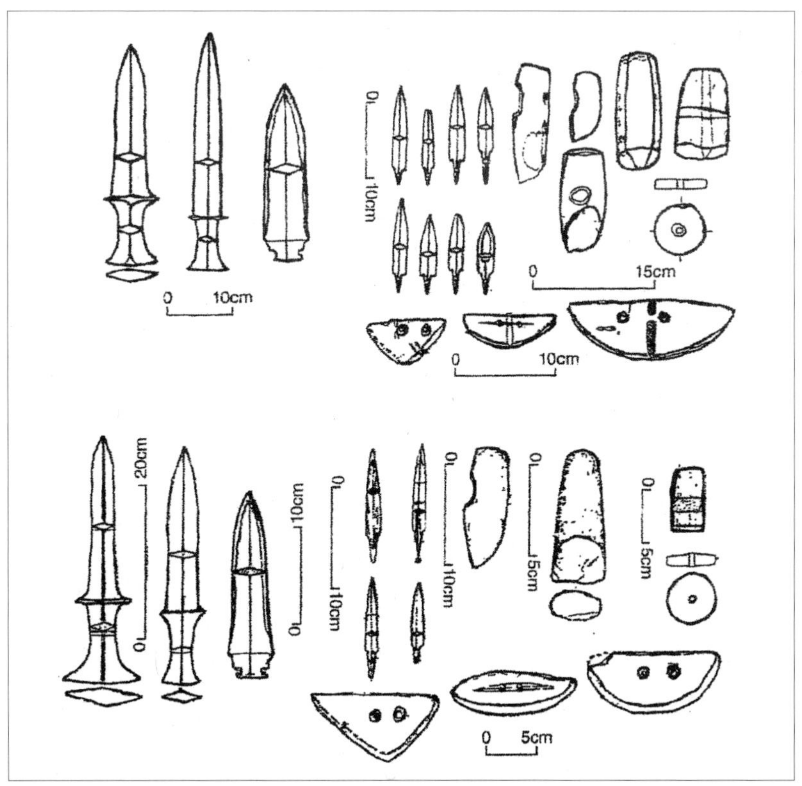

도면 1.10 한반도·일본열도 출토 무문토기시대 중기 석기류

上: 한반도 출토품(전영래 1987: 202), 下: 九州 북부 출토품(小田富士雄·韓炳三 1991: 160-167)

D. 방직기술

彌生 전기 농경 공동체의 유물 중 방추차의 발견은 방직 및 직조 기술이 한반도에서 새로운 문화의 일부로 일본에도 도달했음을 나타낸다(Aikens and Higuchi 1982: 202-203; 大阪府立彌生文化博物館 1999: 60; 京都文化博物館 1989: 59-60).

5. 彌生時代 편년 문제

이 책은 아마도 세계에서 가장 긴 고고학적 시대인 繩文時代(14,000~400 BC)와 함께 시작된다. 繩文人은 일차적으로 수렵채집민, 식량 채집민, 어민들이었지만, 몇몇 식물을 경작하고, 심지어 순화하기도 했다. 그러나 돌피(barnyard grass), 들깨(perilla), 콩(soybeans) 등의 식물을 주식으로 의지할 수는 없었기 때문에 이 부분에서의 노력이 繩文人들을 '농업전문가(agriculturalist)'로 만들어 주지는 못했다. 중국 본토의 上海 삼각주 지역에서 처음 개발되어 서기전 2천년기 중반 한반도로 전래된 수도작 농경은 외래 기술로서 일본열도에 들어왔다. 이는 그 자체로 遼東半島에서 무문토기와 농경이 합쳐져 한반도로 전래된 후 무문토기 문화 이주민에 의해 일본으로 전래되는 점진적인 이주를 통해 이루어진 것으로 생각된다. 이들의 도착은 생계 기술, 집단 유전학(population genetics), 물질 문화의 큰 변화를 의미했고, 그 결과는 彌生文化의 형성이었었다.

정확하게 일본열도에서 언제 혁명적인 수도작 농경에 기반한 변화가 처음 등장했는가는 현재 일본 고고학계에서 중요한 논쟁 대상이다(庄田愼矢 2007, 2010; Kuwabara 2015). 1950년대부터 1970년대까지 일본 고고학자들은 연대 추정이 가능한 彌生 유적 출토 중국 동전 및 거울과 방사성탄소 연대를 바탕으로 300 BC경에 彌生 전기가 시작되었다고 상정했다. 繩文時代가 (비록 모두 繩文은 아니지만) 繩文土器의 시대로 정의되는 것과 병행하여 彌生時代의 시작은 板付 유적 출토 遠賀川(온가가와)式 토기의 출현으로 정의되어 彌生時代는 彌生土器의 시대로 정의되었지만, 벼 농경에 기반한 것으로 이해되었다.

그런데 1980년대 초 九州 북부 板付와 菜畑에서 전통적으로 5C~4C BC로 편년되는 繩文 말기 夜臼式토기 및 山の寺(야마노테라)式 토기와 밀접한 관련이 있는 수전(水田)이 발견되면서 彌生의 개시 연대는 수정되었다. 佐原真(사하라 마코토)는 토기가 아닌 농경을 기반으로 하는 彌生時代 개시의 재정의에 중요한 역할을 했고, 夜臼式 토기와 山の寺式 토기는 彌生 토기로 다시 분류되었다. 결국 일본 고고학계는 5C BC를 彌生時代의 개시 연대로 채택했다.

이 연대는 2003년 国立歴史民俗博物館이 토기 표본에 붙어 있던 탄화물질을 AMS 방사성탄소연대 측정한 결과 10C BC라는 연대가 나왔다는 발표로 도전 받게 되었다. 国立歴史民俗博物館은 새로운 AMS 탄소연대 측정치를 근거로 10C BC, 즉 기존 견해보다 500년 일찍 彌生時代가 시작되었음을 공표했다(春成秀爾·藤尾愼一郎·今村峯雄·坂本稔 2003: 65-68).

일부 학자는 이 연대를 수용했지만(設樂博己 2006: 129-54; 藤尾愼一郎 2007: 7-19; 西本豊弘 2006, 2007; 藤尾愼一郎·今村峯雄·西本豊弘 2010: 69-96), 특히 九州大學 출신의 여러 학자들은 사용된 표본과 그 맥락, 그리고 광범위한 동아시아 고고학과 관련된 해결되지 않은 다양한 문제들을 이유로 해당 탄소연대의 수용을 거부했다(岩永省三 2005: 1-22; 片岡宏二 2006: 19).

吉田邦夫(요시다 쿠니오)(2005: 54)에 따르면, 가장 심각한 문제점은 탄화 물질 자체와 그 고고학적 맥락이다. 위에 언급된 탄화 물질은 토기 저부(底部) 조각에 붙어 있었는데, 토기 형식이 확인되지 않았고, 해양 저장소 영향(reservoir effects)은 그 영향이 없는 경우보다 400년 더 오래된 연대를 제공한다는 점이 国立歴史民俗博物館이 제시한 탄소연대를 더 복잡하게 만들었다. 게다가 "彌生 조기(the earlier part of the Initial Yayoi)" 샘플은 단 3점으로 극히 한정된다. 이러한 문제점을 지적한 庄田愼矢(쇼다 신야)(2007: 4)는 "国立歴史民俗博物館이 제시한 증거는 학자들의 이해 및 동의를 얻는데 충분하지 않다"고 보았다. 표본에 대한 해양저장소 영향, 탄화 표본의 성격과 맥락, 표본 수 부족 등을 포함한 国立歴史民俗博物館이 AMS C^{14}연대에 근거하여 제시한 장기 편년에 따른 근본적 문제들은 아직도 미해결 상태로 남아 있다. 그리고 이 장기 편년이 틀림없이 확실한 것이라 입증해 주는 새로운 과학적 증거는 없다는 입장을 보인다(2017년 11월 29일 庄田愼矢와의 개인적 교신).

그동안 彌生時代의 개시라는 주제를 놓고 고고학자들은 유물의 교차연대, 기후 인자들과 기타 고려 사항들을 토대로 연대를 제안하거나 채택하는 학술적 추론을 진행해 왔다. 현재 彌生時代의 개시 연대에 대한 입장은 다음과 같다: 10C~9C BC (c. 2900~2800 cal. BP) (Mizoguchi 2013: 34), 8C BC (c. 2800~2700 cal. BP) (宮本一夫 2017: 239-242; 庄田愼矢 2010: 421-427; 端野晋平 2014: 112-113), 그리고 5C BC (c. 2500~2400 cal. BP) (七田忠昭 2017: 23).

한국 고고학자들은 国立歴史民俗博物館이 제시한 AMS 탄소연대에 회의적이다(조법종 2010: 1-73). 고고학적 관점에서 彌生時代의 개시는 송국리 유형 문화에 기반한 한반도 수도작 농민의 九州 북부 도착과 일치한다. 따라서 彌生時代 시작에 관한 논의는 남한 지역 송국리 유형 문화 사회 내부의 사회문화적 역학관계와 밀접한 관련이 있다. 한반도 중서부 해안 금강 하류에서 10C~9C BC 출현한 송국리 문화는 처음에는 강을 따라 금강 중류로 확산되었다(이종철 2015: 189-194). 8C~6C BC에 이르러 송국리 문화는 서해안 아산만과 남해(대한해협) 사이의 남한 전역으로 확대되었다. 주요 하천을 중심으로 확산된 송국리 유형 취락은 한반도 서남부에서 영산강과 해안 지역에, 그리고 섬진강, 남강, 동남해안 지역과 금강 상류 산간 지역에, 동쪽으로는 황강과 낙동강 유역에 발달한 충적평야에 발달했다(이종철 2015: 189-194, 402-405).

송국리 유형 문화의 번성기인 8C~6C BC에는 급격한 인구증가, 수도작 농경을 포함한 혼합농업의 집약화, 새로운 사회계층화, 청동기 제작기술, 공동체 간 갈등이 있었다(송만영 2006: 9-82). 이 시기에 송국리 유형 문화는 남해 너머로 확산되기 시작하여 7C~6C BC에 이르러 제주도에 출현하고(이종철 2015: 386-392), 아마도 九州 북부에도 도달했을 것이다.

九州 북부에 등장한 최초의 송국리 유형 농경 취락은 대한해협에 면한 糟屋(카스야) 江辻(에츠지) 유적이다. 江辻 유적의 주거 구조는 한반도 무문토기시대 중기에 등장한 송국리 유형 주거와 동일하다(도면 1.2). 7C BC 처음 등장한 송국리 유형은 사천 이금동, 진주 대평리와 기타 동남해안 유적 등 동남해안을 따라 증폭되었다(이종철 2015: 306). 이 일대는 항해를 통해 九州 북부 福岡 평야에 도달한 초기 도래인이 거주했던 지역으로 추정된다(端野晋平 2014: 86-107).

따라서 한반도, 특히 송국리 문화의 개시와 확산과 관련된 자료를 비교해 보았을 때, 일본열도의 수도작 농경은 약 600 BC 이후 송국리 문화 이주민에 의해 시작된 것으로 보인다. 그러나 繩文 후기 및 말기의 정황에서 발견된 자료를 고려하면, 개개인과 작물은 모두 600 BC 이전에 도착했을 가능성이 있다.

이 시점에서, 학자들이 종종 지적해 온 것처럼 彌生人이 한반도에서 온 것은 아님을 명시하고 싶다. 彌生人과 彌生文化는 일본열도 내에서 토착 繩文人과 한반도 남부에서 이동해 온 무문토기문화 이민자(immigrants) 간의 문화적 상호작용과 통혼(通婚, intermarriage)을 통해 형성되었다. 九州 북부는 새로운 彌生문화의 인큐베이터였고, 혼혈된 후손들은 새로운 해안 저지대에 벼 농사를 전달해 주는 이민자(immigrants)가 아닌 이주민(migrants)으로서 瀨內海 沿岸으로 확산되었다. 농경민이 영역을 확장하면서 토착 繩文 집단과의 관계는 다양한 양상을 보였다. 즉, 일부 繩文人은 농경민으로 동화되어 다른 농경인들과 섞였고, 일부는 전통적 생활방식을 고수하며 한동안 공존했다. 彌生문화 팽창 모델은 이주민이 일본 동부 및 북부 해안까지 어느 정도 진입했다고 가정했지만, 전반적으로 농경 기술은 상당수 주민의 투입 없이 동북부로 확산되면서 대륙 계통 유전자형이 두드러지게 확산되는 결과를 낳지는 않았다.

6. 기타 제문제/논란에 관한 전반적 합의

彌生사회의 기원 문제는 일본 민족의 정체성, 구체적으로는 日本人 또는 日本 민족의 기원에 대한 오랜 탐구와 결부되어 왔다(都出比呂志 2005: 671-682; 田中良之 2014: 3-24). 일찍이 현대 일본인의 체질적 특징의 다양함을 인지했던 서양 학계는 일본열도에 두 주요 인종이 존재한다고 기록해 왔다. 예를 들어 체임벌린(Chamberlain 1902: 22-24, 397-399)은 몽골형 일본인과 아이누형 일본인을 언급했다. 그는 아이누형을 한때 일본열도 전역을 점유했던 열도의 원주민으로, 몽골형을 대륙 출신 이민자(도래인)로 보았고, 몽골형이 서남부를 기점으로 점차 아이누형을 대체하며 '열도의 지배적 주인(lords and masters)'으로 등장했다고 보았다.

이후 일본의 역사학자, 고고학자, 인류학자, 유전학자 등은 이민자, 즉 도래인에 관한 수많은 연구를 수행해 왔다. 그들은 진정 아시아 대륙 어디에서 왔을까? 그들은 언제 왔는가? 얼마나 많이 왔는가? 그들과 원주민과의 관계는 어떠했는가? 彌生사회의 형성 및 초기 수도작 농경의 수립에서 그들의 역할은 무엇이었는가? (田中良之 2014: 3-48; 下條信行 2014: 229-278; 下條信行·田中良之 2014: 279-324; 宮本一夫 2017: 145-179)

종종 일본사와 일본인의 정체성 연구와는 무관한 방향으로 흘러가고, 본질을 흐리기도 했지만 이러한 논의는 끝없이 영원히 지속될 것이다(Mizoguchi 2002: 118-121, 2013: 19). 그렇지만 일본 학자들은 彌生사회의 기원과 도래인과 토착 繩文 주민 사이의 관계에 대한 전반적 합의에 도달해 왔다.

앞서 제시된 일본의 인류학적·고고학적 연구를 바탕으로 田中良之(타나카 요시유키)(2014: 23)는 다음과 같은 결론을 제시한다.

(1) 초기 도래인은 아시아 대륙 내륙이 아닌 한반도 남해안, 구체적으로는 낙동강과 남강 하류, 즉 오늘날 김해 및 대평리 방면에서 일본열도로 왔다. 자신의 문화를 지니고 일본열도에 온 것은 바로 한반도 무문토기시대 중기 사람들이었다.

(2) 최초 도래인 주민수는 토착 繩文人과의 교배를 통해 급격히 증가했고, 그 결과 도래인계 彌生人이 출현했다. 사방으로 확산된 이들은 지역 원주민과의 교배를 통해 다양한 지역 유형 彌生人들이 등장하게 되었다.

(3) 彌生문화 형성에 앞장선 이들은 도래인도 토착 繩文人도 아닌 도래인계 彌生人이었다.

彌生 조기 마을인 江辻 유적은 소위 '彌生 현상(Yayoi phenomena)'의 전형, 즉 변화와 지속은 물론 민족과 문화의 혼성(혈)화의 전형이었다(Mizoguchi 2013: 55-65). 江辻 마을은 물리적 형태로는 분명히 송국리 유형이었지만, 내부적으로는 繩文的 요소가 존재했다. 송국리 유형 주거 축조자들은 무문토기시대 중기 사람들처럼 인근 논에서 벼를 재배했지만, 마을 내부에서 도래인과 지역의 繩文人이 새로운 가족과 가정을 이루면서 인종적·문화적 혼혈이 일어났다.

溝口居士(Mizoguchi 2013: 64)의 관찰대로 江辻 마을은 변화와 연속성의 상징이기도 하다.

> 물질적 측면은 대부분 변했지만, 일상 생활, 세계관, 구조적 원리의 중심에는 여전히 연속성의 느낌이 남아 있다. 이런 의미에서 彌生의 시작은 개시(beginning)라기보다는 일종의 生成/變化(becoming)의

> 과정이었다. 즉, 과거로부터의 단절을 표시하는 사건이 아니라 江辻 주민과 그 조상을 포함한 사람들이 일상 생활의 연속성을 유지하면서 자신들을 변화시키는 과정이었다.

도래인은 원주민들이 원하는 것을 제공해 주었고, 모든 갈등을 제거해 줄 수도작 농경에 충분한 토지가 있었기 때문에 彌生 조기와 전기의 혼혈 과정은 꽤 순조롭게 진행되었을 것이다. 溝口居士(Mizoguchi 2013: 64)는 무엇보다도 도래인과 繩文人은 "인생은 인간을 포함한 자연물의 죽음과 재생의 끝없는 사이클이다"라는 유사한 세계관을 공유했다고 가정한다.

또 하나의 논란은 수도작 농경의 시작, 구체적으로 "누가 일본열도에서 수도작 농경을 적극적으로 시작했는가?"에 관한 질문과 관련이 있다(下條信行·田中良之 2014: 279-324). 일부 연구자(金関恕·大阪府立彌生文化博物館 1995: 236-247)는 이미 밭 벼를 포함한 혼작물(混作物) 농경에 종사하던 繩文人들이 한반도와의 문화적 상호작용을 통해 수도작 농경 개발에 적극적으로 관여했다고 주장해 왔다. 반즈(Barnes 1993)는 모델을 수립해 이러한 입장들을 탐구했지만, 수도작 재배가 처음 등장했던 九州의 고고학적 증거는 이러한 견해를 지지하지 않는다.

繩文時代의 수렵채집 경제는 1만 년 이상 자급자족해 왔고, 繩文 말기 일본열도, 특히 서남부의 인구압은 그 이전보다 낮았다. 埴原和郎(하니하라 가즈로)(1984: 140년, 1993: 16)는 일본 전역의 繩文 인구는 繩文 중기 26만 명에서 繩文 말기 75,000명으로 감소했으며, 九州의 繩文 인구는 1만 명에 불과했다고 추정해 왔다. 게다가, "繩文 후기와 말기 주요 생계 자원의 과잉착취 (the overexploitation of major subsistence resources… during the Late and Latest Jomon periods)" 증거는 발견되지 않고 있다(Mizoguchi 2002: 120). 즉, 천연자원이 풍부했던 繩文 말기 九州 北部의 토착 繩文人들은 농사를 시도할 이유도 없었고, 특히 매우 힘들고 까다로운 수도작은 아예 생각할 필요도 없었다.

溝口居士(Mizoguchi 2013: 90-91)가 생생하게 서술한 바 대로, 우호적인 생산 환경에 살던 비교적 소수의 繩文人은 가장 힘들고, 복잡하고, 선사/고대 사회에서 가장 노동-집약적인 식량 조달 방식이었던 수도작(水稻作)은 물론 농경에 종사할 만한 커다란 동기가 없었을 것이다. 실제 이러한 이유로 일본 중부와 북부 토착 사회는 九州 북부에서 수도작 농경이 번성했음에도 불구하고, 이를 곧 바로 채택하지 않았다(Akazawa 1982: 151-211; Barnes 2015: 280-284). 다른 繩文사회들, 특히 東北의 繩文사회들은 수도작 농경을 시도했다가 거부한 것으로 알려져 있다(Mizoguchi 2013: 28).

더욱이 九州의 고고학적 증거에 따르면, 최초의 수도작 농경은 갑자기 완전하게 발달한 형태로 등장했음이 명백하다(Mizoguchi 2002: 118; 宮本一夫 2017: 256-257).

열도 내의 繩文 수도작 농경의 시행착오 실험에 관한 증거는 없지만, 한반도의 무문토기시대 농민들의 매우 정교한 농경 기술이 갑자기 열도에 도착했음을 보여주는 증거는 있다. 이를 근거로 溝口居士(Mizoguchi 2013: 91)는 다음과 같은 결론을 내린다.

> [彌生] 패키지는, 물질적 항목들은 물론 다양한 유형의 국지적 지형을 다루고, 필요한 특성들을 적절하고 효율적으로 배치하고, 요구되는 과업을 성취하기 위해 인력을 조직하는 중요한 노하우로도 구성되었다. 이는 복잡한 벼농사를 수행한 경험이 풍부한 [한반도 남부]사람들의 등장이 새 시대의 시작을 알리는 변화에 본질적으로 기여했음을 시사한다.

繩文 말기 黑川(쿠로카와) 단계에 일부 繩文 수렵채집민은 식량 재배 시도를 위해 저지대로 내려왔지만, 짧은 체류는 새로운 생계 전략 시도에 실패했음을 시사한다. 오랫동안 저장된 도토리에 의존해 왔던 繩文人에게 식량 재배는 너무 위험했다(下條信行·田中良之 2014: 295, 321). 그러므로 일부 繩文人은 효율적인 식량 생산 기술을 지닌 도래인의 도착을 환영했을 것이고, 도래인과 토착 繩文 주민은 서로 자신들이 알고 잘하는 일에 종사하며 공동 이익을 위해 일하며 협력적 공동체를 형성했을 것이다. 즉, 도래인은 농사를 짓고 수도작 농경 기술을 가르치고, 토착 繩文人은 수렵·어로·벌목에 종사했다(下條信行·田中良之 2014: 314-315). 따라서 田中良之(2014: 33)의 지적대로 彌生사회는 도래인 또는 토착 繩文人이 조성한 것이 아닌 도래인과 繩文人의 협력 벤처였다.

마지막으로 중국과의 관계이다. 많은 중국/일본 고고학자들은 彌生 수도작 농경을 중국 동남부 揚子江 유역과 직접 연결시키려 노력해 왔다(安志敏 1985; Higuchi 1986: 121-126; 樋口隆康 1995: 121-126). 일부 繩文시대와 彌生 전기 유적에서 관찰되는 옥 귀걸이, 높은 목조 구조물, 특정 식물, 발치 풍습, 그리고 특정 석기와 민족지적 특성이 揚子江 유역에서 발견되는 것들과 유사함에 주목한 학자들은 벼 재배 기술이 중국 동남부에서 동중국해를 건너 九州로 직접 전파되었다고 상정한다. 주로 중국, 한국, 九州에서 발견되는 볍씨의 형태학적 분석을 근거로 일본 벼 재배의 기원 설명을 위해 '직접 동중국과 九州(direct East China-Kyushu)'의 연결을 제안해 온 학자들도 있다(和佐野喜久生 1995: 3-52).

그러나 이 가설은 다음과 같은 주요 쟁점들을 적절하게 설명할 수 있을 때까지 지지될 수 없다: (1) 수도작 농경이 왜 동중국해에 직접 면한 九州 서남 해안 지역을 따라서가 아닌 한반도 남부에서 가장 가까운 九州 북부의 博多灣(하카타)과 唐津灣(카라츠)에 처음 출현했는가? (2) 揚子江 유역에서는 단립형 오리자 사티바 자포니카(short-grain Oryza sativa japonica type)과 장립형 오리자 사티바 인디카(long-grain Oryza sativa indica type) 두 가지가 모두 재배되었는데, 왜 온대 기후에 적응하여 무문토기시대 한반도에서 재배된 단립형 오리자 사티바 자포니카만이 九州 북부에 처음 나타났는가? (3) 왜 彌生 초기 농경 공동체와 밀접한 관련이 있는 유구석부, 삼각형석도, 마제석검, 유엽형 마제석촉, 토기류, 취락 유형, 매장 풍습이 揚子江 유역이 아닌 한반도 남부에서만 발견되는가? (4) 왜 일본 초기 수도작 농경은 揚子江 하류의 문화 체계가 아닌 한반도 무문토기시대의 총체적 문화 체계의 전형적인 사례를 보이는가? (전영래 1986: 107-117; 高倉洋彰 1995: 283-288).

1980년대 이후 한국에서 수행된 광범위한 고고학적 조사를 통해 무문토기시대 중기/송국리 유형 문화가 많이 밝혀지고, 송국리 유형 문화와 彌生 조기 및 전기 문화와의 명백한 연관성이 밝혀지면서 동아시아 고고학계에서 중국과의 관련 가설은 전체적으로 포기되어 왔다. 동아시아 벼 재배의 발전과 확산 분야 중국 최고 권위자인 嚴文明은 중국과의 관련성을 단호히 거부한다. "벼 재배는 기술력과 벼를 재배한 농민 모두 한국에서 일본으로 이동했다. 이들은 일본 학자들이 바다를 건너온 사람, 즉 도래인이라 부르는 한국인들이다"라고 그는 말한다(嚴文明 1992: 95-100).

청동기/제작기술을 전파한 彌生(야요이) 중기의 도래인 (c. 350 BC~AD 50)

Ⅰ. 역사적·사회/문화적 배경: 무문토기시대 후기 (c. 400~50 BC)

서기전 4C~1C의 한반도는 무문토기시대 후기로 알려져 있다. 수십 년에 걸친 고고학 연구를 통해 한국 학자들은 당시 남한에는 한강과 서남해안 사이의 서부지대와 동남해안을 따라 오늘날 경상남북도로 구성되는 동남부지대의 두 주요 문화 지대가 존재했다는 결론에 도달했다. 이 두 문화 지대는 거대한 소백산맥으로 구분된다.

한국 고고학자와 고대사학자는 동남부지대가 무문토기시대 후기 문화 전통이 쇠퇴해 가는 단계에 접어들었을 때 서부지대는 혁신적인 사회문화적 변혁을 겪은 마한 전기 정치체들의 본거지(국립전주박물관 2009: 11-13)였다는 의견에 전반적으로 공감하고 있다. 그런데 마한 전기 사람들은 본질적으로 송국리 문화 주민들의 후손이었다(김장석 2009: 52-54).

1. 마한 전기의 세형동검문화

마한(馬韓) 전기는 내부적으로 생성된 토착적 역학보다는 훨씬 압도적인 외부적 자극의 결과로 문화적·사회적·정치적으로 역동적이고 혁명적인 변혁기였다. 끊임없는 전쟁의 전국시대(戰國時代, 403~221 BC)와 그 뒤를 이은 진(秦)과 연(燕)의 동북지방에 대한 군사적 자극은 遼寧 주민들을 분산시켰다.

서기전 300~250년 기간에 흩어진 사람들 중 일부는 다양한 종류로 구성된 세형화(細形化)된 형식의 遼寧지역 동검 레퍼토리, 철기, 그리고 흑색마연토기와 점토대토기라는 새로운 토기(도면 2.1) (박순발 2009: 228-229)를 포함한 자신들의 문화를 가지고 한반도로 이동했다. 마한 전기 사람들은 새로운 문화를 환영했고, 오래지 않아 이를 특징적인 "한국식 세형동검문화(Korean Slender Bronze Dagger Culture)"로 발전시켰다(조진선 2005: 221-224; 이건무 2007: 8-20). 이윽고, 한국식 세형동검문화는 세 가지 특징적인 발달 단계를 거쳤다: I기(전기, c. 300~250 BC), II(중기, c. 250~100 BC), III(후기, c. 100 BC~AD 50) (이건무 1992b: 133-137; cf. 조진선 2005: 200-212).

遼寧 기원 청동기문화는 새로운 토착적 특징과 함께 I기에 한반도에 정립되었다. 대전 괴정동, 예산 동서리, 아산 남성리의 엘리트 무덤에서 발견된 한국화된 청동기는 무기(동검, 검파형동기, 방패형 청동기), 공구(선형동부와 청동끌), 의기(조문경) 등으로 구성되었다. 동검의 경우, 하단부가 돌출된 비파형동검과 달리 검신부가 직선화되었다(이건무 1992b: 133-134; 조진선 2005: 213-220) (도면 2.2).

II기에는 한국식 세형동검문화가 꽃을 피웠다(도면 2.3). 첫째, 고온에서 구리와 주석 광석을 제련하고, 정밀한 주조용 용범 제작, 납과 아연의 화학적 응용을 포함하는 청동기 제작기술의 중대한 진전이 있었다(이건무 1992a: 138-142). 둘째, 새로운 특징들과 이기(利器)들과 함께 청동기문화가 완전하게 토착화되었다. 일례로 청동기 장식 디자인이 태양 광선, 열십자(十), 사슴, 매, 사람 손, 사냥 장면을 포함하는 새로운 디자인 요소들과 거칠었던 기하학적 디자인이 가는 선으로 구성된 기하학적 디자인으로 변화했다. 셋째, 신앙과 의례가 특히 강조되었다. 청동 의기(儀器)는 동탁(銅鐸), 다두령(多頭鈴), 다뉴세문경(多鈕細紋鏡) 등이 있다. 넷째, 동검과 동경이 여러 단계에 거쳐 정제되어, 동검은 더 세형화(細形化)되고, 동경은 복잡한 기하학적 디자인을 지니게 되었다(이건무 1992b: 135-136; 조진선 2005: 203-206).

반사되는 햇빛의 현란한 효과와 빛나는 동경에 비친 이미지들은 거울 주

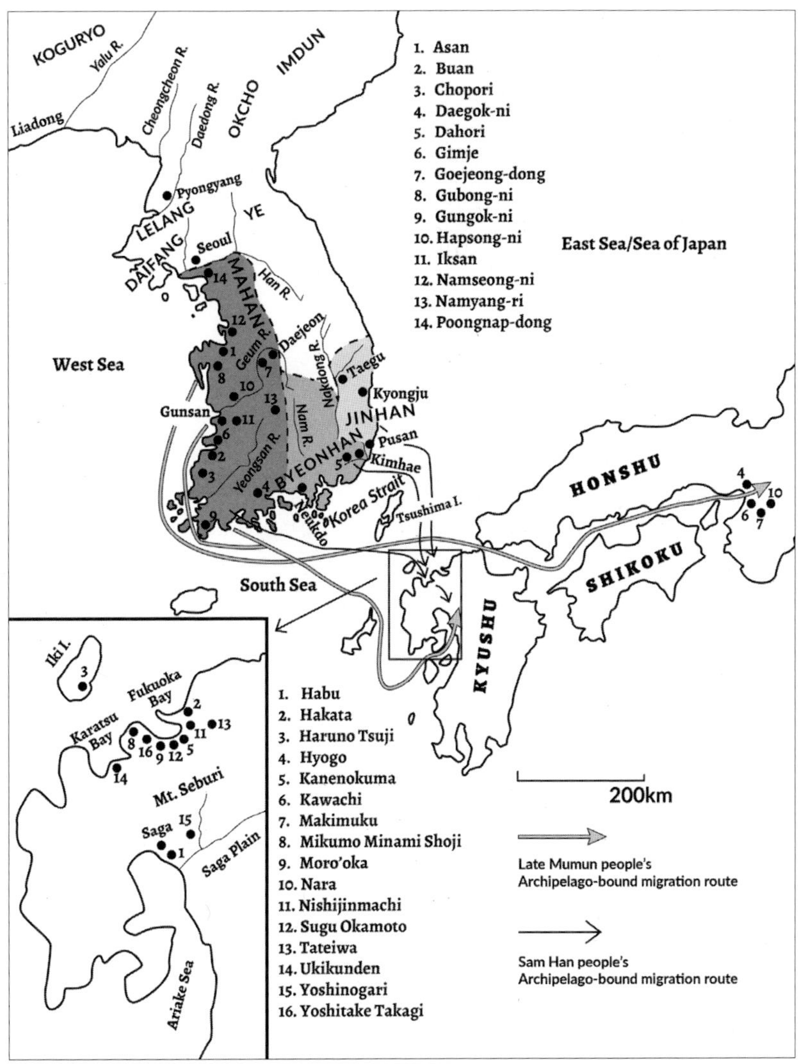

지도 2.1 무문토기시대 후기/삼한과 彌生 중후기 주요 유적 (c. 300 BC~AD 300)

인은 물론 거울에 대한 경외감과 신비로운 숭배를 불러일으켰을 것이다. 게다가 청동 다뉴경(多紐鏡)은 신의 뜻을 전달하는 매개체로 여겨졌다. 이들은 대전 괴정동, 부여 구봉리, 아산 남성리, 함평 초포리의 엘리트 무덤에서

도면 2.1 한반도 남부 무문토기시대 후기 토기

上: 좌측부터 심발형 점토대토기, 흑도장경호, 대부발, 고배, 下: 좌측부터 송국리식 옹형토기, 우각형 파수부흑도장경호, 고배, 시루(국립중앙박물관 1993: 57-68)

보이는 것처럼 옥 장신구(곡옥과 관옥)들과 함께 부장되었다(국립중앙박물관·국립광주박물관 1992: 26-117).

동경(銅鏡)과 함께 동탁(銅鐸)이 부장된 일부 엘리트 묘들은 마한 전기 공동체의 종교 지도자나 최고 무당 무덤으로 믿어지는 반면, 주로 청동 무기[동검(銅劍), 동모(銅鉾), 동과(銅戈)]와 청동 공구[동부(銅斧), 동착(銅鑿)]가 부장된 엘리트 무덤은 세속적인 정치적 족장 무덤으로 믿어진다(국립문화재연구소 2001: 237-238).

유견동부(有肩銅斧), 대형 선형동부(扇形銅斧), 동사(銅鉇), 송곳과 같은 새로운 청동 공구도 등장했다. Ⅰ기에 등장했던 동착(銅鑿)은 그 수량이 증가했는데, 종종 유견동부와 동사와 함께 조합을 이루어 엘리트 무덤에서 출

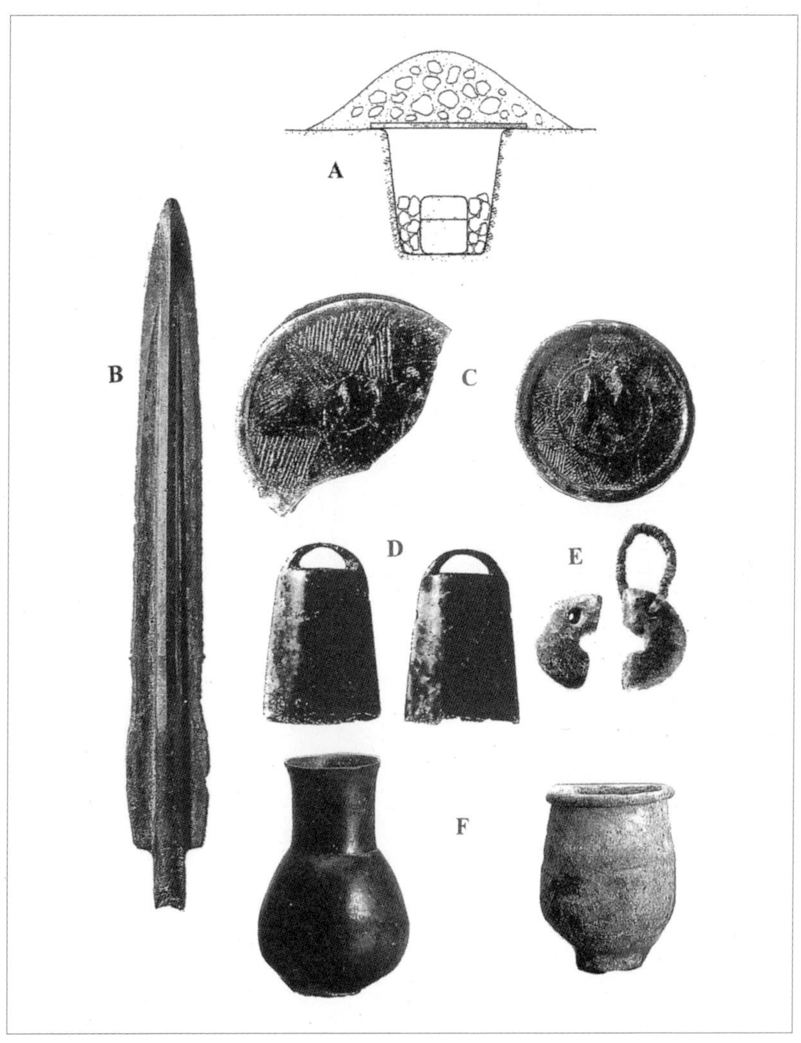

도면 2.2 대전 괴정동 적석목관묘와 위신재

A: 목관이 안치된 적석 토광(2.2×0.5×1.0m). B: 세형동검(길이 32.4cm). C: 다뉴조문경(좌, 지름 11.3cm). D: 동탁(높이 11.4cm, 11.2cm). E: 천하석제 곡옥(길이 3.2cm, 3.4cm). F: 흑색마연토기 장경호(높이 22cm)와 점토대토기(높이 17cm) (국립중앙박물관·국립광주박물관 1992: 28)

토되었다. 더욱 세형화된 동검 이외에 전국시대(戰國時代) 중국 본토 청동 무기류의 영향으로 발달한 동과와 동모가 새로운 청동 무기에 포함되었다.

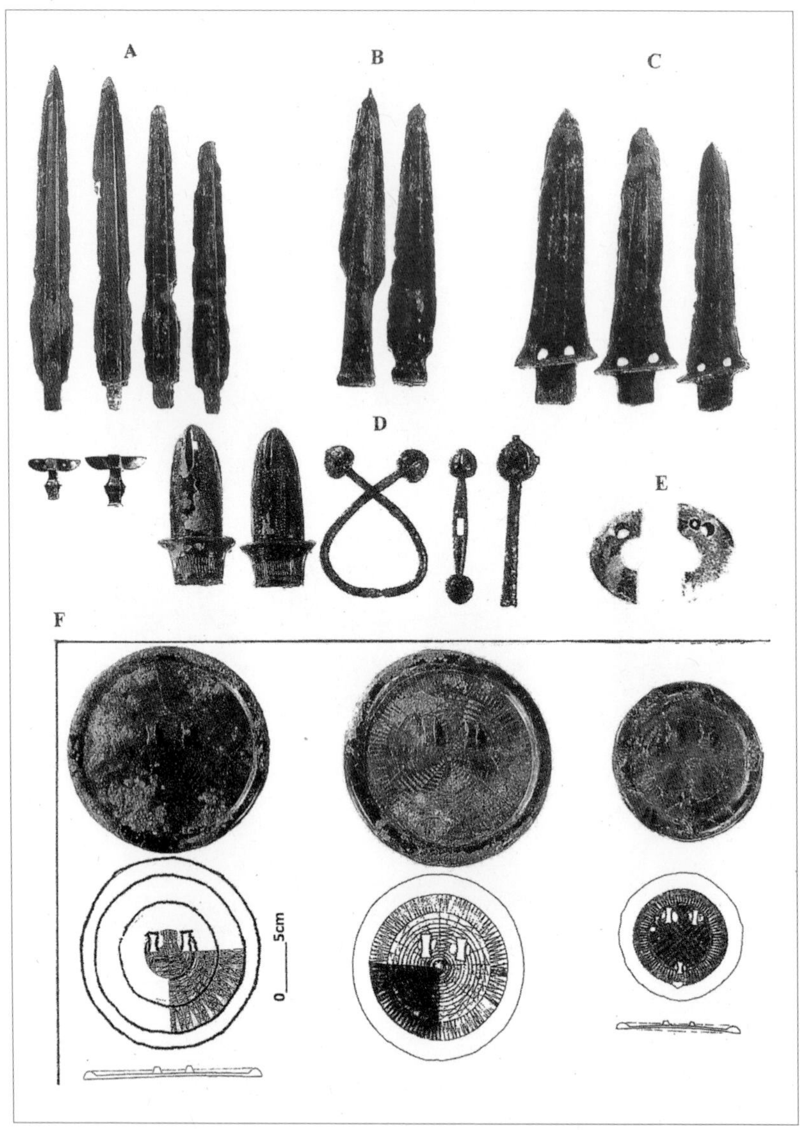

도면 2.3 함평 초포리 적석목관묘 출토 세형동검문화기 청동기와 천하석제 곡옥

A: 검파두식과 세형동검(길이: 25.8~32.7cm). B: 동모(길이: 27.9cm, 26.1cm). C: 동과(길이: 27.6cm, 26cm, 20.5cm). D: 의식용 동탁(좌: 높이: 14.5cm, 지름: 4.6cm). E: 곡옥(길이: 3.8cm, 3.85cm). F: 다뉴세문경(좌부터 지름: 17.8cm, 15.6cm, 9.7cm). (국립광주박물관 1988a: 24-32, 114-116; 국립중앙박물관·국립광주박물관 1992: 40-41).

II기 말, 즉 서기전 200년경에 이르면, 송산리, 석산리, 이화동 등 여러 청동기 생산유적에서 주조철기[철부(鐵斧), 철착(鐵鑿), 철사(鐵鉇)]가 생산되었다. 중국산 납과 바륨으로 제작된 관옥도 처음 등장했고(이건무 1992b: 136; 조진선 2005: 206), 동시기인 서기전 200년경 한국식 세형동검문화가 九州 북부에 전파되었고, 吉武高木(요시타케 타카기) 유적 3호 목관묘 출토 다뉴세문경도 이 시기에 해당한다(조진선 2005: 205, 225).

II기 청동기 출토 주요 유적으로는 부여 구봉리, 화순 대곡리, 대전 탄방동, 봉산 솔메골, 신계 정봉리, 함평 초포리가 있다. 부여 합송리, 당진 소소리, 장수 남양리 유적은 II기 후반에 속한다(조진선 2005: 94). 엘리트들이 거주했던 이 유적들은 정치 중심지로서도 기능했을 가능성이 높다.

서기전 108년 한제국(漢帝國)이 한반도 서북부에 군사적·상업적 전초 기지로 낙랑군(樂浪郡)을 설치하면서 한국식 세형동검문화는 서기전 100년경 쇠퇴하기 시작했다. 한반도 서북부 정백동(97호분), 상리, 석암리, 흑교리와 동남부 다호리(1호분), 조양동, 만촌동, 사라리 출토 한국식 청동기는 낙랑(樂浪)을 통해 구할 수 있던 새로운 선진 중국 철기류(철제 무기, 철제 마구, 청동제 한경)에 의해 점차 대체되었다(조진선 2005: 206-209).

2. 철기와 철기 생산

서기전 3세기경 청천강 이북 용연동과 세죽리에 처음 등장한 주로 무기류와 농공구류로 구성된 철기는 만주 남서부에 있던 중국 연(燕)에서 수입되었다. 무기로는 철모(鐵鉾)와 철촉(鐵鏃)이 있고, 농공구로는 V자형 철부, 삽, 괭이, 낫, 바늘, 낚싯바늘, 반월형철도(半月形鐵刀)가 있다. 모두 주조(鑄造) 철기였고, 단조(鍛造) 철기는 아직 출현하지 않았다(손명조 2012: 15).

서북지방의 송산리와 석장리, 동북지방의 이화동, 서남지방의 소소리, 합송리, 남양리 출토품에서 보이듯이 무거운 V자형 주조철부와 철제 끌을 포함한 주조철기는 곧 한반도 전역으로 급속하게 확산되었다(손명조 2012: 14-17). 주조철기와 주조 청동기와의 공반은 청동기 제작 산업을 통제했던 엘리트가 철기의 채택과 생산에서도 선구자적 역할을 했음을 시사한다. 엘리트들은 금속기가 석기와 목기에 비해 우월함을 알았을 뿐만 아니라 청동 주조 기술도 가지고 있었다. 따라서 송산리, 이화동, 소소리, 합송리, 남양리의 엘리트 무덤에는 세형동검, 동모, 다뉴세문경과 함께 주조철부가 부장되었다(손명조 2012: 15-18, 32; 국립중앙박물관·국립광주박물관 1992: 32-43).

무문토기시대에 주로 사용되던 석기에 대한 철기의 장점은 양질(良質)의 농업 및 작업 목적 철기 도구에 대한 수요를 큰 폭으로 증대시켰고, 결과적으로 서기전 3세기말 단조철기가 등장했다. 철부(鐵斧), 장검, 단검, 창(鉾), 끌, 낫, 말 재갈을 포함한 단조철기는 뛰어난 내구성과 함께 향상된 실용성도 갖추었다. 이후 지역 엘리트들 간의 교환과 상호작용에서 단조철기 제작 기술은 점점 더 중요해졌다. 철기 제작 전문가들은 특정 비실용적 도구 제작에는 주조법(鑄造法, casting method)을 계속 사용했지만, 일반적인 실용 도구(短劍, 鉾, 鑿, 鉇) 제작에는 단조법(鍛造法, forging method)을 채택했다(손명조 2012: 16-24).

이러한 철기들은 서기전 200년경 금속 제작 기술과 함께 한반도 동남부 대구까지 확산되어 팔달동 45호분, 57호분, 77호분 등 초기 목관묘에 단조철기가 부장되었다. 서기전 2세기가 되면, 한반도 동남부, 즉 부산 래성과 김해 구산동에 단조철기 공방이 출현하기 시작했다. 이 공방은 처음에는 나중에 개발된 송풍구 없이, 방형 주거용건물 내부에서, 얕게 파낸 구덩이 형태의 간단한 소결로 주변에서 운영되었다(김상민 2019: 59-61).

3. 무문토기시대 후기 토기

무문토기시대 후기에는 무문토기시대 중기의 일부 무문토기(송국리 유형 문화의 늦은 토기)가 한반도 주민들 사이에서 계속 사용되었다. 그러나

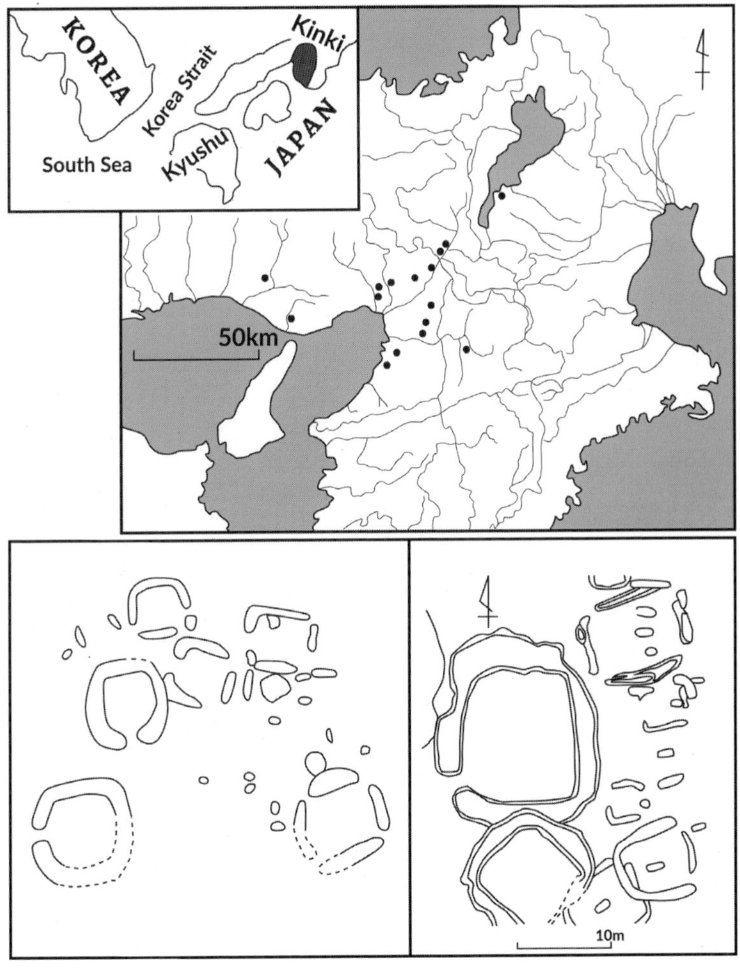

지도 2.2 近畿 지역 주구묘 유적 (Lucas Pauly 圖) (大阪府立彌生文化博物館 1999: 82). 下左: 한반도 중서부 보령 관창리 주구묘(大阪府立彌生文化博物館 1999: 84), 下右: 兵庫 東武庫 주구묘

서기전 4세기 만주 서남부에서 이주한 새로운 주민집단과 관련된 새로운 형식의 토기, 즉 흑색마연토기와 점토대토기가 출현했다(도면 2.1) (박순발 2009: 228-229). 이러한 토기들은 종종 세형동검, 동경, 곡옥과 함께 무문토기시대 후기 엘리트 무덤에서 발견된다(국립문화재연구소 2001: 1044-1045).

정선된 태도로 제작된 흑도장경호는 긴 목, 외반된 구연, 불룩한 동체, 축약된 저부와 마연된 표면을 특징으로 한다. 무문토기시대 후기 토기는 서기전 2세기 큰 형태적 변화를 겪는데, 특히 한반도 서남부의 경우 몸통에 돌출부 또는 고리 모양 파수가 부착되고, 시루, 잔, 고배 등으로 기종이 다양해졌다.

초기에는 단면 원형 점토대토기가 한반도 중서부 및 동남부 낙동강 상류 모두에서 지배적인 토기였다. 서기전 200년경 등장하기 시작한 단면 삼각형의 점토대토기가 이후 남해안 전역에서 지배적 형식이 되었다.

4. 무문토기시대 후기의 매장 의례

A. 서북지방

서북지방에서는 무문토기시대 중기에 등장한 석관묘와 석곽묘가 후기에도 계속 채택되었다. 정봉리, 천곡리, 송산리에서 보고된 서기전 3~2세기의 석관묘와 평양 전역에서 보고된 서기전 2세기 목관묘에는 세형동검, 동경, 동모, 동부를 포함한 화려한 위신재가 부장되었다(조선유적유물도감편찬위원회 1989: 81-86).

B. 서남지방: 마한 전기

한반도 중서부 해안 지역에서 일부 마한 전기 엘리트들은 부분적으로 주구(周溝, 도랑)로 둘러싸인 토광묘인 주구묘(周溝墓)를 조성했다(지도 2.2

下左). 주구는 경계 표지 및 그 안쪽에 묻힌 목관이나 옹관을 보호하는 역할도 했던 것으로 추정된다.

대규모 무문토기시대 후기 유적인 보령 관창리에서 조사된 99기의 주구묘 중 일부에서는 송국리문화 후대 토기가 보고되었고, 다른 주구묘에서는 무문토기시대 후기(400~100 BC)의 단면 원형 점토대토기, 흑색마연토기, 다뉴경(多紐鏡)이 출토되기도 했다. 이러한 유물복합체는 서남부 지역의 경우 늦어도 BC 3세기 주구묘가 처음 등장하여 주요 묘제로 수백 년 동안 지속되었음을 보여준다(大阪府立彌生文化博物館 1999: 82-85; 이택구 2008: 34-89).

적석목관묘에 부장된 위신재로는 인상적인 청동기와 옥 장신구가 있다. 서기전 300년경으로 편년되는 대전 괴정동 고분에서는 세형동검 1점, 조문경 2점, 검파형동기 3점, 방패형동기 1점, 원개형동기 1점, 동탁 2점이 출토되었다. 또 삼각형 석촉 3점, 곡옥 한 쌍, 소형 구슬 50여 점, 점토대토기 1점과 흑도장경호 1점도 나왔다(도면 2.2) (이은창 1968).

부여 구봉리 적석목관묘에서는 세형동검 11점, 동경 2점, 동과 2점, 동모 1점, 동착 1점을 포함한 20점의 청동기가 출토되었다(이강승 1987). 예산 동서리 석관묘에는 관옥과 곡옥과 함께 세형동검 9점, 동경 5점, 청동 의기 6점이 부장되었다(지건길 1979; 국립문화재연구소 2001: 322-324). 아산 남성리 석관묘에서는 세형동검 9점, 조문경 2점, 동부 1점, 동착 1점, 청동 의기 3점, 관옥 103점, 곡옥 1점이 보고되었다(한병삼·이건무 1977).

이보다 약 1세기 후인 서기전 2세기로 편년된 통나무관이 설치된 화순 대곡리 적석목관묘에서는 세형동검 5점, 정문경 3점, 동부 1점, 의식용 방울 4점이 출토되었다(국립광주박물관 2013). 한편 함평 초포리의 적석목관묘에서는 세형동검 4점, 정문경 3점, 의식용 청동 방울 5점, 동과 3점, 동모 2점, 동부 2점, 동착 2점, 곡옥 한 쌍이 보고되었다(국립광주박물관 1988a).

C. 동남지방

동남해안 지역에서는 지석묘 축조가 계속되었는데, 송선리(길이 8.00×폭 6.0×두께 2.70m), 모서리(6.00×4.00×2.40m), 다산리(4.60×2.30×2.14m)의 경우처럼 일부 지석묘는 상석이 거대화(김권구 1999: 743, 749)되거나 덕천리 1호처럼 여러 단으로 구성된 지하에 매장주체부가 조성되기도 했다.

신성한 대형 묘역(길이 56.2×폭 17.5m) 내부에 조성된 석축 내부에 축조된 덕천리 1호 지석묘는 대형 상석과 3단으로 구성된 지하 무덤방으로 특징지어진다. BC 4세기경으로 편년되는 1호 지석묘는 지역의 다른 모든 지석묘들보다 크다. 지하 묘실 바닥에 목관이 안치되었고, 묘실 전역은 할석과 판석으로 채워졌다. 유경식 마제석촉 22점, 관옥 6점, 그리고 목기 2점이 부장되었다(이상길 1994).

1호 지석묘 묘역에서 조금 떨어진 지점에는 1호보다 작은 지석묘 4기가 위치한다. 신성한 묘역 내에 조성된 1호 지석묘는 최상위 엘리트, 즉 지역 수장 또는 그 직계 가족의 무덤이었을 가능성이 높다(이상길 1994). 1호 지석묘의 족장 지위나 신분은 부장품보다는 매장 구조의 실제적 규모와 조성에 소비되는 노동력의 양을 통해 입증되었다.

BC 2세기가 되면 대구 팔달동, 경산 임당동, 경주 조양동, 창원 다호리, 김해 양동리의 사례에서 알 수 있듯이 목관묘는 한반도 동남지방의 지배적인 묘제가 되었고, 이 무덤에는 많은 주조철기가 부장되었다(국립문화재연구소 2001: 210-212, 828-830; 국립중앙박물관 2008; 손명조 2012: 31-45).

BC 1세기 축조된 양동리 55호분은 2.93×1.23×1.12m 규모로 굴광된 묘광에 2.43×0.66×0.35m 규모의 목관을 안치했다. 철제 단검, 철부, 철겸(鐵鎌), 철촉, 와질토기 소호, 환형동기(環形銅器), 유리 구슬 목걸이, 한식경(漢式鏡) (임효택·곽동철 2000)이 부장되었다. 여러 종류의 철기의 분묘 부장은 한반도 전역 무문토기시대 후기 문화의 가장 중요한 특징이라 할 수 있다. 철은 부와 권력의 상징으로 떠올랐고, 철 숭배는 철을 신성한 존재로 부각시켰다.

5. '삼보': 검, 경, 곡옥

족장 무덤으로 알려진 부여 송국리 1호 석관묘에서 알 수 있듯이, 무문토기시대 중기에는 동검, 천하석제 곡옥, 관옥은 엘리트 권력의 상징으로 소중하게 여겨졌다. 무문토기시대 후기에는 여기에 동경이 추가되어 특히 청동 단검, 동경, 곡옥의 세 가지 보물이 통치 권력을 대변했다(도면 2.2와 2.3). 이는 대전 괴정동, 부여 연화리, 아산 남성리, 함평 초포리에서 보고된 무문토기시대 후기 엘리트 무덤들에 부장된 위신재들로 입증된다.

6. 무문토기시대 후기의 밀고 당기기의 역학

오늘날 北京 주변에 위치했던 戰國時代(401~221 BC) 연(燕)은 북중국 최강 국으로 부상했다. 내부 세력 강화 후 동쪽과 북쪽 이웃들에 대해 정복 전쟁을 일으키면서 遼河와 漢江 사이에 걸친 고조선(古朝鮮)의 영토를 침략했다(Byington 2016b: 33-46).

燕國의 동진 및 북진은 분열되고 흩어진 동북아시아 민족과 부족의 동쪽 및 남쪽으로의 이동이라는 도미노 현상을 야기했다. 정복되어 쫓겨난 부족들이 한반도 남쪽으로 이동함에 따라 다시 쫓겨나게 된 토착 부족과 정치체들 역시 남하하게 되어 한반도에는 유례없는 사회정치적 격동이 발생했다(최완규 2009: 247-258; 박순발 2009: 224-228).

BC 222년 燕國 패장 위만(衛滿)은 천여 명의 병력을 이끌고 한반도 서북부 고조선 영토로 피신했다. 28년간 고조선 조정에 근무했던 위만은 서기전 194년 조선(朝鮮) 준왕(準王)에 대해 반란을 일으켰고, 오늘날 평양 지역에 "위만조선(衛滿朝鮮)"으로 알려진 왕국(王國)을 세웠다. 준왕과 백성들은 남하하여 서남부 해안의 금강 하류역으로 피난했다. 『後漢書』에 따르면, 위만에게 패한 조선 준왕은 부하 수천 명을 데리고 바다로 도망쳤다. 그는 [전기] 마한을 공격하여 물리치고, 스스로 [전기] 마한의 왕이 되었다(Byington 2009: 151; 괄호는 필자 추가).

준왕이 정복한 지역은 선사시대부터 중요한 중심지였던 서남부 해안의 금강 하류역의 익산 지역으로 추정되는데(노중국 2009: 215), 이는 군산항과 비옥한 만경평야를 포함하는 지역이었다(곽장근 2017a: 23-59). 준왕의 익산 일대 통치는 지역민의 반란 때문에 오래가지 못했지만, 준왕과 지역 세력과의 전란은 서남부의 일부 마한 전기 사람들을 유린하고 쫓아냈을 것이다.

당시 九州의 조기-초기 도래인과 한반도 남부 사이에 구축된 커뮤니케이션 네트워크를 통해 九州 북부는 한반도의 마한 전기 사람들에게 잘 알려져 있었다(片岡宏二 1999: 112-113). 북쪽으로부터의 압박이 강해지면서 본질적으로 송국리문화 사람의 후손(김장석 2009: 52-54)이자, 해안 사람들로 항해에 익숙했던(곽장근 2017a: 23-59) 마한 전기 사람들은 무문토기시대 중기 선조들처럼 서남해안을 따라 대한해협을 건너 九州로 이주했다. 이들은 土生(하부), 吉野ケ里(요시노가리), 姉(아네), 鍋島 本丸南(나베시마 혼마루 미나미) 등과 같은 무문토기시대 후기 유적(점토대토기와 장경호)의 존재를 통해 입증되었듯이 佐賀平野에 정착했다(片岡宏二 1999: 119-124, 149-150; 七田忠昭 2007: 118-120). 위만의 침략과 그 뒤를 잇는 한반도의 일련의 격동적 사건과 청동기를 지닌 도래인의 九州 북부 출현은 모두 약 BC 200년 또는 그 직후에 발생했다.

Ⅱ. 새로운 도래인 집단이 日本 九州에 오다

1. 새 도래인 취락

한반도 무문토기시대 후기(c. 400~50 BC)의 특징적 구성 요소인 점토대토기 광구호(廣口壺)와 흑색마연토기와 함께 새로운 도래인 집단이 九州 북부와 북쪽 山口(야마구치)와 남쪽 熊本(구마모토) 사이의 인접 지역에 출현했다(片岡宏二 1999: 103-108) (도면 2.1). 즉, 새로운 도래인의 물결이 彌生 중기(c. 350 BC~AD 50) (연대는 高倉洋彰 2011: 205를 따름) 어느 시점에 일본열도에 도착했다.

역사적으로, 그리고 문화적으로 彌生 조기의 도래인과 관련된, 이 새로운 도래인들은 九州를 완전히 낯선 곳으로 생각하지 않았을 것이다. 그들은, 마치 21세기에 미국을 처음 방문한 영국인과 비슷한 감정을 경험했을 것이다.

福岡 諸岡(모로오카) 유적명을 따른 諸岡型 도래인 중 일부는 한반도로 돌아가거나 다른 지역으로 이동했지만, 佐賀平野의 土生(하부) 유적명을 따른 土生型 도래인의 대부분은 佐賀平野로 모여 영구적으로 머물렀다. 背振山(세부리) 남측의 비옥한 평야에 정착한 이들은 土生와 吉野ヶ里 사이의 낮은 능선에 많은 취락을 조성했다(片岡宏二 1999: 104-111, 119-124; 七田忠昭 2007a: 118-120; Mizoguchi 2013: 111). 七田忠昭(2007a: 121)에 따르면, 이들은 福岡와 唐津의 북쪽 해안 지역을 우회하여 有明海(아리아케)를 통해 도착했을 가능성이 높다(지도 2.1).

새로운 도래인은 주로 두 가지 이유로 佐賀平野을 선택했다. 첫째, 당시 九州 북쪽 해안의 해수면이 彌生 전기보다 수 미터 높아 경작지가 감소되었고, 둘째, 佐賀平野는 수도작(水稲作)에 적합한 광대한 비옥한 토지였다(七田忠昭 2007a: 121). (또 하나의 이유는 彌生 전기부터 土生, 鍋島, 吉野ヶ里에 彌生型 도래인들이 이미 정착해서 살고 있었다.) 이러한 정보는 彌生型 도래인과 그들의 반도 교섭자 사이에 오랫동안 존재해 온 정보망을 통해 한반도 농부들에게 알려져 있었을 것이다(片岡宏二 1999: 112).

彌生 중기 유적으로잘 알려진 佐賀平野의 土生, 吉野ヶ里, 姉, 鍋島本丸南 등에서, 점토대토기 광구호, 흑색마연토기 장경호, 우각형파수부토기(도면 2.4)를 포함하는 한반도의 무문토기시대 후기 유물복합체가 출토되었는데, 이들은 彌生 중기 도래인들의 고고학적 표지이다(片岡宏二 1999: 119-124, 149-150; 七田忠昭 2007: 118-120).

그동안, 彌生 전기에 佐賀平野에 이미 등장했던 여러 彌生 취락(土生, 鍋島, 吉野ヶ里)들은 상당한 농업 공동체들로 성장해가고 있었다.

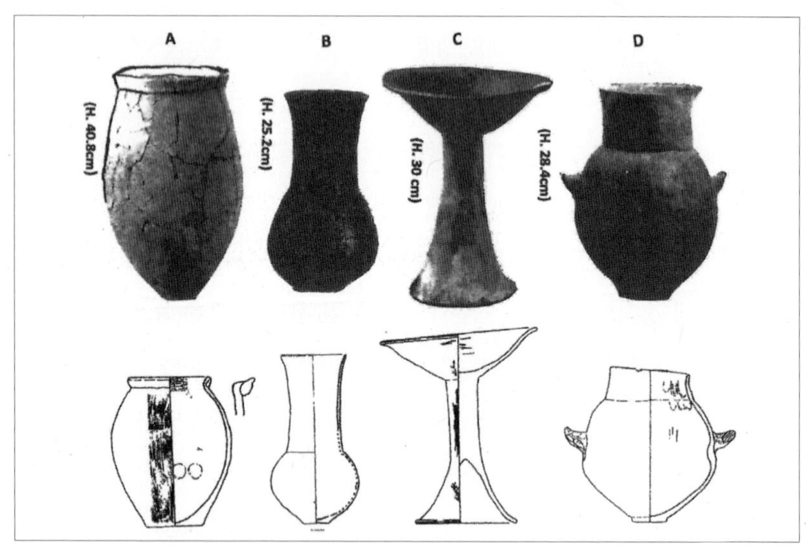

도면 2.4 한반도·일본열도 출토 후기 무문토기

上: 남한 출토 후기 무문토기(A: 외반구연 저장용 단지, B: 흑도장경호, C: 고배, D: 우각형파수부광구장경호(국립중앙박물관 1993: 57, 63, 65, 68). 下: 九州 북부 출토 후기 무문토기(片岡宏二 1999: 86, 91, 122)

1986년 시작된 발굴로 널리 알려지게 된 吉野ヶ里 유적은 일본열도 최대 규모의 彌生 취락으로 일본 고고학에서 가장 중요한 존재라 할 수 있다. 주변에 분포하는 한반도형 고인돌의 존재를 통해 알 수 있듯이 도래인은 吉野ヶ里 유적에서 彌生 전기부터 수도작(水稻作) 농경을 해 왔고(柳田康雄 1989: 120-121), 청동기를 지닌 도래인이 유입된 彌生 중기에 이르러 吉野ヶ里는 면적이 20ha에 이르는 거대한 마을로 부상했다(佐賀県教育委員会 2008: 15-20).

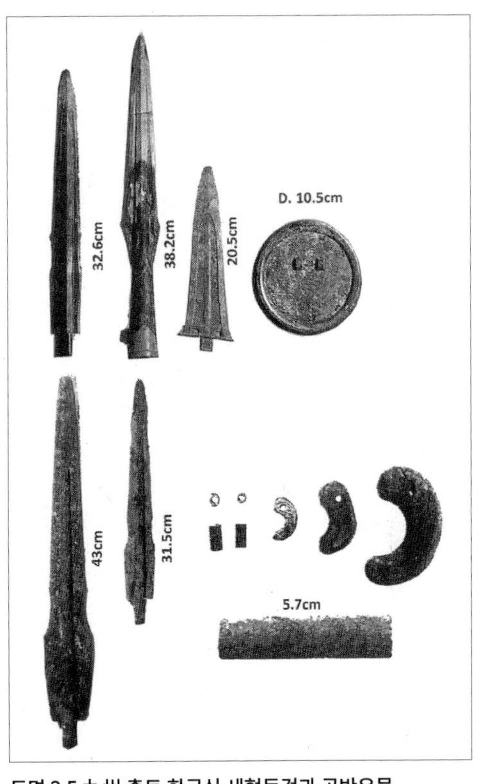

도면 2.5 九州 출토 한국식 세형동검과 공반유물

上: 彌生 중기 엘리트 묘(宇木汲田유적 옹관묘 6호·12호·17호·41호) 출토 세형동검, 銅鉾, 銅戈, 多紐銅鏡(佐賀県教育委員会 2008: 31, 38). 下: 吉野ヶ里유적 彌生 중기 엘리트 무덤 출토 한국식 세형동검과 공반유물(관옥, 유리구슬, 곡옥, 긴 관옥) (佐賀県教育委員会 2008: 37, 45)

彌生 중기의 吉野ヶ里 마을은 주로 양단(兩端)에 주공(柱孔)이 설치된 중앙 타원형 구덩이로 식별되는 송국리 유형 반수혈 주거들과 한반도 무문토기시대 중후기 송국리 유형 취락에서 보고된 것을 매우 닮은 다수의 플라스크 모양 옥외 저장 수혈로 구성되었다. 고고학자들은 송국리 유형 주거 구조물들과 토기와 함께 많은 청동기와 청동기 주조 용범(鎔范)들을 발견했다. 彌生 중기의 吉野ヶ里 유적에서 보고된 유구들 중 특히 눈에 띄는 것은 눈에 잘 띄는 구릉에 인공적

으로 흙을 쌓아 조성한 대형 매장용 마운드인 墳丘墓이다. 그 내부에서 14기의 성인용 옹관이 확인되었는데, 8기의 옹관에서 세형동검 16점과 관옥 79점이 출토되었다. 발굴자들은 이 봉토분은 여러 세대에 걸친 彌生時代 족장(族長)들의 무덤이라 믿고 있다(佐賀県教育委員会 2008: 19-20; 七田忠昭 2017: 26-28).

고고학자들은 환호에서 토착 繩文 석기들과 함께 수확용 석도, 마제석검, 합인석부, 유구석부를 포함하는 현지에서 제작된 많은 한반도형 석기들을 찾아냈다(七田忠昭 2017: 26-29). 의심할 여지없이, 吉野ヶ里와 다른 彌生 중기 취락에는 초기 도래인의 후손으로 당시에는 이미 혼혈된 도래인계 彌生 사람들은 물론 새로운 도래인이 거주했다.

吉野ヶ里에서 확인된 도래인 관련 물적 자료는 압도적으로 한반도에서 기원한 것들이었기에 西谷正(1989: 127-132)는 "佐賀平野에서의 국가 형성 과정은 물론 吉野ヶ里의 탄생에도 고대 한국과 그 기술이 크게 관여했다"고 말해 왔다. 2007년 한국의 국립중앙박물관과 佐賀県教育委員会는 서울에서 『요시노가리: 일본 속의 고대 한국』(국립중앙박물관: 2007)이란 주제의 특별전을 공동 개최했다. 이듬해인 2008년 九州 佐賀에서는 『吉野ヶ里遺跡と古代韓半島: 2000年の時空を越えて(吉野ヶ里유적과 고대 한반도: 2000년이란 시간과 공간을 넘어서서)』라는 주제로 또 한 건의 고고학 공동전시가 있었다(佐賀県教育委員会 2008).

2. 彌生 중기 사회에 대한 새 도래인의 기여

A. 청동기 제작

土生와 吉野ヶ里를 포함한 여러 彌生 유적에서 발견된 많은 청동기 제작용 석제 용범(鎔范)을 근거로 청동기 제작은 佐賀平野에서 처음 시작되었다고 추정하는 일본 고고학자들(片岡宏二 1999: 149-175; 七田忠昭 2017: 38)이 있다. 최초 수도작(水稻作)의 경우처럼 최초 청동기 제작 기술 역시 도래인들과 밀접하게 연관되어 갑자기 등장했다(片岡宏二 1999: 176-201; 七田忠昭 2007: 118-121; 이양수 2007: 266-292).

조진선(2005: 74-86, 221-226, 238)에 따르면, 九州에서 생산된 청동기들(도면 2.5)은 서기전 250~100년경 한반도에 출현했던 한국식 세형동검 II기(예를 들어 도면 2.3)에 해당한다. 이는 교역을 통해 이미 서기전 300년경 九州 북부에 청동기가 유통되었지만, 彌生 중기, 즉 서기전 200년경이 되면 九州 북부에 청동기 산업이 출현했음을 의미한다.

佐賀縣의 주요 청동기 제작 유적으로는 土生, 鍋島(나베시마), 姉(아네), 平原(히라바루)/大久保(오쿠보), 惣座(소자), 吉野ヶ里 등이 있다. 土生는 넓은 영역에 산포된 한반도 무문토기시대 후기 파편들로 비추어 볼 때 약 10ha에 이르는 주요 도래인 취락 유적이다. 남한에서 발견된 것과 동일한 동모(銅鉾)용 석제 용범(鎔范)이 발견되었는데, 이것은 남한에서 가져온 것일 가능성이 매우 높다. 鍋島 本村南(혼손 미나미) 유적은 한반도 무문토기시대 후기 토기가 풍부한 또 다른 주요 도래인 유적인데, 토광묘에서 한국식 세형동검의 석제 용범 1점이, 또 한 엘리트 무덤에서 한국식 세형동검 1점이 출토되었다. 또 다른 주요 도래인 취락인 黑井(쿠로이) 인근의 姉(아네) 유적에서는 동모(銅鉾)와 동검 용범이 나왔다. 인근에 많은 지석묘가 있는 平原/大久保 유적에서는 동과(銅戈) 용범이, 또 다른 彌生 중기 유적인 惣座에서는 동모(銅鉾)와 동검(銅劍)용 양면 용범이 출토되었다(片岡宏二 1999: 156-164, 185-191).

佐賀平野 吉野ヶ里에서는 한국식 세형동검 용범, 동검용 4면 용범, 동검 및 동모용 4면 용범 등 가장 많은 석제 용범이 보고되었다. 154호 트렌치에서 청동기 원자재, 주석 조각, 풀무 일부와 함께 청동기 주조 공방의 잔해가 확인되었다(片岡宏二 1999: 157-158, 187-189; 七田忠昭 2007a: 119). 압도

적인 수의 석제 용범의 보고를 고려했을 때, 吉野ヶ里 유적은 청동기 산업의 중심이었다고 추정할 수 있다.

출토된 용범들을 통해 알 수 있듯이 佐賀縣 吉野ヶ里와 다른 청동기 유적에서 생산된 초기 청동기는 주로 동검, 동과, 동모 등 무기류였다. 彌生 엘리트들이 높이 평가한 청동제 무기들은 한반도 무문토기시대 사회처럼 엘리트의 무덤에 부장되었다(七田忠昭 2005: 35-42, 2017: 33-48). 또 이 청동기들은 한반도 서남부 무문토기시대 후기 기술자들이 제작한 청동기와 형식 및 형태 모두에서 매우 비슷했다(도면 2.3과 2.5 참조) (片岡宏二 1999: 149; 이양수 2007: 277-283).

七田忠昭(시치다 타다아키)(2007a: 118-121)와 片岡宏二(카타오카 코지)(1999: 149-201)는 佐賀平野의 청동기 공방은 도래인 취락에 출현했다고 가정한다. 片岡宏二는 송국리식 토기편을 지닌 유적들과 송국리 유형 주거의 수로 계산된 吉野ヶ里와 佐賀平野 주민의 80%는 한반도와 접촉 관계에 있는 도래인계 彌生 주민(도래인과 그 자녀들의 새로운 물결)이라 가정한다. 따라서 그는 청동기 제작 기술을 습득 과정에서 "한반도와의 주요 통신 채널로 작용한" 것은 바로 도래인의 새로운 물결이었다고 주장한다(片岡宏二 1999: 112).

한반도에서 무문토기시대 후기의 청동기 생산은 주로 금강 유역과 서남부, 즉 마한 전기 사람들의 원향에서 이루어졌다. 동남부 지역에서는 무문토기시대 후기 사람들의 청동기 생산에 대한 구체적인 고고학적 증거가 보고되지 않고 있다(이청규 2002: 30-37). 이는 九州 북부의 청동기 산업이 한반도 서남부에서 온 도래인 기술자들에게 의해 수립되었고, 청동기를 지닌 彌生 중기 도래인은 한반도 서남부, 특히 금강과 서남부 해안 사이의 오늘날 전라남북도에서 온 마한 전기 사람들이었음을 시사한다.

한편 吉武高木(요시타케 타카기) 3호분, 中伏(나카부세), 本村籠(혼마루 바마이) (58호분), 原田(하라다), 宇木汲田(우키쿤덴) 유적의 彌生 중기 엘리트 무덤 출토 유물을 통해 나타나듯이 九州 북부 해안의 彌

生 엘리트들은 남한에서 청동기(동검, 동과, 동모)를 수입하고 있었다(常松幹雄 2011: 178). 한반도 남부에 처음 등장한 彌生 토기는 사천 늑도(勒島) 유적에서 발견된 약 220 BC~AD 1년으로 편년되는 須玖(수구) I-II식 토기이다(高倉洋彰 2011: 205). 이는 九州 북부 해안의 彌生 중기 엘리트들은 서기전 220년경 한반도 남부와 접촉하기 시작했음을 시사하는데, 이는 佐賀平野에서 도래인 기술자들이 청동기 생산을 시작하는 시점과 얼추 비슷하다. 다시 말해서 佐賀平野에서 彌生 중기 엘리트들이 이미 직접 청동기를 생산하고 있을 때, 九州 북부 해안 지역 엘리트들은 한반도의 청동기를 구하기 위해 한반도 남해안으로 항해하고 있었다.

서기전 1세기 후반, 철기가 점차 지배적이게 되면서 한반도에서 청동기 생산은 종말을 고하게 되었다. 한반도 청동기 공급이 중단되면서 九州 북부 해안의 彌生 중기 엘리트들은 직접 청동기를 생산하기 시작했고, 彌生 중기 후반인 서기전 50년경 福岡은 새로운 청동기 생산 중심지가 되었다. 그리고, 지역적 기호와 필요에 따라 청동기 레퍼토리가 새롭게 혁신되면서 청동기는 점점 현지화되어 갔다. 한국식 세형동검의 몸통은 점점 커졌고, 동종(銅鐘)들도 등장했다(片岡宏二 1999: 151).

佐賀平野에서 청동기 생산이 시작되고 약 300년이 지난 彌生 후기 중반이 되면, 청동기 제작은 남으로 佐賀平野, 북으로 福岡의 夜須町(야스마치)와 糟屋(카스야), 서로는 唐津(카라츠) 사이의 九州 북부 전역으로 확산되었다. 春日(카스가) 구릉 기슭에서 발견된 200점이 넘는 석제 용범, 풀무 편, 청동기 주조용 도가니, 청동 찌꺼기, 청동기 작업 설비는 고고학자들로 하여금 春日(카스가)丘陵을 일본열도의 새로운 청동기 산업 중심지로 상정하도록 이끌었다(片岡宏二 1999: 150-152).

특히 다량의 청동기 공방 잔해와 세형동검, 동모, 동과 주조용 석제 용범의 발견으로 알려진 須玖-岡本(수구-오카모토) 유적은 九州에서 청동기 산업이 가장 번성했던 곳이 되었다(大阪府立彌生文化博物館 1999: 66-67; 京都文化博物館

1989: 55-56). 또 당시 각 지역에서 생산된 청동기들은 해당 지역 고유의 특성을 띠기 시작했다. 특히 일본산 동모는 길이와 폭이 두 배까지 확대되는 등 크기가 과장되는 광형화(廣形化) 과정을 거치는데, 이는 실용적 목적보다는 의식에 사용할 목적으로 제작되었음이 분명하다.

京都-大阪-奈良 지역에서는 청동기 무기류보다는 한반도의 작은 원형(原型)에 바탕을 둔 청동 방울이 강조되었다. 九州지역의 동과 및 동검처럼 近畿의 동령(銅鈴) 역시 지역 엘리트 종교 의식의 필수 요소로서 크기가 과장되게 확대되었다.

B. 새로 등장하는 묘제

a. 목관묘

서기전 300년경부터, 일부 한반도 무문토기시대 후기 엘리트는 목관묘를 조성하기 시작했다. 목관묘는 김해 양동리 고분군을 통해 알 수 있듯이 서기전 200년경이 되면 한반도 동남부 지역의 지배적 묘제가 되었다. 목관은 4매의 목제 널판지로 짠 상자형 관과 통나무 속을 파낸 관의 두 유형이 있다.

彌生 중기 九州 북부에 이러한 엘리트 묘제가 등장했다. 吉武高木 유적에서 확인된 54기의 무덤 중 4기가 목관묘였고, 그 중 3기에 세형동검이 부장되었다. 특히 3호 목관묘에는 세형동검 2점, 동모 1점, 동과 1점, 다뉴경 1점, 곡옥 1점, 관옥 1점(도면 2.6)가 부장되었는데 반해 옹관묘의 경우 50기 중 4기에만 동검이 부장되었다(福岡市教育委員會 1996). 吉武大石(요시타케 오이시) 遺蹟의 224기 무덤은 옹관묘 203기, 토광묘 12기, 목관묘 8기로 구성되었다. 203기의 옹관묘 중 3기에만 동검이 부장된 반면에 8기의 목관묘 중 2기에 동검 1점이 부장되었다. 청동기가 부장된 토광묘는 없었다(福岡市教育委員會 1996).

따라서, 목관묘와 다른 유형 무덤 간에는 차별화된 위신재가 부장된 것으로 보인다. 상당히 높은 비율의 목관묘에 청동기가 부장되었지만, 극히 낮은 비율의 옹관묘에만 청동기가 부장되었다. 또 한반도의 무문토기시대 후기의 경우와 마찬가지로 청동기가 부장된 무덤 중 옹관묘보다 목관묘에 더 많은 수의 청동기가 부장되었다. 목관묘는 무문토기시대 후기 사회에서와 마찬가지로 彌生 중기 사회 최상위층의 묘제로 채택되었음이 분명하다.

b. 주구묘(周溝墓)

서기전 3세기에 도래인과 함께 한반도 중서부에서 서일본으로 건너간 관창리형 주구묘(지도 2.2 下左)는 古墳時代까지 계속 사용되었다. 九州 북부와 近畿 핵심지역(奈良, 大阪, 京都) 사이에서 4,000기가 넘는 주구묘가 보고되었다(渡辺昌宏 1999: 82-85; 大阪府立彌生文化博物館 1999: 85; cf. 武末純一 2005: 69).

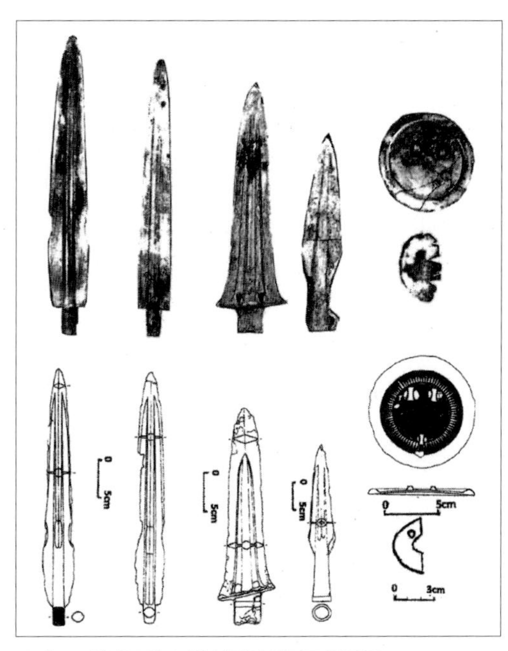

도면 2.6 한반도와 九州 북부의 엘리트 부장품

上: 吉武高木 3호 목관묘 출토유물(福岡市教育委員會 1996: 9). 下: 함평 초포리 적석목관묘 출토유물(국립광주박물관 1988a: 108, 109, 116, 117)

近畿 핵심지역의 경우 주구묘는 兵庫(효고)의 東武庫(히가시 무코)와 大阪(오사카)의 東奈良(히가시 나라), 安滿(아마), 龜井(카메이), 池上曽根(이케카미 소네), 四ッ池(요츠 이케), 奈良(나라)의 多(오) 유적에 처음 출현했다. 피장자들간의 차별화된 사회적 신분을 반영하는 무덤 규모와 고

분군 내 무덤 위치에 따라 서로 구별되는 주구묘는 한반도 중서부 관창리에서 발견된 주구묘들과 비슷했다(渡辺昌宏 1999: 83-85).

고고학자들은 兵庫의 東武庫 유적에서 서기전 250~150년경 조성된 22기의 주구묘를 확인했는데, 2호 주구묘에는 현지에서 제작된 송국리식 토기가 부장되었다. 大阪에서는 동시기에 해당하는 송국리 유형의 주거지가 확인되기도 했다(渡辺昌宏 1999: 82). 일부 일본 학자들은 京都-大阪-奈良지역에 거주하는 彌生 전기 사회 엘리트들은 한반도 주구묘를 통치 족장의 새로운 묘제로 채택했고, 이 엘리트 묘제는 古墳時代 및 그 이후까지 지속되었음을 인정한다(渡辺昌宏 1999: 85).

C. '삼보': 검, 경, 곡옥

서기 712년 편찬된 『古事記』에 기록된 일본 건국 신화에 따르면, 天照(아마테라수)大神(오미카미)의 손자이자 쌀의 신인 瓊瓊杵命(니니기노 미코토)는 일본 통치를 위해 땅에 내려온 일본 황가(皇家)의 조상인데, 단검(短劍), 거울(鏡), 곡옥(曲玉)은 瓊瓊杵命와 함께 '삼보(三寶)'로서 등장한다(Phillipi 1968: 138-141).

吉武高木 3호 목관묘에서 발견된 세형동검 2점, 동모 1점, 동과 1점, 다뉴동경 1점, 곡옥 1점, 관옥 95점은 한반도산이다(小田富士雄1986b: 39) (도면 2.6). 한반도 서남부 초포리 유적 엘리트 무덤의 경우처럼 세트로 부장된 이 유물들은 엘리트 지도자의 것이었다. 한반도 무문토기시대 후기의 경우처럼, 일본 彌生 중기에 동검, 동경, 곡옥은 권력과 권위의 상징이 되었고, 이후 이 삼보는 이미 언급된 『古事記』의 건국 신화와 부합되어 일왕(日王) 권력의 신성한 상징이 되었다

3호 목관묘에 매장된 彌生 엘리트들의 정체는 호기심을 자극한다. 전형적인 한국 청동기시대 후기 엘리트 무덤인 3호 무덤은 당시 남부지방에서 유행했던 목관묘이다. 세형동검, 동모, 동과, 기하학적 선문의 다뉴동경, 곡

옥 등 부장된 위신재는 한반도 남부의 함평 초포리의 엘리트 목관묘 출토품들과 거의 똑같다(도면 2.6 下).

大阪府立彌生文化博物館은 『渡来人登場』(1999: 64)에서 吉武(요시타케) 최고 엘리트는 "早良(사와라)의 왕이었고, 정치적으로 "그는 청동기와 이주민들의 관리, 즉 도래인의 맥락에서 등장했다"고 말했다.

3. 九州 북부에 등장한 사회계층화

수도작 농경의 수립은 彌生社會에 사회적·경제적·정치적으로 근본적인 변화를 가져왔다(平野邦雄 1997: 111-134; 甲元眞之 1997: 104-110). 서기전 300년경이 되면, 彌生 마을에 관리자와 지도자가 출현하는데, 이는 계층사회 출현에 앞선 전조적 사건이었다. 청동기 제작 산업은 이 과정에서 새 도래인이 가져온 다른 문화적 특징들과 함께 중요한 역할을 수행했다.

九州 북부 지역 묘지들에 대한 연구를 바탕으로, 溝口居士(Mizoguchi 2000: 47-51)는 彌生 중기의 이른 시기 엘리트 묘지들에 매장된 개인들은 농업이 팽창하는 사회에서 공동체 내부 및 공동체 사이의 갈등에 대응하여 등장한 공동체의 지도자들이라는 결론을 내렸다. 즉, 이들은 '왕(kings)'이라기보다는 인류학적으로 알려진 "大人(big men)"에 가까웠던 것으로 이해되었다.

溝口居士(Mizoguchi 2005: 316)는 彌生時代 옹관묘 유형과 가구 집단 분석을 근거로 족장(과 가족들)과 평민으로의 사회 분화가 彌生 중기 말이나 후기 초에 등장했다고 주장한다. 따라서 그는 彌生 중기를 "부족 단계 사회조직에서 족장 단계로 전환되는 시기로"로 본다(Mizoguchi 2000: 51).

武末純一(타케스에 준이치로)(2002: 25-58)는 청동기가 부장된 엘리트 무덤들의 비교 분석을 통해 彌生 중기 동안 九州 북부의 사회 계층화의 발달을 파악한다. 福岡 주변 早良平野에서 청동기가 출토된 彌生 중기 전반 유적들의 경우 단 한 유적을 제외하면 모두 청동기가 한두 점 밖에 나오지 않았다. 그러나 吉武 유적에서는 24점의 청동기가 보고되었다. 이를 근거로 武末純一는 3단계로 구성된 계층화를 상정한다: 청동기를 소유한 엘리트 주민이 없는 산재한 촌락의 최하층; 한두 점의 청동기를 소유한 수 명의 엘리트 주민이 있는 중간층; 많은 엘리트 무덤들과 여러 점의 청동기를 지닌 吉武로 구성된 최상층.

족장 계급의 출현은 필연적으로 지역 갈등을 수반하는데, 이는 폭력적 전쟁 관련 고고학적 증거를 통해 드러난 彌生 중기 사례에 명백하게 적용된다. 九州 북부 福岡의 몇몇 彌生 유적에서 마제석검과 동검의 봉부(鋒部)편이 각각 머리와 흉추(胸椎)에 박혀 있는 인골이 보고된 바 있다(橋口達也 1986: 104). 佐賀 吉野ヶ里의 수많은 彌生 중기 옹관묘에서는 마제석촉이 박히고, 심한 상처 자국이 있거나 머리가 잘린 인골 사례들도 보고되었다. 이들은 모두 전쟁의 희생자로 여겨진다(七田忠昭 2017: 42-43). 또 소유된 위신재에서 드러났듯이, 九州 북부의 彌生 중기 엘리트들은 마제석검, 석과(石戈), 마제석촉, 동촉, 동모, 동과(銅戈), 철촉 등 다양한 살상용 무기류를 소중히 여겼다(橋口達也 1986: 104-111; 小田富士雄 1986b: 35-44; 大阪府立彌生文化博物館 1999: 48-52, 64-68).

4. 반도/열도 간 교역의 시작

彌生 중기 엘리트의 선진 무기, 위신재, 농기구에 대한 욕구는 필연적으로 최초의 한반도와 일본열도 간 교역의 촉매 역할을 했다. 한반도의 무문토기시대 유적에서 彌生 전기 토기가 매우 드물게 발견되는데(이창희 2011: 34-37, 武末純一 2008: 259, 井上主税 2008: 238-239), 이는 일본에서 수도작 농경이 수립되고 있던 彌生 전기에는 한반도와 일본열도 간 교역이

없었음을 시사한다(柳田康雄 1989b: 10-13). 그런데 彌生 중기에 오면 상황이 변화한다.

彌生 상인들이 한반도 동남부에 처음 도착한 시기는 須玖I式 토기(c. 220~210 cal. BC)의 출현과 일치한다(高倉洋彰 2011: 178, 205; 井上主税 2008: 238-249; 武末純一 2008: 258-302; 이창희 2011: 33). 무역상들은 그들의 엘리트 지배자의 명에 따라, 동검, 동모, 동과, 철촉, 다뉴세문경, 곡옥, 관옥 등 엘리트의 신분 상징으로 사용될 가치 있는 위신재를 구하러 왔다. 이러한 항목들은 한반도의 무문토기시대 후기 엘리트 문화의 핵심 요소였다. 최초 彌生 무역상들은 한반도 남해안을 따라 근원(根源) 공동체들과 커뮤니케이션 네트워크를 유지해 온 것으로 추정되는 무문토기시대 후기의 이민자 및/또는 후손들인 도래인계(渡來人系) 彌生人들로 구성되었을 가능성이 높다(片岡宏二 1999: 112; 端野晋平 2014: 107-110).

九州 북부로 가져온 선진 물품들은 有田(아리타), 飯盛高木(이모리 타타기), 飯倉唐木(이쿠라 카라키), 東入部(히가시 이루베), 宇木汲田(우키쿤덴), 吉武(요시타케) 유적의 彌生 중기 엘리트 무덤에서 발견되어 왔다(小田富士雄 1986b: 35-44). 彌生 상인들이 청동기 및 철기와 교환하기 위해 한반도에 무엇을 가져왔는지는 알려지지 않았다. 한국 유적에서 발견되는 대형 彌生時代 항아리는 彌生 상인들이 쌀과 귀중한 비단을 포함한 부패되기 쉬운 물품을 가져왔음을 시사한다(井上主税 2008: 241; 이창희 2011: 39).

고대 김해 포구 인근에 위치한 구산동 유적에서는 현지에서 유행한 원형 점토대토기가 아닌 이례적으로 많은 수의 須玖I式 彌生 토기의 출토로 주목을 받았는데, 이는 상인들이 거주했던 彌生 마을임을 시사해 준다(武末純一 2010: 145-173; 이창희 2011: 32).

김해(金海)와 늑도(勒島)의 일본열도 내 카운터파트는 대마도(對馬島)와 九州 북부 해안 사이의 壱岐島(이키노시마)의 原の辻(하루노쓰지) 遺蹟이다. 片岡宏二(카타오카 코지)(2006: 51-63; 국립진주박물관 2016)에 따르면, 彌生 전기 후반부터 점토대토기 광구

호, 고배, 우각형파수부토기를 포함한 다양한 한반도 무문토기시대 후기 토기가 壱岐島 동남부의 原の辻 遺蹟에 나타나기 시작했다. 이 토기들은 한반도 무문토기시대 후기 도공들이 한반도 토기 제작기술로 만들었다.

일부 토기는 한반도에서 발견되는 것들과 동일하지만, 다른 토기들은 彌生 토기의 영향도 보여준다. 이러한 무문토기시대 후기 토기들은 彌生 전기 후반 한반도 출신 이주민들이 原の辻에 도착하여 계속 거주했으며, 이후 原の辻는 彌生 중기 내내 일본열도에서 한반도/일본열도 간 교역의 중심지가 되었음을 말해 준다.

철기/철공 기술과 유리 제작 기술을 전파한 彌生(야요이) 후기/古墳(고훈) 전기의 도래인

(c. AD 50~350)

Ⅰ. 彌生 후기/古墳 전기 도래인의 역사와 사회/문화적 배경: 삼한 (c. 50 BC~AD 300)

1. 『三國志』를 통해 본 삼한사회

서기 3C 후반 편찬된 『三國志』(三國[AD 220~265]의 史書:) 권 30 「烏丸鮮卑東夷傳」에서 陳壽(AD 233~297)는 3C 당시 한반도 남부는 三韓의 땅이라 기록했다: [나중에는] 각각 여러 반자치 國들로 구성된 馬韓, 辰韓, 弁韓(지도 2.1). 여기 사용된 한자(漢子) 국(國)은 모호한 용어로, 서양 문헌에서는 맥락에 따라 'state', 'country', 'nation', 'principality'로 번역되어 왔다(Barnes 1989).

고고학적 정보는 물론 『三國志』에 따르면, 강과/또는 산으로 둘러싸인 지리적 영역 내의 여러 농경 촌락과 타운들로 구성된 정치체인 三韓의 國들은 사회적·상업적·경제적·군사적 긴급 상황에 대비하여 자발적으로 결성된 것으로 보인다. 마한은 54개의 반자치 정치체로 구성된 반면에 진한과 변한은 각각 12개의 정치체들로 이루어졌다.

『三國志』와 『後漢書』(後漢[AD 6~189]의 사서)에 따르면, 馬韓에는 1萬 가구에 이르는 大國과 수천 가구로 이루어진 小國이 있었다. 辰韓과 弁韓에는 4천~5천 가구의 大國과 6백~7백 가구의 小國이 있었다. 이러한 수치들은 세계의 다른 지역에서 비교-문화적으로 연구된 복합 족장사회들에 필적한다(Sanders and Price 1968; Baker and Sanders 1972). 『三國志』와 『後漢書』의 三韓 관련 기록 전문은 하버드 대학교 한국학연구소(Korea Institute, Havard University)가 수행한 한국 고대사 프로젝트(Early Korea Project)의 일환으로 영문으로 번역된 바 있다(Byington 2009: 125-

152; Byington and Barnes 2014).

서비스(Service 1975), 스테포나이티스(Steponaitis 1978), 카네이로(Carneiro 1970, 1981), 얼(Earle 1987)을 포함한 학자들이 제시한 기준에 따르면, 三韓時代 남한 전역에 산재했던 78國은 아직 국가 수준 사회에는 도달하지 못했다. 중앙집권화된 정치체가 없었고, 족장들은 기껏해야 동료 중 제1인자였을 뿐이었다.

2. 고고학적으로 본 삼한

A. 마한 후기 정치체들(c. AD 200~550)

한반도 서해안을 따라 형성된 비옥한 광대한 평원을 부여받은 마한 후기 정치체들은 번창하고 역동적인 농경 사회로 발전해 왔다. 연구 성과에 따르면(국립전주박물관 2009: 120-125):

> 마한 농민들은 다양한 목제 농기구들과 함께 이미 서기전 1C부터 철제 괭이와 삽으로 밭을 갈고, 수확에 철제 낫을 사용하기 시작했다. 서기 3C에는 목제 농기구를 대체하는 철제 농기구가 기능별로 다양해졌고, 이는 농업 생산을 혁신시켰다. 천안 장산리에서는 수로와 저수지를 갖춘 벼농사를 위한 논(畓)이 발견되어 왔다. 마한의 주거 유적에서 발견된 여러 종류의 많은 탄화 곡물들은 마한에서 농업이 번성했음을 알려 준다.

마한 후기 철기로는 농기구 이외에도 철검 및 단검, 철모, 철촉이 있다(최성락 2017b: 130). 마한 후기 엘리트 무덤에서 발견되는 풍부한 철기들에 비추어 볼 때, 마한 사회는 철을 생산한 것으로 추정된다. 한강 유역과 서남해안 사이의 한반도 서부에서 12지점이 넘는 고대 철 생산 유적이 보고되었다(장덕원 2017: 3; 송의정 외 2014: 196-218; 국립전주박물관 2009: 110; 국립나주박물관 2013: 78; 이영훈 1997: 101-105). 한반도 중서부에 소재한 화성 기안리와 청원 연제리 두 유적을 제외한 대부분의 유적들은 AD 4~5C로 편년된다. 두 유적에서 고고학자들은 AD 3~4C로 편년되는 현지에서 제작된 많은 주조철기와 함께 풀무 잔해, 철광석, 쇠똥(slag), 숯가마 등을 발견해 왔다. 후대 유적에서도 마찬가지로 풀무 잔해와 쇠똥이 출토되었다(장덕원 2017: 3; 송의정 외 2014: 196-218). AD 369년 중서부 지역이 백제의 세력권에 편입될 때까지는 마한 기술자가 철 생산 시설을 운영했을 것이다.

마한 후기 사람들은 여전히 네 개의 기둥으로 지지되는 초가 지붕을 지닌 방형(4~6×4~6m) 또는 원형 평면의 반수혈 주거에서 생활했다. 평면 원형 주거는 서해안을 따라서 집중적인 분포를 보이는 반면에 평면 방형 주거는 동부 산지에 집중되어 있다. 주거에는 조리용 부뚜막이 설치되었고, 어떤 경우에는 온돌 난방 시설이 설치되었다. 함평 중랑리와 담양 태목리와 같은 일부 마한 마을은 200여 호의 집들로 구성되기도 했다(최성락 2017b: 128, 국립전주박물관 2009: 55).

마한 후기 사람들은 중국에서 도입된 새로운 토기 제작 기술을 활용하여 생산 기법과 토기 유형에서 상당한 발전을 이룩했다. 발로 돌리는 회전판과 실요(室窯)는 마한 도공들이 훨씬 빠른 속도로 높은 품질의 용기를 생산할 수 있도록 해 주었다. 마한 후기 도공들은 박자(拍子)를 이용하여 승문(繩文, 끈무늬)와 격자타날문(格子打捺文)을 시문한 저온 소성 연질토기와 고온 소성 경질토기를 모두 제작했다(Walsh 2017: 16, 87) (도면 3.1).

마한 후기 토기는 사용된 점토, 가마 유형, 소성 방법에 따라 적색, 적황색, 회색 또는 회청색을 띤다. 넓은 영역에 걸쳐 분포하는 마한 후기 토기는 기형 종류와 표면 장식에서 지역적 차이를 보인다. 중서부에는 저장용 원저

도면 3.1 마한 후기의 연질 및 경질토기 기종

저장용 명회색 원저단경호(右中)를 제외한 나머지 토기(시루, 물항아리, 저장용 단지)는 모두 적갈색 또는 명갈색 연질토기임. 下: 연질토기와 경질토기 모두에서 보이는 타날문(繩文과 格子文) (국립전주박물관 2009: 45, 57, 58, 59, 79, 80; 국립중앙박물관 1993, 69)

호(圓底壺)와 다양한 크기의 발형(鉢形) 토기가 지배적인 반면, 서남부 마한 토기로는 저장용 원저호, 우각형파수부 시루, 대야, 이중구연 발(鉢), 양이부호(兩耳附壺), 조리용 장란형토기, 고배, 화분형 토기 등이 있었다. 저장용 항아리는 종종 격자문 또는 승석문(繩席紋)이 시문되었다.

김장석(2012: 38-45)은 마한 후기 지역에서 주로 조리 용기로 사용된 장란형토기의 원형(原型)을 BC 1C 중국 동북 遼東에서 유행했던 긴 동체부를 지닌 "연나라식[燕式] 취사/자비용기(煮沸容器)"에서 찾고, AD 1C 초나 그

직전에 해상 교역을 통해 서남부 해안 지역으로 전파되었다고 추론한다. 김장석에 따르면, 장란형토기는 서남해안에서 북쪽의 마한 다른 지역들로 확산되는데, 금강 유역으로 먼저 전파되고, AD 100년경 한강 유역까지 확산되었다.

마한 후기 주민들은 양잠(養蠶)을 했다. BC 1C 광주 신창동 저습지 유적에서 발견된 수많은 유물들 중에 삼베 천 조각(5×6cm)과 작은 비단 조각(2×3cm)이 있다. 분석 결과 비단은 꼬임이 많은 강연사(强撚絲)를 사용해 평직(平織)으로 짠 뒤 후처리인 정련(精練) 과정을 거쳐 직물의 표면을 미세하고 부드럽게 만든 견직물임이 밝혀졌다(최영창 2012). 유적에서 발견된 방추차, 실감개, 바디 등 직조 도구를 고려하면, 신창동 마한 후기 취락은 누에 사육 공장 운영은 물론 비단 직조도 수행했던 것으로 보인다. BC 1C로 편년된 이 비단 조각은 한반도에서 가장 먼저 발견된 중국 비단보다 한 세기 더 이른 것으로 알려져 있다.

마한 후기 기술자는 유리와 유리구슬을 만들었다. 익산 송학동, 광주 선암동, 담양 태목리 등 마한 유적에서 유리구슬 주형(鑄型)이 확인되고, 서울 풍납토성에서는 주형과 유리 슬래그가 모두 확인되었다(도면 3.2) (국립나주박물관 2013: 67-69; 국립전주박물관 2009: 118-119). 엘리트 분묘와 주거 유적 모두에서 발견되는 다양한 종류의 투명·유색(有色) 구슬과 곡옥은 三韓 사람들은 금은보다 유리구슬을 더 귀하게 여겼다는 『魏志』 기록을 뒷받침해 준다.

새로운 문화적·기술적 요소들을 채택하면서도 마한 사람들은 송국리 문화 전통의 일부를 유지했다. 특히 마한 후기 사람들은 송국리 문화 전통의 석관묘, 석개토광묘, 옹관묘 등의 묘제를 계속 채택했다.

BC 4~3C에 처음 출현한 주구묘(周溝墓)가 BC 1세기에 인기를 끌면서 마한 후기의 지배적 묘제가 되었다. 주구(周溝)가 초승달 모양인 청당동형

도면 3.2 유리구슬과 곡옥 제작 공방

A: 광주 선암동의 유리구슬 및 곡옥 제작 마한 공방(국립나주박물관 2013: 65). B-C: 익산 송학동의 마한 공방 출토 주형(국립전주박물관 2009:119). D-E: 九州 북부 西新町(니시진마치) 彌生 후기 유적 출토 유리 구슬 및 곡옥 주형(大阪府立彌生文化博物館 2004: 13)

과 한 쪽이 개방된 방형인 관창리형 두 종류로 구분된다.

세월이 흐르면서 주구로 둘러싸인 분구의 대부분은 자연적 요소(비와 바람)와 인간 활동(경작 위한 밭 평탄화)의 영향으로 사라졌다. 의식용 단지

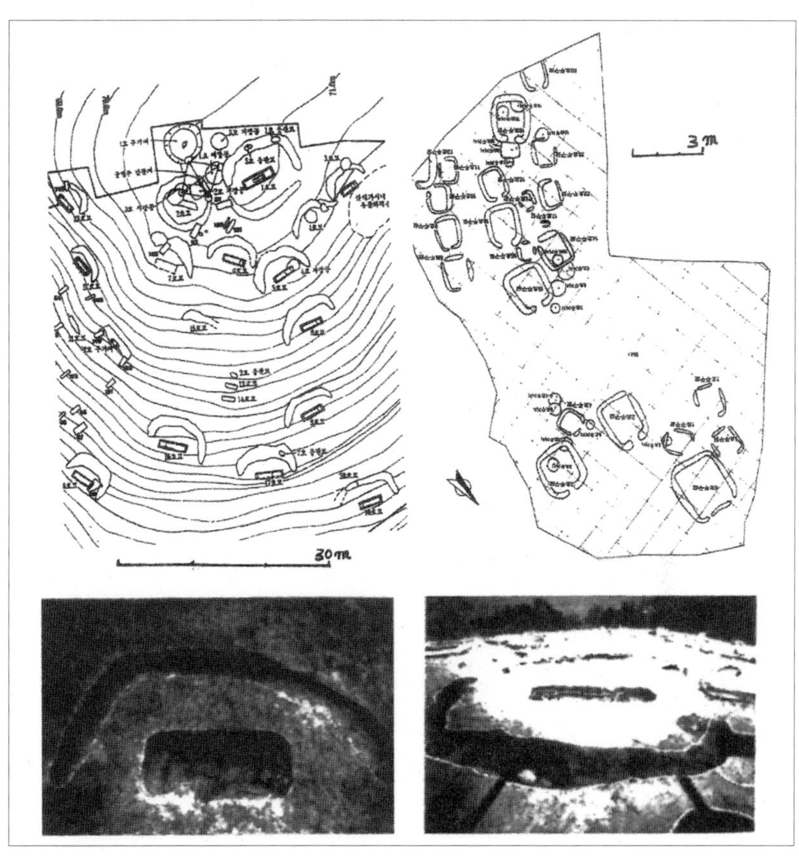

도면 3.3 한반도의 마한 주구묘

左: 청당동형. 右: 관창리형(성정용 2009: 236-237; 국립중앙박물관 2003: 68; 국립공주박물관 2002: 48)

를 포함한 장례 용품들은 주구 내부에 넣어졌다(최완규 2000, 2001; 성정용 2009: 235-238). 천안 청당동, 청주 송절동, 오창 송대리 등 이른 주구묘에서 출토된 부장품으로는 원저단경호와 환두대도, 철모, 철촉, 철부, 철제 괭이, 철겸, 철제 말재갈, 청동 버클, 유리 및 마노 구슬이 있다(성정용 2009: 241-245).

주구묘 엘리트들은 번창하는 농경에 종사함은 물론 황해를 따라 형성된 해상 무역 네트워크도 통제했다(이택구 2008: 52). 숙련된 항해 전문가인 이들은 오늘날 금강 어귀의 항구도시인 군산 주변에 30기가 넘는 말무덤(주구묘와 분구묘의 형태의 큰 고분)이라 불리는 인상적인 대형 고분을 조성할 정도로 엄청난 부를 축적했다(지도 2.1; 곽장근 2017a: 32-53).

AD 246년 한반도 중서부 마한 소국연맹체의 우두머리인 목지국(目支國)은 대방군(帶方郡)을 공격하여 대방 태수(太守)를 살해했는데(노중국 2009: 220), 이는 잘 정비된 군사 체계를 갖춘 중국의 상대가 되지 않았던 마한의 심각한 실수였다. 패전의 여파로 오늘날 한강 이남 서울 지역에 있던 마한 소국의 하나였던 백제가 한반도 중서부의 새로운 리더로 등장했고, 오래지 않아 한강 유역의 마한 후기 정치체들을 재편하여 새로운 국가를 형성했다.

백제(百濟)의 기원을 둘러싼 여러 미스터리가 있다. 『三國史記』 기록에 따르면, 중국 동북부 松花江 유역 부여(夫餘)에서 한반도 중서부 한강 하류로 이주해 온 엘리트 피난민들이 BC 1세기에 백제를 건국했다(박순발 2000: 133-148; Best 1982: 344-445, 2006: 27-31). 이 기록의 역사성은 학자들 사이에서 논란이 되고 있다(Byington 2016b: 264-267). 왈시(Walsh 2017: 11-13, 162)는 백제와 마한 후기의 토기 제작 전문화 및 교환 연구에 근거하여 백제의 기원은 600년 이상에 걸친 역동적 문화 역사를 지닌 마한 후기의 맥락임을 상정하며 백제의 '마한성(Mahaness)'을 강조했다(제2장: I 참조).

자신들을 고대 부여국(夫餘國)과 같은 계통으로 인식하고, AD 538년 천도한 새 수도 사비(泗沘)를 "남부여(南扶餘)"라고 칭하고, 또 부여를 성(姓)으로 사용한 AD 6세기 백제 엘리트는 이 문제를 복잡하게 만들었다.

백제가 한강 하류, 즉 마한 영역의 북쪽 끝에서 시작했고, 전략적 목적을 갖고, 한강 남쪽 기슭의 오늘날의 풍납동, 방이동, 석촌동 지역에 정착했음은 분명한 고고학적 사실이다(박순발 2000: 133-148).

초기 백제의 사회정치적 성장에서 대중관계(對中關係)는 최소한의 역할만 했던 것으로 보인다. 왈시는 백제 토기 태토, 생산, 용도, 교환 관련 INAA(Instrumental Neutron Activation Analysis)에 기반한 백제사회의 위계적·혼계적 복합도 연구를 근거로 "[백제] 왕국은 수입된 중국 관료 모델에 의존하기보다는 영토를 통합하고 관리하는 과정에서 토착적 정치·경제·사회 전략을 체택히고 활용했음이 분명하다"는 결론에 도달했다(Walsh 2017: 161).

백제는 AD 278년 정통성 수립을 위해 중국 진(晉)에 공식 외교 사절을 보냈다(노중국 2003: 65-90, 2009: 221-222). 사납고, 적극적이고, 또 공격적인 신흥 국가 백제에 직면한 정치적 실체로서의 마한은 종말을 고하고 사라졌다(박순발 2009: 228; 최성락 2017a: 289-291). 그러나 한반도 중서부 너머의 지역 정치체들은 AD 550년경 하나씩 그리고 집단으로 백제의 지배하에 들어갈 때까지 주로 한반도 서남부의 영산강 유역에서 마한 후기 정치체들로서 계속 번성하며 발전했다(최성락 2017a: 279-299; Walsh 2017: 20).

B. 진한 정치체들

거대한 소백산맥 동남쪽에 위치하여 지리적으로 한반도의 대부분 지역들과 고립되어 있던 진한(辰韓)에서는 토착 지석묘사회가 계속 유지되었다. 그러나 BC 108년 한무제(漢武帝)의 위만조선(衛滿朝鮮) 침공의 여파로 북쪽으로부터 선진 청동기/철기 기술을 지닌 조선(朝鮮) 피난민들이 도착하는 BC 1세기 엄청난 사회정치적 변화가 시작되었다(이종욱 1982: 16).

특히 오늘날 대구와 경주 주변에 새로 등장한 지역 엘리트들은 선진 청동기·철기 기술을 십분 활용했고, 청동기와 철기 생산을 자신들의 권력 기반으로 삼아 토착 지석묘 사회에 대한 주도권을 확보해 나갔다. 신흥 지도자들에 동조한 토착 공동체들은 진한 소국의 구성원이 되어갔다(이현혜 1984: 70-83, 2009: 31-43).

BC 1세기 후반 이후 철은 진한(辰韓)과 변한(弁韓)이 위치한 한반도 동남부 지역에서 가장 중요한 경제적·정치적 도구로 등장했는데, 이 지역은 철 매장량이 풍부했다. 최첨단 무기, 일상 생활 도구, 농업 및 작업 현장에서 철의 엄청난 가치 덕분에 철 산업은 인구 증가는 물론 경제적·정치적 발전의 주요 동력이 되었다. 철 시장 통제에 성공한 엘리트는 지배적 권력으로 등장할 수 있었고, 이들은 자신이 소유한 철제 무기의 수는 물론 사후 무덤에 부장되는 철정(鐵鋌)의 수로도 권력을 과시했다(이현혜 1984: 146, 2009: 31-43).

대구와 경주 지역에서 발견된 청동제/철제 거여구(車輿具, 일산대꼭지, 방울, 말재갈 등)는 서북 지역, 즉 오늘날 평양 주변의 부덕리, 갈현리, 태성리의 엘리트 무덤에서 발견되는 것들과 매우 유사한데, 이는 진한 엘리트들은 한반도 서북부의 한군현(漢郡縣)과 활발하게 교역했음을 시사한다(이현혜 2009: 30; 조선유적유물도감편찬위원회 1989: 194-209).

고고학적으로 진한(辰韓) 주요 엘리트 무덤의 대부분은 BC 100년 이후 대구 지산동과 경주 조양동에 등장했는데(이청규 2002: 25-27), 청동기와 철기, 그리고 한경(漢鏡)이 부장되었음이 공통된 주요 특징이다. 예를 들어 BC 50년경의 조양동 5호분과 38호분과 같은 목관묘 형식의 엘리트 무덤에는 동경(銅鏡), 청동마탁(靑銅馬鐸), 철제단검(鐵製短劍), 철과(鐵戈), 그리고 동경(銅鏡)이 부장되었다.

청동기와 철기가 출토된 유적을 고려해 보았을 때 초기 진한 정치체들은 대구 지산동, 팔달동, 평리동과 경주 조양동, 안계리, 사라리 등지에서 확인되어 왔다(이청규 2002: 28-29).

철 산업의 번창 덕분에 경주(慶州) 사로국(斯盧國)은 AD 3세기 말에 이르면, 진한(辰韓) 최강의 중앙집권적 정치 세력으로 부상했다. 『三國史記』에 따르면, 사로국은 영토 확장 및 중앙집권화 과정에서 종종 다른 진한 정치체들과의 전쟁에 연루되었다(최병현 2015: 102-159). 경주 구정동(九政洞)에서 보고된 엘리트 무덤인 2호 목곽묘와 3호 목곽묘(c. AD 290~310)에서 철모(鐵鉾) 25점, 환두대도 1점, 철부 1점, 그리고 철제 갑옷 1세트가 출토되었다.

2010년대 중반 이루어진 경주 지역 묘제, 특히 목곽묘 연구는 경주에 완전한 신라(新羅) 국가가 등장하기 이전 사로국을 중심으로 진행되던 정치적 중앙집권화 과정을 밝혀 주었다(최병현 2015: 102-159).

사로국(斯盧國)은 초기국가 신라로 등장하는 과도기에 있었던 것으로 보이며, AD 4세기 중반에 이르러 신라 왕이 되는 사로연맹(斯盧聯盟)의 지도자들은 엘리트를 위해 당시까지 알려지지 않았던 금관, 금제 허리띠, 금귀걸이, 장식된 칼, 옥구슬, 원거리에서 수입된 로마 유리 등이 부장된 기념비적 무덤을 조성하기 시작했다. 이인숙은 한반도 북부는 AD 1~3세기에 이러한 귀중품 중 일부를 낙랑을 통해 중국에서 수입했지만, 한반도 남부는 "동남아시아와 중국 남동부로부터 바다를 통해" 유리구슬과 로마 유리를 구했다고 추정한다. AD 4세기가 되면, 이러한 귀중품들은 "실크로드, 특히 코카서스, 시베리아 남부, 중국 동북부를 경유하는 스텝 루트를 통해" 수입되기 시작한다(이인숙 1992: 12).

진한과 변한은 토기의 기형(器形)과 제작 기술을 공유했다. 마한의 경우처럼 진한과 변한은 회전판, 향상된 900~1,000℃의 고온 소성, 등요(登窯)를 포함한 중국에서 새롭게 도입된 선진 기술로 토기 제작에서 두드러진 발전을 이루었다(Barnes 1992: 204). 역시 마한처럼 무문토기시대 후기 토기는 연질토기와 경질토기로 발전했다. 토기 발전의 일환으로 또 다른 형태의 경질토기이지만 새로운 유형의 그릇들로 구성된 와질토기(瓦質土器)라는 새로운 토기가 등장했다. 와질토기는 기본적으로 무문토기에 비해 훨씬 고운 태토로 만든 회색 또는 회백색 토기이다. 타날기법과 점토 니장(粘土泥

漿) (clay slip)이란 두 가지 표면 처리 기법을 특징으로 한다. 토기의 균일한 색조는 정교한 소성 분위기 조절을 시사하는데, 이는 꽤 정교한 가마의 존재를 의미한다. 와질토기는 약 900℃에서 소성된 것으로 평가된다.

와질토기는 고식과 신식의 두 가지 발전 과정을 거쳐 도질토기(陶質土器)라 불리는 석기질(炻器質) 토기로 발전했다. 고식 단계 와질토기는 우각형파수부호(牛角形把手附壺), 원저단경호(圓低短頸壺), 주머니호(小形甕) 등으로 구성되었다. 훨씬 높은 온도에서 소성되는 신식 단계에는 대부장경호(臺附長頸壺), 화로형토기(爐形土器), 오리형토기(鴨形土器)를 포함한 새로운 그릇들이 등장했다(국립중앙박물관 1993: 69-97).

C. 변한 정치체들

변한(弁韓)의 영역은 낙동강 하류 지역과 남해 연안 지역으로 구성된다. 북쪽과 서쪽은 거대한 소백산맥으로, 동쪽은 낙동강으로 막혀 한반도 대부분 지역과 지리적으로 고립된 변한 지역은 한반도 다른 지역에서 일어난 기술적·사회정치적 혁신의 영향을 거의 받지 않았다. 무문토기시대 문화의 쇠퇴기였던 BC 100년경 지석묘는 여전히 지역 엘리트의 무덤으로 조성되고 있었고, 당시까지도 독립된 정치체의 지도자로 부상할 만큼 부유하거나 강력한 엘리트는 없었다(이현혜 1984: 83-95).

남해안을 따라 또는 그 근처에 위치한 다양한 선사시대 공동체들은 오랫동안 해양 지향적 경제 활동을 유지해 왔다. 해안 주민들은 신석기시대 이래 왜(倭)를 포함한 멀리 떨어진 섬들과의 장거리 교역 및 교류에 연루되어 왔다(하인수 2006; 広瀬雄一 2005). BC 2세기~1세기 늑도(勒島)에서 보고된 물질 자료에서 보이듯이 九州 북부와 한반도 해안 중심지들 사이에는 활발한 교역과 교류가 진행되고 있었다(제3장-Ⅱ-4: 한반도/열도 간 교역의 번창: 九州/近畿-늑도/김해 참조) (최몽룡 2009: 201-202; 국립문화재연구소 2001: 229-230).

이러한 상황에서 전통 지석묘 사회의 일부 토착 엘리트들은 해상 무역 사업을 북쪽의 낙랑(樂浪)까지 확장하기 시작했는데, 九州의 彌生 사람들 역시 낙랑으로부터 중국 상품을 얻기를 간절히 바랬다. 새롭게 부상하는 지역 및 국제적 상업의 잠재력에 직면하여, 김해와 다호리 또는 이들에 연한 해안 근처에 거주하는 엘리트들은, 특히 철 무역의 주도권을 확보했던 것으로 보인다.

낙동강 어귀에 위치한 양동리 고분군은 변한 엘리트 묘지인데, BC 1세기 목관묘인 70호분의 부장품은 빈약했지만, AD 1세기에 조성된 55호분에는 철제 단검, 철과, 철부, 철겸, 철촉, 호, 환형동기, 작은 유리 구슬 목걸이, 방제경 등 다양한 위신재가 부장되었다(임효택·곽동철 2000; 국립문화재연구소 2001: 828).

김해에서 서북쪽으로 20km 정도 떨어진 지점에 위치하는 다호리는 낙동강을 통해 바다와 다양한 지역 공동체들과 자연스럽게 연결되었다. BC 50년경으로 편년되는 다호리 1호분에서는 변한 지역에서 독립적 정치체의 출현은 물론 해상무역과 철의 중요성을 시사하는 유례없이 풍부한 물품들이 출토되었다(이건무 2008: 8-15; 송의정 2008: 18-24).

즉, 이미 도굴된 다호리 1호분(청동기 10점, 철기 40점, 칠기 23점, 오수전 3점)에서 도굴되지 않은 다호리 6호분(청동기 1점, 철기 16점, 칠기 4점, 중국 동전 0점)보다 3배 이상 더 많은 유물이 출토되었다. 6호분(260×125cm)은 1호분(278×136cm)보다 목관의 크기도 작았다(신용민 2008: 135). 청동기로는 무기(단검과 창끝)와 장신구(종과 고리)가 있었고, 철기로는 무기(단검, 창끝, 꺽창, 칼), 목공구 및 농기구(도끼, 괭이)가 보고되었다. 철과 관련된 잔해로는 철광석, 철 제조 도구, 주조 및 단조철기 제작에 사용된 기술의 증거가 보고되었다(국립중앙박물관 2008: 25). 칠기로는 무기(활, 화살, 목제 곤봉)와 그릇(대부발과 컵)이 있었다.

다양한 색깔의 유리 구슬, 섬유 줄, 한(漢)의 오수전(五銖錢)과 동경[漢鏡], 서예용 붓, 낙랑을 거쳐 온 중국 부채, 바다 건너 九州에서 온 의식용 동모(銅鉾) 등 외국에서 수입된 물품도 무덤에 부장되었다. 이러한 부장품들은 다호리 1호 무덤 피장자가 고분군에 묻힌 엘리트중 가장 부유하고 강력한 개인임을 보여준다. 철이 가장 가치 있는 상품이 되어 가던 시점에 그 가치를 인지한 1호분 피장자는, 철을 최고의 경제적 기반이자 개인적 권력의 상징으로 만들었다(철기 40점 vs. 청동 10점).

부장품을 구성하는 철제 벌초기, 철겸, 괭이 등의 농경 관련 도구들은 피장자가 철 산업과 함께 영역 경제에서 중요했던 농경의 적극적 장려자였음을 시사한다(우리는 『三國志』가 일본열도의 耶馬台(야마타이)國의 지도자가 여성이었다고 기록한 반면에, 三韓의 경우는 따로 여성 족장에 대한 언급이 없었음에 근거하여 三韓 지도자를 남성으로 추정했다). 부장품 중 철제 단검, 철모, 철과, 철촉, 철부는 안보, 즉, 자신과 영토를 위해 잘 구비된 군사력을 다른 무엇보다 우선시했음을 보여준다.

그는 한자(漢字)에 정통했고 효과적인 관리 및 상업적 사업에 필수적인 문서를 작성(또는 다른 사람에게 문서 작성을 지시)할 수 있었다. 국제 교역과 상업에 종사했고, 중국 중앙에서 낙랑을 경유하여 왜의 땅으로 가는 중요한 무역 링크를 한반도 동남해안에 수립하는데 도움을 주었다. 외출시에는 우아하게 옻칠한 칼집에 넣은 세형동검을 허리에 차고 말을 탔고, 사무실에 앉아 있을 때는 수입된 타조 깃털로 만든 옻칠 부채로 땀을 식혔다. 집에서는 우아하게 장식된 칠기에 음식을 담아 먹었다. 다호리 유적과 비슷한 한반도 동남부 지역 엘리트 묘지의 조사자들은 다호리 1호분을 변한 소국 수장 묘로 추정해 왔는데(이건무 2008: 11-12), 본질적으로 그는 변한의 열두 소국 수장들 중 한 명이었다.

엄청난 철의 가치를 인식한 변한 정치체들 역시 교역 및 상업적 관계를 맺고 있던 경주 사로국(斯盧國)과/또는 낙랑(樂浪)에서 철 기술을 수입함으로써 자신의 입지를 강화했다. 『魏志』에 따르면, AD 3세기 중반까지 중국, 일본, 그리고 아시아의 다른 나라가 철을 구하기 위해 변한을 자주 방문했기에 변한은 '동아시아의 철 수도(the iron capital of East Asia)'로 부상했다. 변한/가야는 삼한(三韓)에서 철을 가장 많이 생산했기 때문이 아니라 김해(金海) 구야국(狗倻國)/가야국(伽倻國)의 항구가 지역의 여러 철 산지에서 철을 사들이는 무역항 역할을 했기에 이러한 명성을 얻었다(이희준 1998: 154-156).

오늘날 김해(金海)의 구야국은 낙동강 하구라는 지리적 위치와 훨씬 먼 낙랑과 일본은 물론 구야국을 다양한 내륙 지역과 해안 중심지들과 연결시켜 주는 최고의 항구라는 이점(利點)을 십분 활용하여 변한 12국 중 최고의 정치적 실체로 부상했다. 김해 주변의 양동리와 대성동의 고고 자료는 AD 3세기 말까지 구야국이 중국, 한반도, 일본 사이의 동아시아 교역과 상업의 핵심 중재자로서 변한에서 가장 부유한 정치체였음을 분명하게 알려 준다. 낙랑에서 수입된 한경(漢鏡), 동복(銅鍑), 말갖춤 등의 위신재와 일본에서 가져온 청동 및 석제 의기류도 출토되었다(경성대박물관 2000a, 2000b; 신경철·김재우 2000).

한반도 동남해안 최고의 정치체였던 구야국은 유사시 지역 간 교역 및 협력 강화를 위해 이웃 정치체들과 동맹 관계를 맺을 수는 있었지만, 斯盧國이 경주에서 했던 것처럼 전면적인 정치적 통합 및 중앙집권화 달성에는 실패했다. 결과적으로 AD 300년 이후 6세기 중반까지 독립적인 가야 정치체들로 계속 기능했던 변한 12 소국(小國)은 결코 통합되어 중앙집권화된 국가에 이르지 못했다.

3. 낙랑(樂浪)·대방(帶方)과 삼한(三韓) (지도 2.1 참조)

BC 2세기 후반 한반도 서북지방을 중심으로 하는 위만조선(衛滿朝鮮)은 주변의 소국들을 통제하며 부를 축적해 나갔다. 사마천(司馬遷, 145~85? BC)의 『史記』에 따르면, 위만조선의 주변 족장들에 대한 영향력 행사, 특히 지역 교역과 정치에 대한 영향력 행사 및 漢 조정에 대한 반항적 태도가 위만조선에 대한 漢武帝를 자극하여 군사적 도발을 야기했다. 한무제(漢武帝)는 BC 109년 위만조선의 수도 평양에 보병 5만명과 해군 7천명을 보냈고, 평양은 1년여의 전투 끝에 함락되었다. 한무제는 한반도 서북부 대부분과 동해안의 원산항 주변 지역을 포함한 옛 위만조선 영토에 낙랑(樂浪), 임둔(臨屯), 현도(玄菟), 진번(眞番) 등 한사군(漢四郡)을 설치했다(Pearson 1976-78: 78; YC Oh and Byington 2013: 11-99; 권오중 2013: 81-99; Barnes 2015: 314).

한무제(漢武帝)의 한반도 침략에 서북부의 조선(朝鮮), 동북부의 고구려(高句麗), 그리고 남부의 토착 정치체들은 격렬하게 저항했다. 격렬한 저항에 직면한 낙랑군(樂浪郡)은 지역 지도자들에게 귀족 직함과 지위를 수여하고 수익성 있는 상업 거래에 참여시켜 주며 평화를 유지하고자 했다. 그러나 한(漢)이 쇠퇴하기 시작하고, AD 2세기 후반 이후 중앙에서 멀리 떨어져 있는 군현(郡縣)들에 대한 효율적 관리에 실패하면서 마한과 같은 한반도 토착 정치체들은 반항 및 저항하기 시작했다.

한편 낙랑군(樂浪郡)을 관리하게 된 遼東半島를 장학한 公孫氏 정권은(오영찬 2006: 184-185), AD 204년 낙랑과 한강 사이에 새로운 군사 지부인 대방군(帶方郡)을 설치해 지역적 저항으로부터 전초기지를 방어하려 했다. 대방군은 특히 한강과 남해안 사이의 서부 농경지 전역에 걸친 마한 주민들을 그 주요 관리 대상으로 삼았다(오영찬 2006: 184-185).

40여 년 후인 AD 246년 목지국(目支國)이 주도하는 다양한 마한 소국의 정치 동맹인 마한 연맹이 대방(帶方)을 공격하고 태수(太守)를 살해하는 사건이 발생했다(노중국 2009: 220). 이후 압록강(鴨綠江) 중류의 신흥국 고구려(高句麗)와 마한의 대중(對中) 전쟁은 고구려가 중국 세력을 물리치고, 낙랑과 대방 영역을 직접 통치하게 되는 AD 313~314년까지 68년 동안이나 지속되었다(이기백 2006: 33-43).

낙랑은 420년 동안 중국인 주민과 한반도 토착 주민으로 구성된 다문화 정치체로 기능했고, 대방 역시 AD 204년 이후 110년에 걸쳐 동일한 역할을 했다. 낙랑과 대방의 통치자인 태수(太守)는 중국 황제가 임명한 중국 관리였지만, 태수는 현지 엘리트 중에서 현지 행정 관리들을 선발했다(高久健二 1995: 277).

중국 군현은 이웃한 비중국 인종/민족 집단 및 정치체들로부터 중국 국경을 방어할 뿐만 아니라 한반도, 일본열도, 그리고 다른 지역의 여러 다양한 소규모 정치체들에게 공물을 거두고, 현지 지도자들에게 명예로운 지위와 선물을 수여하는 등 중국 대사관의 역할을 수행했다. 중국 군현은 발달된 중국의 기술적·정치적·지적 문화가 한반도 전역의 다양한 중심지들 및 어느 정도는 九州 북부로 보급 및 확산되는 출발점이었음은 물론 중국 동경, 칠기, 철제 장검, 청동 용기 등의 중요한 교역 센터이기도 했다(Pearson 1976-78: 82-85; 이기백 2006: 32-43).

삼한(三韓) 정치체들의 철기 제작 기술 발전에서 군현들의 역할은 이러한 점에서 특히 중요하다. 고온을 활용한 선진 단조 공방은 BC 1세기 등장했다. 동남해안의 사천 늑도에서는 주거 건물 내외부에서 다양한 직경(直徑)의 용광로와 송풍관들이 보고되었다(김상민 2019: 62-64).

한편 한반도 동남부 제철 기술자들은 BC 1세기 현지 철소재 확보를 통해 북방 지역(중국 동북부 遼東과 한반도 서북부 중국 군현)에서의 철 수입에서 독립을 목적으로 울산(蔚山) 달천(達川)에서 철광석 채굴을 시작했다(김상민 2019: 65-67).

한(漢) 황제가 본토에서 정치적 어려움을 겪었던 AD 2세기에 낙랑(樂浪)에서는 사회적 불안이 있었고, 많은 주민이 낙랑을 떠나 번영하는 삼한(三韓)을 향해 남쪽으로 이주했다(권오중 2013: 93). 이주해 온 낙랑 주민들은 AD 2세기 내내 삼한 문화 및 기술 발전에 큰 도움이 되었다.

화성(華城) 기안리(旗安里)와 청원(淸原) 연제리(蓮堤里)의 AD 3C 공방에서 다량의 낙랑 토기와 함께 풀무, 철광석, 슬래그, 탄가마 잔해와 현지에서 제작된 많은 주조철기가 발견되었다. 풀무는 양질의 철기 생산을 위해 고온을 내는데 중요했다(장덕원 2017: 3; 송의정 외 2014: 196-218). 선진기술을 지닌 삼한은 낙랑이 통제하기 어려울 정도로 강력해졌고, 이러한 맥락에서 遼東의 公孫氏 일족은 서기 204년 낙랑 남쪽에 또 하나의 중국 군현인 대방군(帶方郡)을 설치하게 되었다.

낙랑(樂浪)과 대방(帶方)을 통한 한(漢)의 한반도와 일본열도로의 상업적 확장은 서기전 100년~서기 200년으로 편년되는 한반도 서북부의 은율 운성리와 황주 학교리, 남해안의 창원 송산리와 다호리, 그리고 제주도의 여러 유적에서 출토되는 오수전(五銖錢)의 존재로 입증된다(ML Choi 1992; 이건무 외 1989). 한(漢)의 동경(銅鏡)은 한반도 동남부의 대구 평리, 경주 조양동, 창원 다호리(다호리), 서남부의 익산 평장리에서 발견되어 왔다(윤용진 1981; 이건무 외 1989, 전영래 1987b). 한편 남해안의 김해 회현리와 해남 군곡리 유적에서는 AD 14년 주조된 왕망전(王莽錢)이 발견되기도 했다(ML Choi 1992; 최성락 1993).

오수전(五銖錢)과 화천(貨泉)을 포함한 다량의 중국 동전(銅錢)들이 일본열도의 岡山 高塚(타카츠카)과 大阪 龜井(카메이) 유적은 물론 九州 북부의 많은 해안 유적들(新町(신마치), 原の辻(하루노쓰지), 元岡(모토오카), 今宿五郎江(이마주쿠 고루에), 青谷上寺(아오야 가미이))에서도 보고되었다(武末純

一 2008: 262-263). 岡山와 大阪에서 발견된 중국 동전들이 중국 또는 현지 왜 무역상들이 가져온 것인지는 분명하지 않다.

낙랑과 대방의 정치적 영향력은 주로 평양 지역과 인근 한반도 서북부 지역으로 국한되었다. 점진적으로 한반도 서북부에서 발생한 사건들의 영향을 받게 되었지만, 한강 이남의 사회문화적 진화는 중국의 직접적 영향 없이 진행되었다.

거의 4세기에 걸쳐 중국 漢이 낙랑과 대방을 통해 한반도 서북부에서 상업적·군사적·정치적 발판을 유지하고 있는 동안, 한반도 고유의 사회와 문화는 교역과 이주민의 영향으로 조금씩 변화되었다. 따라서 지리적 여건 덕분에 중국 군현들과 보다 밀접한 관계를 맺고 있던 지역 정치체들, 특히 고구려와 백제는 그렇지 않은 정치체들보다 훨씬 빨리 정치적·군사적으로 성장하게 되었다.

4. 삼한시대의 밀고 당기기의 역학

BC 109~108년 한무제(漢武帝)는 평양 일대를 중심으로 하는 고조선(古朝鮮) 정복을 위해 보병 5만 명과 수군 7천 명을 동원했고, 전쟁은 고조선이 항복할 때까지 1년 이상 지속되었다. 무력 충돌 과정에서 많은 한반도 사람들이 대동강 유역을 이탈했다.

예를 들어 위만조선(衛滿朝鮮)의 재상 역계경(歷谿卿)은 2천 가구를 거느리고 한강과 금강 사이 지역으로 추정되는 진국(辰國)으로 도망쳤다. 한반도 남부에 도착한 많은 수의 난민들은 마한 사회에 상당한 혼란을 야기했다(노중국 2009: 215-229).

한(漢)은 귀족 직함과 직위를 수여하고 수익성 높은 상업 거래에 참여시켜 주며 지방 정치체들을 달래려 노력했다. 그러나 한(漢)의 쇠퇴에 따라

AD 2세기 후반 이후 중앙에서 멀리 떨어진 군현(郡縣)에 대한 효율적 관리가 어려워지면서 마한과 같은 한반도의 토착 정치체들은 독자적 행보를 보이기 시작했다.

AD 200년경 한반도는 폭력적 갈등에 휩싸였다. AD 204년 요동(遼東)을 지배하던 공손씨(公孫氏) 가문은 대동강과 임진강 사이 지역을 침략하고, 대방(帶方)이라 알려진 새로운 군현-무역 센터를 세웠다. 대방군 설립의 주된 목적은 지역 토착 정치체들, 특히 마한 권력의 성장을 견제하고, 낙랑이 고구려의 위협에 경황이 없어짐에 따라 삼한 정치체들과 왜와의 수익성 높은 무역을 대신 맡는 것이었다(오영찬 2006: 185-186).

40년여 후인 246년 마한 연맹은 대방(帶方)을 공격하고, 태수를 살해했다. 이후 마한 연맹과 한강 하류역의 신흥국 백제 사이에 큰 충돌이 있었는데, 백제가 승리했다. AD 300년이 되면, 한반도 중서부의 정치적 실체로서의 마한은 더 이상 존재하지 않게 되었고, 한반도 서남부의 마한 소국들만이 후기 마한으로 계속 존재하게 되었다(최성락 2017a: 289-291; 노중국 2009: 220-221).

그동안 서남해안 지역의 인구는 폭발적으로 증가했다. 함평 진양리 중랑 마한 마을과 담양 태목리 유적에서는 200기 이상의 집자리가 확인되었고(국립전주박물관 2009: 55, 67), 남해안 소남리 변한 마을에서는 161기의 집자리가 보고되었다(경상남도·동아대박물관 1999: 54). 이외에도 내륙 지역인 대전 용계동 마한 마을에서도 350기 이상의 주거지가 노출되었다.

이전 시기처럼 초대형 마을의 출현은 공동체 간의 갈등과 전쟁을 초래했다. 변한에서도 창원 가음정동, 남산, 평산리와 양산 다방리 유적에서 보고된 고고 자료에서 보이듯이 요새화된 마을의 수가 극적으로 늘어났고, V자형 해자는 마을을 에워싸는 나무 바리케이드로 보강되었다(국립문화재연구소 2001: 1317).

인구 증가와 공동체 간 갈등은 물론 중국 군현과 지방 정치체, 특히 마한과의 전쟁과 갈등, 그리고 마한과 백제의 전쟁과 갈등은 마한(馬韓)과 변한(弁韓) 주민들의 九州 북부로의 이주에 깔려 있는 밀고 당기기의의 역학관계에서 밀어내는 인자였다. 한편 이미 九州 북부로 건너와 거주하고 있는 친족과 친척의 존재, 다시 말해서 BC 300년경 청동기를 지니고 도착한 도래인 이후 작동해 온 활발한 이주 네트워크는 끌어당기는 인자로 작용했다.

II. 삼한으로부터의 새로운 도래인

1. 마한 후기 도래인들과 그들의 공헌

福岡 西新町 마한 후기 취락에서 발견된 다량의 마한 토기(도면 3.4)는 彌生 후기에 한반도 서남부의 마한 주민들이 한반도 남부에서 가장 가까운 九州 북부로 이주해 정착했음을 보여준다(大阪府立彌生文化博物館 2004: 9-11, 54-61; 武末純一 2013: 340).

彌生 후기의 九州 북부에서 후기 마한의 주 묘제인 주구묘(周溝墓)의 부활은 후기 마한으로부터의 도래인의 견지에서 특히 중요하다(渡辺昌宏 1999: 82). 마한처럼 彌生 후기 엘리트는 확대된 주구묘에 묻혔는데, 길이 13m, 폭 9.5m에 이르는 平原(히라바루) 유적 1호분은 좋은 예이다. 마한 엘리트 주구묘의 경우와 마찬가지로 시신은 곡옥, 관옥, 구형 유리 구슬, 환두대도가 부장된 목관에 안치되었다(伊都国歴史博物館 2004: 21, 25-26).

西新町(니시진마치)에서 일부 마한 사람들은 유리 구슬과 곡옥을 제작했고, 다른 일

도면 3.4 한반도와 九州 북부 西新町 출토 삼한토기 기종 비교

上: AD 3C 남한 출토 馬韓 토기(국립전주박물관 2009: 49, 59, 79, 97; 국립광주박물관 2000: 43). 中: 弁韓 와질토기(국립중앙박물관 1993: 70, 88, 92). 下: 九州 福岡 西新町 출토 AD 3C 馬韓·弁韓 토기(大阪府立彌生文化博物館 2004:10)

부 마한 사람들은 博多(하카타) 근처에서 한반도에서 수입한 철소재로 현지에서 필요한 철기를 만드는 단조-철 공방에서 일했다(村上恭通 1999: 106-107; 大阪府立彌生文化博物館 2004: 14-19).

彌生 중기 일본열도에서는 비교적 단출한 뒷마당 대장간에서 한반도에서 수입한 철소재로 철기를 제작했다(村上恭通 1999: 91-101). 그런데 삼한(三韓) 출신 도래인들이 (당시까지 도달할 수 없었던) 고온을 금속-가열로(加熱爐)에 공급하는 선진 풀무 시스템을 도입하게 되면서 상황은 극적으로 변화되었다. 철 찌꺼기 더미와 폐기된 단조 철편들로 입증되듯이 개선된 용광로는 열도의 대장장이가 다량의 단조철기를 생산할 수 있게 해주었다. 새로운 고온 기반 단조철기 기술은 奈良 纒向(마키무쿠), 神奈川(가나가와) 南千原(미나미 조하라), 千葉(치바) 沖塚(오키츠카)로 급속하게 확산되었다(村上恭通 1999: 106-109, 2007: 110-113).

彌生 후기에 한반도 서부에서 온 도래인은 한반도에서 직접 또는 九州 북부를 경유해 동쪽으로 近畿 핵심지역으로 이주했고, 동일 지역에서 BC 3세기에 온 도래인들이 정착해 왔던 兵庫, 大阪, 奈良에 정착했다. 彌生 중기의 도래인처럼 새 이주민들도 엘리트들의 묘제로 주구묘를 조성하고, 현지에서 단조철기 제작 공방 설치를 도왔다(大阪府立彌生文化博物館 2004: 24-27; 酒井清治 2013: 77-92). 한편 奈良 磯城郡 伴堂東(토몬도 히가시) 유적에서 보고된 AD 200~250년으로 편년된 SK 2480호 피트에서 출토된 한반도 서남부 기원의 연질토기는 古墳 전기 직전에 한반도 서남부에서 온 사람들이 정착하고 있었음을 시사한다(櫻井市立埋藏文化財センタ 2005: 8).

마한 주민의 奈良(으)로의 이주는, 彌生 후기에 九州 북부를 괴롭힌 사회정치적 문제 때문일 수도 있다. 『三國志 魏志 倭人傳』에 따르면, 당시 왜(倭)의 땅 (九州)에는 잦은 전쟁을 벌이는 약 100개의 정치체들이 있었다.

近畿에서 보고된 18개 유적에서 많은 한반도 무문토기시대 중기 및 후기 주구묘들이 발굴되어 왔고(渡辺昌宏 1999: 82-85), 東武庫(히가시 무코)에서만 22기가 보고되었다. 다른 무덤들보다 10~20배 큰 규모로 조성된 9호분, 10호분, 15호분을 마을 엘리트의 무덤으로 생각하는 渡辺昌宏는 彌生 중후기 한반도 중서부에서 온 도래인의 일부는 엘리트로 등장한 것으로 추정한다. AD

250년경, 즉 古墳 전기에 이르면, 이들은 지역 농경 마을 지도자는 물론 귀화한 일본인 농부로서 자신들의 위치를 안정적으로 확립했다. 奈良 吉野町 宮滝(미야타키) 유적의 주구묘에 매장된 사람은 彌生 농경 부락의 우두머리/지도자였던 것으로 생각된다(奈良県立橿原考古学研究所附属博物館 1988: 33).

2. 열도 내의 변한/가야 초기 사람들: 변한/가야의 매장 의례, 철, 그리고 일본의 건국신화

화로형 토기를 포함한 와질토기와 가야식 주거지가 西新町에 존재함은 변한 및 가야 전기 사람들도 福岡에 거주하고 있었음을 의미한다(武末純一 2013: 340; 大阪府立彌生文化博物館 2004: 9-11; 白井克也 2000: 90-120). 또 奈良 분지에서 발견된 변한 및 초기 가야토기는 彌生 후기 및 古墳 전기에도 한반도 동남부에서 온 도래인이 近畿 지방으로 이주했음을 알려준다(武末純一 2013: 340).

弁韓과 近畿의 연계는 초기 大和 통치자들의 고향인 纒向(마키무쿠)(Barnes 2015: 351)에서 출토된 변한과 가야 전기의 특징적인 삼각형 골촉(骨鏃)의 복제품인 삼각형 목촉(木鏃)으로 입증된다(大阪府立彌生文化博物館 2004: 29; 亀田修一 2011: 114). 纒向에서 출토된 토기편 역시 변한의 와질토기와 매우 비슷하다(坂靖 2018: 76-78; 大阪府立彌生文化博物館 2004: 29; cf. 국립중앙박물관 1993: 92-95).

古墳 전기 近畿에 처음 조성된 봉토분들은 AD 2세기 한반도 동남부의 토광목곽묘들과 유사하다(大阪府立彌生文化博物館 2004: 30-31; 국립문화재연구소 2001: 828-829). 예를 들어 일본에서 가장 빠른 AD 250년경으로 알려진 纒向 근처 ホケノ山(호케노야마) 古墳 내부에서 확인된 목곽은 경주 구어리(九於里) 고분(도면 3.5 하)을 포함한 한반도 동남부 진변한 지역에서 발견된 동

시기 목곽들과 매우 유사하다(최병현 2015: 130). ホケノ山古墳에서는 삽 모양 철기인 한반도식 살포도 보고되었다(도면 3.6 B) (亀田修一 2011: 112; 大阪府立彌生文化博物館 2004: 30-33). 긴 손잡이에 부착된 살포는 고대 가

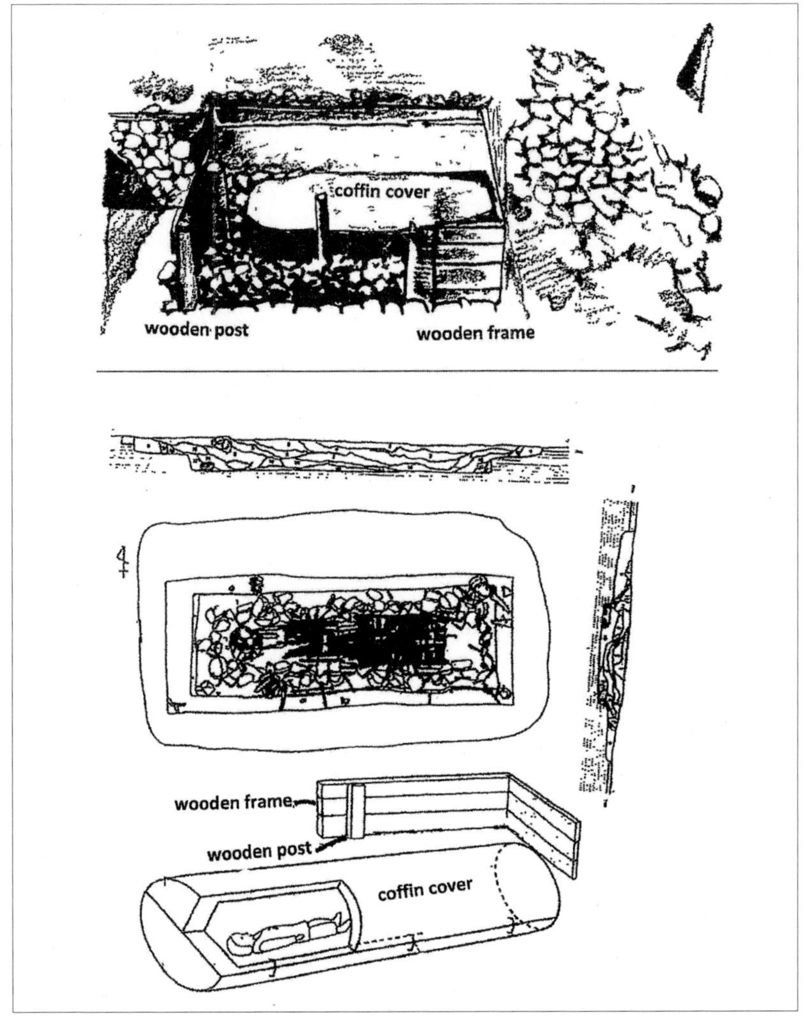

도면 3.5 ホケノ山古墳과 한반도 동남부 목곽묘

上: AD 250년경 ホケノ山古墳 내부 목곽 내 목관 복원도(大阪府立彌生文化博物館 2004: 31). 下: AD 200~300년경 경주 구어리 고분 목곽 내 목관 복원도[김두철 2010: 126-169(최병현 2015: 117에서 재인용)]

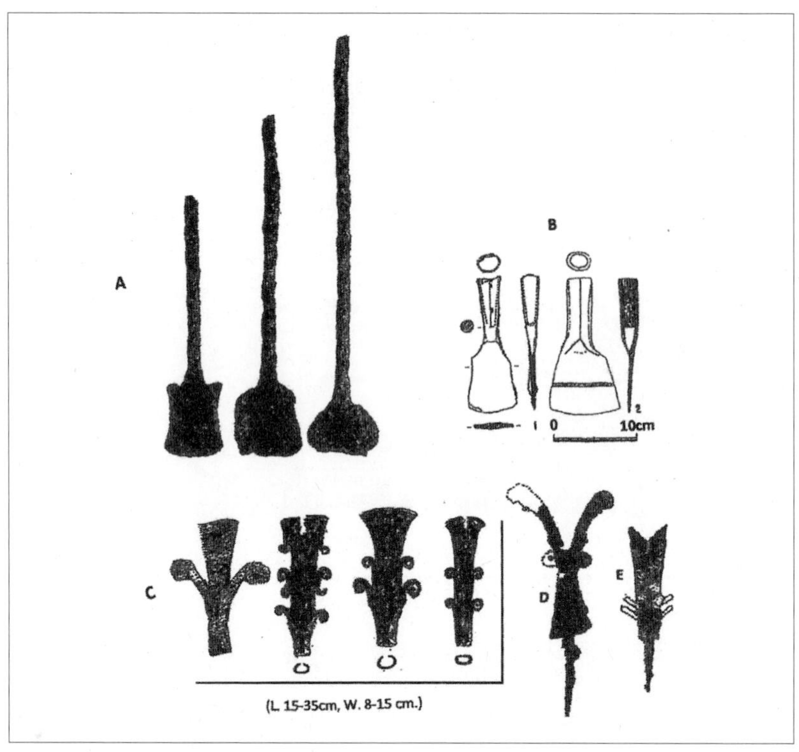

그림 3.6 살포와 유자이기(有刺利器)

A: AD 4세기 함안 도항리 27호분 출토 고대 가야 살포(국립김해박물관 1998: 86, 157). B: ホケノ山古墳 출토 살포(亀田修一 2011: 112). C: AD 200~350년경 한반도 동남부 초기 목곽묘 출토 유자이기(최병현 2015: 130; 경상북도 1998: 174). D: AD 4세기 纒向 黒塚古墳 출토 유자이기(大阪府立彌生文化博物館 2004: 32). E: AD 400년경 滋賀 安土 瓢箪山古墳 출토 유자이기(大阪府立彌生文化博物館 2004: 32)

야, 신라, 백제의 수도작(水稻作)에서 절대적으로 중요한 논으로 들어가는 물의 흐름을 조절할 때 사용된 농기구이다. 이렇듯 권력과 권위를 상징하는 살포는 다른 위신재들과 함께 수장 무덤에 부장되었다(김재홍 2006: 181-186; 국립공주박물관 2006: 101-105).

변한/가야와 일본 古墳 전기 엘리트 사회와의 연관성을 보여주는 또 하나의 증거로 纒向 인근 최초 전방후원분(前方後圓墳) 중 하나인 黒塚古墳(쿠로즈카)

(AD 300~350년경)에서 출토된 한반도 동남부 기원의 유자이기(有刺利器)가 있다(大阪府立彌生文化博物館 2004: 32). 유자이기는 주로 김해 양동리와 부산 복천동 등 한반도 동남해안 유적에서 삼한시대에 등장하기 시작한다. 이는 소유자의 권력과 권위를 상징하는 막대나 지팡이에 부착된 휘어진 의식용 철제 홀(忽)이다. 길이 20~40cm의 세장하고 편평한 철편(판상철부)으로 제작된 홀(忽)의 각 면에는 1~4개의 소용돌이가 있고, 넓은 상단부에는 분기점이 있다(도면 3.6 D-E) (東潮 1999: 360-379). 시간이 지나면서 가야와 신라에서 죽은 엘리트들을 마지막으로 배웅하는 의식에 사용된 유자이기는 중요한 장례 의식 용품이 되었다. 일반적으로 지역 최고 수장의 무덤에 안치되었다(김훈희 2011: 39-76; 최병현 2015: 129-130; 부산대박물관 1996b: 166; 경상북도 1998: 174, 東京國立博物館 1992: 75-76).

彌生 후기/古墳 전기의 近畿 핵심지역 사회와 한반도의 변한/가야 전기 사회의 또 하나의 밀접한 유사점은 엘리트 무덤에 철기와 중국 동경(銅鏡)을 부장하는 풍습이다. 예를 들어, ホケノ山古墳에는 철제 살포 이외에 철검, 철제 단검, 철촉, 중국 동경이 부장되었다. 이는 중국 동경들과 함께 판상철부 10점과 많은 철모(鐵鉾)와 철촉(鐵鏃)이 부장된 가야 엘리트 무덤인 김해 양동리 162호분(목곽묘)의 경우와 매우 유사하다(국립문화재연구소 2001: 828-829).

코야마다 코이치
小山田宏一(2004a: 29)는 古墳 전기 장례 의식에 대한 관찰을 통해 "大和 조정이 제정한 장례 의식인 古墳祭式에는 다양한 도래계 정보(渡来系情報)가 드러난다. 도래인 지식인이 [纒向에서] 다양한 의례(儀禮)를 조직하고 제정하는 것을 도왔다고 생각하는 것은 상당히 합리적이다"고 말한다.

이런 맥락에서 古墳 전기에 단조철기 제작 공방 몇 개소가 纒向에 설치된 것으로 보인다. 纒向 철기 제작 유적들에서 발견된 가야 기원 토기는 가야에서 온 대장장이들이 纒向에서 활동했음을 시사한다(大阪府立彌生文化

博物館 2004: 30).

彌生 후기 및 古墳 전기 여명기에 가야는 동아시아의 철(鐵) 수도였다. 낙랑과 대방의 중국인과 '왜' 상인을 포함한 주변 지역 사람들이 철을 얻기 위해 가야로 왔다. AD 7세기 후반까지 일본열도는 중국과 한반도 사람들에게 倭國으로, 일본열도 주민들은 倭人으로 알려져 있었다. 倭를 일본어로 읽으면 '와(Wa)'가 된다. 『三國史記 新羅本紀』에 기록된 바와 같이, 해적으로 알려진 일부 와(Wa)는 식량이나 귀중품을 구하기 위해 신라 영토를 습격한 반면에, 다른 일부는 가야 사람들과 교역을 했다. 또 다른 일부는 신라나 고구려에 대항하여 도움을 청했던 백제와 가야 엘리트들의 초청을 받아 한반도에 왔다(Brown 1993: 140-144).

가야는 이미 거의 500년 동안 철 기술을 향유해 왔으며, 주조 및 단조 철기 생산과 제조 분야에서 높은 수준의 성취를 이룩했다. 특히 일본열도의 철소재(鐵素材)는 전적으로 가야로부터의 수입에 의존했다. 또한 일본열도는 양질(良質)의 철제 농기구(괭이, 삽, 도끼, 낫)와 무기(검, 단검, 과, 창촉, 화살촉)를 대부분 가야에서 수입했다. 이러한 상황에 처한 야심찬 大和 엘리트들은, 奈良 纒向 유적에서 보이는 것처럼, 첨단 철기술을 구사하는 가야의 숙련 장인들을 열렬히 갈망하고 초청했을 것이다.

신흥 古墳 사회와 가야와의 연관성을 고려할 때 주요한 점으로 『三國遺事』 가락국(駕洛國) 기원 관련 서사가 암시하듯, 일본 건국신화와 가야 건국신화가 공유하는 요소가 있다는 사실을 들 수 있다: 가락국기(駕洛國記)(이병도 1972: 198-199)에 의하면,

> 개벽한 후로 아직 나라 이름도 없고 군신의 칭호도 없었다. 간(干)이라 불리는 9명의 지도자만 있었다….어느날 구지(龜旨)라고 알려진 산봉(山峰)에서 이상한 목소리를 들렸다… 200~300명의 사람들과

함께 다가가니 물었다: "여기가 어디냐?" 구지(龜旨)라고 대답했다… 그 음성은 "황천(皇天)이 나라를 세우고 왕이 되라고 나를 여기로 보내셨다… 노래하고 춤춰라, 그러면 너희 왕을 만날 것이다."라고 말했다.

노래하고 춤추는 동안 하늘에서 자색(紫色) 줄이 내려와 땅에 닿았다. 천상에서 내려온 줄 끝에는 빨간 천에 싼 여섯 개의 황금 알이 담긴 황금 상자가 있었다… 12시간 후 황금알들은 부화해 동자(童子)가 나왔고, 열흘 후 그 중 한 명은 신장이 9척(尺)으로 자랐고 얼굴은 용과 같았다. 그는 수로라 불렸고 왕이 되었는데, 자신의 나라를 대가락(大駕洛) 또는 가야국(伽耶國)이라 칭했다. 황금알에서 나온 다른 사람들은 다른 가야 국가의 수장이 되었다.

일본의 국가 기원에 관한 『日本書紀』의 서술(신들의 시대, II: 9-11; 飯田第治 1912: 31-42; Aston 1972, Vol. 1: 69-70)은 다음과 같다.

高皇産霊尊는 손자 아마츠-히코-히코-호-니기-노-미코토를 덮개로 싸서 내려보냈다… 그래서 손자는 떠났고… 떠다니는 천상의 다리에서 그는 쿠시히의 쌍둥이 봉우리에 섰다… 그리고 나라를 찾기 위해 소지시의 가라쿠니 國空['무네쿠니']를 횡단하여 가사사의 곶에 도착했다. 손자는 한 남자에게 물었다. "여기에 나라가 있나요?" 그는 말했다. "여기 나라가 있다." 손자가 가서 거기에 거처를 잡았다.

두 기록 모두에서 천신(天神)의 지상 국가 수립의 시작점에서 산봉우리가 언급되었는데, 『三國遺事』에서는 구지(龜旨)라, 『日本書紀』에서는 구시히(櫛引)라 했다. 또 두 기록 모두에 카라(伽羅) 또는 카라쿠니(空國)가 포함된다. 같은 서사의 『古事記』 버전(신들의 강림 I: 62)에서 쿠시히는 久士布流多氣로 기록되고 '구지(龜旨) 마을 언덕 정상'이란 의미의 쿠지후루타케로 발음된다. 게다가 空國(카라쿠니)는 韓國(카라쿠니 또는 한국)이란 철자(綴字)로 표현된다(次田潤 1924: 223-224). 열도에 도착한 가야 도래인과 그 후손 사이에서 가야 건국신화는 구지(龜旨)와 가라(伽羅)라는 두 주요 요소를 지닌 채로 오랫동안 유지되다가 大和 통치자들이 日本의 기원을 설명하려 노력했던 8세기 초 『古事記』와 『日本書紀』에 통합 반영되었음에 의심의 여지가 없다.

3. 九州의 정치적 통합과 지역 간 전쟁

BC 1세기, 즉 彌生 중기가 끝날 무렵 九州 북부의 정치적 관계가 변화되었다. 이미 彌生 중기에 형성된 세 계층으로 구성된 계층화는 유지되었지만, 早良(사와라) 평야의 須玖-岡本(수구-오카모토) 유적과 九州 북부 해안에 가까운 훨씬 서쪽의 伊都(이토)의 三國(미쿠니) 南小路(미나미 쇼지) 유적이라는 두 새로운 지역 중심지가 등장했다.

대부분의 당시 九州 북부 수장 무덤에는 약간의 청동기만이 부장되었다. 과거 早良 평야의 최상층이 점유했던 吉武(요시타케) 유적은 須玖-岡本 아래 두 번째 계층 구성원의 근거지가 되었고, 三雲 南小路 유적은 훨씬 서쪽의 伊都 지역의 다른 주요 중심지들을 지배하게 되었다. 양 지역 모두에서 최하위 계층은 여전히 엘리트 구성원이 없는 마을들로 구성되었다(九州歷史資料館 1980: 1-48; 武末純一 2002: 25-58).

대한해협을 건너 한반도 남부와 직면한 해안 평야에서 새로운 정치 중심지가 등장하고 있을 때, 吉野ヶ里는 彌生 후기 남쪽의 佐賀平野에서 해자로 둘러싸인 40ha가 넘는 초대형 취락으로 성장하고 있었다. 방어용으로 조성된 V자형으로 취락을 에워싼 해자의 규모는 폭 6.3m, 깊이 3m에 이르렀다. 방어용 해자 내부에서 죽은 사람들을 위한 의식을 위한 구역과 수장의 주거용 건물을 위한 구역이 발견되었다. 또 다른 구역에서는 공동체의 저장 시설로 사용된 것으로 추정되는 대형 고상건물의 잔해가 드러났다. 삼한시대 한반도 남부에서 흔히 보이는 석관묘와 목관묘도 발견되었다(滋賀県教育委員會 2008: 21).

AD 297년 완성된 『魏志』에 따르면, AD 250~300년 서일본에는 30個國(또는 정치체), 그 이전에는 약 100個國(또는 정치체)이 있었다. 또 지역 정치체들 사이에는 "70년 혹은 80년"에 걸친 "혼란과 전쟁"이 있었다고 기록되었다. 이 기록은 彌生 후기 동안 정치적 통합이 진행되었고, 이 과정에서 많은 독립 정치체들이 약 30개 연맹국으로 합쳐졌고, 각국은 꽤 큰 영토를 지배했음을 시사한다(寺沢薫 2004: 26-43).

4. 한반도/열도 간 교역의 번창: 九州/近畿-늑도/김해

이러한 九州의 정치적 혼란에 따라 열도의 엘리트들은 첨단 상품, 특히 대륙의 철정(鐵鋌, 덩이쇠), 무기류와 농기구를 구하기 위해 한반도의 남해안으로 점점 더 눈을 돌리게 되었다.

도래인의 열도 도착 및 열도에의 귀화 이후 천년이란 세월이 흘렀고, 왜인(倭人)들에게 한반도는 더 이상 신비에 싸인 먼 땅이 아니었다. 한반도는 귀화한 도래인에게는 원향(原鄕)이었고, 토착 왜인에게는 가까운 이웃이었다. 彌生 중기 무역상들은 대한해협을 왔다갔다 항해했다. 한반도의 선진 문화와 기술을 학습한 열도의 엘리트들은 한반도의 언어, 풍습, 인프라에 익숙한 도래인들을 안내인 삼아 한반도 상품들을 구하기 위해 점점 더 많은 대리인들을 한반도 남해안으로 파견했고, 시간이 흐르면서 한반도-열도 간

무역-교환 체계가 번창하게 되었음에 의심의 여지가 없다.

BC 75년~AD 50년경, 즉 彌生 중기의 마지막 단계에 속하는 須玖II식 토기(Mizoguchi 2013: 34)와 함께 한반도 동남부에서 彌生 토기가 급격히 증가하는데, 이는 BC 1세기 전반과 그 이후 점점더 많은 수의 彌生 무역상들이 한반도 동남부를 찾았음을 시사한다(井上主税 2008: 236-255; 武末純一 2008: 258-307; 이창희 2011: 34-45). 그러나 須玖II식 토기는 주요 남해 교역로를 따라서 입지한 소수의 선택적 지점들에만 집중되었는데(井上主税 2008: 238-239; 이창희 2011: 34), 그중 늑도와 김해가 가장 중요했다.

김해는 낙동강 하구에 위치한 중요한 항구였고, 늑도는 대략 한반도 동남부의 울산과 서남부의 목포의 중간 지점이었다. 늑도는 한반도 서남부의 마한과 서북부의 중국 군현인 낙랑과 대방의 무역상은 물론 九州 북부와 한반도 동남부의 무역상의 만남에도 훌륭한 지점이었다(井上主税 2008: 239). 즉, 늑도는 BC 1세기 동아시아의 국제 무역 중심지로 부상했다(국립진주박물관 2016).

동아시아에서 BC 1세기 발생했던 몇 가지 획기적 사건들의 결과로 일본, 한반도 남부, 그리고 낙랑 세 지역이 늑도와 김해에 모이게 되었다. 즉, 九州 북부는 청동기 생산이 한창이었고, 한반도에서 세형동검 문화는 새로운 현지 단조철기 산업에 직면하여 사라지고 있었고, 중국 전한(前漢) 왕조는 군사적·상업적으로 만주와 한반도로 진출하기 위해 이동 중이었다(井上主税 2008: 239-240; 武末純一 2008: 265-267).

주요 무역항, 즉 늑도와 김해에서는 현지에서 제작된 와질토기와 함께 九州 북부에서 온 須玖II식 토기와 낙랑에서 온 중국 토기도 발견되었다. 특히 彌生 토기는 항아리(의식용 적색마연토기 포함), 단지, 그리고 저장, 조리, 장례 의식에 사용되는 굽다리 접시(高杯)로 구성되었다(이창희 2011: 34-45).

이러한 점에서 당시 한반도 남해안 및 동남해안의 주요 무역항인 늑도와 김해는 溝口孝司(미조구치 코지)가 彌生 후기 후반 서일본을 가로질러 등장했다고 묘사한 '무역항형 취락'과 매우 유사하다. 무역항형 취락들에는 "멀리 떨어진 지역에서 들여온 물건들과 이들을 현지에서 복제한 것들이 많았다…. [특히, 토기들은] 현지 기원이 아닌 것들이었는데," 이 현지 토기가 아닌 용기들 대부분은 조리용 토기였다(Mizoguchi 2013: 216-220). 新島(니시지마)와 같은 彌生 후기 무역항형 취락의 경우처럼 늑도와 김해에는 현지인과 외국인이 같이 거주하면서 서로 문화적 영향을 주고받았을 것이다(이창희 2011: 36-47).

한반도 연안에 거주하던 須玖II期 彌生 무역상들에게는 두 가지 목적이 있었는데, 하나는 당시 동아시아의 주요 철 생산자였던 한반도 동남부에서 철소재와 철기(농공구와 무기) 확보였고, 다른 하나는 동경, 유리 구슬과 금동 장신구를 포함한 중국제 위신재 확보였다(井上主税 2008: 239). 벼에 기반한 농경이 유례없이 확대되면서 彌生사회에서 철(鐵)은 점점 더 중요해졌다. 한반도가 청동기 생산을 단계적으로 중단하고, 이를 철기 생산으로 대체하면서 彌生 엘리트들은 중국 청동기가 필요하게 되었다. 한편 彌生 엘리트들은 BC 108년 평양을 중심으로 설치된 낙랑군을 통해 중국 청동기를 확보할 수 있었다(Mizoguchi 2013: 105).

약 200년(약 30 BC~AD 180) 동안 九州 북부 彌生 엘리트들은 무덤에 부장할 목적으로 전한경(前漢鏡)을 필두로 다양한 종류의 중국 동경을 구입했다. BC 30년경부터 낙랑에서 중국 동경을 수입하던 九州 엘리트들은 AD 1세기 초가 되자 이를 本州 중앙 지역은 물론 열도 전역의 다른 彌生 엘리트들에게 제공하기 시작했다(Mizoguchi 2013: 224). AD 50년경 이후 彌生 후기 족장 무덤에 중국 동경을 부장했던 大阪-奈良-京都 지역의 경우는 후한경(後漢鏡)의 수가 넘쳐날 정도로 폭발적으로 증가했다(岡村秀典 1986: 70). 동경(銅鏡)이 죽은 사람과 무덤에 대해 특별한 힘을 지니고 있다고 믿었던 彌生 엘리트들은 한(漢)의 동경(銅鏡)을 숭배했고, 철기(鐵器)는 일상에서의 기능적·실용적 장점 때문에 가장 중요한 도구로 대두되었다. 6백년 이상(50 BC~AD 600) 왜(倭)/大和 사람들은 문명 발전에 절대적으로 중요한 한반도의 철을 구하기 위해 어떤 대가를 치르더라도 대한해협을 건넜고, 한반도의 철은 AD 600년까지 한일관계의 성격과 방향을 결정했을 것이다.

彌生 중기 후반/후기 동안 福岡와 伊都 지역을 중심으로 九州 북부의 彌生 엘리트들은 주요 무역항, 즉 늑도와 김해에 거주하는 대리인들을 통해 철을 확보하고 있었다. 대리인들은 항구 타운 소재 彌生 취락의 지도자로서 철 생산과 배급망을 담당했던 현지 엘리트들과 교류했던 것으로 보인다(井上主税 2008: 235-255, 武末純一 2008: 259-307).

변한과 九州 북부 엘리트들 사이의 상호작용은 彌生 중기 후반 九州 북부에서 제작된 의식용 중세형동모(中細形銅矛)가 변한과 진한의 엘리트 무덤들에 부장되었음을 통해 분명하게 입증된다. BC 50년경으로 알려진 창원 다호리와 영천 용전리 엘리트 무덤에서 발견된 중세형동모(中細形銅矛)는 좋은 예이다(井上主税 2008: 236-238).

당시 九州 북부 彌生 엘리트들에게 가장 높이 평가된 위신재였던 중세형동모(中細形銅矛)와 다른 비슷한 청동기들은 엘리트 무덤에 부장되었다(井上主税 2008: 239). 따라서 彌生 엘리트들은 이들을 엘리트의 교환품으로 사용했을 것이다. 井上主税(이노우에 치카라)에 따르면, 彌生 엘리트들은 (쌀과 비단과 같은 부패하기 쉬운 유기물로 지불되었던 것으로 여겨지는) 철(鐵)에 대한 대가 지불이 아닌 자신과 상대방 사이의 특별한 관계를 상징하는 의미로 중세형동모(中細形銅矛)를 한반도 동남부의 자신의 교역 상대에게 보냈다. 이러한 엘리트 관계는 두 가지 목적을 달성했다. 먼저, 한반도 동남부에서 九州 북부로의 철(실제 도끼 또는 철소재로 활용되는 판상철부와 주조철부는 물론 완제품)의 이동을 용이하게 했다. 또 중세형동모(中細形銅矛)는 九州 북부 엘리트들과 낙랑의 중국 정치·상업 관료들의 연결에 중요한 역할을 했다. 이는 九州 북부의 彌生 엘리트 무덤들과 진변한의 엘리트 무덤들에서 한반도 철, 彌生 중세형동모(中細形銅矛), 중국 위신재(동경, 녹색 유리벽(琉璃璧), 금동 장신구)가 동시에 함께 발견되는 것으로 입증된다(井上主税 2008: 239).

AD 1C 九州 북부, 한반도 동남부, 그리고 낙랑 세 지역 간의 무역이 번창하면서 이 세 지역을 연결하는 해상 무역로가 견고하게 자리 잡았고, 늑도와 김해는 중국, 한반도, 일본열도가 무역과 교류를 위해 만나는 "동북아의 무역 중심지"가 되었다. 대한해협 양쪽의 고고학 자료는 한반도에서 九州 북부로 철이 흘러갔음을 보여준다. 대구 비산동과 만촌동 엘리트 무덤들에서 알 수 있듯이, 九州 북부의 중광형동모(中廣形銅矛), 대광형동모(大廣形銅矛), 그리고 대광형동과(大廣形銅戈)는 한반도로 전해졌다. 중국 위신재는 낙랑(나중에는 대방 포함)에서 한반도 남부 및 서남부 엘리트들에게, 그리고 동남해안의 김해를 경유해서 九州 북부 엘리트들에게 흘러들어갔다(井上主税 2008; 武末純一 2008: 260).

이러한 점에서 彌生人들이 자주 드나들었던 김해 고항(古港) 인근 회현리 유적에서 보고된 彌生 옹관묘 3기는 특별한 의미가 있다(井上主税 2008: 238-239). 彌生 중기 초로 알려진 3호 옹관묘에는 관옥 2점, 세형동검 2점, 동사(銅鉇) 8점이 부장되었다(柳田康雄 1989b: 20-21). 이 옹관묘의 주인공은 김해 무역 타운에서 청동기 무역을 담당하며 살다가 죽은 엘리트 왜인(倭人)이었음에 의심의 여지가 없다. 대형 옹관은 九州 북부에서 배로 가져왔거나 현지에서 제작되었을 것이다(이창희 2011: 43; 武末純一 2013, #228: 1-19).

김해 회현리 유적에서 보고된 滋賀(시가)県 近江(오미) 지역산(地域産) 彌生 후기 토기는 당시 近畿 핵심지역 역시 한반도와 교류를 시작하고 있었음을 시사한다(武末純一 外 2011: 257-268). 九州 북부 엘리트들과 마찬가지로 近畿 엘리트들도 농업, 경제, 군사적 발전에서 철의 위력을 인식하기 시작했음이 틀림없다. 곧 近畿는 한반도의 철 기술과 이주 기술자들 덕분에 일본열도에서 철 기술 및 생산의 중심지로 부상했을 것이다(Mizoguchi 2013: 199, 243).

토기, 철촉, 청동 방제경(倣製鏡)을 포함한 한반도 서남부에서 발견되는 다양한 彌生 후기(AD 50~250년경) 유물들은 철 확보를 위해 彌生人들이 계속 대한해협을 건너다녔음을 시사한다(柳田康雄 1989b: 23-38). 그러나 흔한 토기 용기들과 약간의 철촉 이외에 특별한 가치가 있는 彌生 유물은 보이지 않는다. 아마도 彌生 무역상들은 아직도 쌀, 비단, 그리고, 현재까지 알려지지 않은 유기물로 한반도 철의 대가를 지불 했던 것으로 보인다.

古墳(고훈)時代 중·후기의 도래인: “최근 도착한 숙련된 장인들(今來才技)” (c. AD 350~600)

Ⅰ. 역사문화적 배경: 한국 초기 국가들과 정치체들 (c. AD 300~700)

1. 개요

시기적으로 일본의 古墳時代는 한반도의 초기 국가(高句麗, 百濟, 新羅) 및 伽倻와 마한 후기 정치체들(표 0.1과 지도 4.1) 시기와 부합한다.

한반도의 초기 국가 및 정치체들의 역사는 그 기원 및 발전의 관점에서 주요 학문적 탐구 주제이며, 해당 주제 관련 출판물들이 이미 많이 나와 있다. '한국고대사' 전반에 대한 입문서로는 *East Asia, The Great Tradition*(Reischauer and Fairbank 1958 &1960), *Korea: Old and New History*(Eckert et al. 1990), *A New History of Korea*(KB Lee 1988), 이기백(2006)이 있다. 마크 바이잉턴이 펴낸 *The History and Archaeology of the Koguryo Kingdom*(Byington 2016a)은 고구려의 기원과 역사에 관한 훌륭한 자료집이다. 조나단 베스트의 *A History of the Early Korean Kingdom of Paekche*(Best 2006)는 그의 다른 백제 관련 논문들(Best 1982, 2003)과 함께 古墳時代 중기와 후기 도래인(渡來人)의 역사에서 가장 중요한 역할을 했던 백제사 연구의 매우 귀중한 자료이다. 학술 논문 모음집인 *Early Kaya*(Byington 2012)는 사료와 고고학 자료를 포함하여 가야 국가들에 대한 풍부한 정보를 제공한다. *Archaeology of East Asia: The Rise of Civilization in China, Korea, and Japan*(Barnes 2015)은 고대 동아시아의 역사와 고고학에 대한 파노라마적 시각을 제공한다.

고구려는 AD 1세기에 중앙집권적 국가로서 일찍 출발했지만(Rhee 1992a, 1992b; Byington 2016a), 백제, 가야, 신라, 후기 마한은 AD 250~300년 이후 등장했다(박순발 2000; 이종욱 1982; 김태식 1993, 2014a;

최몽룡 2009: 199-214; 노중국 2009: 220-223).

한반도의 초기 국가들은 서로 간에는 물론 다양한 중국의 국가들과 외교적·문화적 소통을 통해 사회정치적·문화적 발전에서 급속한 진전을 이룩했다. 그런데 고구려, 백제, 신라는 각각 세습 군주에 의해 통치되는 중앙집권적 통일 왕국 또는 국가가 되었지만, 가야와 후기 마한 소국들은 초기 국가의 정치적 중앙집권화를 이루지 못한 채 공통의 문화를 지닌 12개 내외의 독립적 정치체들의 지역적 정치 연맹으로 남았다(노중국 2009: 215-223; 이형기 2020: 71-93). AD 550년경이 되면, 마한 후기 정치체들은 지방 행정구역으로서 백제에 흡수되었다(최성락 2017a: 279-299). AD 555년 신라에 의해 정복되기 시작한 가야 정치체들은 562년에는 모두 신라의 지방 행정 체계로 편입되었다.

2. 백제, 가야, 후기 마한의 문화적·기술적 발전

한반도의 초기 국가들은 문화적·기술적 독창성을 발휘하면서도 교류와 상호작용을 통해 유사한 발전 과정을 거쳤다. 이러한 경향은 종교와 이념, 철기 기술, 승마 문화, 석기질 도질토기, 금 세공술, 묘제 등에서 분명하게 관찰된다. 본절(本節)은 古墳時代 중기 및 후기 도래인의 대부분을 차지했던 백제, 가야, 마한 후기 주민들의 문화적·기술적 발전의 개관(概觀)이라 할 수 있다.

A. 종교, 이데올로기, 예술, 건축

AD 371년 백제가 고구려를 '삼만 정예부대'로 공격하여 성공하고, 심지어 고구려 왕을 죽음에 이르게 했음은 근초고왕(近肖古王, 346~375)대의 백제가 강대국으로 부상했음을 시사한다. 낙랑을 통한 중국 문화와 사람의 흐름과 AD 372년 수립된 백제와 중국 동진(東晉)과의 공식적인 외교적·문화적 교류는 수준 높은 중국 문화를 백제로 유입시키는 계기가 되었다. AD 400년경 아직기(阿直岐)와 왕인(王仁)을 비롯한 뛰어난 유학자(儒學者)가 존재했고, 이들이 통치 엘리트들과 밀접한 관계를 맺었음은 유교(儒敎)가 중요한 국가 이데올로기였음을 시사한다. 유교는 백제 국가에 지배 관료와 사회 전반의 통치와 관리에 필수적인 정치 이데올로기와 윤리 강령을 제공했다. 충효라는 유교적 원칙, 즉 충성심과 효도는 최고의 기준이었다.

AD 384년 중국 동진을 통해 한성 백제에 소개된 불교는 백제 조정의 환대 속에 빠르게 국가 종교화 되었다. 대중들을 통합하는 강력한 힘으로서

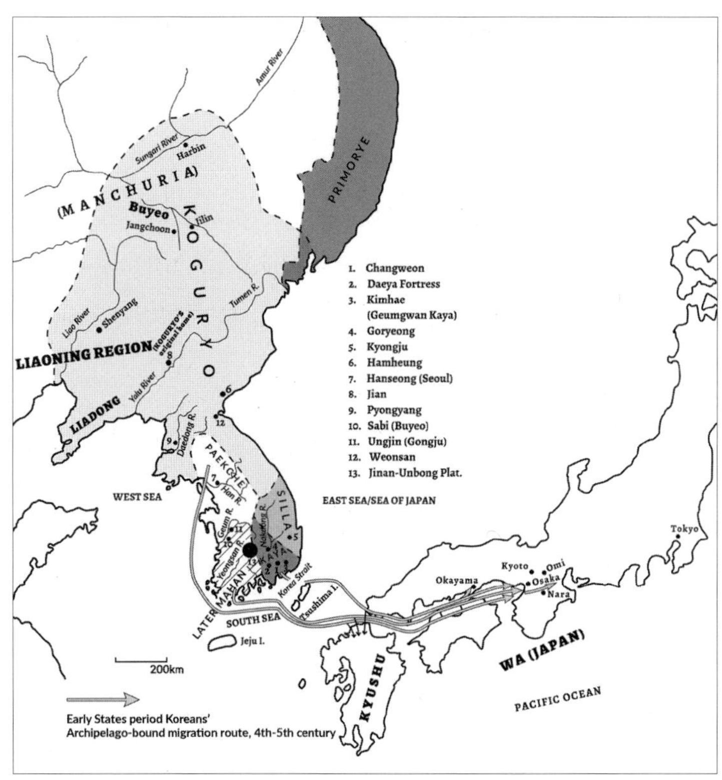

지도 4.1 AD 400년경 한반도의 초기 국가들 (Lucas Pauly 圖)

불교는 국가 통치에 크게 기여했다(Best 2006: 79-84).

특히, 한강 유역에 위치했던 수도 한성(漢城) 함락 이후 국가적 위기에 처해 있던 백제 왕들은 "왕정의 강화 및 중앙집권화를 돕는 힘"으로서의 불교 활용에 노력을 배가했다(Best 2003: 165, 189-209). 무령왕(武寧王, 재위 501~523)은 우수한 백제 학생 무리를 불교 경전 공부을 위해 인도와 중국으로 보내면서까지 불교를 장려했다. 무령왕의 아들이자 후계자인 성왕(聖王, 재위 523~554)은 불교를 담당하는 각료급 부서를 설치하여 불교 선전, 남녀 승려 양성, 그리고 수도 및 전국에 사찰 건립을 장려했다. 인도와 중국 유학을 마치고 돌아온 이들은 백제 불교계의 지도자가 되어 산스크리트어 경전을 백제 귀족층의 문자인 한문(漢文)으로 번역했다. 겸익(謙益), 담욱(曇旭), 혜인(惠仁) 등 백제 승려가 저술한 다양한 불교 문헌들은 불교가 백제 국교로 자리잡는 토대가 되었다.

불교가 국교가 되면서 전국에 사찰, 탑, 교육기관들이 세워지고 번창했다. 예술이 번성하고, 돌 기초와 연화문(蓮花紋) 기와를 이용한 건축공학과 석축(石築)도 발달했다. 많은 남녀 학승(學僧)들이 마을과 타운은 물론 왕실에서 국가를 위해 봉사했고, 사비기에 이르러 불교 미술과 불교 건축은 동시에 전성기를 맞이했다.

독실한 불교 신자였던 백제 성왕과 위덕왕(威德王, 재위 554~598)이 일본열도에 불교를 이식하려 적극적으로 노력한 결과 538년 大和 조정은 불교를 공식적으로 일본 국교로 채택하게 되었다(자세한 내용은 제5장 Ⅲ 2 참조).

무왕(武王, 재위 600~641)은 자신의 왕위와 중앙 정부 강화 노력의 일환으로 미륵 신앙을 우선적으로 열정적으로 심는 동시에 자신을 사람들이 구원자 부처로 오는 것으로 믿어 왔던 자비롭고 강력한 미륵불의 화신으로 투영했다. 그는 634년 위덕왕이 577년부터 조성하기 시작한 왕흥사(王興寺)를 완성했고, 4년 후에는 익산에 9층탑 3기(한 쌍의 석탑과 중앙에 목탑)와 함께 미륵사(彌勒寺)를 조성했다. 고고학적 발굴조사에 따르면, 미륵사는 당시 최고의 건축적·예술적 요소를 대변하는 고대 한국에서 가장 규모가 크고 웅장한 사찰이었다(국립문화재연구소 1989a).

불교와 함께 도교, 특히 불멸과 초자연적인 힘에 대한 믿음은 일찍부터 관심을 끌었다. 지난 1993년 고대 사비(부여) 인근 불교 사찰터 발굴조사에서 출토된 절묘하게 아름다운 금동향로는 희열과 영원한 행복 등 불교와 도교 주제로 장식되었다. 위덕왕이 신라군에게 죽임을 당한 부친 성왕의 영혼을 달래기 위해 절에 안치했던 것이라 전하는 금동향로는 미륵사와 함께 백제 최고의 예술, 조각, 금동 야금 분야의 성취를 대표한다.

신뢰할 만한 문서 기록의 부재로 인해 가야와 마한 후기 정치체들의 종교 및 이념에 대한 정보는 거의 없다. 그러나 가야 정치체들과 신라가 비슷한 문화적·기술적 발전 궤적을 거쳤다는 사실을 고려해 보면, 신라의 경우처럼 가야에서도 불교와 유교가 다소 느리게 확산되었다고 볼 수 있겠다. 문헌 사료 및 고고학적 성과에 따르면, AD 369년 백제에 의해 "정복"된 마한 후기 정치체들은 550년까지 서서히 문화적·기술적으로 백제화되어 갔다고 한다(최성락 2017a: 279-299).

B. 철기 기술

백제는 고구려·신라와의 잦은 전쟁에 대응하면서 철기 기술을 발전시켜 왔다. 철제 무기에는 환두대도(環頭大刀, 철과(鐵戈), 철모(鐵矛), (양익형 및 납작형) 철촉(鐵鏃) 등이 포함된다(도면 4.1) (국립공주박물관 2006: 60-68, 124-137). AD 4세기 후반인 360년경 이미 가죽 끈으로 결합되는 장방형 철판으로 이루어진 철제 갑옷을 생산한 백제 철기 기술자들은 이 기술를 열도에 수출했다(김혁중2020: 49-55).

농업의 급속한 발전 역시 농경, 제방 건설, 그리고 간척을 위해 삽, 세장

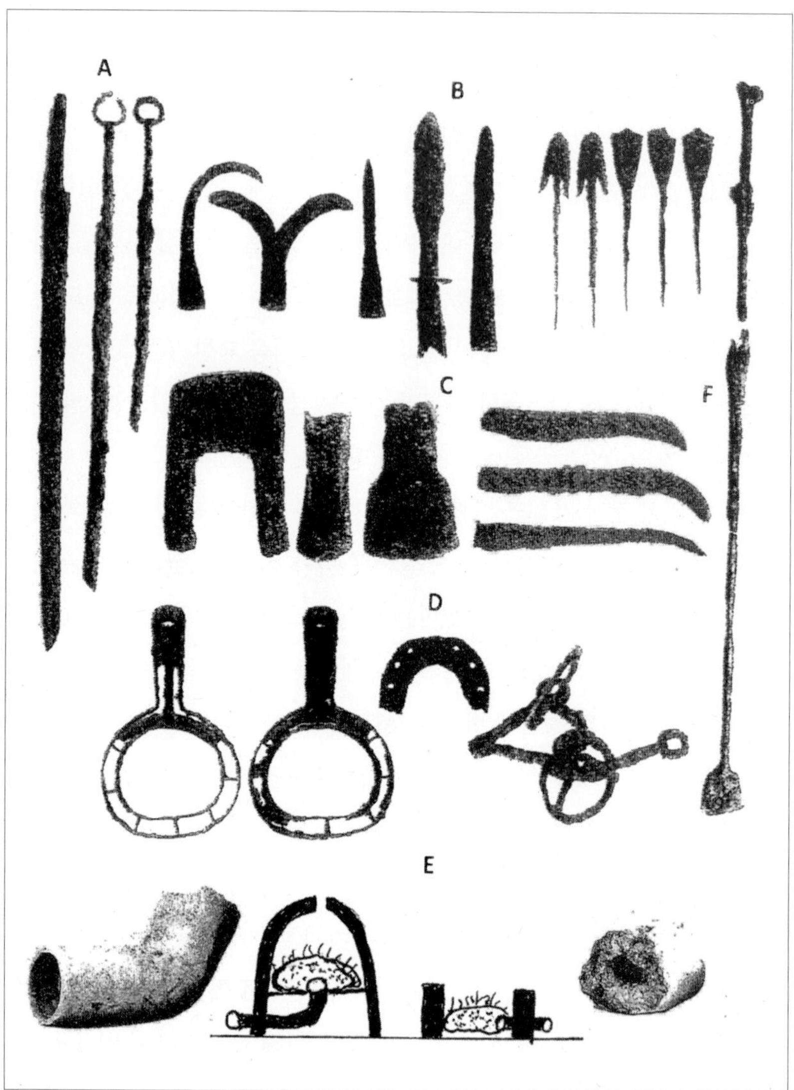

도면 4.1 백제 철기와 송풍구 2종

A: 환두대도(左: 77.5cm, 中: 73.5cm). B: 갈라진 철모(中: 41.5cm), 직선 철모(중: 45.5cm), 철촉(17~19.4cm). C: 삽날(20.9cm), 철부, 철겸(18~21.6cm). D: 말 등자(27.4cm), 말 편자(폭 8.8cm), 말 재갈(내부 길이 23.7cm). E: 백제 송풍구(L자형: 길이 56.7cm, 지름 18.3cm; 일자형: 길이 10.4cm, 지름 4.7cm) 제련로에 따른 송풍구 위치는 추측됨. F: 살포(철제삽) (국립공주박물관 2006: 106, 109, 134; 국립중앙박물관 1999: 28, 41, 61, 74, 160; 국립청주박물관 2017: 95, 100) (별도로 명기되지 않은 숫자는 길이를 나타냄)

한 도끼, 납작한 도끼, 낫, 끌 등을 포함한 더 많은 철기의 생산을 요구했다(국립공주박물관 2006: 101-111). 백제 철기에서는 말 재갈, 등자, 버클, 장신구를 포함한 마구류가 두드러진다(국립공주박물관 2006: 112-123).

백제 철기 목록에서 독특한 것으로 길이가 125cm에 이르는 살포가 있는데 이 살포는 논으로 들어가는 물길을 조절하는 매우 중요한 농기구였다. 지역 사회 수장들은 수도작 기반 농경 사회에서 권력과 권위의 상징이었던 살포를 지니고 다녔다(김재홍 2006: 181-186; 국립공주박물관 2006: 101-111).

철기의 화학적 분석에 따르면, 백제 기술자들은 가열 및 물 담금질 방법과 1250~1270℃에 이르는 고온 생산이 가능한 첨단 환기 시스템으로 파인 스틸(fine steel) 생산에 성공했고, 양질(良質)의 무기 및 도구 제조에서 주조법이 대부분 단조법으로 대체되기도 했다(浦項綜合製鐵株式會社技術研究所·高麗大學校 生産技術研究所 1985; 최종택·장은정·박장식 2001; 이남규 2008: 118-229; 신경환·장경숙·이남규 2008: 234-271).

서울 풍납토성(風納土城)과 인근에서 발견된 철 슬래그(slag)와 용광로와 관련된 잔해들을 근거로 고고학자들은 백제가 수도와 인근에서 철을 생산했다고 추정한다(권오영 2008: 11-18). 특히 서울 남쪽의 화성(華城) 기안리(旗安里) 유적은 AD 3세기 후반 시작된 "백제 한성기(漢城期)에 철기 생산의 중심적 역할"을 했던 것으로 추정된다(송의정 외 2014: 221-222). 4세기 후반에는 잘 알려진 진천(鎭川) 석장리(石帳里)와 충주(忠州) 칠금동(漆琴洞)의 철 생산 단지가 백제 철 산업에 추가되어 백제 철기 산업을 증폭시켰다(이남규 2008: 189). 1997년 현재 석장리에서만 최소 8지점의 철 생산 유적들과 30기의 용광로가 보고되었다(이영훈 1997: 101-105).

한반도 중서부·남서부 지역 고고학적 자료에 따르면, 마한 후기 정치체들은 백제 위협의 그늘 아래에서 지내긴 했지만, 자신의 문화를 독자적으로 또는 백제와의 상호작용 하에 발전시키며 250년 동안 존속했다(국립전주박물관 2009: 36-101, 153-193; 이송래 1999: 225-237). 일례로 마한 소국들은 무기는 물론 양질(良質)의 철제 농공구 제조와 철 생산 두 분야 모두에서 대단한 발전을 이룩했다. 환두대도, 철모, 철촉, 괭이, 철부, 철겸, 말 재갈 등이 새로운 철기에 포함되었다(도면 4.2).

한반도 고대국가 중 가야는 엘리트 무덤에 부장된 인상적인 철기들로 잘 알려져 있다. 가야의 전신인 변한은 삼한시대(三韓時代)부터 이미 동북아시아에서 철과 철기의 주요 공급자였는데, 이와 관련하여 변한과 가야는 도대체 그 모든 철을 어디서 구하고 생산했는가가 주요 의문이었다.

연구성과에 따르면, 고대 변한-가야 영토의 북쪽을 구성하는 소백산맥의 80km 구간은 주요 철 산지 중 하나였을뿐 아니라 니켈 성분이 풍부한 최상의 철광석이 풍부했다. 진안-운봉 고원(지도 4.1)을 형성하는 서쪽 경사면의 수많은 가파른 계곡들에서 150 지점이 넘는 고대 철 생산 유적이 확인되었다. 즉, 이 일대는 지금까지 한반도에서 발견된 최대 규모의 고대 철 생산 단지였다(곽장근 2017b: 4-25). 인근에서 발견된 240기 이상의 인상적인 가야식 봉토분을 근거로 연구자들은 가야 엘리트들이 AD 350년~550년 철 광산과 철 생산시설을 개발하고 운영했다는 결론에 도달했다.

모두 철광석 채굴장 근처에 설치된 철 생산 장치들로 무거운 철광석 덩어리 운반과 관련된 문제를 해결했다. 시굴조사에서 고대 괴철로(塊鐵爐)의 흔적과 큰 철 슬래그 더미가 노출되었다.

괴철로의 잔해와 함께 철광석 광산과 철 생산 공방을 둘러싼 산 정상부와 가야 엘리트들의 행정 중심지인 장수에서 최소 90기의 봉수(烽燧)가 집중적으로 발견되었다(곽장근 2017b: 4-25). 토기 자료에 따르면, 장수의 가야 엘리트들은 서쪽 경사면의 봉수들을 AD 4세기 후반부터 백제가 이 일대를 장악하는 6세기 전반까지 150년 이상 관리 및 유지해 왔다.

봉수대(烽燧臺)는 철 공방들과 현장에서 생산된 철괴들을 보호하기 위해

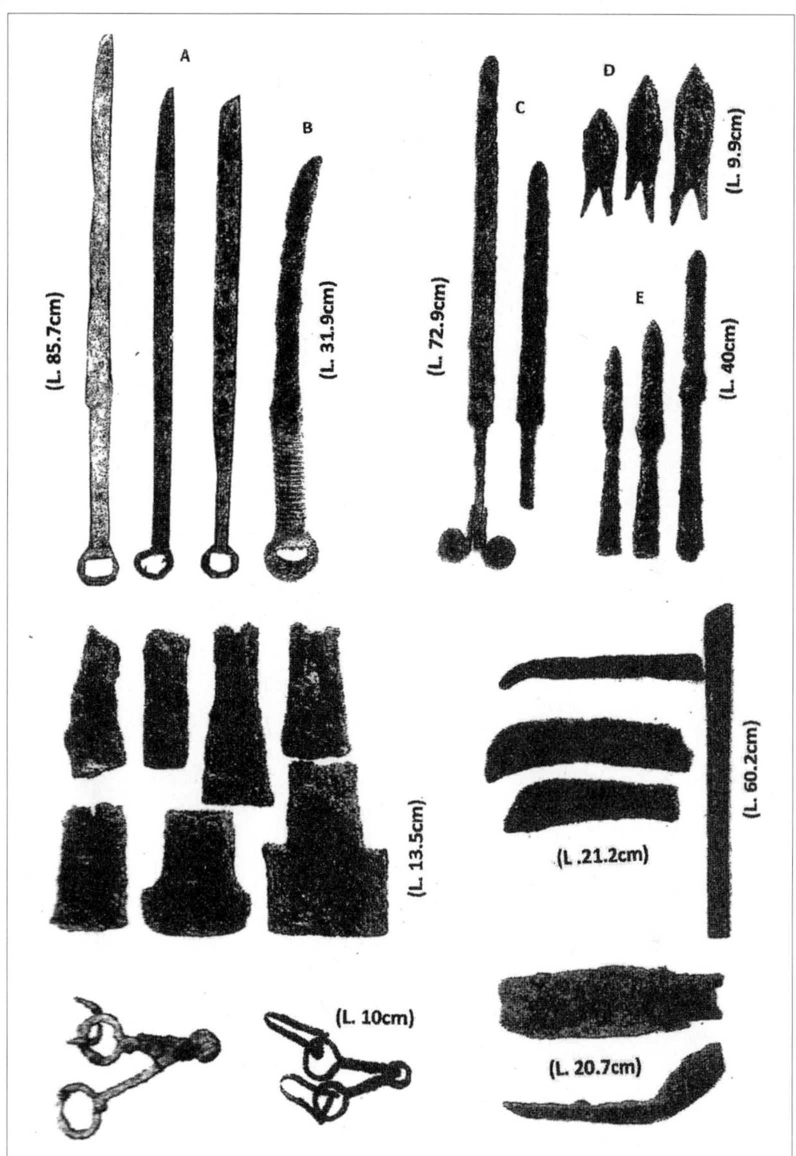

도면 4.2 마한 후기/백제 철기

上: 마한 후기 엘리트 무덤 출토 철제 무기류. A: 환두대도. B: 환두도(장식된 칼자루). C: 철검(장식된 칼자루끝)와 단검 D: 양익형 철촉. E: 공부형(銎部形) 철모(국립전주박물관 2009: 66, 74-75, 160). 中左: 철부(국립전주박물관 2009: 123, 160). 中右: 철겸(국립전주박물관 2009: 122-147). 下: 말 재갈과 철제 삽(국립전주박물관 2009: 116)

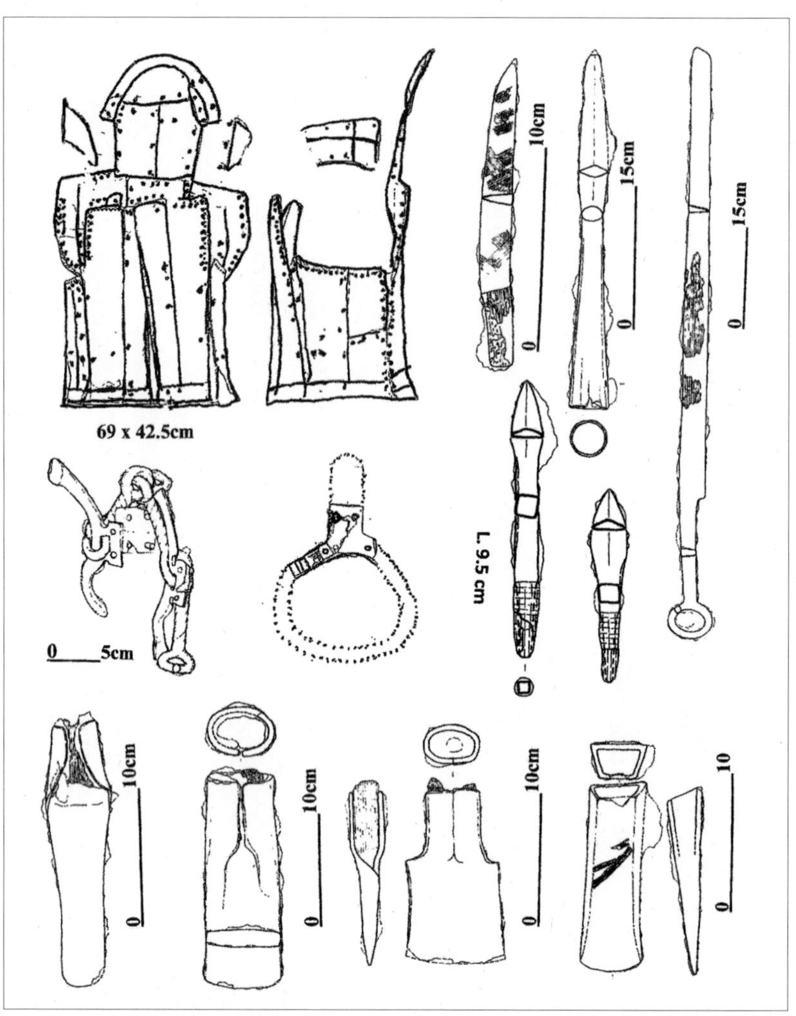

도면 4.3 부산 복천동 57호분·60호분 출토 4C 가야 철기
上(왼쪽부터): 종장판단갑(縱長板短甲), 도자(刀子), 창촉, 환두대도 中: 말 재갈, 등자, 화살촉 下: 삽, 단조철부, 편평단조철부, 대형주조철부(부산대학교 박물관 1996b: 63, 65, 76, 78, 85, 86, 87, 90)

전략적으로 배치되었음이 분명하다(곽장근 2017b: 17-19). 한반도 초기 국가들은 철 생산 기술을 국가 기밀로 보호하고 외부인과의 기술 공유를 거부했다는 주장(김도영 2015: 32-68)을 인정한다면, 봉수대 역시 철 생산 기술의 비밀을 보호하기 위해 설치된 것으로 상정해 볼 수 있다.

가야 철기류에는 갑옷과 투구(甲胄), 무기(단검, 검, 창촉, 화살촉), 농공구(괭이, 곡괭이, 삽, 낫, 쟁기, 도끼, 칼), 마구(재갈과 등자), 철 가공구(집게, 모루, 망치), 철소재 등이 포함된다(도면 4.3) (국립청주박물관 1997: 58-68). 가야의 철 산업은 본질적으로 변한의 것이었고, 변한 정치체들이 점차 가야 국가들이 되면서 변한의 문화유산은 계속 발전했다.

AD 4세기에 등장한 가야 철제 갑주(도면 4.3과 4.4)는 세장한 철판들을 가죽끈으로 먼저 묶고, 나중에는 원두정결합(圓頭釘結合) 기술로 고정시킨 종장판단갑(縱長板短甲)의 형태였다. 갑주는 김해 예안리·양동리·대성동과 부산 복천동 고분군 출토 고고학적 자료로 입증된 대로 지역 정치 세력의 성장과 함께 폭발적으로 증가했다(정징원·신경철 1984: 273-297).

AD 450년경 고구려에서 원두정결합(圓頭釘結合) 기술이 도입되면서 더욱 발전된 갑주가 등장했는데, 낯가리개가 부착된 투구인 미비부주(眉庇附胄), "철뿔"이 부착된 투구인 충각부주(衝角附胄), 그리고 수평으로 원두정결합된 장방형 또는 삼각형 판으로 된 단갑과 목과 어깨를 보호하는 경갑(頸甲) 등이 포함된다. 여기에 말의 머리와 몸을 보호하는 마갑주(馬甲胄)도 추가되었다(도면 4.5) (정징원·신경철 1984: 275-288).

점차 수직 및 삼각형 판으로 된 갑옷은 2.5cm×5~9cm 크기 철판으로 된 얇은 갑옷으로 대체되어 중무장한 기병전에 훨씬 향상된 유연성을 제공했다(정징원·신경철 1984: 288; 경상북도 1998: 332-338; 복천박물관 1999: 67; 김태식·송계현 2003: 276-302; 신경철 2000: 261-276; 송정식 2003: 3-7, 54-75).

C. 승마문화와 기병

말 사육, 말 타기, 말이 끄는 수송, 말탄 병사(기병대), 마구류(재갈, 등자,

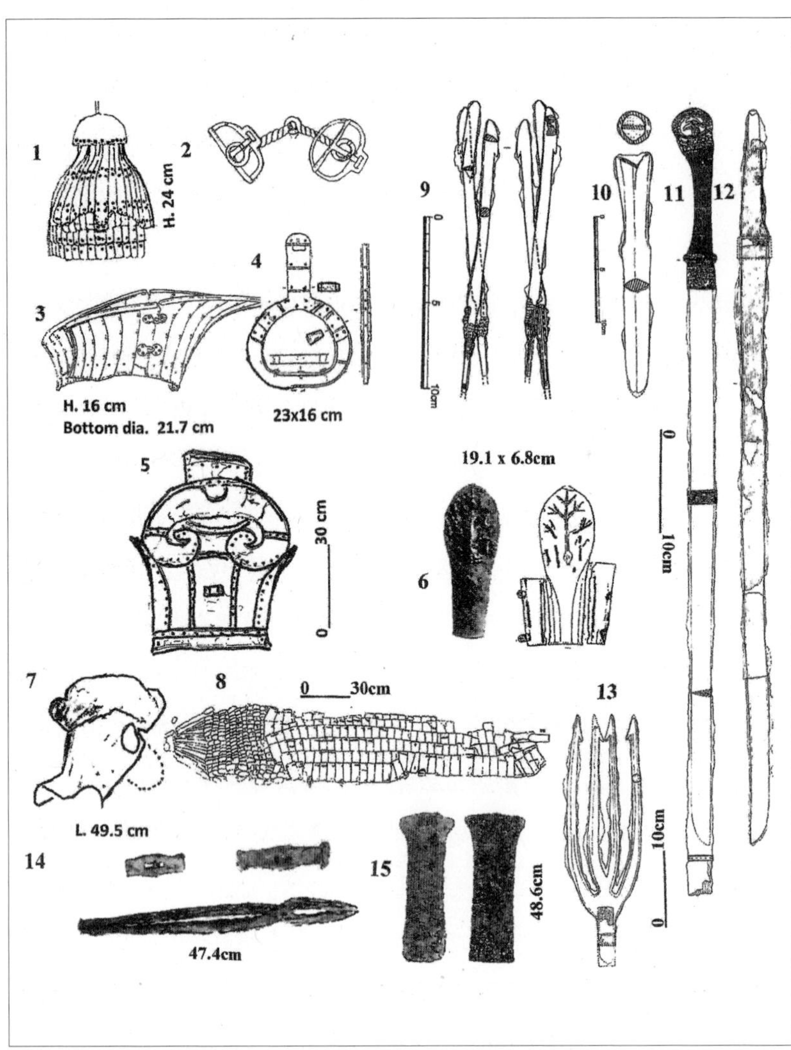

도면 4.4 5C 가야의 철제 무기와 철 단조용 공구

기병용도구/무기(1-8): 1 가죽 끈으로 묶은 몽고식 종장투구, 2 말 재갈, 3 경갑(頸甲), 4 등자, 5 원두정결합 종장판단갑(圓頭釘結合縱長板短甲), 6 완갑(腕甲), 7 마주(馬冑), 8 마갑(馬甲). [1~7은 복천동 고분군 출토(정징원·신경철 1984: 279-286; 김태식·송계현 2003: 291, 266), 8은 함안 출토(김태식·송계현 2003: 301)]. 철제 무기류(9-13): 9 화살촉, 10 창촉, 11 봉황문 장식대도, 12 대도, 13 사지창(四枝槍) (옥전 가야 고분 출토) (경상대학교 박물관 1990: 46, 66, 89, 93). 단조 철공구(14-15): 14 망치와 집게, 15 철정(경상북도 1998: 366, 367)

버클) 등 말과 관련된 문화의 발달은 백제 초기 사회에서 특히 중요했다. AD 330년경부터 마구(馬具)가 엘리트 무덤에 부장되었고, 시간이 경과함에 따라 그 수는 늘어났다.

이윽고, 청주 봉명동 백제 초기 엘리트 무덤들에서 함께 발견된 말 등자를 포함한 마구류와 군사 장비들로 입증되었듯이 엄청난 기마부대가 백제에 등장했다(류창환 2010: 143-145; 성정용 2003: 1-28). 4세기 기마부대는 활과 화살 또는 장창(長槍)으로 무장했고, 5세기가 되면 철제 갑주로 무장한 기병도 등장했다. 철제 갑주로 무장한 제한된 수의 군인들은 기병부대의 리더였던 것으로 믿어진다(류창환 2010: 145).

일반적으로 고구려의 말 문화가 백제의 말 문화에 영향을 미친 것으로 이해되고 있지만(류창환 2010), 몽골 스텝 지역의 유목 민족인 선비족(鮮卑族)의 말 문화 역시 장거리 교역 관계를 통해 AD 4세기 백제 말 문화에 영향을 미쳐 왔던 것으로 믿어진다(성정용 2003: 16-28).

승마(乘馬)의 등장은 오늘날 세상에서 최초의 자동차가 그랬던 것처럼 한반도 고대 문명사에서 중대한 사건이었다(성정용 2006: 214; 국립공주박물관 2006: 112-123).

고구려와 유목 민족인 선비족(鮮卑族)의 영향을 받은 가야는 특히 고대 한반도 남부의 낙동강 유역 최초로 말 문화와 중무장 기병을 발전시킨 것으로 알려졌다(류창환 2010: 147). 철제 갑주와 함께 고대 가야 사회는 말 재갈, 등자, 편자, 안장 부품, 마구용 부속품, 말 갑옷과 투구를 포함한 광범위한 말 장비류를 생산했다. 가야 엘리트 무덤에서 출토되는 마구류는 고대 가야에 기마 및 기병전이 있었음을 보여주는 증거가 된다(김태식·송계현 2003: 227-315).

AD 350년경으로 편년되는 부산 복천동 38호분 출토의 한쪽으로 꼬아 만든 두 개의 철사로 연결된 가야 초기 철사 재갈은 遼寧의 엘리트 선비족 무

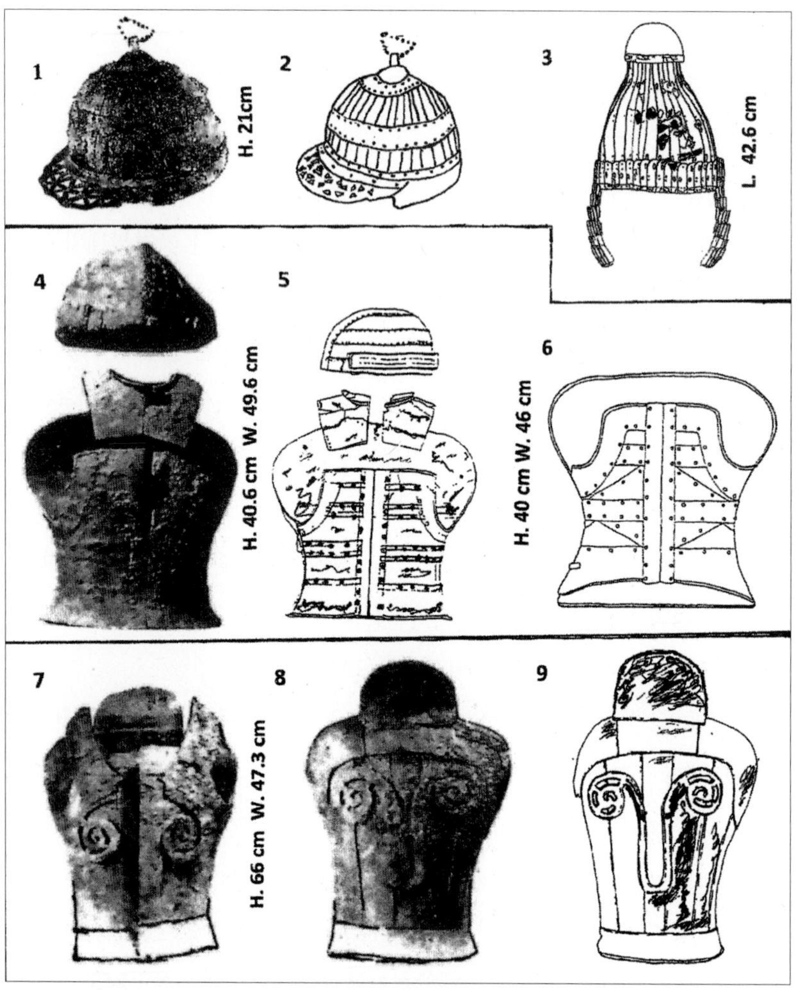

도면 4.5 5C 한국 동남부 갑주(甲冑)와 경갑(頸甲)

1-2: 지산동출토 미비부주(眉庇附冑) (경상북도 1998: 334). 3: 가죽끈으로 묶은 몽고식 종장판미비부주(縱長板眉庇附冑) (복천동 21호분, 부산대박물관 1990: 26-28). 4-5 (위로부터): 지산동출토 충각부주(衝角附冑), 경갑(頸甲), 원두정결합수평판단갑(圓頭釘結合水平板短甲) (경상북도 1998: 331). 6: 상백리출토 원두정결합삼각형수평판단갑(圓頭釘結合三角形水平板短甲) (정징원·신경철 1984: 280). 7~9: 전 김해 출토 종장판단갑(縱長板短甲) (국립김해박물관 1998: 67)

덤 출토품과 매우 유사하다. 대부분의 가야 초기 말 재갈은 이 형식에 속한다(김태식·송계현 2003: 249-251).

AD 350년경 가야 철 장인들은 얇은 갑주, 보강된 등자 및 안장 부품 제작에 꼭 필요한 원두정(圓頭釘)과 원두정결합(圓頭釘結合) 기술을 개발했다. AD 400년 고구려가 5만명의 중무장 기병부대로 구야국(狗倻國)을 침공한 이후, 가야 국가들은 한 세기 동안 개발해 온 철기 및 말갖춤 제작 기술을 바탕으로 첨단 철제 등자와 안장은 물론 얇은 갑주를 갖춘 기병부대를 조성하기 시작했다(김태식·송계현 2003: 256-270).

AD 450년 이후 말갖춤은 고도로 장식적인 요소들을 포함하여 훨씬 발전했다. 일부 마구와 안장 부품은 화려한 금동제로 제작되었고, 재갈과 등자 역시 장식적 측면을 강조하며 표준화되었다. 동시에 거의 전 가야 영역 으로 확산된 기마문화(騎馬文化)는 가야 문명의 필수적인 구성 요소가 되어 갔다(김태식·송계현 2003: 270-275).

D. 도질토기(陶質土器)

AD 3세기 한성(漢城) 지역에 등장한 백제 초기 토기는 1000℃로 고온 소성된 흑색마연토기 직구단경호(直口短頸壺), 직구광견호(直口廣肩壺), 삼족기(三足器) 등을 특징으로 한다(박순발 2002: 86; Walsh 2017: 18). 백제는 중국 서진(西晉)과 외교를 맺으면서 이러한 토기들을 개발하여 엘리트들과의 정치적 유대를 강화하려는 목적의 선물로 수여하는 등 정치적 뉘앙스를 담은 위신재로 활용했다(박순발 2002: 86).

반면 마한 후기 정치체들은 원저단경호를 포함하여 다양한 연질토기와 경질토기를 개발했다. 풍부하게 발견된 조리용 그릇에는 우각형파수부호, 유공호(有孔壺), 시루, 장란형토기 등이 포함된다. 대부분의 토기 표면에는 승문이나 격자문이 시문되었다(김장석·김준규 2016: 64-70; 국립전주박물관 2009: 78-91; Walsh 2017: 16-17). 왈시(Walsh 2017: 142)는 고도로 표준화된 점토 반죽을 근거로 경질토기는 전문화된 체제에서 생산된 반면에 연질토기는 비전문화된 경제 체제의 일부였다고 주장한다.

한반도 서남부의 저장용 마한토기는 표면 문양 중 일부가 새 발자국과 비슷해 조족문토기(鳥足文土器)라는 명칭을 얻기도 했다(최영주 2007: 79-114). 4세기 후반 한반도 중서부에서 처음 유행했던 조족문토기는 시간이 경과하면서 서남부의 영산강 유역 및 일본열도까지 확산되었다(白井克也 2001: 76-93; 임영진 2001: 62-64; 최영주 2007: 79-114; 정수옥 2012: 109-134). 또 하나의 한반도 서남부 문화 고유의 토제품으로 부뚜막 입구에 부착된 U자형 아궁이틀이 있는데, 이는 조족문토기와 함께 특히 일본열도에서 마한 후기 사람들의 이동 경로 및 도착지에 대한 고고학적 표지 역할을 한다(도면 4.6.) (地村邦夫 2004: 48-49).

AD 400년 이후 후기 마한과 백제의 교류가 늘어나면서 서남부 토기들이 점차 뒤섞이게 되면서 후기 마한토기는 종종 마한/백제 토기로 불리게 되었다(도면 4.7). 오늘날 한국에서 도기 장군이라 지칭하는 옆으로 긴 원통모양 몸통 중앙에 작은 입구가 있는 질그릇에 주목할 필요가 있다. 중국 전국(戰國)~진한대(秦漢代)의 茧形壶라는 비슷한 모양의 용기를 기원으로 하는 도기 장군은 백제와 후기 마한에서 액체를 담는 용기로 사용되었고, 종종 장례 및 종교 의식에도 사용되었다(신나현 2019: 252-253).

AD 300년경 삼한시대 회청색 경질토기의 발전된 형태로 처음 등장한 가야의 도질토기는 점차 가야문화의 주요 특징으로 자리잡았다(도면 4.8) (국립중앙박물관 1997: 55-80). 가야 도공들은 물레 성형, 고온 소성, 1100~1200℃ 또는 그 이상의 고온에서 환원염소성(還元焰燒成)이 이루어지도록 설계된 터널모양 등요(登窯) 운용 등 신라의 도질토기 생산기술과 동일 기술을 채택했다(Barnes 1992: 197-208; 이성주 1991: 251-258).

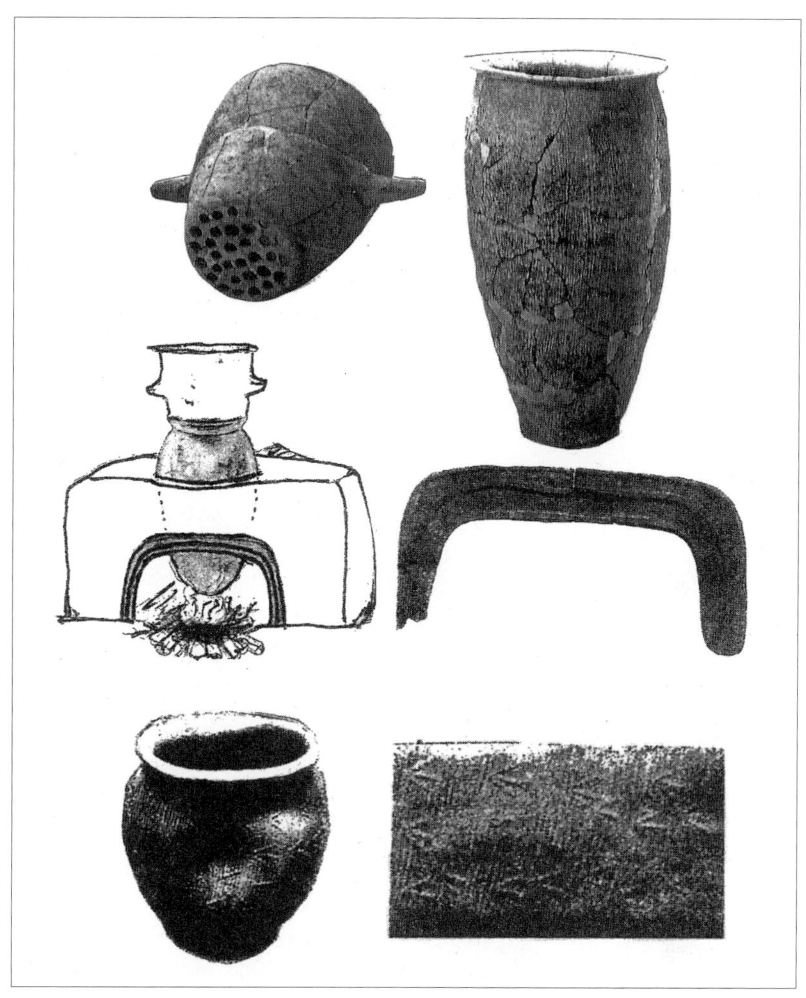

도면 4.6 마한 후기 부엌 용품, 부뚜막 아궁이틀, 조족문 (국립나주박물관 2013: 59, 106)

주로 매장 의례, 즉 엘리트 무덤 부장용으로 제작된 가야 도질토기의 기종(器種)으로는 기대(器臺), 고배(高杯), 대부장경호(臺附長頸壺), 배(杯) 또는 파수배(把手杯) 등이 있다.

신라와 백제의 경우와 마찬가지로 가야 도질토기의 특징은 다양한 형태, 크기, 높이로 장식된 그릇받침[器臺]이다. 화로 모양이나 바리 모양 그릇받

도면 4.7 마한 후기/백제 도질토기 기종

上 A: 450년경 수촌리 출토 호(壺) &기대(器臺) (기대 高 21.0cm); B: 논산 출토 호 &기대(高 60cm); C. 공주 출토 臺附壺(국립공주박물관 2006: 141; 국립부여박물관 1992, #51; 국립공주박물관 1981: #84). 中 A: 광주 출토 장군(高 14.1cm); B: 무안 출토 有孔壺(高 20.5cm); C: 완주 출토 저장용 호(高 24.5cm) (국립전주박물관 2009: 164, 176-177). 下 A: 금산 출토 고배 2점(한 점은 뚜껑 有) (高 12.3cm, 6.5cm); 공주 출토 把杯 2점(右高 6.9cm); B: 공주 출토 소형 접시들(원래는 뚜껑?) (高 4~8cm) (국립전주박물관 2009: 163, 176-177; 국립공주박물관 2002: 67, 71, 2006: 161)

도면 4.8 동래 복천동 고분군 출토 가야 도질토기 기종

A: 119호분 출토 호(壺) &통형기대(筒形器臺) (高 48.7cm); B: 31호분 출토 호 &기대(口徑 24.5cm, 高 51cm); C: 호 &기대(高 44.8cm, 口徑 48.2cm). D&E: 57호분 출토 저장용 호(高 15.5cm, 口徑 24cm) c. 350-400; F: 고배류(高杯類) (右高 18.1cm); G: 57호분 출토 배(杯) (右高 11.5cm) c. 350~400. (국립김해박물관 1999: 20; 부산대학교 박물관 1996a: 82, 83, 86, 1996b: 130-131; 국립중앙박물관 1997: 66-67).

침 위에는 다양한 제물(祭物)을 담는 그릇이 올려지고, 죽은 사람에게 제물을 올리는 장례 의식용으로 제작된 그릇받침은 대부분 고위 엘리트 무덤에서 발견된다(국립김해박물관 1999: 10-11).

특이하게 기고(器高)가 높은 통형기대(筒形器臺)는 일반적으로 가야 전역에서 최고 엘리트 무덤에서 발견되어 왔는데, 이는 사자(死者)의 높은 사회·정치적 위상의 상징으로 사용되었음을 시사한다. 그 지리적 분포는 지역 정치체들 사이에 존재하는 정치 및 교역 관계를 보여준다(박천수 1999: 93-106).

초기 가야 도질토기는 그릇의 형태, 양식, 기종 등에서 신라의 도질토기와 유사했지만, 함안과 고령에서 생산된 도질토기에서 보이듯이 AD 400년 이후 기형과 장식에서 확연한 차이를 보이기 시작했다. 가야 고유의 요소로는 나팔 모양 기대가 있는 고배, 삼각형 또는 투창이 세로 방향으로 일렬로 배치된 기대, 목 부분에 물결 문양이 시문된 장경호 등이 있다(국립중앙박물관 1997: 55-80).

가야 도질토기가 지닌 가장 큰 의미는 일본 古墳時代 토기 산업을 혁신시킨 須恵器(스에키)의 원형(原型)으로서의 역사적 역할을 수행했다는 점이다. 철 무역을 위한 왜(倭) 상인과 가야 정치체들 사이의 밀접한 교류 과정에서 일본열도는 가야 도질토기의 우수한 품질을 알게 되었고, 가야 도질토기는 점진적으로 九州와 열도의 다른 지역들로 흘러들어가게 되었다(白井克也 2000: 90-120).

E. 금·금동·은 공예술

백제의 금은 세공술의 수준은 백제의 한성기(18 BC~AD 475), 웅진기(475~538), 사비기(538~660) 엘리트 무덤에서 출토된 금동관, 금은식리, 금은 장신구, 금귀걸이 등을 통해 입증되어 왔다(이한상 2006a: 166-170; 박보현 2006: 171-180). 금동관과 금동식리에 정교하게 새겨진 문양은 백제 장인들의 금은 세공기술의 수준을 보여준다. 백제 한성기 금귀걸이의 장식 문양은 신라와 가야에 비해 밋밋했지만, 웅진기에 이르면 훨씬 더 정교해졌다(국립중앙박물관 1999: 78-172; 국립공주박물관 2006: 38-68).

백제 통치자들은 금관(내관과 외관), 금동관, 금귀걸이, 곡옥, 금동신발

등을 권력과 권위의 물리적 상징은 물론 왕과 신하의 관계를 규정할 목적으로 사용하였다(도면 4.9; 이한상 2006a: 166-170; 박보현 2006: 171-180). 즉, 백제 통치자들은 천안 용원리, 공주 수촌리, 청주 신봉동, 반남 신촌리, 서산 부장리 등지의 지역 엘리트 무덤에서 출토된 고고학 자료에서 입증되었듯이 정치적 관계의 상징으로서 (특히 마한 영역의) 봉신(封臣), 동맹 세력, 지지자들에게 금제 또는 금동제 위신재들을 하사하였다. 종종 봉신들에게 금동관과 봉황머리 문양이 시문되거나 상감된 환두대도(環頭大刀)가 수여되었고, 용문양(龍文樣)은 보통 왕에게만 적용되었다.

가야 장인들도 이웃한 신라의 경우처럼 완벽한 금 세공 기술을 지녔지만, 모두 금으로 제작된 의식용 신라 왕관과는 달리 가야 왕관은 금동제였다. 가야 왕관의 디자인은 매우 단순했고 훨씬 실용적이었다. 가야 금귀걸이도 신라 금귀걸이처럼 우아하게 디자인되었지만, 신라 귀걸이와 달리 다양한 장식을 달고 있는 가야 귀걸이의 고리는 모두 가는 세환식(細鐶式)이었다.

F. 검 문화

4세기에 시작된 국가 간 전쟁은 단검, 창, 검, 화살촉, 그리고 갑주(甲冑)를 포함하는 살상 무기를 강조하는 전쟁 문화로 귀결되었다(도면 4.1~4.4). 이중에서도 원, 팔메토(palmetto), 봉황, 용, 봉황-용 조합을 포함한 다양한 칼자루 고리 장식 문양을 지닌 환두대도(環頭大刀)가 특히 두드러지는데(이한상 2004, 2006a 2006b; 구자봉 1996), 대도(大刀)는 무기뿐만 아니라 권력과 관직을 상징하기도 했다.

특히 칼자루 고리에 금과/또는 은으로 용이나 봉황 머리를 장식하거나 상감한 환두대도(도면 4.10)는 백제 중앙 정권과 동맹 정치체나 현지 통치자들 사이의 정치적 관계를 확인·보증·상징했다. 다시 말해서 환두대도는 백제와 신라 정권에서 정치적 소통의 도구로 기능했다(우병철 2015: 104-

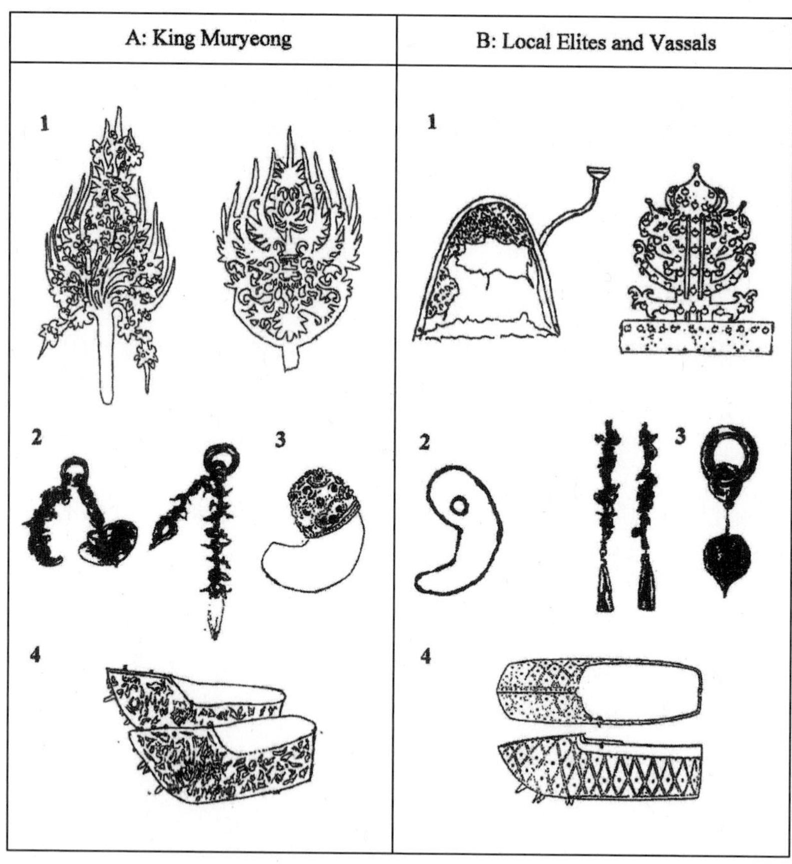

도면 4.9 무령왕릉 출토 백제의 정치적 소통 도구 I

A: 무령왕릉 출토품 1. 左 금제관식(왕), 右 금제관식(왕비, 高 30.7cm), 2. 금귀고리(右, 長 11.8cm), 3. 금뚜껑 달린 곡옥(長 3.5cm), 4. 금동 신발(장 35cm). B: 지역 엘리트 무덤 출토품 1. 금동관: 左(입점리, 高 13.7cm), 右(신촌리 9호분, 高 25.5cm). 2. 곡옥(신촌리 9호분) 3. 금귀걸이: 左(입점리, 長 10cm), 右(법천리, 長 3.8cm), 4. 금동신발(신촌리 9호분, 長 29.7cm) (국립중앙박물관 1999: 46, 112-113, 122-123, 127, 129, 136; 국립광주박물관 1988b: 251, 309)

139; 성정용 2006: 209-227; 이한상 1997: 1-37).

長崎, 福岡, 岡山, 大阪, 千葉, 奈良의 6세기 古墳時代 후기 엘리트 무덤에서 환두대도가 자주 발견되어 왔다(福岡市博物館 2004: 62, 92, 128). 정교하게 장식된 환두대도를 비롯한 백제 엘리트들의 위신재는 모두 백제 수

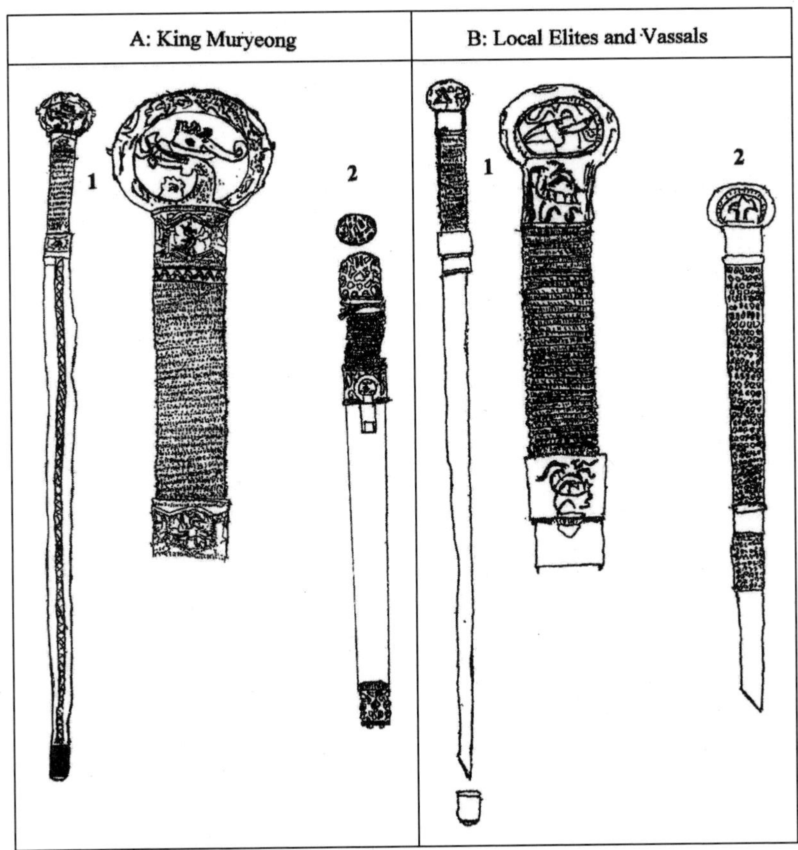

도면 4.10 백제의 정치적 소통 도구 II

장식된 환두대도·단검과 금과 은으로 상감된 칼집. A: 공주 무령왕릉 출토품 1. 용머리를 장식한 대도(長 82cm)과 확대된 원형 칼자루 고리 장식(국립중앙박물관 199: 124), 2. 금과 은으로 상감된 칼집과 단검(長 16.5cm) (국립공주박물관 2004: 41). B: 지역 엘리트 무덤인 신촌리 9호분 출토품 1. 봉황머리 장식 환두대도(長 89cm)과 확대된 원형 칼자루 고리 장식(국립광주박물관 1988b: 99), 2. 삼엽문 환두단검(長 20.9cm) (국립광주박물관 1988b: 99)

도인 한성과 지역 엘리트 중심지에서 숙련된 장인들에 의해 제작되었다(문안식 2007: 33-51; 우병철 2015: 104-139). 백제가 외교적·문화적으로 밀접한 관계를 유지했던 남중국에서는 장식대도(裝飾大刀)의 전례가 보고된 바 없으므로 백제에서 개발된 것으로 이해되고 있다(권오영 2005: 179-180).

백제의 장식대도는 5세기에 이르러 가야로 전파되었고, 가야의 숙련된 금은 기술자들은 훨씬 우아한 대도를 만들었다(이한상 2006b). 손잡이의 일부는 정교하게 조각된 금판으로, 또 일부는 고운 금실로 싸였고, 칼자루 끝은 고리와 고리의 중앙을 차지한 용, 봉황, 또는 용과 봉황이 조합된 (주조) 문양으로 구성되었다. 은으로 상감된 칼집에는 편평한 금띠를 둘렀다.

G. 묘제

백제 왕족은 한성기(AD 약 300~475년) 초에는 목관봉토분(木棺封土墳)을 조성하다가 백제의 정치력이 커지는 4세기 중반 후엽에 이르러 이를 고구려의 적석총과 비슷한 피라미드형 기단식 적석총으로 대체하기 시작했다. 1916년 서울 내부의 한강 이남에 60기 이상의 적석총이 존재하였으나 오늘날 4기만 남아 있다(박순발 2000: 133-148).

4세기 후반에 이르러 일부 백제 엘리트들은 하남 광암동과 감일동, 화성 마하리, 원주 법천리, 공주 수촌리, 익산 입점리를 비롯한 도성 인근 및 다른 지역에 횡혈식석실분을 조성하기 시작했다.

묘실(墓室)에 이르는 연도(羨道)를 지닌 고구려와 중국 한(漢)의 엘리트 무덤의 영향을 받은 백제 횡혈식석실분은 여러 용도로 사용되었고(이남석 2000: 149-157; 국립문화재연구소 2001: 307-309; 성정용 2006: 209-227), AD 475년 이후 왕과 가족을 포함한 모든 백제 엘리트들의 지배적인 묘제가 되었다.

가야 엘리트의 묘제 역시 시간이 경과함에 따라 형태적 변화를 겪었다. 김해 대성동 엘리트 무덤에서 관찰되듯이 3~4세기로 편년되는 초기 무덤은 봉분 없이 지하에 조성된 대형 목곽묘였다. 보통 산등성이에 조성된 무덤에는 말 갖춤, 갑주, 그리고 외래 수입품을 포함한 다양한 위신재들이 부장되었고(국립문화재연구소 2001: 263-264), 인간 희생물이 묻힌 순장묘도 있었다.

5세기 가야 엘리트들은 고령 대가야 엘리트들의 지산동 고분군의 경우처럼 엘리트 취락들을 내려다보는 산등성이에도 다양한 규모의 봉토분을 조성하기 시작했다. 일반적으로 원형으로 쌓은 봉분 밑에 세장한 장방형 묘광을 설치하고 벽면에는 돌을 돌려 석곽을 조성했다. 중심 봉토분 근처로 훨씬 작은 규모의 토광묘들이 조성되는 경우도 있었다. 봉분 직경 27m, 높이 3.6m에 이르는 거대한 원형 봉분을 지닌 44호분 봉분 중앙부 아래에는 3기의 묘광이 설치되었고, 32기의 소형 석곽들이 봉분을 둘러싸고 있었다. 길이 9.4m, 폭 1.75m 규모의 봉분 중앙에 설치된 묘광은 대가야 최고 엘리트가 안치되었고, 32기의 소형 석곽에는 인간 희생물이 순장되었다는 해석(국립문화재연구소 2001: 1116-7; 박천수 2002: 195-218)에는 논란의 여지가 있다. 가야의 원형 봉토분에는 철제 갑주와 대도를 비롯한 귀중품들이 풍부하게 부장되었다.

서해안 마한 후기 정치체의 엘리트들은 삼한 및 마한 전기에 유행했던 주구묘를 계속 사용했다. AD 300년 이후 서산 부장리와 기지리, 군산 산월리, 완주 상운리, 부안 하립석 1호분, 고창 봉덕 1호분, 만동, 남산리, 성남리 등에서 보이듯이 주구묘의 봉분과 내부에 안치된 목관이 상당히 대형화되었다. 이 유적들의 주구묘는 방형 봉분을 지녔기에 분구묘(墳丘墓)라고도 불리는데, 먼저 봉분을 만든 후에 그 내부에 목관이나 옹관을 설치하는 순서로 조성되었다. 신촌리 9호분과 복암리 4호분에서 고고학적으로 관찰된 것처럼 시간이 경과한 후 추가적으로 무덤을 조성하면서 봉분이 계속 확대되어 갔다(김낙중 2009: 34-50; 국립문화재연구소 2001: 531-533).

주구묘에 부장된 철기(鐵器)에는 환두대도, 창촉, 도끼, 낫, 칼이 포함되는데, 철부(鐵斧)와 철겸(鐵鎌)과 한 세트를 이루는 철모(鐵鉾)가 특히 강조되었다. 엘리트 무덤에 부장된 철기와 저장 항아리는 전보다 대형화되었다. 특히 부장된 철창(鐵槍)과 대도(大刀)는 질적·양적으로 증가되기 시작했다.

환두대도, 철부, 그리고 철겸이 세트로 부장되었고, 철제 말 재갈이 위신재에 추가되었다.

한반도 서남부 영산강 유역 후기 마한 영역에서는 옹관묘가 점차 인기를 끌었고, AD 300년경에는 기고(器高)가 200cm에 이르는 특별히 제작된 옹관이 제작되었고, AD 400년경 일부 옹관은 280cm까지 대형화되었다(국립전주박물관 2009: 171-187). 이러한 대형 옹관은 통치 엘리트들을 위해 조성된 신촌리 9호분이나 복암리 3호분과 같은 인상적인 규모의 방형 또는 원형의 봉토분에 안치되었다(국립광주박물관 1988a; 김낙중 2009: 42-45).

백제 세력이 남쪽의 여러 마한 소국들로 확대되면서 횡혈식석실분 역시 백제 전역으로 널리 확산되었다. 원주 법천리, 청주 신봉동, 오창 주성리, 화성 마하리, 세종 부강리, 공주 분강리·저석리, 익산 입점리의 엘리트 무덤에서 드러났듯이 유력 마한 지도자들은 백제화의 상징으로 석실분을 채택하였다(국립문화재연구소 1989b; 박순발 2001: 32; 성정용 2006: 212, 224; 국립공주박물관 2006: 141). 결국 450년경 횡혈식석실분이 영산강 유역까지 확산되는데, 이는 이 일대 역시 점차 백제의 영향을 받게 되었음을 의미한다(김낙중 2009: 64-96, 309-310).

AD 475년 무렵 전방후원분(前方後圓墳)이 영산강 유역에 출현하는데, 그 구조, 부장품, 백제 횡혈식석실분과의 관계, 출현의 역사적 맥락 등에 대한 상세한 연구가 개진된 바 있다(김낙중 2009). 영산강 유역 전방후원분의 피장자의 배경과 축조자의 정체성에 대한 견해는 다양하고 논란의 여지가 있다. 일부 학자들은 백제 왕실이 고용한 大和 관료들이었다고 주장하지만(東潮 1995; 주보돈 2000: 49-99), 大和 출신 관료들과 현지의 마한 후기 엘리트들을 위한 무덤이라는 주장도 있다(岡内三眞 1996: 47-48). 한편 귀국한 마한 출신 도래인의 무덤이란 주장(임영진 2000: 157-162, 2009: 263-267)도 있고, 백제가 약해졌던 시기에 독립을 추구했던 지역 엘리트의 무덤이란 주장(김낙중 2009: 220-221, 331; Walsh 2017: 156)도 있다.

왈시(Walsh 2017: 156)는 후기 마한의 토기 분석, 정치경제학, 그리고 백제와의 관계를 근거로 전방후원분의 현지성(location connection)을 강조한다. 즉, 현지 엘리트들이, 이국풍의 물건과 그들의 외국과의 관계를 통해서, 한편으로는 백제같은 사회들을 위협하고, 한편으로는 주위에 위치한 세력들에게 자신의 중요성을 과시하기 위해 이국풍의 무덤을 축조했다고 주장했다.

박순발(2000b: 115-156)에 따르면, 4세기 이후 백제와 후기 마한 소국들 왕조 사이에서 오랫동안 심화되어 온 갈등과 긴장의 결과로 한반도 서남부에 전방후원분이 출현하게 되었다. 특히 475년 한성과 금강 이북 영토 상실에 따른 생존적 위기 동안 백제 왕실은 한반도 최대 곡창지대 중 하나인 영산강 유역에 대한 지배력 강화를 적극적으로 모색했다. 이를 위해 한편으론 오랜 기존 지역 권력 집단의 중심인 나주 반남에서 벗어난 복암리에 출현한 새로운 충직한 정치 엘리트들을 적극적으로 후원했다.

다른 한편으로 백제는 반남(潘南)에 뿌리내린 옛 지방 엘리트들을 견제하고, 그들의 반란 가능성을 예방하기 위해 노력했다. 이러한 목적으로 백제 왕실은 近畿와 九州로부터 군사 전문가 6인 내외를 초빙하여 전통적인 후기 마한 정치 중심지들을 둘러싸는 여러 전략적 요충지에 배치했다. 이는 모든 전방후원분 양식의 횡혈식석실분이 반남 집단을 둘러싼 주변 지역에 조성된 이유를 설명해 줄 수 있을 것이다. 또한 가장 규모가 크고 인상적인 전방후원분 중 하나인 신덕(新德) 고분과 가장 인상적인 방대형 분구(方臺形 墳丘)를 지닌 복암리 3호분에서 출토된 은화관식(銀花冠飾)과 신덕 고분에서 출토된 금동관은 백제가 지역 엘리트들과 군신 관계(lord-vassal relationship) 설정을 위해 활용했던 위신재로서, 전방후원분을 조성한 사람들은 복암리 3호분에 안장된 엘리트들처럼 공주/부여의 백제 중앙 정부와 군신관계에 있었음을 보여준다(김낙중 2009: 324-327).

전방후원분이 처음 등장하고 약 30년이 지난 AD 520년경이 되면, 전방후원분은 영산강 유역에서 더 이상 조성되지 않고 사라지는데, 이는 강력한 백제 군주 무령왕(재위 501~523)의 재위 기간에 이루어진 백제의 부흥과 시기적으로 부합한다.

H. 농경과 수리공학

생활에 유리한 한반도 서부와 남부의 비옥한 평야에 자리잡은 백제의 주요 경제 기반은 농업이었다. 국가의 감독과 지도 하에서 백제 농민들은 한강과 남해안 사이의 넓은 평원으로 이루어진 광대한 지역을 개간했다.

이 평야를 가로지르는 여러 강과 하천 덕분에 백제 농민들은 댐과 제방을 이용하여 홍수와 조석수(潮汐水)를 조절하는 수리 기술을 개발했다. 또한 가뭄이 들었을 때 경작지에 물 공급을 위해 농민들은 저수지와 관개 수로를 건설했는데, 이는 성장기에 물을, 성숙기에는 건조함을 요구하는 수도작(水稻作) 농경에 매우 중요했다.

백제 수리공학(水利工學)의 필수적인 부분으로 부엽공법(敷葉工法)이라 알려진 기술은 댐이나 제방 바닥에 유기 물질, 나무 잎, 그리고 곱게 다진 흙을 여러 층 깔아 쌓는 과정을 수반했다. 한반도 서남단의 마한 사람들은 이미 AD 300년 벽골제(碧骨堤)와 수로체계(水路體系)를 조성하여 조석수를 통제하려 했다. 백제 기술자들은 부엽공법을 이용하여 오늘날 서울에 백제 최초 도성(都城) 방어체제인 풍납토성(風納土城)을 축조했다(최완규 2013: 25-30). 다시 말해서 백제는 거대한 전방후원분 조성을 포함한 古墳時代 중기 日本 大和 정권의 농경지 확장과 다양한 공공사업에 필요한 기술과 장비를 제공할 수 있는 위치에 있었다(小山田宏一 2001: 94-97; 白石太一郎 2004: 81-82).

3. 밀고 당기기의 역학: 한반도와 열도 내의 위기

A. 한반도 내의 위기

초기 국가가 출현하면서 한반도는 격렬한 전쟁, 파괴, 대학살, 그리고 안전한 피난처를 찾는 피난민들의 물결에 휩싸였는데, 전쟁은 주로 영토를 확장하려는 초기 국가들의 열망으로 야기되었다.

AD 369년은 신라-당 전쟁이 끝나는 676년까지 약 400년 동안 한반도가 격렬하게 흔들리게 되는 비극이 시작되는 해였다. 고구려는 AD 313~314년 낙랑(오늘날 평양)과 대방(오늘날 황해도)의 한(漢) 주둔군을 격파한 이후 백제를 공격했고, 369년부터 375년까지 6년 동안 14차례나 더 백제를 침공했다[고구려와 백제의 잦은 무력 충돌에 대해서는 베스트(Best 2006: 74-77) 참조]. 동년 고구려와의 전쟁에서 승리하면서 강력한 국가로 등장한 백제는 남쪽의 비옥한 농업 지역으로 영토를 확장하기 위해 마한 정복에 나섰다.

기병부대의 지원을 받은 고구려의 중무장 5만 병력은 AD 400년 금관가야가 백제·왜와 연합하여 동맹국인 신라를 위협했다는 이유로 가야 정치체들의 리더인 김해의 금관가야를 붕괴시키기 위해 한반도 동남해안까지 진군했다(이형구·박로희 1996: 85-93). 백제와 몇 차례 더 전쟁을 치른 고구려는 475년 백제 수도 한성(현 서울)을 장악한 후 완전히 불태워 백제 시민, 귀족, 평민 수천 명을 피난가도록 했다. AD 5세기 후반 고구려는 한반도의 지배적 세력으로 부상했다(지도 4.2).

도성을 잃은 백제 지도자들은 남쪽으로 피난하여 곰나루(津熊, 지금의 공주)를 거쳐 부여로 옮겨가서 멸망한 백제 왕국을 재건했다. 그러나 국가적 위기에도 불구하고, 백제 지도자들은 순식간에 파괴적인 권력 투쟁, 반란, 암살에 휘말리게 되었다(Best 2006: 103-110).

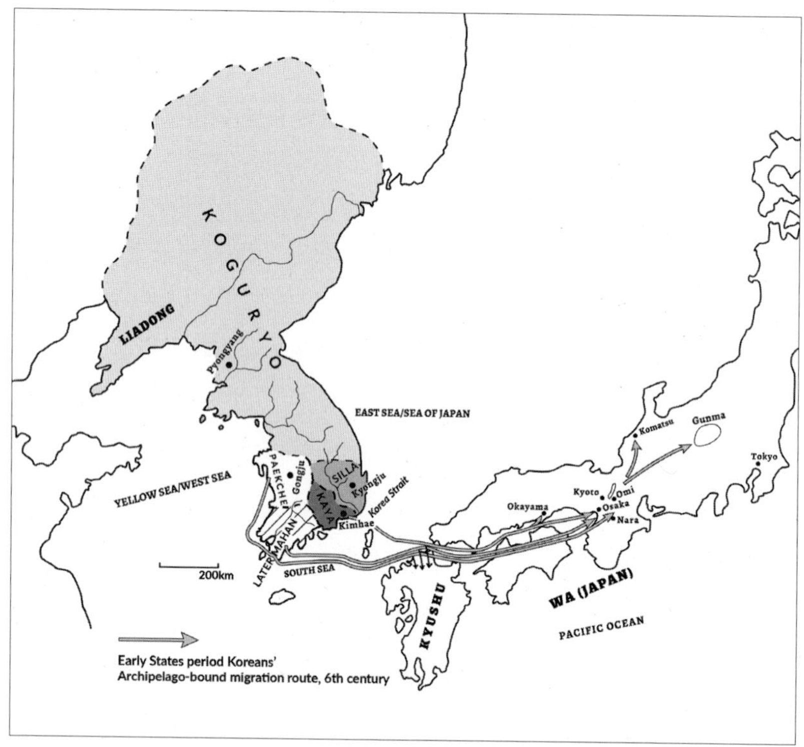

지도 4.2 AD 500년경 한반도의 초기 국가들 (Lucas Pauly 圖)

한편 한반도 서남부 영산강 유역의 후기 마한 영역들은 백제의 서기 369년 군사 작전 이후 완전한 멸망에 이르는 수백년 동안 백제의 정치적·군사적 영향의 그늘에서 어려움을 겪었다(최성락 2017a: 279-299).

한편 오랫동안 한반도 동남부 즉, 오늘날 경주 일대의 좁은 계곡에 갇혀 있던 신라는 영토 확장에 나서기로 결심했다. 백제의 지원을 받은 신라는 AD 551년 북쪽으로 한강 유역으로 진출하기 위해 고구려를 침략했고, 2년 후인 553년 백제의 옛 영토를 자신이 차지하기 위해 백제를 배신했다. 이후 7년(AD 555~562) 동안 신라는 가야 정치체들과 전쟁을 벌였고, 562년 마지막 남은 가야 소국인 고령의 대가야를 멸망시켰다.

AD 553년 신라의 숙적이 된 백제는 이듬해인 554년 신라의 관산성(管山城, 오늘날 옥천)을 공격했지만, 백제 성왕(聖王)이 3만 명의 백제군과 함께 전사하는 비참한 결과만 남았다. 복수를 위해 백제는 602년에서 642년 사이에 신라를 11차례나 침략했다.

4백년에 걸친 폭력, 대학살, 파괴는 마침내 AD 660년 한반도를 지금까지 없었던 대전쟁으로 전환시켰다. 수십만에 이르는 나당(羅唐) 연합군은 바다와 육지에서 대규모로 백제를 공격하여 백제 왕국을 멸망시켰지만, 한반도에서의 폭력과 대학살은 아직 끝나지 않았다. 이듬해인 661년 大和 조정에서 파견한 27,000명의 왜군(倭軍)의 지원을 받은 백제부흥군(百濟復興軍)의 신라와 당에 대한 공격은 다시 한번 백제 영토를 격렬한 혼란에 빠뜨렸다. 이 항전은 나당연합군이 승리하는 663년까지 3년이나 지속되었다(이병도 1977: 430; 『日本書紀』 天智 二年; Aston 1972 Vol. 2: 278-280). 신라와 당은 668년 백제처럼 고구려를 멸망시켰다.

그러나 백제와 고구려의 멸망은 한반도에 평화를 가져다주지 않았다. 고구려 멸망 후 당 고종(唐 高宗)은 한반도를 자국의 식민지로 만들려는 의도로 한반도에 도독부(都督府) 15개와 도호부(都護府) 1개를 설치했고, 이에 격분한 신라 문무왕(文武王)은 670년 당(唐)에 선전포고를 했다. 당 고종은 신라를 궤멸시키기 위해 20만 원군을 보냈고, 심한 학살과 파괴로 점철된 전투는 6년 동안 격렬하게 계속되었다. 결국 패배한 당은 676년 만주(滿洲) 요동(遼東)으로 퇴각했다(Eckert et al. 1990: 43). 이상 열거한 삼국시대 한반도 내 전쟁들과 그에 따른 한반도 주민들의 비극은 古墳時代 중기 발생한 도래인(渡來人)의 역사적 맥락으로 작용했다.

앞서 제시되었듯이 AD 600년 이전 古墳時代 도래인(渡來人)의 대부분은 한반도 남부, 특히 교류와 상호작용 그리고/또는 동맹을 통해 왜인(倭人)들과 밀접한 관계를 맺었던 백제, 가야, 후기 마한 소국 출신이었다. 왜와 가야·후기 마한의 관계는 이미 선사·원시 시대에 이미 확립되었다(井上主税 2008: 236-255; 武末純一 2008: 258-307; 이창희 2011: 34-45; 조진선 2019: 70-74). 백제(百濟)와 왜(倭)와의 공식적 우호관계는 백제 근초고왕(近肖古王) 재위 중인 AD 371년 시작되었다(井上光貞 1973: 357-359; 中村新太郎 1981: 48-49; Brown 1993: 121-122; 田中俊明 2001: 5; 木村誠 2005: 74-80; Best 2006: 67-68).

평양을 수도로 하면서 한반도 북반부를 점유한 고구려는 古墳時代 내내 백제, 가야, 그리고 왜의 적으로 남아 있었다. 일부 고구려 상인과 외교관이 일본을 방문했지만, 종교적 또는 교육적 임무를 띤 몇몇 승려를 제외하면, AD 600년 이전 고구려 출신 도래인에 대해서는 거의 알려진 바가 없다. 즉, AD 668년 멸망 이전 고구려 출신 도래인의 역할은 가야와 백제, 후기 마한 출신 도래인의 역할에 비해 미미했다. 일본과 비교적 가까운 한반도 동남부에 위치한 신라 역시 7세기 말까지 近畿의 大和 엘리트들과 전반적으로 적대적인 관계를 유지했고, 결과적으로 신라 출신 도래인의 수 역시 제한적이었다(中村新太郎 1981: 117-118).

B. 열도 내의 위기

동시기 일본열도에서는 다른 성격의 위기가 부상하고 있었다. 수도작에 기반한 농경과 청동과 철 야금술의 출현으로 1천년 이상 왜인(倭人)들은 문화적·경제적·사회적으로 꾸준한 발전을 이룩해 왔다. AD 250년경 청동기와 철기가 부장된 엘리트 무덤들과 고대 중국 기록(『三國志 魏志』)에 언급된 정치체들을 통해 입증된 수많은 조직화된 정치체들이 열도 전역에 출현했다.

서로 경계하며 성장하는 정치체들은 군사적 우위를 점하는 데 중요한 첨단 무기류는 물론 경제 발전에 필수적인 도구와 기술을 필요로 했다(高田貫

太 2014: 181-182). AD 220년 한(漢) 제국의 멸망으로 중국 대륙이 경쟁 관계에 있는 여러 소국들 간의 끊임없는 전쟁으로 혼란스러웠을 때, BC 1세기부터 거의 300년 동안 한반도 서북부 낙랑에서 중국과 중국 상인들로부터 선진적인 문화 상품을 획득해 왔던 일본열도는 곤란한 상황에 빠졌다. 중국 본토는 경쟁 소국들 간의 끊임없는 전쟁으로 큰 혼란에 빠졌고, 신흥국 고구려가 AD 313~314년 낙랑(樂浪)과 대방(帶方)을 복속시켜 자국 영토로 편입하면서 낙랑과 대방에 있던 중국 무역센터는 완전히 사라졌다.

결과적으로 AD 300년부터 600년경까지 거의 3세기 동안 문화적·상업적으로 중국과 단절된 왜(倭) 엘리트들은 한반도로 방향을 돌려야 했다. 岡崎敬(오카자키 타카시)(1993: 308-309)는 다음과 같이 말했다:

> 혼란스러운 중국 상황으로 인해 일본은 고급 문화, 기술, 그리고 사치품을 한반도에서 찾을 수밖에 없었다…아마도 일본이 한반도 남부와의 관계 유지를 열망했던 가장 중요한 이유는…한반도의 철 산지에 대한 접근 보장이었을 것이다.

한반도와 마찬가지로 일본에서도 철은 농경과 전쟁에 매우 중요했다(岡崎敬 1993: 308-309). 한반도의 동남해안에 위치한 구야국(狗倻國)은 AD 3세기 동아시아 철(鐵)의 수도(首都)였다. 또한 왜 엘리트들에게 한반도 남부는 그들이 위신재로 갈망했던 "금과 은의 땅…귀중한 보물의 땅"으로 알려져 있었다(『日本書紀』 應神 15~16年; 高田貫太 2014: 30-32).

중국 상품에의 접근 경로가 없던 近畿 핵심지역 古墳時代 전기 신흥 엘리트들은 한반도의 철과 상품 확보를 위해 김해-부산 지역의 구야국(狗倻國, 즉 金官伽倻)과의 교역 활동을 강화했다(東潮 1999: 212, 429-433). 이러한 상황은 AD 250~400년으로 편년되는 대성동(大成洞) 고분군의 엘리트 목곽묘에서 출토된 파형동기(巴形銅器), 통형동기(筒形銅器), 벽옥제 석제품/석촉, 동촉 등 古墳時代 전기 유물의 존재로 입증된다(신경철 1993: 99-119; 東潮 1999: 429-430; 국립문화재연구소 2001: 263-264; Barnes 2015: 341). 이러한 김해-부산 지역과의 교역 관계는 AD 400년 고구려의 동남해안 침략으로 김해 구야국이 무력화되면서 오래지 않아 종말을 고하게 되었다.

말하자면, 313~314년 한반도 내 중국 교역센터 소멸과 고구려의 구야국 무력화라는 두 사건은 열도 내의 다른 모든 지역세력들에 대해 헤게모니를 행사하려 했던 近畿 핵심지역(京都-大阪-奈良)의 신흥 엘리트들 사이에 위기를 조성했다(鈴木英夫 1996: 79-84). 樂浪과 帶方에 있던 중국 무역센터의 소멸로 중국 상품에의 접근은 봉쇄되었고, 구야국의 멸망으로 주요 철의 근원(농공구, 첨단 무기, 특히 철소재)에의 접근 역시 차단되었다(김태식 2014b: 46-47).

이 위기는 한반도 동남부의 철소재 생산자와 일본열도 중부 및 서부 왜 엘리트 사이의 철 시장에서 수 세기 동안 중개인 역할을 해 온 九州 북부 엘리트에게도 동일한 영향을 미쳤다. 近畿 핵심지역 엘리트들은 이 위기를 극복하기 위해 두 가지 접근을 추구했다. 즉, 열도의 엘리트들은 한편으론 한반도 서남부의 후기 마한 소국들과 중서부의 백제는 물론 외진 지역에 위치한 관계로 AD 400년 고구려의 침공에 피해를 입지 않은 고성 소가야, 함안 아라가야, 고령 대가야와 같은 가야 정치체들을 교역 파트너로 확보하려 노력했다(국립전주박물관 1994; 신경철 2000: 190-191; 하승철 2011: 95-140; 김태식 2014a: 252, 258-264). 다른 한편으론, 한반도가 점점 폭력적인 국가간 전쟁에 휘말리게 되자, 문화를 발전 및 진전시킬 기술과 숙련도는 물론 그들의 군사적/정치적 위상을 고려한 近畿 엘리트들은 일본열도에서 피신처를 찾으려는 한반도 사람들을 열렬히 환영했다(白石太一郎 2004: 9-14).

II. 새로운 기술자들이 열도에 도착하다

1. 4C 말~5C 초는 "도래인의 세기"

AD 220년 한(漢)의 멸망 이후에도 왜 엘리트들은 낙랑과 대방에서 중국 상품을 계속 수입했지만(제3장 2절 4항: 九州/近畿—늑도/김해 참조), AD 313~314년 고구려가 중국 무역 센터를 장악하고, 자국 영토로 편입하면서 이 역시 종말을 고했다.

AD 369년 호전적인 북방 고구려의 위협을 받던 백제는 남쪽의 마한에 대한 군사적 침공을 시작했는데, 이 남방 침공은 고구려로부터의 심각한 위협에 처해 있던 백제의 생존 전략의 일환이었을 것이다. 백제와 마한 소국들의 충돌은 수많은 마한 엘리트와 그들의 백성들의 뿌리뽑기로 귀결되었다. 백제가 마한을 침략하여 마한 백성들이 도망다니는 와중에도 고구려는 배후에서 백제를 침력했다. AD 369년부터 400년까지 고구려는 백제를 9차례나 침략했는데(369년, 371년, 475년, 377년, 386년, 391년, 392년 2회, 396년), 396년 전쟁이 가장 파괴적이었다. 광개토왕은 백제 수도(오늘날 서울)에서 백제 아신왕(阿莘王)을 모욕하고, 최고위 관료 10명을 포함하여 백제인 일천 명을 잡아갔다. 이로부터 4년 후인 400년 고구려 광개토왕은 백제의 동맹국인 동남해안의 김해에 위치한 가야를 침략하여 풍요로운 해항(海港)을 유린했다.

4세기 후반의 이러한 잦은 전쟁은 한반도 남부의 주요 인구 중심지들을 황폐화시켰고, 결과적으로 엄청난 난민이 발생했다. 난민 중에는 농민, 상인, 무역업자, 댐 건설자, 대장장이, 말 사육자, 마부, 도질토기 장인, 직공, 금은 세공인, 그리고 패배한 엘리트도 있었는데, 이들은 21C 중동의 수백만

난민들과 매우 유사한 통제할 수 없는 실존적 위기의 희생자들로 절망적인 상태에 있었다.

난민들이 종종 그러하듯이 이들은 개인, 가족, 부족 단위로 또는 패배한 엘리트, 장수, 마을 우두머리가 이끄는 조직된 무리로 돌발적 재해를 피해 좀더 안전하다고 믿어지는 저 너머 땅으로 가기 위해 바다로 향했다. 거의 언제나 바다 너머의 목적지는 남해와 대한해협 너머의 왜인들의 섬들이었고, 새로운 도래인의 대규모 유입을 근거로 亀田修一(카메다 슈이치)는 4~5세기를 "도래인의 세기"라고 부른다.

가치 있는 한반도 상품과 첨단 기술을 찾는 열도 전역의 왜 엘리트는 도래인을 환영하고 수용하여 열도 전역에 도래인 공동체를 탄생시켰다. 난민들은 새로운 땅에서 농부, 상인, 무역업자, 도공, 철 기술자, 말 사육자, 마부, 댐 건설자, 금은 세공인, 직공으로 다시 자리를 잡았을 것이다. 열도의 왜인들은 이들을 "今來才技(이마키노 테히토)(최근 도착한 숙련된 장인)"라 불렀다(『日本書紀』 雄略 七年 八月; 大阪府立近つ飛鳥博物館 2004).

도래인 현상은 백제, 가야, 그리고 大和 조정의 긴밀한 우정과 동맹을 통해 장려되고 강화되었다. 즉, 이들은 공격적인 고구려와 그의 동맹 신라에 맞선 무역 파트너이자 전우였다. 백제와 가야는 왜의 도움을 받아 신라를 위협했다는 이유로 AD 400년 고구려로부터 심하게 응징당했고, 왜는 곤경에 처한 친구들을 환영했다. 실제로 열도 엘리트들은 한반도 사람들과 그 기술을 필요로 했기 때문에 이들을 적극적으로 환영했고, 자신의 영토에 정착하는 것을 도왔다. 특히 福岡, 岡山, 近畿 세 지역에 5C 도래인이 집중된 것으로 입증되었듯이 福岡의 筑紫(치쿠시) 엘리트, 岡山의 吉備(키비) 엘리트, 近畿의 大和(야마토) 엘리트들은 열도에서 사회정치적으로 우위를 점하기 위해 도래인들을 적극적으로 수용하고 활용했다(地村邦夫 2004: 48-49; 亀田修一 2000: 2).

한강 유역에서의 군사적 충돌로 피해를 입은 한반도 중서부 주민들이 일본에 가장 먼저 도착했는데, 이는 九州와 近畿 핵심지역에서 갑자기 등장한 백제와 후기 마한의 조리 문화 관련 고고 자료로 입증된 바 있다(白井克

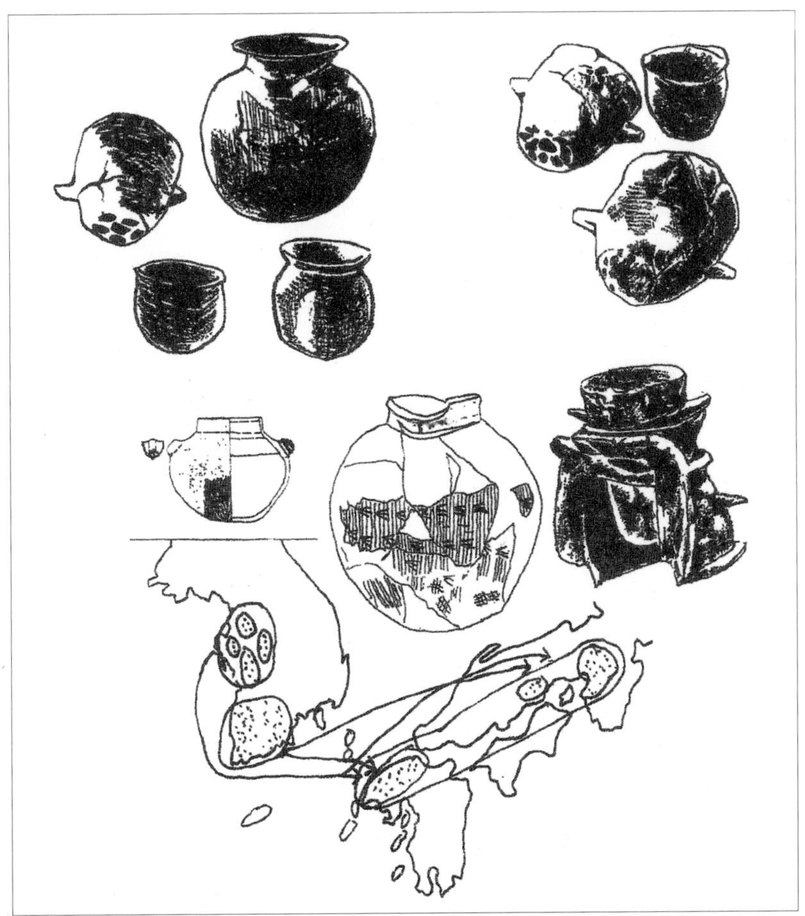

도면 4.11 한반도 남부와 일본열도 출토 마한 후기 조리 용기

左上: 大阪 長原(나가하라) 출토 시루, 승문호(繩文壺), 잔(大阪府立彌生文化博物館 2004: 47). 右上: 大阪 八尾南 출토 마한 후기 조리 용기들과 잔(大阪府立彌生文化博物館 2004: 47). 中: 福岡·大阪 출토 마한 후기 양이부호, 布留 출토 마한 조족문 저장 항아리, 大阪 출토 미니어처 부뚜막(白井克也 2001: 86, 90; 天理大学參考館 2014; 滋賀県立安土城考古博物館 2001: 44). 下: 한반도와 일본의 후기 마한 토기의 지리적 분포(최영주 2007: 83)

也 2001: 81-82; 吉井秀夫 2002: 112-118; 地村邦夫 2004: 48-49). 한편 곧 점점 더 많은 가야와 백제 주민들이 일본열도로 흘러왔다(石渡信一郎 2001: 81-87, 134-139).

AD 2세기 이후 한반도 중서부와 서남부의 후기 마한 사회에서 보이는 적갈색 연질토기와 독특한 기형(器形)은 이러한 주민 유입을 가장 잘 보여주는 물질 자료이다. 우각형파수부시루(牛角形把手附甑), 승문(繩文) 또는 격자문(格子文) 저장용 항아리, 양이부호(兩耳附壺), 조족문(鳥足文) 토기와 U자형 아궁이틀을 대표적인 자료로 들 수 있다(도면 4.11) (地村邦夫 2004: 48; 최영주 2007: 79-114; 吉井秀夫 2002: 112-128). 일본에서 韓式(가라시키 또는 간시키) 토기라고 불리는 이러한 종류의 토기들은 古墳時代 일본 소재 한반도 취락의 결정적인 고고학적 표지이다(田中清美 2004: 88-95).

도래인 취락의 또다른 고고학적 표지로 부뚜막이 설치된 사주식(四柱式) 건물, 두꺼운 벽체(大壁(오카베)) 건물, 그리고 최근까지 유지된 한국의 전통적인 바닥 난방체계인 온돌 건물 등이 있다(도면 4.12) (亀田修一 2003a: 1-14, 2004a: 75-94, 2005: 1-16, 2016: 283-321; 국립공주박물관 1999: 60).

철제 못과 꺽쇠(brace), 주판알 모양 방추차 역시 결정적인 고고학적 표지들이다. 이주민들은 철제 못과 꺽쇠를 목관 제작에 사용했고(亀田修一 2004b: 29-38), 한반도 남부에서 3~6세기에 유행했던 주판알 모양 방추차(도면 5.8)는 九州와 瀬戸内海의 도래인 취락에서 보통 "한식(韓式)" 토기와 함께 발견된다(滋賀県立安土城考古博物館 2001: 22; 田中清美 2004: 88-95).

이러한 한반도의 문화적 특성들은 고립된 유물이나 무역 상품이 아닌 도래인 이주민들의 제대로 확립되고 통합된 문화 시스템의 구성 요소로서 일본열도로 옮겨졌다(亀田修一 2003a: 1-14, 2003b: 55-65, 2005: 1-16, 2011: 116-119; 田中清美 2004: 88-95). 亀田修一가 古墳時代 도래인 취락

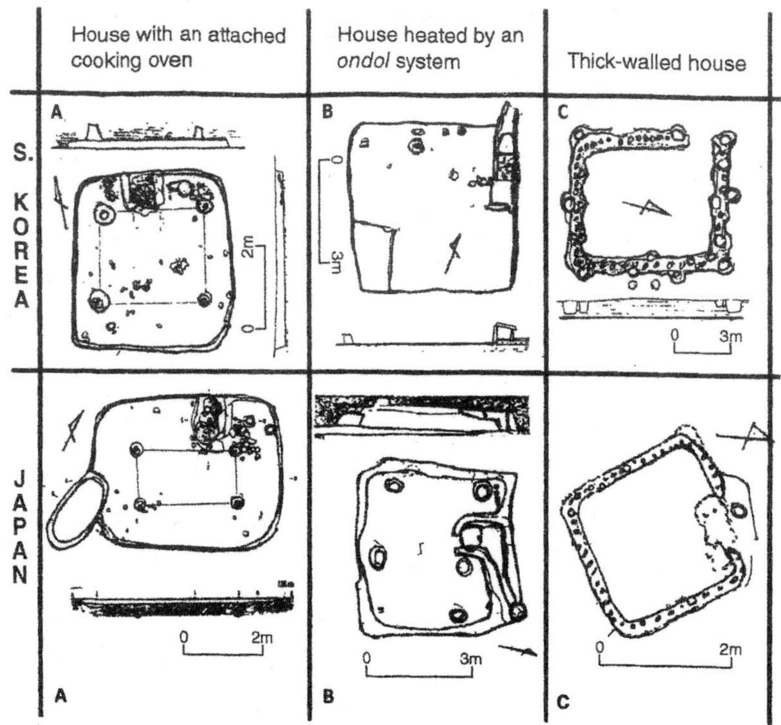

도면 4.12 한반도 서남부와 일본열도의 마한 후기/백제 주거 유형

上: 한반도에서 보고된 마한 후기/백제 주거 건물 유형. A(목포대학교 박물관 2003: 247), B(이영철 2002: 48), C(소재윤 2004: 68). 下: 일본 古墳時代 중기 마한 후기/백제 주거 건물 유형. A(亀田修一 2004a: 70), B(亀田修一 2003a: 3), C(국립공주박물관 1999: 60)

연구를 위해 개발한 고고학적 기준에 따르면, 이주민들은 九州 북부 福岡에서 瀬戸内海 岡山까지, 京都-大阪-奈良 지역까지, 東京 북쪽 群馬[군마]까지, 심지어 本州 북동부 仙台[센다이]까지 열도 전역의 다양한 지역들에 자리잡았다(亀田修一 2003a: 1-14, 2003b: 55-65, 2005: 1-16).

일본열도에 정착한 후기 마한 소국, 가야, 백제 주민들은 스스로, 그들이 합류한 앞선 이주민 공동체, 일본인 이웃들, 그리고 특히 다른 지방 및 지역 지도자들과의 경쟁적 관계에서 새로운 기능과 기술을 간절히 찾고 있던 일본의 지역 엘리트들을 위해 그들이 가지고 온 지식과 기술을 사용했다(滋賀県立安土城考古博物館 2001: 72-73; 亀田修一 2003a: 1-14, 2005: 1-16; 白石太一郎 2004: 7-13).

2. 5C 중반~6C

한반도를 뒤흔드는 격동은 AD 475년 백제를 침공한 고구려가 백제왕을 살해하고, 오늘날 서울 소재 도성을 방화하고, 백성들을 도탄에 빠지게 했던 5세기 후반 훨씬 더 심해졌다. 백제 왕국은 무력화되었고 백성들은 사방으로 도망쳤는데, 그들 중 상당수는 남해와 대한해협을 건너 九州, 吉備, 近畿에 정착했다(亀田修一 2011: 116-120). 일본열도는 지리적으로 가까움은 물론 AD 369년 또는 그 이전으로 거슬러 올라가는 백제와의 오랜 관계 때문에 백제 난민들의 탈출에서 가장 논리적인 방향이었다.

금강 중류 지역로 이동한 살아남은 다른 백제 엘리트들은 강 남쪽 기슭에 위치한 곰나루[熊津]라는 강변에 새로운 (임시) 수도를 세웠다. 백제가 어려웠던 이 시기에 大和 조정은 백제가 재건될 수 있도록 도움의 손길을 내밀었다. 백제 삼근왕(三斤王)이 AD 479년 급사하자, 大和王 雄略(유랴쿠)는 大和에 거주하던 백제 왕자 말다를 왜병 500명과 함께 웅진으로 돌려보내 백제 왕권을 맡게 했다(『日本書紀』 雄略 二十三年 七月). 大和國 출신 백제 왕자였던 동성왕(東城王, 재위 479~501)은 501년까지 22년 동안 성공적으로 백제의 사회정치적 안정성을 회복시켰다.

백제의 국가적 위기에 도움의 손길을 내민 大和 조정은 국가 등장에 필수적인 철과 첨단 기술의 확보의 원천이자 안정적이고 신뢰할 수 있는 파트너의 존재를 원했다. 다시 말해서 彌生時代 이래 전통적인 왜의 철 공급원이었던 낙동강 하류 유역을 신라가 공격적으로 잠식하면서 大和는 백제로 눈을 돌릴 수 밖에 없었다고도 하겠다. 백제와 大和 조정과의 긴밀한 관계는 雄略와/과 동성왕의 통치 기간 동안 더욱 공고해졌고, 이는 백제 난민들의 열도 이주를 매우 용이하게 했다.

백제식 횡혈식석실분은 5세기 후반 초부터 近畿에 등장하기 시작했다(도면 4.13) (橋本輝彦·木場佳子 2004: 86-87; 水野正好 1981: 143-158; 森浩一 1982: 111-113; Mizoguchi 2013: 300-308). 백제식 석실분은 AD 550년까지 폭발적으로 증가하여 "고분군(古墳群)"을 형성했는데(Mizoguchi 2013: 300), 그 대표적인 사례로는 高安千塚[타카야스 센즈카] 古墳群, 平尾山千塚[히라오야마 센즈카] 古墳群, 飛鳥千塚[아스카 센즈카] 古墳群, 陶器千塚[토키 센즈카] 古墳群, 新沢千塚[니자와 센즈카] 古墳群, 一須賀[이치스카] 古墳群 등이 있다(石渡信一郎 2002: 238-239) (지도 5.2 참조).

열도에서 백제와 후기 마한 소국들의 주민들과 그 문화는 AD 300년 이후 한반도와 마찬가지로 균질화되어갔다. 즉, 많은 백제식 횡혈식석실분들과 후기 마한 왕조 정치체들의 조리 용기들이 함께 보고되었다(滋賀県立安土城考古博物館 2001: 69-71). 赤尾崩谷[아카오 쿠즈레다니]古墳群의 1호~5호분에서는 須恵器, 동경, 철제단검, 칼, 금귀걸이, 그리고 많은 옥과 유리 제품들을 포함한 수많은 위신재가 출토되었다. 분구가 원형인 2호분을 제외하고는 모두 방대형분구(方臺形墳丘)였는데(橋本輝彦·木場佳子 2004: 86-87), 이는 한반도 서남부 영산강 유역 후기 마한 왕조 정치체 및 백제의 5세기 엘리트 장제 관행이 반영된 것이다. 한편 千塚古墳群들 중 일부 엘리트 무덤은 두드러지게 대형인데, 차별화된 무덤 규모 및 위신재는 도래인 사회에 위계체계가 존재했음을 나타낸다(Mizoguchi 2013: 300-304). 橋本輝彦[하시모토 테루히토]·木場佳子[키바 요시히코](2004)는 희귀한 위신재가 부장된 5기의 고분들은 도래인 사회 수장들의 무덤이라 믿고 있다.

千塚는 '1,000기의 무덤'을 의미하는가? 千塚이란 近畿의 몇몇 독립된 구릉 능선에 엄청난 수의 고대 무덤들이 집중적으로 조성되었음을 묘사하기 위한 과장된 표현이다. 山上町(야마가미조)와 大津市(오쓰) 坂本(사카모토)本町 사이의 琵琶湖 서남부에는 6세기 초까지 몇몇 거대한 고분군들이 등장해 왔는데, 일부 고분군들은 200기 이상의 고분들로 구성되어 있다. 지금까지 확인된 700~800기의 고분 대부분이 횡혈식석실분임이 확인되었다. 아직 발굴되지 않은 무덤들이 수백 기에 이른다는 것은 이 단일 지역에만 1000기가 넘는 무덤들이

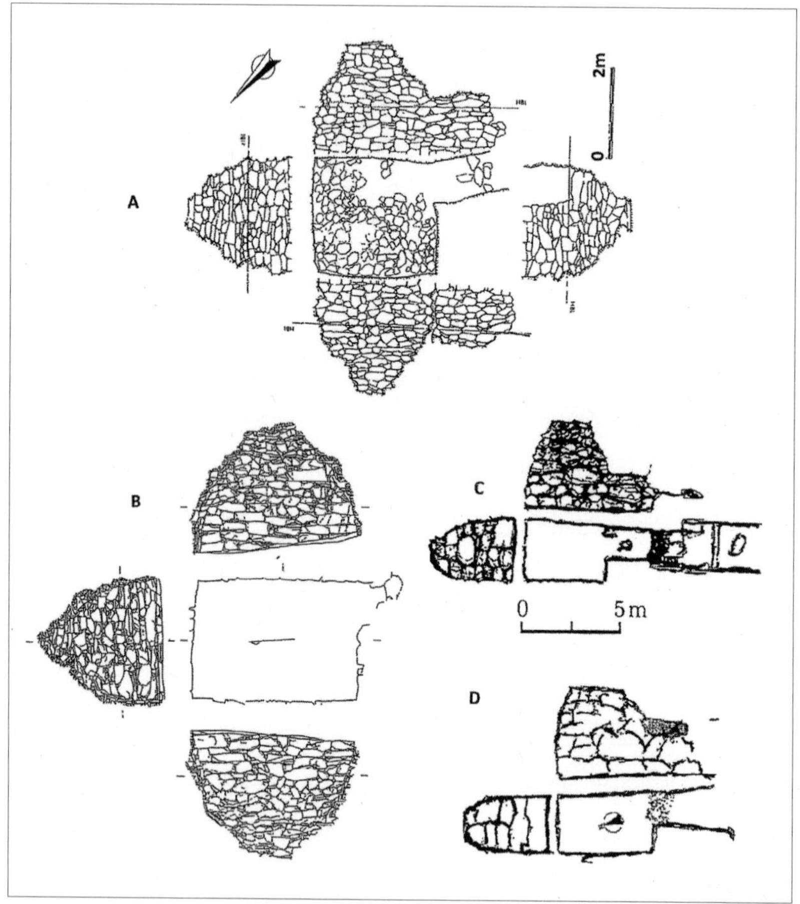

도면 4.13 한반도와 일본열도의 백제 횡혈식석실분

A: 익산 입점리 1호분(익산시 2004: 60). B-D: 5세기 奈良 분지 남부 석실분(B: 宮山塚古墳; C: 与楽鑵子塚古墳; D: 沼山古墳) (吉井秀夫 2001: 116; 坂靖 2018: 126)

조성되었음을 시사한다(堀真人 2009: 13-22).

石渡信一郎(2002: 239)는 近畿 핵심지역으로 온 도래인의 정확한 수는 결코 알 수 없겠지만, 여러 千塚("천 개의 무덤으로 이루어진" 묘지)의 주인공이 한반도 서남부 출신 도래인과 그 후손임을 고려하면, AD 475년부터 600년까지 125년 동안 적어도 일백만 명이 한반도에서 일본열도로 건너왔을 것이라 추정한다.

또 고분군은 한반도 출신 이주민들이 자신들의 장례 관습을 통해 씨족 연대를 유지했고, 고국에서처럼 씨족 혈통에 따라 위계적으로 조직되었음을 시사한다.

3. 주요 도래인 취락들

A. 近畿 핵심지역(大阪, 奈良, 京都)

BC 9세기 이후 천 년 이상 한반도 사람들은 이런저런 위기에서 벗어나기 위해 남쪽 九州 섬으로 향했고, 거기에 정착했다. 그러나 AD 4세기 후반 이주 종착지가 瀬戸内海를 거쳐 近畿 핵심지역으로 변경되기 시작했다. 오래지 않아 奈良, 大阪, 京都, 大津 지역은 도래인으로 포화되었고(지도 4.3), 이들은 近畿 핵심지역을 경제적·기술적으로 발전시켰다.

大和 엘리트들은 도래인의 경제-기술적 역동성을 토대로 했기 때문에 심지어 百舌鳥와 古市에 거대한 전방후원분을 건설하면서 열도의 지배적 정치 세력으로 부상할 수 있었다. 平野邦雄(2018: 98, 밑줄과 대괄호는 저자가 추가)는 5세기 近畿의 문화·사회·경제적 발전에서 도래인의 역할에 대해 다음과 같이 말한다.

> 사실대로 말한다면, AD 5세기에 歸化人[이민자들]은 大和(奈良 분

> 지), 山城, 河內, 攝津 등에 집중되었는데, 이들은 [大和] 왕실 권력의 정치적 기반이었다…일부 歸化人들은 정부 관료로 임명되었고, 다른 사람들은 세금 납부, 공공 토지 경작, 댐과 제방 건설을 했고, 또 다른 사람들은 국가 필수품을 생산했다. 大和 조정은 이들에게 5~6세기의 비약적 발전(躍的發 飛展)을 빚졌다고 말해도 과언은 아니다.

a. 大阪(河內) 평야의 도래인

북쪽의 淀川와 남쪽의 古市-百舌鳥 지구 사이의 河內 호수 주변 거의 100여 지점에서 5~6세기 한반도 연질토기와 도질토기가 출토되는 유적들이 확인되어 왔다(지도 4.3). 특히 연질토기는 마한과 백제 사람들의 조리 문화에서 꼭 필요한 부분이므로, 일본 학자들 사이에는 상당량의 연질토기가 보이는 유적은 도래인 취락이라는 공감대가 형성되어 있다(田中清美 2004: 88-95).

4세기 후반 이 일대에 도착하기 시작한 한반도 토제품과 도질토기를 지닌 사람들은 시간이 경과한 후 오늘날 大阪市가 되는 고대의 河內, 和泉, 攝津의 원향(原鄕)인 河內湖 유역 개발을 도왔다(地村邦夫 2004: 48).

수많은 도래인 취락들(大庭寺, 堂山, 小阪, 四ッ池, 陶器南, 小角田, 大仙中町, 深田, 長原, 辻の 등) (Pearson 2016: 46-48)과 똑같이 많은 도래인 묘지들(陶器千塚, 野々井古墳群, 牛石古墳群, 檜尾塚原古墳群, 信太千塚, 高井田横穴墓古墳群, 堂山古墳群, 一須賀古墳群 등) (堺市博物館 2001: 95-98; 上林史郎 2004: 61-68)로 입증되었듯이 도래인 주민들은 5~6세기 大阪平野에 탄탄하게 자리잡게 되었다.

열도에서 확인되는 한반도 서남부 후기 마한의 연질토기와 동남부 가야의 도질토기의 존재는 古墳時代 최초의 도래인이 한반도 서남부 영산강 유역 및 동남부 낙동강 유역 출신임을 시사해 준다. 백제 주민은 5세기 말 합

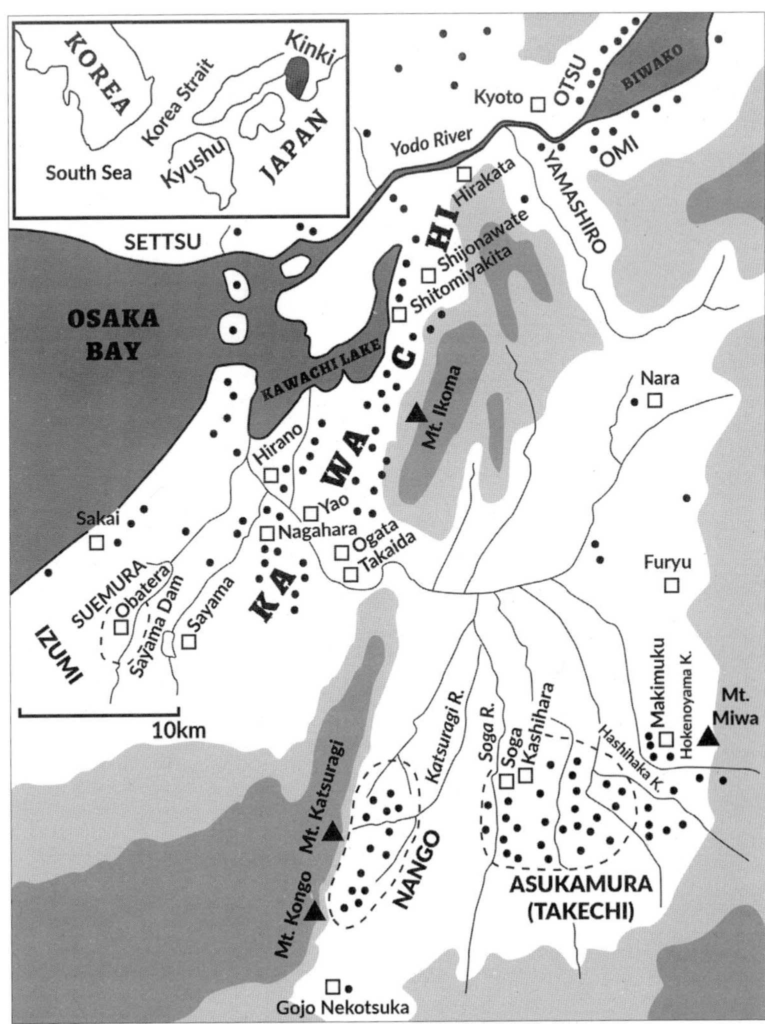

지도 4.3 古墳時代(AD 400~700) 近畿 핵심지역 내 도래인 연질[韓式]토기/문화 유적 (Lucas Pauly 圖) (田中清美 2004: 91; 滋賀県立安土城考古博物館 2001: 24-48; 京都文化博物館 1989: 118-148; 堀真人 2009: 13-22; 兼康保明 1997: 63-66)

류했는데, 백제 토기와 백제 묘제의 등장으로 알 수 있듯이 백제 출신 도래인의 수는 계속 증가했다(田中清美 2004: 92). 이러한 과정은 가야의 토기와 묘제가 백제 횡혈식석실분보다 선행했던 河內 堂山古墳群에서 확인된 고고 자료를 통해 분명하게 드러난다(大阪府教育委員會 1994; 남익희 2015: 140-159).

河內平野(오늘날 大阪市)에서 도래인은 홍수 통제와 토지 간척, 도질토기 생산, 말 사육, 소금 생산, 그리고 첨단 철기 제작의 다섯 가지 주요 사업을 담당했다(小山田宏一 2001: 94-97; Pearson 2016: 39-46).

선사시대부터 河內湖 유역의 대부분은 장기간에 걸친 강우나 인근 大阪灣에서 내륙으로 밀려오는 높은 조석수(潮汐水)로 인한 잦은 홍수 등 인해 환경적인 어려움이 있었다(Pearson 2016: 8-12). 댐과 제방 축조 기술을 지닌 도래인들은 직접 가져왔거나 현지 제작한 U자형 철제 괭이와 여러 발 곡괭이와 같은 도구를 이용하여 거주지와 농경지 보호 및 확장을 위해 범람하는 강을 따라 방파제와 제방, 그리고 저수지를 조성했는데, 茨田(만다)堤, 龜井(카메이)堤, 狹山(사야마)池는 그 좋은 사례들이다(지도 4.3).

5~6세기 건설된 茨田堤는 古川(후루카와)를 따라 河內湖로 흘러드는 제방이었다. 자연 제방을 수로체계에 통합시킨 건설 기술자들은 古墳時代 최장(最長) 홍수 조절 시스템을 조성했다. 홍수 물이 상류로 이동해 논을 침수시키는 것을 막기 위해 조성된 八尾(야오)市 龜井堤는 茨田堤의 소형 버전이었다(너비: 바닥 8~12m, 정상부 6m; 높이 1.5m). 古墳時代 중기 이전에는 이러한 홍수 조절 시스템이 열도에 알려진 바 없었고(小山田宏一 2001: 94-95), 후기 마한-백제 시기인 AD 330~370년으로 편년되는 김제(金堤) 벽골제(碧骨堤)의 토목공법이 茨田堤와 龜井堤에도 적용되었다(小山田宏一 2001: 94-95; 최완규 2013: 25-30).

수륜연대측정법으로 AD 616년으로 연대측정된 狹山(사야마)市의 狹山(사야마)池는 西湯川(니시유카와)에 댐을 건설하면서 조성되었는데, 댐 자체 높이 5.4m, 바닥 폭 27m, 길이 약 300m이다. 이 댐 건설의 주목적은 사람들의 거주를 위해 西湯川와/과 東湯川(히가시유카와) 사이 땅의 배수 및 개발이었고, 이는 열(列)을 이룬 대형 건물들의 흔적으로 드러난 平尾 취락(오늘날 美原町)의 형성을 가능하게 했다.

수백만 갤런(gallon)의 물과 천연 요소들의 업청난 압력을 견딜 수 있는 견고하고 튼튼한 댐 건설은 매우 정교한 토목 및 수리공학을 필요로 했다. AD 602년 백제 승려 관륵(觀勒)이 역본(曆本)·천문(天文)·지리(地理) 문헌들을 가지고 大和 조정에 왔다는 『日本書紀』 推古(수이코) 一十年 기록을 근거로, 小山田宏一(코야마다 코이치)는 백제가 필요한 기술을 제공했다고 믿는다. 한편 福岡 太宰府(다자이후)를 보호하려는 목적으로 AD 664년 조성된 길이 1.2km에 이르는 거대한 하천 제방 건설에 백제 관리들이 직접 관여했다는 사실은 이 믿음을 더욱 뒷받침해 준다(小山田宏一 2001: 96-97).

일부 도래인이 河內湖 유역에서 거주 및 농경용 토지 보호 및 확장을 위해 제방과 댐을 건설한 반면에, 다른 일부 도래인은 5~7세기 열도 최대 도래인 취락 단지 중 하나였던 陶邑(스에무라)에서 도질토기 생산 및 발전을 선도했다(지도 4.3). 『日本書紀』 崇神(슈진) 七年 8月 처음 언급된 陶邑은 도질토기 산업 전체와 도질토기와 연관된 취락을 지칭하는 집합적 용어이다. 陶邑團地는 모두 大阪 남부 和泉(이즈미)에 집중된 오늘날의 陶器山(도키야마), 高藏(다카쿠라), 富藏(토미쿠라), 栂(토가), 大野池(오노이케), 光明池(코미요이케), 大庭寺(오바테라), 谷山池(타니야마이케)로 구성되는 동서 10km, 남북 5km 구역에 집중되었는데, 그 전성기에는 陶邑에서만 1,000기 이상의 須恵器 가마가 운영되었다(堺市博物館 2001: 97).

한반도 도공(陶工)들은 첨단 중국 도제(陶製) 기술의 도움을 받아 3세기 후반 도질토기(陶質土器)로 알려진 석기(炻器)를 개발했다. 도질토기는 내구성 때문에 한반도 삼국시대 엘리트들 사이에서 인기를 끌었고, 특히 장례 문화의 필수 요소로 자리잡았다. 귀중품으로서의 도질토기는 九州 북부 福岡, 岡山 總社(소자), 香川 高松(가나가와 타카마쓰), 大阪 堺市(사카이)와 和泉(이즈미)를 포함한 열도의 다양한 지점에 도착하는 이주민들과 함께 이동되었다(酒井清治 2004b: 69-73).

AD 400년경 또는 약간 늦게 大阪港 연안에 도착한 금관가야(현 김해) 출신 이주민들은 堺市 大庭寺(오바테라), 和泉 上代(우에다이)와 河南町(카난조)를 비롯한 다양한 지점에서 도질토기 생산을 시작했다(酒井清治 2004b: 69-73). 1991년 발견된 잘 알려진 大庭寺 취락 유적에서는 한반도 생산품과 매우 유사한 일본에서는 須恵器(쇳소리가 나는 토기)로 알려진 일본열도 최초로 생산된 도질토기가 출토되었다. 일본 최초(最初) 및 최고(最古) 須恵器를 생산한 가마는 大庭寺의 栂(Toga) 지명을 따서 명명된 TG 232호 가마(窯)로 확인되었다(堺市博物館 2001: 96).

大庭寺 취락 유적에서는 최초 형태의 須恵器가 출토된 도래인의 주거 흔적과 함께 완성된 須恵器 그릇들이 품질 검수를 받는 지점들이 확인되었다. 大庭寺에서 생산된 須恵器 용기에는 가야에서 유행했던 큰 컵과 고배는 물론 한반도로부터 시작된 도공의 긴 대양 항해를 상징하는 배 모양 그릇도 있었다(堺市博物館 2001: 96).

그런데 최초 須恵器 목록에는 한반도 서남부 영산강 유역의 후기 마한 소국들과 백제의 도질토기 기종도 포함되어 있어 열도 도질토기는 시작부터 그 기원이 복잡했음을 알 수 있다. 5세기 내내 삼족기와 양이부호를 비롯한 후기 마한-백제 유형 토기는 계속 증가하여 점차 지배적 유형이 되었다(堺市博物館 2001: 72-73). 이러한 須恵器의 변화는 5세기 초부터 한반도 서부 및 서남부 해안의 후기 마한과 백제 출신 이주민들의 수가 꾸준히 증가하면서 야기된 것으로 보인다.

도질토기는 빠르게 인기를 끌었고, 현지인, 특히 엘리트들은 내구성 있는 실용적인 그릇으로서의 도질토기를 많이 찾았다. 곧 일본열도에서 도질토기는 한반도에서처럼 왜 엘리트들의 장례 문화의 필수 요소가 되었다(Pearson 2009). 결과적으로 인근 여러 취락들에 거주하는 도래인 도공들이 운영하는 須恵器 가마 수는 크게 늘어 陶邑 단지가 등장하게 되었다. 최대 규모 須恵器 도공 취락으로 辻の(츠지노), 小角田(코칸다), 陶器南(토키미나미) 등이 있다.

陶器川(토키키와) 제방에 위치한 堺市 辻の 유적은 AD 450년~700년경 저장 시설로 사용된 약 50동 이상의 지상 건물 주변에 조성된 매우 큰 규모의 취락이었다. 고고학자들은 2,000기가 넘는 수혈들과 도질토기편을 비롯한 1,000 상자(55cm×35cm×15cm)가 넘는 많은 양의 유물을 수습했다. 저장 건물에서 발견된 유물의 95% 이상은 10종류 이상의 버려진 須恵器 그릇이었다. 발굴조사자들은 辻の는 陶邑 가마에서 생산된 須恵器 그릇을 수집, 검수, 재분배하는 검열 센터였다고 주장한다(堺市博物館 2001: 98).

大阪 堺市의 陶器山 지역에 위치한 도래인 도공들의 두 대규모 취락인 小角田와 陶器南는 6세기에 등장하여 7세기까지 須恵器 생산을 계속했다. 수많은 지상 저장 건물들과 대량으로 폐기된 須恵器 그릇들의 존재는 이 두 유적이 수합·검열·분배 중심지의 역할 역시 수행했음을 시사한다(堺市博物館 2001: 98).

陶邑 취락들은 陶器千塚, 野々井(노노이)古墳群, 牛石(우시이시)古墳群, 檜尾塚原(히노오츠카하라)古墳群, 信太(신노다)千塚를 비롯한 고분군들에 둘러싸여 있다(堺市博物館 2001: 97). 구조와 무덤 내용상에서 볼 때, 6~7세기에 조성된 이 고분군들은 平尾山(히라오야마)千塚와 高安(타카야스)千塚와 같은 大阪 동남부 河內의 도래인 무덤들과 유사하다.

河內에서 도래인은 말 사육을 선도했고 철기 생산 산업은 물론 말 사육 농장과 승마술 발전에 깊이 연루되었다. 『日本書紀』 繼體 一年(507년)에 따르면, 河內는 말 사육을 담당한 도래인 荒籠(아라코)의 고향이다. 2002년 고고학 조사단은 生駒(이코마)山 서쪽 사면에 위치한 四條畷(시조나와테)市 蔀屋北(시토미야키타) 유적에서 1500년 된 말의 잔해를 발굴했는데(지도 4.3), 말 유해는 실제로 사용된 나무 등자와 함께 발견되었다. 근처에서 도래인과 관련된 한반도 도질토기와 소형 조리용 부뚜막 미니어처와 함께 길이 30피트가 넘는 바다 항해용 보트 잔해와 말 사육에 꼭 필요한 제염토기(製鹽土器)도 150점 이상 발견되었다(山上弘 2004: 74-75).

한반도 남부에서 기원한 휴대용 부뚜막 미니어처는 도래인 무덤에만 부장되는 독특한 요소가 되었다. 백제를 비롯한 한반도 남부에서는 때때로 무덤에 안치되는 정도였다. 그러나 近畿에 도착한 한반도 출신 이주민들은 스스로를 사자(死者)에게 음식이나 요리 관련된 용기를 제공하지 않는 비도래인 주민과 차별화하기 위해 의도적으로 장례 문화의 필수적인 요소로 채택했다(坂靖 2018: 77-80). 坂靖(반 야스시)(2018: 80, 밑줄은 추가)에 따르면, "일본열도에 도착하자마자, 도래인은 도래인으로서의 정체성을 알리기 위해 이 관습을 발전시켰다."

이러한 발견에 비추어 山上弘(야마가미 히로시)(2004: 75)는 다음과 같이 말한다.

> 蔀屋北(시토미야키타) 유적은 5세기 후반 말 사육하는 사람 및 기술과 밀접한 관련이 있는 취락이었다… 도래인이 한반도에서 말을 배에 싣고 와서 우리나라에 말 타기와 말 사육 기술을 이식하고, 또 河內 주민들과 함께 말 사육 농장을 운영했다고 가정하는 것은 타당하다. 河內湖 주변 평야는 말 사육용 목초지로 완벽했다. 산사면과 河內湖 사이에 형성되어 있던 취락들은 모두 말 사육과 관련이 있었던 것으로 보인다.

고대 일본의 주요 통치자 중 한 사람으로 새로운 왕조의 창시자인 繼體(게이타이)가 AD 507년 河內를 개인적 운영 기지이자 새로운 왕조의 본거지로 선택했음에 주목하는 것은 매우 중요하다. 우선 그는 백제와 강한 유대를 맺었던 동해 인근 중북부 지방의 오늘날 小松市(고마츠) 越前町(에치젠마찌)의 엘리트 가문의 일원으로 성장했다. 越前町는 온돌이 설치된 주거 잔해와 승마술 관련 유물들로 입증된 많은 도래인의 본거지였다. 또한 학자들은 도래인 취락 인근의 河田山古墳群(고다야마)의 엘리트 무덤인 횡혈식석실분들과 부여의 백제 능산리 왕릉원의 석실분들 간의 두드러진 유사성을 근거로 백제와 고대 小松(고마츠) 엘리트들 사이의 활발한 교류를 가정해 왔다(森浩一 2001: 132).

AD 507년 大和王 武烈(무레츠)가 후계자 없이 사망하자 繼體의 친구들과 지지자들은 그가 大和 왕위를 계승하도록 설득했다. 河內에서 말 사육 사업을 담당하던 도래인 荒籠가 繼體에게 해준 지지 조언은 새로운 大和 통치자로서의 繼體의 부상(浮上)에 중요했다(『日本書紀』 繼體 一年). 荒籠의 격려에 힘입어 大和의 새로운 통치자가 되기로 결심한 繼體는 河內의 樟葉(구사바)(오늘날의 四條畷(시조나와테))를 수도로 선택했다. 5년후 繼體는 많은 백제계 이주자들과 강력한 백제계 엘리트 奴理能美(누리노미)의 오랜 터전인 筒城宮(쓰쓰키노미야)로 천도했고(森浩一 2001: 132), 518년에는 弟國(오토쿠니)로 천도했다(『日本書紀』 繼體 十二年). 大和 왕권을 잡고 거의 20년이 지난 526년, 繼體는 결국 또 하나의 영향력 있는 백제계 이주민 집단인 東漢(야마토노아야) 터전인 奈良 분지 남부의 磐余(이하라)에 자리잡았고, 거기에서 531년 사망했다(『日本書紀』 繼體 二十年, 二十五年).

기본적으로 繼體는 자신의 정치적 기반으로 백제계 이주민들을 활용하여 河內에서 大和를 통치했는데, 이는 결코 역사적 우연이 아니었다. 森浩一(모리 코이치)(2001: 131)는 다음과 같이 말한다:

> 6세기 초가 되면서 기마(騎馬) 관련 유물이 부장된 엘리트 무덤이 급격하게 늘었고, 繼體 왕조의 발생과 대대적인 기마(騎馬)의 사이에는 밀접한 관련이 있었다. 大和 王位에 오르기 전에 繼體는 측근으로 말 사육과 기마술을 담당하던 荒籠와 상의했다. 河內 중부와 북부는 말을 사육하던 목초지로 일본열도 최초로 말이 사육되었던 곳이다. 6C 초 말은 혁명적인 20세기 초 발명품인 자동차에 비견되었다. 繼體가 [河內의] 말에 초점을 맞춘 것은 [야심만만한 지도자가] 신흥 자동차 산업에 관심을 둔 것과 비슷했을 것이다. 이는 繼體와 그의 지지자들이 범상치 않은 선견지명(先見之明)과 계몽적 관점의 지도자들이었

음을 보여준다.

河內는 말은 물론 대규모 간척(墾拓)과 첨단 철기와 무기를 통한 농지 확장을 비롯한 繼體가 정치적 우위를 확립하고, 국가의 경제적·문화적·사회적 과제들을 해결하는 데 필요한 다른 필수적인 요소들을 제공했다. 본질적으로 繼體는 백제계 河內 엘리트들을 통해 백제 문명의 모든 최고 특징들에 접근할 수 있었다. 이러한 점에서 가장 중요한 것은 隅田(스다)八幡(하치만)神社 청동거울 비문에 드러난 繼體와 백제 무령왕(武寧王)과의 밀접한 관계이다.

河內의 도래인은 간척, 須恵器 도질토기 생산, 말 사육 사업과 함께 長原(나가하라)와 大県(오가타) 유적 등을 통해 알 수 있듯이 철기 생산에도 관여했다(지도 4.3). 長原는 마한의 조족문(鳥足文) 토기와 휴대용 부뚜막 미니어처의 존재로 알 수 있듯이 후기 마한·백제계 이주민 취락이었다(田中淸美 2004: 92). 200m×600m 공간에 조성된 취락에는 반수혈 주거, 지상 건물(굴립주), 그리고 돌 기초 위에 축조된 백제식 대벽(大壁(오카베)) 건물을 비롯한 다양한 유형의 건물들이 자리잡고 있었다. 이 취락에서 눈에 띄는 중요한 유구로 AD 450년경으로 편년되는 대장간 노(爐)와 풀무를 갖춘 철기 제작 공방이 있다(田中淸美 2004: 93-94). 즉, 長原는 자체 소비를 위해 촌락 수준에서 철기가 제작되는 전형적인 도래인 취락이었다.

반면에 河內 최대 도래인 취락 중 하나였던 大県에는 초대형 철기 생산 단지가 있었는데, 大県 유적 조사자들은 다음과 같이 말한다(柏原市教育委員會 1988: 54):

> 매우 높은 밀도로 발견되는 古墳時代 중기 및 후기로 편년되는 한반도 토기는 이 취락이 도래인들과 강한 유대가 있었음을 보여준다. 또한 단조철기 제작 공방 잔해 및 한반도에서 온 유물들이 많았다. 6세

기 중반에서 7세기로 편년되는 여러 지상 건물(굴립주)들은 창고로 사용되었다.

5~6세기 토기와 함께 大県 유적에서 출토된 500kg 이상의 슬래그, 노(爐), 1,000편 이상의 송풍구 조각들은 조사자들이 5세기 중반 河內平野에 출현한 주요 철기 제작 센터가 첨단 무기류는 물론 간척, 댐 건설, 공공 사업, 농업을 위한 도구 생산을 위해 6세기까지 계속 운영되었다는 결론을 내리게 했다. 기본적으로 大県 철기 제작 단지는 몇몇 다른 도래인 위성 취락(大県南[오가타 미나미], 大平寺[타이헤이], 高井田[타카이다], 田辺[다나베])들과 함께 大和 조정에 철기를 공급했다.

고구려의 침략과 전쟁 때문에 大和 엘리트들이 절대적으로 필요한 철기와 무기를 한반도로부터 구하기가 점점 어려워지자 大和 엘리트들은 한반도의 기술 확보는 물론, 도래인 장인들을 자신의 영역 내에 수용하여 필요한 도구와 무기를 생산하고자 적극적으로 노력했다. 大和는 특히 강하고 내구성이 강한 철제 도구와 무기 생산에 필수적인 철 정제 기술이 절실하게 필요했는데, 도래인 기술자들이 도착하면서 이 문제가 해결되었을 것이다. 大県 철기 제조 공장은 5~6세기 열도의 패권을 장악하려는 大和 통치자들에게 절대적으로 중요했다(柏原市教育委員會 1997; 花田勝広 2002, 2004: 55-71).

大県 취락에서 북쪽으로 조금 가면 나타나는 1,500기가 넘는 무덤들로 이루어진 平尾山千塚[히라오야마 센즈카]는/은 일본 최대 규모 도래인 고분군이다. AD 500~700년 조성된 고분군은 550~650년 절정에 이르렀고, 대부분의 무덤들은 직경 평균 10m 내외의 원형 봉토분이다. 봉토 내부에는 대부분 횡혈식석실이 조성되어 있으며, 전형적인 도래인 장례 문화의 일부인 휴대용 부뚜막 미니어처와 함께 금 귀걸이, 옥 장신구, 철촉, 마구도 부장되었다(柏原市教育委員會 1994).

平尾山古墳群 인근에 있는 수직 절벽면을 파고 조성된 200기가 넘는 무덤들로 이루어진 高井田横穴墓古墳群의 무덤들도 550~650년 축조되었다(柏原市教育委員會 1986). 高井田 고분군의 다른 모든 무덤들과 달리 산등성이 정상부에 단독으로 조성된 대형 횡혈식석실분인 高井田山 古墳은 특히 중요하다. 묘실 내부에 풍부한 위신재와 함께 두 개의 목관이 나란히 안치되었고, 서측에 안치된 시신 옆에서 금귀걸이, 옥 장신구, 동경, 장검(長劍), 창, 과(戈), 갑주, 마구가 발견되었다. 한편 동측에 안치된 시신 옆에서는 인두, 옥제 팔목/발목 브레이스(arm and leg braces)를 비롯한 약간의 단순한 물건들이 발견되었다. 上林史郎(2004: 65)는 이 무덤의 주인공은 大県 취락의 강력한 도래인 지도자와 부인이라고 믿는다. 5세기 공주(公州, 백제 수도 475~538)의 백제 엘리트 무덤과의 두드러진 유사성에 착안한 坂靖(2018: 56~60)는 공주(웅진)/부여(사비)의 백제 조정과 백제 이주민들 사이의 연락관으로 백제 관료가 河內에 주재했을 가능성을 상정하면서 이를 백제 귀족/관료의 무덤으로 간주하는 보다 구체적인 의견을 제시한다.

이러한 연락관에 대한 기록(記錄)이 『日本書記』 欽明 十三年/十四年에 보이는데, 이에 따르면, 부여 백제 성왕(聖王)을 섬기는 중요한 조정 관료가 河內部의 阿斯比多였다. 河內部는 河內의 업무를 담당했던 백제 관료 제도상의 실체였던 것으로 보인다. 阿斯比多는 성왕이 大和 조정에 불교 사절단을 보내기 직전 또는 직후였던 552년과 553년 고위 관료 木劦今敦과 함께 백제 성왕의 공식 사절로 수도 부여에서 大和 조정에 왔다. 河內部의 阿斯比多는 河內에 주재했던 백제계 이주민들과 백제 조정 사이의 공식적인 연락관이었던 것으로 보이지만, 그가 성왕을 모셨던 백제 도래인 배경의 왜(倭)의 관리였는지 아니면 백제 관리였는지는 불분명하다(박찬흥 2011: 167-189).

平尾山千塚(히라오야마 센즈카)은/는 북으로 八尾市(야오) 高安千塚(타카야스 센즈카), 남으로 一須賀古墳群(이치스카)과 羽曳野市飛鳥千塚(하비코노시 아스카 센즈카) 등 여러 다른 대규모 도래인 고분들로 둘러싸여 있다. 다른 도래인 고분군들의 경우처럼 대부분 횡혈식석실분이며, 휴대용 부뚜막 미니어처가 부장되어 있다(上林史郎 2004: 64-66). 이 고분군들은 지리적으로 奈良 분지 남부와 인접한 오늘날 大阪 동부 및 동남부인 河內에 특히 백제계 도래인과 그 후손들이 많이 정착했음을 시사해 주는데, 고구려가 한성을 멸망시킨 AD 475년 이후 고분들이 급속하게 증가하기 시작했다. AD 815년 편찬된 고대 일본의 공식 씨족(氏族) 계보인 『新撰姓氏録』에 따르면, 9세기 일본에서 124개 도래인 씨족 집단들 중 절반이 훨씬 넘는 72개 씨족 집단이 河內 출신이라고 주장했다(下中弘 1993: 467).

도래인들이 河內에 압도적으로 많이 거주하고 있었기 때문에, 그들 중 엘리트의 출현은 당연지사였고, 河南町(카난조)의 平石古墳群(히라이시) 단지(團地)의 シシヨツカ古墳(시시요쓰카), アカハゲ古墳(아카하게), ツカマリ古墳(쓰카마리) 등의 엘리트 고분들은 그 고고학적 증거이다. 서쪽에서 동쪽으로 직선으로 뻗은 능선에서 계곡 아래를 바라보도록 축조된 고분들(シシヨツカ古墳 〉 X古墳(불명) 〉 アカハゲ古墳 〉 ツカマリ古墳)은 4세대에 걸친 강력한 지도자들을 대변한다. 이 고분들은 모두 피라미드 모양의 3단 방대형 토단(土壇) 위에 축조된 횡혈식석실분이며, アカハゲ古墳과 シシヨツカ古墳 최하단의 동서축 길이는 각각 44.4m와 34.2m로(枡本哲 2004: 76-85) 도래인 고분군 단지 중 최대 규모이다.

엄청난 규모의 シシヨツカ古墳에는 금상감(金象嵌) 용봉문 환두대도, 금반지와 은반지, 薄板 철제 갑옷, 금동마구, 금동 과대 버클, 칠기, 수백 점의 다색(多色) 유리구슬, 다양한 색깔의 옥 장신구 등이 부장되었다(枡本哲 2004: 81). 上林史郎(2004: 67)는 무덤 크기, 무덤 축조에 이용된 선진적인 석공술, 도래인 고분군 내 위치 등에 근거하여 이들을 "백제계 도래인 씨족 지도자들의" 무덤으로 판단한다.

b. 奈良 남부 飛鳥 지역의 도래인: 明日香村(東漢氏聚落地)

奈良 분지 남동부에 위치한 明日香村(지도 4.3)는 古墳 중기 최대 규모 도래인 취락 중 하나로 신흥 중앙 집권 大和 국가 및 飛鳥 개화기/계몽기와 밀접하게 연결되어 있었다. 오늘날 大字平田, 野口, 栗原, 阿部山로 구성되며(国史大辞典編集委員会 1993, 11: 968), 이 지역 전체는 檜隈라고도 알려져 있다. 원래 阿羅(=안라)伽倻 출신 이주민, 나중에는 백제 출신 이주민들이 明日香村에 정착했고, 곧 明日香村는 숙련된 장인, 학자, 예술가, 건축가, 불교 지도자들을 비롯한 東漢氏 渡來人의 고향이 되었다. 불교가 大和 조정에서 쟁점이 되기 오래 전에 이미 檜隈의 도래인들은 불교를 믿었을 가능성이 매우 높다(坂靖 2018: 122-127; 田村円澄 1981: 37-46).

『日本書紀』 應神 20年 "倭漢直의 선조 阿知使主와 아들 都加使主가 그의 무리 17縣을 거느리고 일본으로 이주했다"는 기사가 있다(Aston 1972, Vol, 1: 264-265). 應神篇의 다른 서사의 경우처럼 이는 후대에 삽입된 사건이다(上林史郎 2004: 63; 山尾幸久 1984: 47-50; 津田左右吉 1948: 79-86). 都加使主는 雄略 7年(462년) 기록에 보이는데, 이에 따르면, 都加使主는 明日香村 내의 真神の原와 상·하 桃原에 정착한 도공, 마구 제조인, 화가, 비단 방직공, 통역사를 포함한 새로 도착한 백제 기술자들의 대표였다.

應神·雄略 篇의 이 두 이야기를 근거로 山尾幸久(1984: 47-51)는 東漢氏 도래인은 원래 폭력적 전쟁을 피해 阿羅(=안라) 가야에서 이주해 왔으며, 이후 목협만치(木劦滿致) 가문을 포함한 백제계 이주민들과 합쳐졌다고 주장한다. 주거 유적과 무덤에서 나온 고고학 자료에 따르면, 明日香村의 도래인 공동체(AD 350~500)는 5세기 후반에 이르러 확고하게 자리잡았다(坂靖 2018: 119-122; 橋本輝彦·木場佳子 2004: 87).

飛鳥의 지배적 주민으로서 東漢 도래인은 明日香村를 발전시켰다. 즉, 6세기에 法興寺(=飛鳥寺)를 세우기 위한 땅을 제공했고 明日香를 일본 불교의 중심으로 만들었다. 학습과 학문의 선구자로서의 그들은 飛鳥 계몽운동을 이끌었다(田村円澄 1981: 37-46). 大和에서 東漢氏는 大和 조정에서 고위 군사 지도자는 물론 공문서 번역과 외교 업무를 담당하는 관리로 활동하는 위대한 학자들이었다(鈴木靖民 1995: 58-59; 上田正昭 1991: 61-66). 明日香는 도질토기 도공, 철기 제작자, 비단 생산자, 마구 제작자 등을 비롯한 다양한 업종의 백제 기술자들의 본거지가 되면서, 본질적으로 近畿 핵심지역의 백제 타운 또는 집단 거주지로로 부상했다.

7세기 초 東漢氏는 중국 수(隋)와 당(唐)에 파견된 문화사절의 대표로서 大和 사회의 중국 문화 수용에 크게 기여했다. AD 608년 중국에 갔던 문화사절단의 7명 또는 8명 전원이 東漢氏 출신이었다. 그들은 學生 倭漢直福因, 奈羅譯語惠明, 高向漢人玄理, 新漢人大圀, 學問僧 新漢人日文(僧旻), 南淵漢人請安, 志賀漢人惠隱, 新漢人廣濟였다(『日本書紀』 推古 16年).

8세기 초 백제 귀족의 후손이자 東漢氏인 高野新笠(타카노 니가사)는 大和 왕자 白壁(시라카베)(훗날 光仁(코닌))와 혼인하여 737년 奈良에서 山部(야마노베)를 낳았다. 781년 桓武(간무)(재위 781~806)로 즉위한 山部(야마노베)는 시간이 지나면서 고대 일본에서 가장 위대한 군주가 되었다(上田正昭 1965: 15-19).

蘇我氏의 등장

또 飛鳥 지구는 5~6세기 大和를 지배했던 강력한 蘇我氏(소가)의 고향이었다. 蘇我氏는 6세기 중반 大和의 가장 강력한 엘리트로 부상했던 東漢 도래인의 지원을 받으며 가장 결정적인 시기에 100년 이상 大和를 이끌었다(坂靖 2018: 167-211; 門脇禎二 1991: 168-184).

오래전부터 『日本書紀』 연구자들이 蘇我氏와 백제와의 관련성을 논의

해 오긴 했지만, 蘇我氏의 도래인 기원설을 학술적으로 주장한 이는 「蘇我氏の出自について」(1973)와 「蘇我氏と渡來人」(1991) 이란 논문을 발표한 저명한 일본 고대사 교수 門脇禎二였다. 여기에 山尾幸久의 『日本國家の形成』(1977)과 鈴木靖民의 「木滿致と蘇我: 蘇我氏百濟人說によせて」(1981)가 추가되었다. 최근 坂靖(2018: 115-116)는 奈良 남부의 飛鳥 지구에서 보고된 후기 마한 토기를 포함한 후기 마한의 압도적 문화적 잔해들을 근거로 한반도 서남부 영산강 유역을 蘇我氏의 원향으로 성정했다.

『日本書紀』 應神 25年 기록에 따르면, 蘇我(賀)滿智의 원래 성(姓)은 木 또는 木劦이다. 한편 『三國史記』에는 木協으로 나오는 반면에 『隋書』와 『新唐書』를 포함한 고대 중국 기록에는 木으로 나온다. 이 성(姓)들에서 중심은 한성백제기 대성팔족(大姓八族) 중 하나인 목씨(木氏)이다. 백제 조정의 목협만치(木劦滿致)와 大和 조정의 蘇我滿智를 연결시킨 고대 기록은 『三國史記: 百濟本紀』 蓋鹵王 21年條와 『日本書紀』 履中 2年條이다. 『三國史記』에 따르면, 백제의 유력 엘리트 가문 출신인 木劦滿致는 백제 조정의 고위 관리였다. 고구려가 漢城을 공격할 계획이라는 소식을 들은 蓋鹵王은 아들 文周에게 백제의 장래를 위해 피신해 목숨을 구하라 지시했다. “이에 따라 문주는 목협만치와 조미걸취(祖彌桀取)와 함께 남쪽으로 달아났다”(『三國史記』 卷25; Best 2006: 297). 이들은 금강 남쪽 기슭에 위치한 강변 마을인 곰나루에 도착했고, 곰나루는 백제의 새로운 수도가 되었다.

개로왕(蓋鹵王)의 예상대로 475년 고구려는 漢城을 침공하여 멸망시키고 왕을 살해했고, 문주는 새로운 백제 수도 고마나루에서 새 백제 왕이 되었다. 그러나 불과 2년 뒤인 477년, 문주왕은 한성의 옛 귀족 파벌들과 신흥 지방 권력 집단 간의 치열한 권력 투쟁 과정에서 암살되었다. 이 무렵 木滿致는 한반도에서 사라졌고, 한반도 기록이 木劦滿致에 대해 침묵하는 이

시점 이후 『日本書紀』는 그의 이야기를 다시 시작했다. 『日本書紀』 履中 2年條에 그는 다른 大和 관료들과 함께 "국가 업무를 관리"하는 蘇我滿智로 등장한다(Aston 1972, Vol. 1: 306). 門脇禎二(1973: 88, 1991: 176-178)에 따르면, 木滿致는 당시 관습대로 자신이 정착한 오늘날 橿原(가시하라) 인근의 蘇我(소가가와)川(百濟川이라고도 불림)의 이름을 따라 蘇我氏로 성(姓)을 바꾸었다. 그래서 木滿致는 일본 역사 기록상의 蘇我滿智가 되었다.

『日本書紀』의 AD 461년 이전의 연대기들은 역사를 훼손해 가면서까지 大和의 정통성을 높이려 했던 편찬자들의 의도 때문에 120년 부정확한 것으로 여겨지고 있다(Aston 1972: xviii; 津田左右吉 1950: 157-192; 山田英雄 1972: 247-254, 1991: 66-74; 国史大辞典編集委員会 1993 Vol. 11: 194-195). 따라서 履中의 재위 연대(400~405)에 120년을 더하면 履中二年은 AD 521년이 되고, 木滿致가 30대에 백제를 떠났다고 가정하면, 521년 木滿致는 70대 후반 또는 80대 초반이 되었을 것이다. 鈴木靖民(스즈키 야스타미)(1981)는 木劦滿致는 충성을 바쳤던 문주왕을 잃었고, 또 새로운 백제의 수도가 자신이 소속된 옛 漢城 귀족들과 신흥 지역 귀족들 간의 끝없는 권력 투쟁에 휘말렸기 때문에 고마나루를 떠났다고 주장한다. 그는 大和에서 이미 번성하게 활동 중인 백제 사람들 사이에서 새로운 삶을 건설하고자 했다.

『日本書紀』 應神 25年 기록에 따르면, 木滿致는 백제에 있을 때 임나(任那, 즉 김해 금관가야)에서 절대적 권위를 행사했고, 공식 업무로 大和 조정에 자주 갔던 유력한 백제 관리였다. 이러한 木滿致의 경험은 특히 백제, 伽羅(伽倻), 군사, 재무 관련 문제들에서 大和 조정의 귀중한 자산이었다(鈴木靖民 1981). 蘇我滿智는 大和 조정에서 재무대신(財務大臣)이 되었고 왕과 조정 엘리트들과 개인적 관계를 맺었다. 그는 높은 사회적 지위에 오르는 과정에서 明日香村의 東漢(氏) 도래인들의 전폭적 지원을 받았던 것으로 믿어진다. 근본적으로 그는 다양한 분야의 학자들과 기술자들을 포함한 백제 이주자들의 대표로 부상했다(坂靖 2018: 122-127, 130-134).

『蘇我氏系図』에 따르면, 滿智(만치의) 아들 이름은 韓子이고, 韓子의 아들 이름은 コマ(고마)이며(吉村武彦 2016: 59), コマ의 아들 이름은 稲目(이나메)이다.

蘇我稲目(소가노 이나메)의 두 딸은 모두 欽明(긴메이)王과 결혼했는데, 欽明 재위 기간에 大和 조정과 백제의 관계는 그 어느 때보다도 좋았다. 두 딸 중 한 명이 낳은 아들은 후에 用明(요메이)王이 되었다. 특히 用明의 뒤를 이은 다섯 왕 모두 蘇我稲目와 혈연관계에 있는 어머니나 아내를 두었다. 이러한 왕실과의 연줄을 통해 稲目는 AD 536년 (신하 중 가장 고위직인) 大臣(오오오미)로 등극하여 현직 倭王에게 막강한 영향력을 행사하면서 본질적으로 570년까지 34년 동안 大和 倭를 이끌었다.

AD 527년 九州 筑紫(치쿠시)의 磐井(이와이) 성주의 반란(磐井の乱) 이후 일본열도 전역의 토지에 대한 屯倉(미야케)(大和 조정 直轄領) 제도 확립은 稲目의 유명한 업적 중 하나이다. 더 이상의 지방의 반란을 막기 위해, 稲目는 大和 외부의 가장 강력한 지역 중심지였던 岡山의 吉備부터 과거 지방 엘리트들이 관리하던 곡물 창고, 세금 징수 센터, 토지를 屯倉 제도를 통해 大和 조정의 직접적인 통제 하에 두었다. 이는 열도의 궁극적인 정치적 중앙집권화를 향한 결정적인 발걸음으로 백제 성왕(聖王)이 시행한 백제의 지방 통치 체제와 유사했다.

稲目는 또한 백제 불교을 지지하고, 주저하는 欽明王과 고위 관료들에 맞서 불교를 적극적으로 장려한 일본 大和 조정 최초의 고위 정부 관료였는데, 특히 物部弓大連(모노노베노 오호무라지)와 中臣連(나카토미노 무라지)는 새 종교의 수용에 대단히 부정적이었다.

성왕(聖王)이 일본열도에 불교 전파를 결정하면서 백제의 蘇我氏 친척들의 도움에 의존한 것으로 보임은 특히 중요하다. 예를 들어 성왕은 불교 사절단을 처음 보내기 5개월 전인 AD 552년 5월 백제 고위 관료이자 蘇我 친척인 木劦今敦을 大和 조정에 보냈다. 木劦今敦은 곧 사비(扶餘)로 돌아왔지만, 10월 불교 사절단이 大和에 도착했던 이듬해 1월 다시 稲目을/를 방문하는데, 이는 大和 수도(首都)에 불교 사절단이 도착한 지 겨우 두세 달 만이다(『日本書紀』 欽明 13年·14年). 성왕은 고구려에 맞설 군사 지원 요청을 위해 大和 조정에 木劦今敦을 보냈지만, 한편으론 蘇我氏族을 통해 大和 엘리트들에게 영향력을 행사하려 했음이 분명하다.

稲目가 사망한 후 그의 아들 蘇我馬子가 572년 새로이 大臣이 되었는데, 그의 완전한 직함 大臣 馬子宿禰(우마코노수쿠네)은/는 그의 직무(大臣)와 지위(宿禰)를 나타낸다. 아버지와 마찬가지로 열렬한 불교 신봉자인 馬子는 587년 그의 주요 정치적 경쟁자이자 반불교 파벌의 대표였던 物部弓大連를 압도하고 불교를 일본 국교로 만들었다. 物部弓를 물리친 馬子는 大和 정권에서 가장 강력한 지도자로 부상했고, 아버지가 大和 왕실과 맺어준 혼인 관계를 통해 아버지처럼 막강한 권력을 행사했다. 用明(요메이)王 사후 馬子는 누나의 아들인 조카 崇峻(수준)을 왕위에 올렸지만, 어린 崇峻王과의 관계가 틀어지자 馬子는 바로 崇峻을 살해하고 조카 推古(수이코)(崇峻의 아내)로 왕위를 대체했다. 여제(女帝)의 섭정을 맡은 馬子는 大和 倭의 실질적인 통치자가 되었다. 섭정의 자격으로서 馬子는 자신의 정치적 동료이자 전우로 蘇我 家門과 밀접하게 연관된 用明의 아들 聖徳(쇼토쿠)太子를 선택했고, 두 사람은 함께 불교를 장려하고, 大和國의 발전을 위해 다양한 정치적·경제적·문화적·군사적 행동을 취했다.

한반도 출신 도래인 씨족 중 백제와의 인연, 大和 조정에서의 중요한 역할, 그리고 불교의 일본 국교화 때문에 가장 잘 알려져 있는 蘇我氏는 중앙집권화된 일본의 국가 형성에서 가장 중요했던 536년~650년 114년 동안 大和의 국정을 관장했다. 大和 조정에서 蘇我氏의 출세는 이미 近畿 전역에서 철 산업, (댐 건설과 간척 등) 공공 사업 프로젝트, 위신재 제조 산업, 須恵器 도질토기 생산, 기마 문화 발전, 기마 기병, 그리고 불교와 유교 학자들의 교육 및 학문 등 다양한 사회적·경제적 역할을 수행하며 정착한 여러 백제 이주민 공동체들 덕분에 가능했다. 河內의 大県 철기 제조 단지의 지원은 특히 중요했을 것이다(白石太一郎 2009: 290-298).

蘇我氏가 大和 조정을 장악했던 한 세기 동안(약 536~650년), 백제와 大和의 관계 역시 절정에 있었고, 대한해협을 통한 한반도 서해안과 瀬戸內海를 오가는 해양 교통량 역시 대단했다. 선박들은 백제 사비도성(泗沘都城)에서 大和의 수도 明日香으로 공식 사절단, 유학자, 불교 승려와 선생, 금속 세공사, 목수, 예술가, 와공(瓦工) 등을 실어 날랐고, 반대로 관료, 남녀 승려, 학생들이 大和에서 사비도성으로 이동했다. 일부 여행자들은 도중에 많은 난파선을 초래한 폭풍, 위험한 바위, 높은 파도를 만났다. 황해가 내려다보이는 한반도 서해안 부안(扶安)의 가파른 절벽에 위치한 죽막동(竹幕洞) 유적에 대한 고고학 조사는 6세기 백제와 왜의 대표들은 바다를 건너는 자국민의 안전을 위해 바다의 신들에게 기도하고 희생물을 바치는 제단을 유지 및 관리했음을 알려 주었다(국립전주박물관 1994).

6~7세기는 大和를 蘇我氏가 지배했던 시대일 뿐만 아니라 찬란한 飛鳥[아스카]時代(592~645)였고, 飛鳥는 大和의 심장부에서 다시 태어난 백제였다(田村円澄 1978). 大和 사람들에게 백제는 첨단 기술과 높은 수준의 문화를 대표했다. 백제는 최고 가치 또는 가장 원하는 것과 동의어였고, 大和 통치자들은 기꺼이 백제 문화에 감복했다. 593년 일백 명의 大和 관리들이 法興寺 건립 축하를 위해 백제 예복을 입고 明日香에 모였다. 舒明[조메이]王(재위 629~641)은 639년 百濟川[쿠다라가와]이란 강 옆에 큰 궁전과 인상적인 탑을 세우고, 百濟宮[쿠다라노미야]이라 명명하고, 이 곳으로 주거를 옮겼다. 이듬해 舒明王이 사망하자 百濟宮 옆에 빈전(殯殿)을 짓고 百濟大殯[쿠다라노오모가리]라 명명했다(『日本書紀』 舒明 11年, 12年, 13年).

매우 깊이 백제화된 大和 사회에서 도래인 출신이라는 이유로 蘇我氏의 출세를 반대하는 사람은 전혀 없었다.『日本書紀』에 따르면, 物部弓大連와 中臣連는 蘇我氏가 백제 출신이기 때문이 아니라 외래 신(불교)을 도입했기 때문에 蘇我氏의 최대의 적이 되었다. 物部弓大連 스스로 자신의 경제적·정치적 지위를 도래인들에 의존했고(白石太一郎 2009: 290-298), 蘇我氏에 대한 반대는 전적으로 종교적 이유 때문이었다.

그러나 민족의식이 고조된 근대에 蘇我氏의 한반도 기원에 대해 일부 사람들의 의문 제기는 당연했다(田村円澄 1981: 36-46; 加藤謙吉 1983: 10-24; 遠山美都男 2001: 219-223; 吉村武彦 2016: 61-63). 추측과 추정을 근거하여 이들은 蘇我氏族의 기원을 백제가 아닌 奈良 분지 남서부의 葛城(가쓰라기)에서 찾고, 木滿致와 蘇我滿智를 동명이인(同名異人)으로 간주했다. 한편 이들은 蘇我滿智의 한반도 기원에 대한 가장 분명한 증거 중 하나인 아들 韓子(카라코)와 손자 コマ의 이름 짓기에 초점을 맞추어 왔다.

비판적 시각의 학자들은 고대 일본에서 韓(카라)는 일반적으로 한반도를 의미하며, "韓子"는 일본인 아버지와 한반도 출신 어머니 사이에서 태어난 아들들을 지칭하는 흔한 이름에 불과했다고 주장했다(加藤謙吉 1983: 19-20). 그러나 이런 혼인 관계에서 태어난 모든 아들이 韓子로 불리거나 작명되었다는 증거는 없고, 한반도 출신 어머니와 일본인 아버지 사이에서 태어난 아들은 많았다. 蘇我滿智는 자신이 백제의 공식 대표로 살았던 한반도의 伽羅를 따라 아들 이름을 작명했을 가능성이 높다(『日本書紀』 應神 25年). 『日本書紀』 神功(진고) 49年과 『日本書紀』 應神 25年 기록에 인용된 『百濟紀』에 따르면, 木滿致는 任那(伽羅)에서 백제 전권대사를 지낸 유명한 백제 장군 木羅斤資의 아들이다. 이 경우 그는 자신과 伽羅와의 특별한 관계를 기념하려는 의도에서 "伽羅의 아들"을 의미하는 韓子란 이름을 사용했을 것이다.

비판적 시각의 연구자들은 또 蘇我滿智가 백제 귀족이었다면, 자신의 손

자가 백제의 숙적인 고구려를 의미하는 コマ라는 이름을 갖는 것을 허락하지 않았을 것이라고 주장한다. 실제로 백제 귀족이 백제 수도인 한성을 멸망시켰고, 계속 백제를 멸망시키려는 의도를 가진 고구려를 따서 자신의 아들이나 손자의 이름을 짓지는 않았을 것이다. 동일한 이유로 倭 씨족인 葛城 역시 백제와 마찬가지로 倭에게도 적대적인 고구려의 이름을 따서 아들의 이름 コマ라 짓지는 않았을 것이다.

고마는 고마나루의 축약형으로 실제로 475년 고구려의 한성 함락 이후 木滿致가 문주왕과 함께 피난했던 백제의 새 수도명이었다. 즉, 530년경 중국 梁나라 조정에 등장한 외국 사절들을 설명하는 그림인 「梁職貢圖」에도 固麻는 백제 수도명으로 나오며, 이는 木滿致가 大和에 오기 전까지 살던 곳이기도 했다.

언어학적으로 고마는 곰을 의미하는 퉁구스 단어의 변형된 형태인데, 현대 한국어에서는 곰으로, 현대 일본어에서는 くま로 남아있다. 곰은 모든 한국인들의 궁극적인 어머니로서 한국 건국신화(단군신화)에 등장하며, 신성한 토템이었다(이종욱 1994: 13-57).

백제 수도 한성 함락 후 AD 475년 백제 조정이 남쪽으로 도망쳤을 때, 금강 남안의 곰나루라는 지명의 강가 마을이 새로운 수도로 선택되었다. 따라서 5세기 大和 궁정에서 백제의 새 수도는 熊津(구마나리)로 불렸다(『日本書紀』 雄略 20年; Aston 1972 Vol. 1: 367). 이러한 맥락에서 蘇我滿智가 손자 이름을 고마로 지은 이유는 이해될 수 있다.

알 수 없는 이유에서 古墳時代 중기 언젠가 大和 수도에서 고구려가 コマ로 불리게 되었고, 결과적으로 8세기 또는 더 나중에 蘇我氏族의 족보(族譜)가 글로 작성되면서 고마(熊)가 高句麗란 한자(漢字)로 잘못 표기되었다. 아마도 蘇我氏族의 족보는 대부분의 고대 사회에서처럼 여러 세대에 걸쳐 구전으로 전해지다가 8세기에 이르러 한자(漢子)로 기록되었을 것이다. 이는『日本書紀』편자들과 비슷한 시대착오적 오류로 동시기에 倭는 日本이 되었다.

伽羅는 木滿致가 백제 관리로 살았던 곳이고, 고마나루는 고국의 새 수도이면서 충성을 바친 문주왕과 함께 했던 마지막 장소였다. 伽羅와 고마는 滿致에게 가장 소중한 두 장소이기 때문에 그리운 고국과 자신과 가족이 한반도 출신임을 기념하기 위해 그가 아들을 韓子(伽羅의 아들)로 손자를 고마(백제)로 이름 지을 이유는 충분하다. 다시 말해서 葛城氏族은 아들 이름을 가라/고마로 지을 이유가 전혀 없었지만, 蘇我氏族은 아들 이름을 가라와 고마로 지을 이유가 충분했다.

葛城氏族의 역사 및 고고학 연구를 폭넓게 진행해 온 坂靖는 葛城氏와 蘇我氏의 연관성을 인정하지 않는다. 첫째, 奈良 분지 서남부를 중심으로 하는 葛城氏와 남부를 중심으로 하는 蘇我氏는 서로 지리적으로 분리되었다. 둘째, 葛城氏와 蘇我氏는 각기 자신의 영역에서 뚜렷하게 다른 사회정치적 실체를 발전시켰다. 蘇我氏는 大和 조정과 긴밀한 동맹 관계를 맺으면서 발전한 반면에 葛城氏는 자신의 영토 및 도래인 장인들과 함께 大和 조정 외부에서 활동했다.

蘇我氏는 다양한 규모의 많은 전방후원분을 포함한 600기 이상의 도래인 엘리트 무덤들로 구성된 인상적인 新沢千塚(니자와센즈카)에 씨족 성원들을 묻은 것으로 믿어진다(門脇禎二 1991: 178). 126號墳에는 금관, 금귀걸이, 금팔찌, 장식된 검, 휴대용 청동 화로, 희귀한 유리제품을 포함한 인상적인 위신재가 부장되었다. 다른 무덤(109호분, 115호분, 139호분, 281호분)에서는 철제 대도, 단검, 철제 갑주가 출토되었다(도면 4.14) (奈良縣敎育委員會 1977, 1981a, 1981b; 奈良県立橿原考古学研究所附属博物館 1999: 61; 滋賀県立安土城考古博物館 2001: 32; 大阪府立近つ飛鳥博物館 2003: 76).

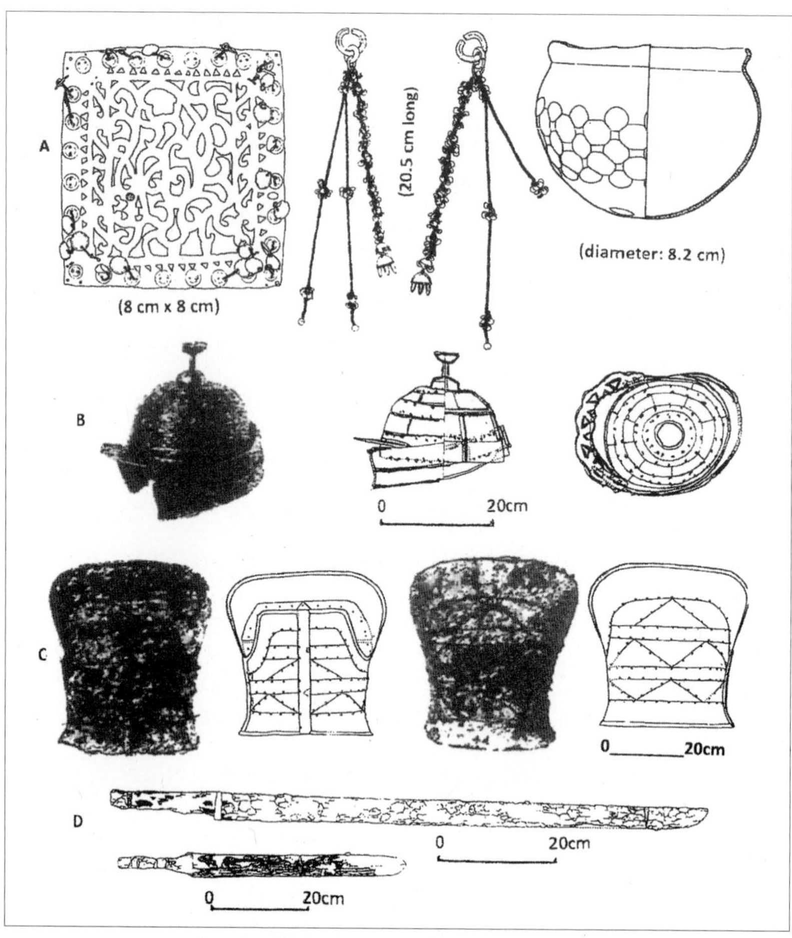

도면 4.14 明日香 인근 新沢의 도래인 엘리트 무덤 출토 위신재

A: 126호분 출토 위신재(金製方形板, 금 귀걸이, 로마 글라스 사발) (奈良縣教育委員會 1977); B: 139호분 출토 철제 헬멧(奈良縣教育委員會 1981a); C: 115호분 출토 철제 갑옷(奈良縣教育委員會 1981b); D: 109호분 출토 대도와 단검(奈良縣教育委員會 1981c)

분묘와 사원들

널리 알려진 明日香村(아스카무라)의 고고학 유적으로 法興寺(호코지)(飛鳥寺(아스카데라)), 檜隈寺(히노쿠마), 定林寺(테이린), 栗原寺(구리하라), 高松塚古墳(다카마쓰즈카), キトラ古墳(기토라) 등이 있다(国史大辞典編集委員会 1993 Vol. 11: 968). 法興寺는 蘇我氏의 사찰이었던 반면에 明日香村 동남쪽에 위치한 坂田寺(사카타)는 역시 벡제 출신으로 말 안장과 다른 기마 장비 생산을 담당하는 鞍作(구라쓰쿠리)氏族의 사적(私的) 사찰이었던 것으로 추정되고 있다. 씨족 성원인 鞍作止利(구라쓰쿠리 토리)는 여전히 法興寺에 소장되어 있는 유명한 금동 불상을 제작했다(『日本書紀』 雄略 7年; 大阪府立近つ飛鳥博物館 2004: 56). 明日香村 서남쪽에 위치한 檜隈寺는 백제 귀족 阿知의 후손인 東漢氏의 씨족 사찰이며, 阿知는 於美阿志(오미아시) 神社에서 숭배되고 있다(『日本書紀』 雄略 7年; 大阪府立近つ飛鳥博物館 2004: 56).

도래인 東漢氏는 거대한 사찰터들은 물론 앞서 언급한 新沢千塚 이외에도 細川谷古墳群(호소카와다니)과 赤尾崩谷古墳群(아카오쿠즈레다니)을 비롯한 자신들의 공동체의 묘지들에도 자신들의 역사를 남겼다. 細川(호소가와) 골짜기에 위치한 細川谷古墳群에 6~7세기 축조된 200기 이상의 엘리트 무덤들은 원형 봉분을 지닌 횡혈식 석실분이다. 다른 도래인 고분들과 마찬가지로 細川谷의 古墳들에도 마구, 금반지와 금귀고리, 휴대용 부뚜막 미니어처가 부장되었다(辰巳後輔 2017: 1-20).

조사단은 赤尾崩谷古墳群(아카오쿠즈레다니)의 엘리트 무덤 5기에서 금동제 마구, 철창촉, 은제 및 동제 목걸이, 그리고 많은 보석들과 함께 함께 적색에서 청색 및 녹색에 이르는 다양한 색깔의 11,000점 이상의 유리 구슬을 발견했다. 산등성이 정상부에 일렬로 조성된 무덤 중 1~3호분은 5세기 후반, 4~5호분은 6세기 전반에 각각 축조되었다. 2호분을 제외한 다른 모든 무덤은 한 변 11~16m의 방대형 분구를 지녔다. 부장된 위신재들과 인근에서 발견된 휴대형 부뚜막 미니어처가 부장된 횡혈식석실분을 근거로 5세기에 이 지역에 정착한 도래인 수장들의 무덤들로 보고 있다(橋本輝彦·木場佳子 2004: 86-87).

c. 奈良 南鄕(난고)의 엘리트 도래인 기술자들

明日香村에서 서쪽으로 약 5km 떨어진 "葛城의 王都"로 알려진 南鄕는 奈良 분지에 조성된 또 하나의 주요 도래인 취락이었다. 2.4km^{2}의 면적을 점유하며 古墳時代 중기 열도 최대 취락으로 부상한 南鄕의 지도자와 주민들은 大和 권력의 발전에 깊이 관여했다(坂靖·青柳泰介 2017: 4-16, 25).

南鄕는 본질적으로 도래인이 부양하는 취락이었다. 坂靖·青柳泰介(2017: 27)의 관찰에 따르면:

> 도래인과의 깊은 관련성은 南鄕 유적을 다른 대규모 취락들과 차별화한다. 도래인들이 南鄕를 뒷받침하고 유지했다고 해도 과언은 아니다……생산 기술자들을 감독하는 親方(오야카타)[존경받는 지도자와 관리자]로 활동하는 사람들은 도래인 중에 있었다… 이들은 당시 최첨단 기술을 보유한 사람들이었기 때문에 葛城 王의 환대를 받았고, 특별한 특권을 부여받았다.

葛城의 정치적 권력은 도래인 기술자들과 그들의 첨단 철기 제조, 금은 공예, 건축 기술에 기반했다(坂靖·青柳泰介 2017: 32-59, 72). 南鄕에서는 가야, 백제, 후기 마한의 토기들이 모두 출토되는데, 이는 한반도 서남부는 물론 동남부에서도 도래인들이 왔음을 시사한다.

南鄕에서 가장 중요한 생산 유적은 南鄕 취락 중심에 위치한 南鄕角田(난고가도타) 유적이었다. 조사단은 유적에서 보고된 고고 자료를 근거로 도달했다. 기술자들이 원두정결합(圓頭釘結合)을 이용한 철제 갑주를 포함한 무기류를 생산했던 전문화된 공방이란 결론에 도달했다. 또 유적에서는 다양한 종류의 유리구슬, 금·은·금동제 과대 버클과 가죽 전통(箭筒)의 금동 장신구, 사슴뿔로 조각된 단검·칼 자루 등의 위신재도 생산되었다(坂靖·青柳泰介 2017: 54-58).

한반도 연질토기와 도래인 주거용 건물이 보고된 南郷柳原(난고야나기하라) 유적은 중심생산 센터 바로 동측에 위치한다. 주거용 건물들은 明日香村 檜前(히노쿠마), 高取町(다카토리초) 観覚寺(간카쿠지), 滋賀 穴太(아노우) 유적과 같은 다른 도래인 취락에서 발견되는 것들과 유사한 돌 기단 위에 건설된 크고 두꺼운 벽체로 구별되는 大壁(오카베) 유형 구조로 조성되었다(坂靖·青柳泰介 2017: 62-66; 花田勝広 2000).

고대 백제에서도 비슷한 건물이 많이 건설되었기 때문에, 아마도 백제 기술자들의 작업 결과일 가능성이 높다. 수혈 주거와 기둥이 있는 건물을 선호하는 현지 주민들과는 대조적으로 '葛城 王'의 초청으로 온 도래인 기술자들은 견고한 고상건물에 거주했다(坂靖·青柳泰介 2017: 54-64). 大壁 건물에 거주하는 도래인 기술자들은 南郷千部(난고 센부), 下茶屋 カマ田(시모차야 가마다), 佐田柚ノ木(사다유노키) 유적 등에서 고고학적으로 확인된 다양한 철기 제조 공방들에서 일하는 평민 도제(徒弟)의 감독관들을 지도했던 것으로 추정되었다(坂靖·青柳泰介 2017: 68-76).

南郷 남쪽에 위치한 古墳時代 중기의 五条(고조) 취락은 南郷와 밀접한 관련이 있다. 大壁 건물들과 함께 철 슬래그, 송풍구, 단조 철편 등이 나온 대형 구조물이 발견되어 五条 취락이 철기 제작지였음을 시사해 준다. 발굴팀은 한반도 연질토기와 초기 須恵器의 존재에 근거하여 五条 유적을 도래인 철기술자들의 취락으로 결론지었다. 인근에서 발견된 32×32m 규모의 인상적인 방대형 무덤에서 다양한 단조철기 제작용 도구들과 함께 갑옷 두 벌, 철제 헬멧, 금동 과대 버클, 동경을 비롯한 위신재가 출토되었다(上林史郎

2004: 63; 大阪府立近つ飛鳥博物館 2004: 24).

南郷의 도래인은 葛城川과 蘇我川 사이에 있는 최대 도래인 고분군 중 하나인 巨勢山古墳群(고세야마)에 자신들의 무덤을 조성했다. 상당수가 백제식 횡혈식석실분인 700기가 넘는 무덤 중 境谷(사카이다니) 4호분은 원형 봉분을 지닌 도래인 엘리트 무덤이다. 이 무덤에서는 집게, 모루, 숫돌을 포함한 단조철기 제작에 필수적인 다양한 대장장이 작업 도구들이 출토되었다(上林史郎 2004: 67-68).

d. 山城의 도래인 취락

일본 학계는 5세기 후반 고대 山城(야마시로)의 葛野(가도노)에 정착한 도래인 집단인 秦(하타)氏 중심으로 京都가 개발되기 시작했음에 동의한다(京都文化博物館 1989: 130-148; 井上満郎 1991: 103-111). 秦氏의 기원은 학계에서 오랜 논란의 대상이었다(大和岩雄 1990: 196-226). 『日本書紀』 應神 14年 기록과 815년 완성된 『新撰姓氏錄』에 근거한 견해에 따르면, 秦氏는 원래 백제 엘리트 弓月 왕자(弓月君(유츠키))의 인도 아래 일본으로 왔다. 한편 秦氏는 원래 바다를 건너온 신라 이주민들을 일컫던 '바다씨'의 변형이라는 언어학적 고찰에 근거하여 秦氏가 신라에서 왔다고 주장하는 의견도 있다(上田正昭 1965: 71-72; 井上満郎 1991: 103-111).

철저한 고대 기록 분석을 근거로 大和岩雄(오와 이와오)(1990: 209-225)는 秦(하타)라는 단어는 실제로 바다라는 한국어의 변형이라 결론지었다. 그러나 그는 *hata*(秦)나 *bada*(海)는 실제로 3세기 동아시아의 철의 수도로 알려진 金海('Iron Sea')의 원래 이름인 '철의 바다'를 뜻하는 '쇠바다'를 지칭했다고 주장한다.

金海는 한반도 동남해안에서 가장 강력한 가야 국가인 구야국(狗倻國)의 다른 이름이었다. 고고학적·역사학적으로 잘 알려져 있듯이 AD 400년 고구려 광개토왕의 침략으로 멸망한 구야국의 일부 엘리트들은 백성들과 함께 일본으로 도망쳤다. 일본열도 원주민들은 김해(쇠바다) 출신 가야 사람들을 바다(海) 사람, 즉 秦氏族이라 불렀다.

大和岩雄에 따르면, 김해 출신 이주민들은 처음에는 대부분 九州 북부에 정착했지만, 그들 중 일부는 奈良 분지 남부의 掖上(와키가미)로 갔고, AD 450년경 京都 분지의 山城(야마시로)(으)로 이주했다(大和岩雄 1990: 224-225). 山城에서 秦氏는 大和 조정이 요구하는 산업 생산을 위해 다양한 한반도 이주민 공동체를 조직하며, 점차 강력한 이주민 파벌 중 하나로 부상했다(鈴木靖民 1995: 57-58).

우월한 공학 기술로 무장한 秦氏는 농업 확장에 필요한 京都 평야의 배수 및 개발을 위해 京都 주변에 댐과 제방을 건설하기도 했으며, AD 500년 무렵에는 京都 분지 전체에서 가장 부유하고 강력한 엘리트로 부상했다(山尾幸久 1977: 43-46). 秦氏는 자신의 재산으로, 京都에 伏見稲荷大社(후시미이나리 타이샤), 松尾大社(마쓰오 타이샤), 広隆寺(고류지)를 포함한 많은 절과 사원을 세웠다.

540년 무렵부터 秦氏는 大和 왕가(王家)와 그리고 聖徳(쇼토쿠)太子의 치세 하에서 불교 부흥에 중요한 역할을 했던 蘇我氏와 밀접한 동맹을 맺게 되었다(山尾幸久 1977: 43-46; 上田正昭 1991: 66-71). 이들은 유력한 藤原(후지와라)氏와도 혼인 동맹을 맺어 大和 정부에서 막강한 영향력을 행사했다(京都文化博物館 1989: 131).

또한 桓武(간무)가 794년 大和의 수도를 奈良에서 長岡京(나가오카쿄)로 옮겼다가 결국은 京都의 平安京(헤이안쿄)로 옮겼을 때, 大和 군주 桓武는 재무와 공학을 주로 秦氏에게 의존했음 역시 주목되어야 한다(京都文化博物館 1989: 131). 秦氏는 京都 지역에 자신들을 위한 거대한 횡혈식석실분을 조성하기 위해 전방후원분을 축조했는데, 국가사적(國家史蹟)으로 지정된 蛇塚(헤비즈카)古墳은 그 중 하나이다.

e. 고대 琵琶湖 주변과 近江의 도래인

京都 동쪽에서 수 마일 떨어진 琵琶湖 주변 大津(오쓰)市(고대 近江 구역)에서는 30지점이 넘는 5C/6C 도래인 고분군들이 보고되어 왔다. 이 古墳 중기 고분군들 중 일부는 최대 150기의 무덤들이 錦織(니시키오리)와 坂本(사카모토) 사이의 6km 거리에 걸쳐 比叡(히에이)山 동쪽 사면에 산개되어 있다. 이 고분군들에는 大阪의 一須賀(이치스카)古墳群에서 보고된 것과 유사한 횡혈식석실분들도 있고, 종종 近畿의 古墳時代 중기 도래인 무덤에서 발견되는 부뚜막 미니어처가 출토되기도 한다(堀真人 2009: 13-22). 이렇게 많은 고분들은 많은 백제계 이주민이 5세기 초(AD 400~450년) 大津에 정착하여 6세기까지 번성했음을 보여준다.

초기 須恵器와 함께 琵琶湖 주변의 많은 주거 유적들에서 발견되어 온 한반도 서남부 후기 마한 연질토기 역시 한반도 서남부 출신 도래인들이 5세기 초 이 지역에 정착했음을 시사한다. 즉, 琵琶湖를 둘러싸고 서북쪽에 南市東(미나미이치 히가시), 동북쪽에 高月南(다카쓰키 미나미), 동남쪽에 入江內(이리에 나이), 남쪽 끝에 服部(하토리) 등의 취락이 발달했다(兼康保明 1997: 63-66).

穴太(아노우), 滋賀里(시가리), 南滋賀(미나미 시가), 存まず(나마스), 木曾(기소) 등 호수 남쪽 및 동남측은 물론 서남측의 많은 취락 유적에서 보이는 6세기대 백제식 大壁 건물들은 6세기 들어 백제 출신 도래인의 수가 증가했음을 말해 준다(兼康保明 1997: 66-71). 한편 일부 건물에는 온돌이 설치되기도 했다.

백제 왕국이 완전히 멸망한 7세기 후반 2,400명에 이르는 많은 백제 피난민의 近江(오미) 정착(665~667년)을 도운 天智王은 明日香에서 백제인들로 북적거리고 백제 문화로 번성하던 近江으로 大和 수도를 옮겼다. 2년 후인 669년 그는 700명의 백제 난민을 추가로 近江에 정착시켰다(『日本書紀』 天智 4年, 5年, 6年, 8年). 近江에 정착한 백제 난민 중에는 전직 백제 고위 관리도 있었는데, 天智王는 671년 그 중 한 명인 鬼室集斯를 大和國의 교육 업무를 담당하는 學職頭(교육기관의 장)로 임명했다.

大津에서는 百濟寺(쿠다라데라)를 비롯한 도래인 가문이 세운 많은 불교 사찰터가 확인되기도 했다. 한편 大和國의 學職頭로 임명된 백제 귀족 鬼室集斯를 기리고 추모하기 위한 사당도 세워졌고, 大津 사람들은 지금도 사당을 찾아 그를 추앙한다고 한다(京都文化博物館 1989: 125-128).

B. 고대 吉備 (오늘날 岡山)의 도래인

4세기 말 고대 吉備로 이주하기 시작한 가야 사람들은 철 산업 발전에 중요한 역할을 했다. 고대 철기 제작 유적 주변에서 이주민 취락들과 고분군들이 확인되고 있다(亀田修一 2000: 165-184, 2004b: 29-38, 2004c: 3-14, 2016: 283-297; 滋賀県立安土城考古博物館 2001: 35). 6세기 중반 吉備에 도착한 훨씬 많은 가야 사람들은 일본 최초의 철기 생산 발전에 큰 역할을 했다.

먼저 도착한 도래인 대장장이들과 함께 새로 온 기술자들은 吉備가 일본 열도에서 大和 다음으로 두 번째로 강력한 정치체로 부상하는 데 일조했다(亀田修一 2000: 172-175). 철 산업 중심지인 岡山縣 總社(소자)에는 가야 출신 도래인이 매우 많아 古墳時代에 賀夜郡(가야 지방)으로 명명될 정도였고, 이 지명은 1,500년이 지난 지금까지 남아 있다. 따라서 岡山은 주요 가야 출신 주민 중심지가 되었고 1,500년 동안 가야 이주민들과 그 후손들의 본거지였다.

7세기 초 岡山 북부 吉備 고원의 真庭(마니와)에 강력한 도래인 파벌이 출현했는데, 이들은 자신들을 위해 장식된 대도와 금 장신구가 부장된 인상적인 횡혈식석실분을 축조했다. 定東塚(사다 히가시쓰카), 西塚(니시쓰카), 定北古墳(사다 호쿠), 大谷(오타니) 1호분, 定(사다) 4호분과 5호분 등이 이 새로운 무덤들에 포함된다. 특히 大谷 1호분에서는 가야, 신라, 백제 엘리트들이 자신의 정치적 권력의 상징으로서 활용한 금동 살포가 보고되었다. 횡혈식석실분을 도래인의 무덤으로 생각하는 발굴조사자들은 철광석이 풍부한 真庭 지역 도래인 엘리트들이 近畿의 大和國과 제휴하며 권력을 행사했다고 상정한다(真庭市教育委員會 2008).

C. 關東의 도래인

畿內(기나이) 이외에 關東(간토), 즉 오늘날 東京 서북부에도 많은 한반도 출신 이주민들이 정착했다(亀田修一 2012). 이주민들은 오늘날 群馬(군마)県 지역에서 말 수송 장비, 금 장신구, 다양한 철기들을 생산하는 첨단 야금(冶金) 공방은 물론 광대한 말 사육 농장을 운영했다. 그들 중 일부는 5세기가 되면서 綿貫観音山(와타누키칸노야마)古墳과 八幡観音塚(하치만칸노즈카)古墳과 같은 전방후원분뿐만 아니라 下芝谷ッ(시모시바야츠)古墳과 같은 고구려와 한성백제 적석총과 유사한 인상적인 적석총도 축조하며(滋賀県立安土城考古博物館 2001: 50, 60, 74) 강력한 지역 수장들로 부상했다. 백제 무령왕릉 출토 수대경(獸帶鏡)과 동일한 동경(銅鏡)이 綿貫観音山古墳에서도 출토되었음은 백제와 關東 지역과의 밀접한 관계를 강력하게 시사해 준다(도면 4.15) (滋賀県立安土城考古博物館 2001: 74-83).

D. 九州의 도래인

한반도 남부와 근접한 九州의 온대 기후와 비옥한 평야를 포함한 우호적인 환경은 무문토기시대 중기 BC 9세기 이후 한반도 사람들을 끌어들였다. 일단 한반도 출신 이주민들과 고향 공동체들 사이에 커뮤니케이션이 이루어지면서 한반도 남부 사람들은 이런저런 이유로 계속 九州로 와서 섬의 여러 지역에 정착했다.

福岡 西新町(니시진마치)의 古墳 전기 유적에서는 한반도 서남부 후기 마한 소국의 연질토기가 많이 보고되어 왔다. 이러한 연질토기는 다양한 지역 양식 토기

는 물론 伽倻, 近畿, 그리고 山陰 지구(本州 서부 북해안)의 토기 중에서도 발견되는데, 이는 후기 마한 소국 출신 도래인들은 상품 생산은 물론 무역업에 종사하면서 다양한 지역 출신 사람들과 공존했음을 시사한다(酒井清治 2013: 77-78).

古墳時代 중기 福岡에서는 吉井町, 塚堂, 新宮町, 大森, 城南, 小郡, 前原, 宗像, 在自小田, 早良, 吉武를 비롯한 많은 유적들에서 보고된 가야식 도질토기의 존재에서 알 수 있듯이 특히 가야 출신 도래인이 증가했다(滋賀県立安土城考古博物館 2001: 19-21; 白井克也 2000: 90-120). 甘木의 古寺와 池ノ上의 도래인 고분군(古墳群)에서 알 수 있듯이 福岡의 朝倉에도 도래인 취락이 세워졌다. 이 도래인 취락에서는 고온소성 점토로 제작된 주판알 모양 방추차와 朝倉 須恵器 가마에서 도래인이 제작한 6C 초 須恵器가 출토되었다(酒井清治 2013: 78). 말갖춤, 철제 단검, 철제 망치를 비롯한 다양한 위신재의 출토로 그 중요성이 인정된 池ノ上 6호분은 도래인 지도자의 무덤으로 추론되어 왔다(滋賀県立安土城考古博物館 2001: 19). 古寺와 池ノ上 고분군의 여러 다른 무덤들에서는 가야 출신 여성의 것으로 추정되는 고온소성 점토로 제작된 주판알 모양 방추차가 출토되었다(滋賀県立安土城考古博物館 2001: 21).

굳이 비교하자면, 九州가 近畿 핵심지역보다 경제적·문화적·기술적으로 훨씬 우월했음에도 불구하고, 오래지 않아 도래인들이 가장 선호하는 종착지는 九州가 아닌 近畿 핵심지역으로 대체되었다(北條芳隆 2000: 41; 小山田宏一 2004: 6-19; Mizoguchi 2013: 225, 234-236). 더욱이 近畿 핵심지역은 생태학적으로도 인간 거주와 농업에 부적절했다. 즉, 大阪평야의 상당 부분은 河内湖 유역과 淀川와 그 지류를 따라 형성된 땅을 침수시키는 높은 조수와 잦은 홍수들로 시달리고 있었다(小山田宏一 2001: 94-97).

고고학 자료는 5세기 초 가야와 후기 마한, 백제 출신 도래인들이 九州보

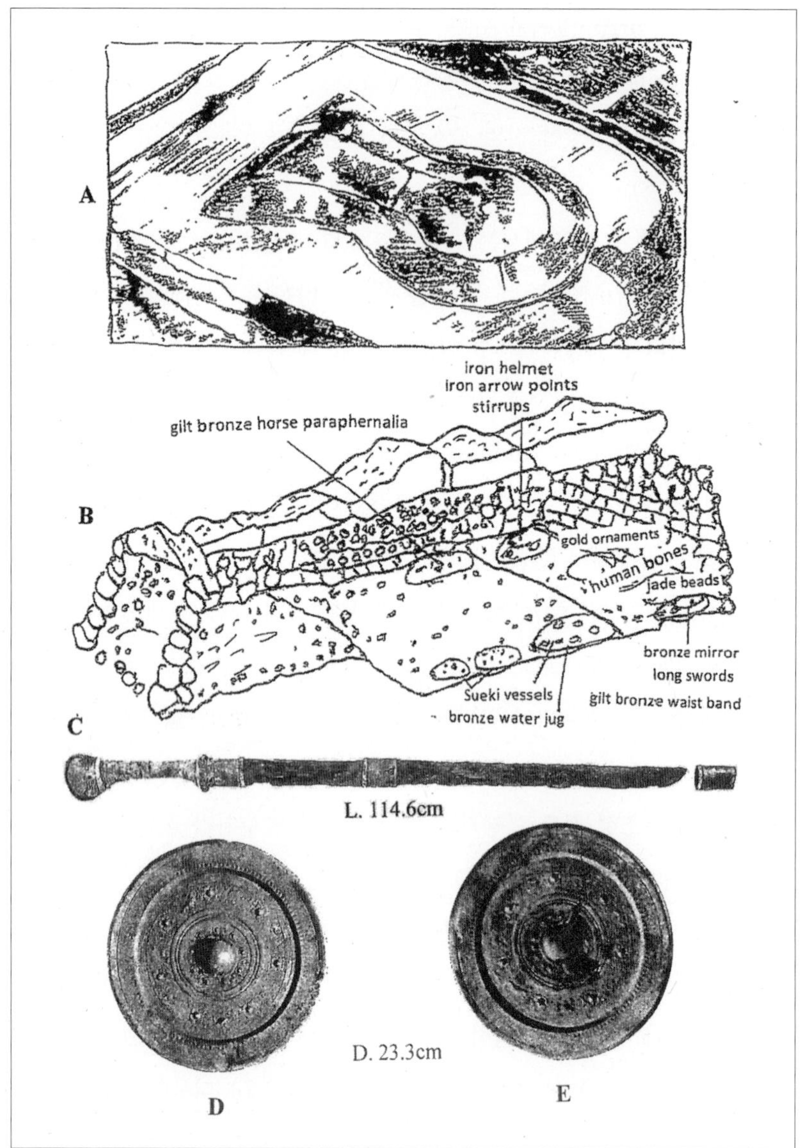

도면 4.15 群馬의 한반도 이주민 엘리트 무덤

A: 綿貫観音山古墳, 길이 100m, 6세기. B: 동경(銅鏡), 금동병, 금동장식 대도, 須恵器, 옥구슬, 철촉, 마구 등이 부장된 횡혈식석실 내부(길이 12.5m, 높이 2.2m). C: 금동 장식 대도. D: 수대경(獸帶鏡, 동물무늬 청동거울) (滋賀県立安土城考古博物館 2001: 55-58). E: 공주 무령왕릉에서 출토된 동일한 수대경(국립공주박물관 2004: 62)

다 河內, 和泉, 明日香村, 葛城, 近江, 山城에 훨씬 더 많이 모이기 시작했음을 분명하게 보여준다. 이러한 새로운 현상의 기저에는 (1) 폭력적인 전쟁에 휩싸인 한반도에서 가능하면, 더 멀리 도망치려는 난민들의 바람과 (2) 한반도의 첨단 문화와 기술을 열망하는 大和 엘리트들의 적극적인 환영이란 두 가지 요소가 있었다(地村邦夫 2004: 49). 아울러 백제와 大和 조정과의 親交 역시 백제인들의 近畿行을 적극적으로 추진하고 장려했다.

"최근 도착한 숙련된 장인(今來才技)들"의 古墳 중기·후기 사회에의 공헌

Ⅰ. 古墳時代 전기·중기 사회의 비교

문화적·기술적으로 古墳時代 전기(AD 250~400)는 彌生時代 후기의 연장으로 간주되어 왔다. 彌生時代와 마찬가지로 古墳時代 전기 사회는 사회문화적 구성상, 특히 앨리트 사회는 주로 농업적, 종교적/마술적, 그리고 의례적이었다. 따라서, 和田晴吾(와다 세이코)(Wada 1986: 350-351)는 古墳時代 전기 사회의 성격을 아래와 같이 설명한다.

> 우리는 4세기 초 古墳時代 전기를 통나무를 쪼개거나 속을 파낸 제작한 목관에 부장된 동경, 구슬, 검, 벽옥(碧玉) 팔찌와 같은 일부는 마법적 성격을 지닌 부장품으로 특징짓는다….연구에 따르면, 古墳時代 전기의 많은 문화 요소들은 彌生社會의 특징들의 연속이다.

여러 학자들이 이러한 관찰을 강조해 왔다. 江上波夫(에가미 나미오)(1967: 158-161)에 따르면,

> 古墳時代 전기 문화와 중기 및 후기 문화는 그 기본 성격에서 근본적인 차이가 있다. 梅原末治(우메하라 스에지)가 古墳時代 전기를 彌生時代 문화에 포함시키고 싶어할 정도로 古墳 전기 문화와 彌生문화 사이에는 밀접한 관계가 있다.

대조적으로 군사적 테마에 초점이 맞추어진 古墳時代 중기 엘리트 문화는 철제 무기와 마구류를 강조했다(直木孝次郎 1992: 140; Pearson 2009: 6). 또 하나의 두드러진 특징은 古墳 전기 고분들은 주로 奈良 분지의 능선

꼭대기나 구릉에 조성된 반면에, 古墳 중기 고분들은 오늘날 大阪 인근 河內평야에 조성되었다는 점이다(Barnes 1988: 249-156; 直木孝次郎 1992: 140-142). 8세기 이전 河內平野는 摂津와 和泉 구역을 포함하는 모든 大阪平野들로 구성되었다(直木孝次郎 1992: 139-140).

古墳時代 전기(AD 3C~4C)의 일본열도는 정치적으로 여전히 중앙 정부 없이 여러 지역적 권력들과 족장사회에 머물렀다. 즉, 당시 일본열도는 정치적으로 九州, 出雲, 吉備, 近畿라는 네 지역 중심지들로 구분되었는데, 마지막 近畿는 문화적·기술적 토대라기보다는 그 지형적 이점(利點) 덕분에 네 지역 중 최상으로서의 역할을 수행하게 되었다(Mizoguchi 2013: 225, 234-236).

古墳 전기 사회에는 그 뒤를 잇는 통일된 大和 국가를 규정짓게 되는 문화적·기술적 요소들의 상당 부분이 결핍되어 있었다. 즉, 박식한 관료, 효율적 운송, 그리고 철강 생산에 중요한 기술 등이 결핍되었다. 또 간척에 꼭 필요한 댐과 제방 건설은 물론 古市(후루이치) 고분·百舌鳥 고분과 같은 기념비적인 대형 고분의 축조를 위한 공학 기술도 부족했다. 기마전(騎馬戰)과 관련된 철제 갑주와 같은 첨단 군사 장비와 기병부대도 부족했다. 기능에 따라 부처가 갖춰진 공식적인 정부 구조도 결핍되었다. 애니미즘 이외에 민족 통합을 뒷받침하는 통일된 정신적 이데올로기도 결핍되었다. 그리고 엘리트 지도자들과 정부 관리들은 권력 및 지위를 과시하는 위신재로 금은 용품과 장식된 칼은 없이 동경(銅鏡)과 돌 팔찌만을 착용 또는 착장했을 뿐이었다.

彌生時代에 大阪平野는 물론 奈良 분지도 특히 철(鐵)에 있어서는 기술적으로 낙후된 지역이었음이 일본 학계에서 점차 인정됨에(北條芳隆 2000: 31) 따라 近畿가 어떻게 네 지역 중 최고의 위치에 오르게 되었는지가 주요 쟁점으로 부상되었다. AD 3세기 초 卑弥呼(히미코)라는 이름의 최고 종교 지도자가 중국 사서 『三國志: 倭人傳』에 등장한다. 반스(Barnes 2014: 3-29)는 卑

弥呼가 道教神話에 나오는 "西方女王"의 아바타(化身)로서 많은 추종자들을 가깝고 먼 곳으로부터 많이 끌어모으고 엄청난 권력을 행사했다는 가설을 제안했다. 대형 전방후원분인 箸墓古墳(하시하카)과 엘리트 무덤에서 출토된 높이 평가되는 중국의 동경(銅鏡)을 포함한 고고학 자료는 三輪(미와) 지역에 강력한 정치적 인물의 등장을 시사하며, 卑弥呼 여왕의 존재에 신빙성을 더해준다[초기 일본 왕들의 출현과 三輪에 대한 좀더 자세한 설명은 Piggotts (1977) 참조].

三輪 리더십은 본질적으로 오랫동안 종교적 의식을 강조해 온 彌生 후기 사회의 문화적 맥락에서 등장했다. 그런 문화적·기술적 기반만으로는 三輪(미와)가/이 大和國 최고의 정치적·군사적 중심으로 부상할 수는 없었다. 결과적으로 樂浪의 멸망과 중국 영향력의 감소에 따라 이는 4세기 중반 붕괴되었다. 이를 대신하여 倭 엘리트는 한반도 관계를 맺고 있던 河内에서 새롭게 등장한 기술을 갖춘 도래인 사회 및 문화에 점차 눈을 돌렸다(直木孝次郎 1992: 144, 153; Brown 1993: 125-132).

고고학 자료에 따르면, 한반도 서남부 출신 이주민들은 AD 300년 河内에 탄탄한 도래인 공동체를 형성했음이 분명하다(渡辺昌宏 999: 82-85; 酒井清治 2013: 77-92). 4세기 후반 (370~400년경) 고구려가 AD 369년 한성 백제를 擊破시킨 여파로 동일 지역 출신의 최근 도착한 숙련된 장인(今來才技)들이 기존 도래인 공동체에 합류했다(제4장 I, 3, A: 한반도 내의 위기와 II, 1: 4C 말~5C 초는 도래인의 세기 참조). 河内에서 최근 도착한 숙련된 장인(今來才技)들은 크게 활약하고 번창했다.

大和 엘리트들의 주요 철 공급처였던 한반도 동남해안의 금관가야(김해)가 AD 400년 고구려의 침략으로 패퇴한 이후 大和 엘리트들의 철 공급원은 사라졌다(제4장 I, 3, B: 일본열도 내의 위기 참조). 이는 大和 지도부에 위기를 초래했고, 이제 엘리트들은 도래인이 제공하는 경제적·기술적 이

점(利點)에의 접근을 위해 河內의 도래인에게 눈을 돌려야만 했다(山尾幸久 1984: 39-51; 上田正昭 1965: 69-143, 大塚初重 1992: 50-68, 白石太一郎 2004: 7-13, 滋賀県立安土城考古博物館 2001: 2-49).

본질적으로 신흥 大和 리더십은 AD 507년 大和 繼體王의 河內 도래인과 합류 결정, 667년 天智王의 明日香에서 近江로의 궁전 이동, 794년 桓武王의 京都로의 천도 등 이후 반복된 것처럼 大和의 미래 확보에 도움이 된다고 생각되는 사람들과의 합류를 위한 적극적인 선택이었다. 河內와 함께 近江와 京都도 도래인 중심지였다.

河內의 도래인과 합류한 후 大和 왕들은 새로운 도래인들을 적극적으로 환영함으로써 도래인의 수를 늘리려 노력했다. 地村邦夫(이치무라 쿠니오)에 따르면(2004: 49),

> AD 4세기 이후 大和王들은 한반도 내의 위기 상황을 이용하여 도래인들을 적극적으로 초청하고 환영함으로써 그 기술, 지식, 학문을 습득 및 활용하려 했다. 5세기 大和 조정은 기술적 숙련 정도에 따라 다양한 전문 길드(동업조합)들을 조직했고, 이는 大和 조정의 정치 조직을 향상시켜 大和가 동아시아 사회의 일부로서 새로운 문명 단계에 이르는 것을 가능하게 해 주었다… 도래인의 정보와 지식이 없었다면, 심지어 5세기 '倭 五王[5)]'이 중국 宋에 보낸 외교 사절 파견도 불가능했을 것이다.

이러한 이유를 들어 亀田修一(카메다 슈이치)(2011: 116)는 5세기를 "도래인의 세기"이

5) 왜 5왕(倭五王)이란 중국 고대 사료에 보이는 남조의 송에 사신을 보낸 일본 왕들을 지칭한다.정권의 정당성을 강화를 위해 중국 황제에게 관직을 요청하한 다섯 왕의 이름은 讚, 珍, 濟, 興, 武이다(역자주) (위키백과).

자 "기술혁명의 세기"라 부른다. 그는 또 "혁명적 변화는 어떤 특정한 단일한 것(즉, 개개의 문화적요소나 물건등)이 나라 안에 들어왔기 때문이 아니라 기술과 기능을 지닌 사람들이 들어왔기 때문에 일어났다"고 말한다.

II. 기술 혁명

파리스(Farris 1996, 1998)는 古墳時代에 대한 폭넓은 고고학적 연구에 근거한 장문의 논문(Farris 1996: 3-13)에서 철기부터 마구류, 물레 이용 도질토기, 묘제, 귀족의 치장 및 장신구, 국정 운영 기술, 철기 제작, 도질토기 생산과 댐 건설 기술에 이르기까지 古墳 사회에서 발견된 한반도 기원의 모든 문화적 요소들을 "목록화"해 왔다. 그 중 일부는 무역과 교환을 통해 한반도에서 일본열도로 가져올 수도 있었겠지만, 다른 것들은 열도의 도래인들에 의해 제공되었다. 이제 도래인들이 고분사회에 제공/이식한 기술과 새로운 문화 요소들을 살펴보겠다.

1. 鐵工業

彌生時代 말 철은 이미 일본열도에서 가장 중요한 상품으로 부상했다. 열도 전역에서 정치적 패권을 놓고 경쟁하는 신흥 지역 권력들에게 농업용·군사용 첨단 철기 확보는 절대적으로 중요했다. 즉 실질적 도구이면서 더 큰 권력으로 가는 수단이기도 했던 철은 부, 권력, 정치적 권위의 상징이 되었다(村上恭通 1999: 114-120; Barnes 2000: 88-89). 따라서 철은 한반도

에서처럼 엘리트 매장 문화에서 필수적인 부분이 되었다.

예를 들어 古墳時代 최초 고분 중 하나인 黒塚(쿠로즈카)古墳에서는 27점 이상의 도검(刀劍)과 170점이 넘는 철촉(鐵鏃), 그리고 라멜라 유형의 갑옷에서 나온 600점 이상의 작은 철판들이 출토되었다. 古墳 전기에 조성된 メスリ山(메스리야마)古墳에서는 가야 기원의 철검(鐵劍), 철도(鐵刀), 철부(鐵斧), 철겸(鐵鎌)과 함께 212점의 철창촉(鐵槍鏃)과 236점의 동촉(銅鏃)이 출토되었다(堺市博物館 2001: 90-91; 大阪府立彌生文化博物館 2004: 32).

AD 450년경의 왕릉급 무덤으로 분류되는 奈良의 大和(야마토) 6호분에서는 철정(鐵鋌) 872점, 철겸(鐵鎌) 134점, 철제 괭이 139점, 철부(鐵斧) 102점, 소형 철도(鐵刀) 284점, 철촉(鐵鏃) 9점 등이 출토되었다(東潮 1999: 152-163; Barnes 2000: 88; 大阪府立近つ飛鳥博物館 2004: 22). 應神(오진)陵과 연관된 アリ山(아리야마)古墳에서는 한반도에서 수입된 철제 도구와 무기 3000점이 부장된 것으로 알려져 있다(Barnes 1988: 257).

즉, 정치적 패권을 두고 경쟁하는 近畿 핵심지역 엘리트들이 철(鐵)을 높은 지위로 올려 놓았다. '더 많고 더 좋은 철제 도구와 무기!'는 매일 매일의 클라리온 콜(大聲으로로 외치는 口號)이 되었다. 성장하는 古墳社會의 경쟁적 사회 환경은 엘리트의 위신과 권력의 상징이 된 귀중품들의 양적·질적 증가를 요구했다. 그러나 近畿 핵심지역 엘리트들은 열도 철 기술의 한계와 외국 철에 대한 전적 의존이라는 양날의 위기에 직면했다.

彌生 중기 후반 이후로 열도의 장인들은 한반도에서 수입된 철 소재에 대해 철 단야기술(鍛冶技術)을 적용하여 도끼, 끌, 낫, 괭이, 화살촉, 도검(刀劍), 단검 등 단순하지만 실용적인 철기들을 제작해 왔다(村上恭通 1999: 89-103, 2007: 16, 123-126, 291-302). 彌生時代 종말기인 서기 3세기에 이르러 한반도에서 송풍구(羽口)가 도입되면서 철 단조 가마[단야로(鍛冶爐)]가 크게 개선되면서 열도 대장장이들이 철 소재를 정제하고 강화할 수 있는

고온(高溫)을 낼 수 있게 되었다(村上恭通 1999: 106-107).

그러나 한반도와 달리 일본열도의 철기제작 기술은 彌生時代 말에 이르러 전문화된 철기 생산이나 혁신 없이 정체되었다. 村上恭通(무라카미 야스유키)는 무엇보다도 이는 당시 한반도로부터 첨단 기술이 전달되지 않았기 때문이라고 주장한다(村上恭通 2004: 75, 2007: 99-101).

당시 열도 기술자들은 현지에서 철을 제련할 수 있는 능력이 없었기 때문에 열도의 철 자급자족은 요원하다는 점이 훨씬 더 심각한 문제였다. 彌生 중기 이후 열도 엘리트들과 대장장이들은 실제로 현지 철 채광과 생산을 이룩하려고 노력했지만, 700~800년간에 걸친 시행착오는 결국 실패로 끝났다. 村上恭通에 따르면, 이는 초기 국가들에서 철 생산 기술은 중요한 국가 기밀이었고, 절대로 외부와의 공유가 허용하지 않았기 때문이었다. 즉, 한반도로부터 필요한 기술 이전이 이루어지지 않았다(村上恭通 2007: 47-50, 170-175; 김도영 2015: 32-69). 村上恭通(2007: 305)는 "우정에도 불구하고, 백제와 가야는 철 생산 및 대규모 철 정제 기술을 왜(倭) 정치체들과 공유하지 않았다"고 지적한다. 따라서 일본열도는 AD 550년까지 한두 세기 더 거의 전적으로 한반도에 철 공급을 의존해야만 했다(村上恭通 1999: 60-120, 2004: 70-75, 2007: 110-135).

따라서 한반도가 격렬한 난기류에 휘말렸을 때 열도, 특히 近畿 핵심지역 엘리트들이 최첨단 철기 확보를 위해 자신의 영역에 도래인 기술자들을 적극적으로 수용하려 했음은 결코 놀랍지 않다(村上恭通 1999: 188). 철기 제조와 관련된 주요 고고학 유적들은 철기 기술에 숙련된 도래인 기술자들이 열도 전역에서 주요 철 공방이나 공장 설립에 중요한 역할을 했음을 보여준다(지도 5.1) (Farris 1996: 6; 地村邦夫 2004: 49; 東潮 1999: 419-438; 小山田宏一 2004: 14-19).

畿內의 경우 大和 세력이 정치적 패권을 다투던 大和 분지 서남부에 위

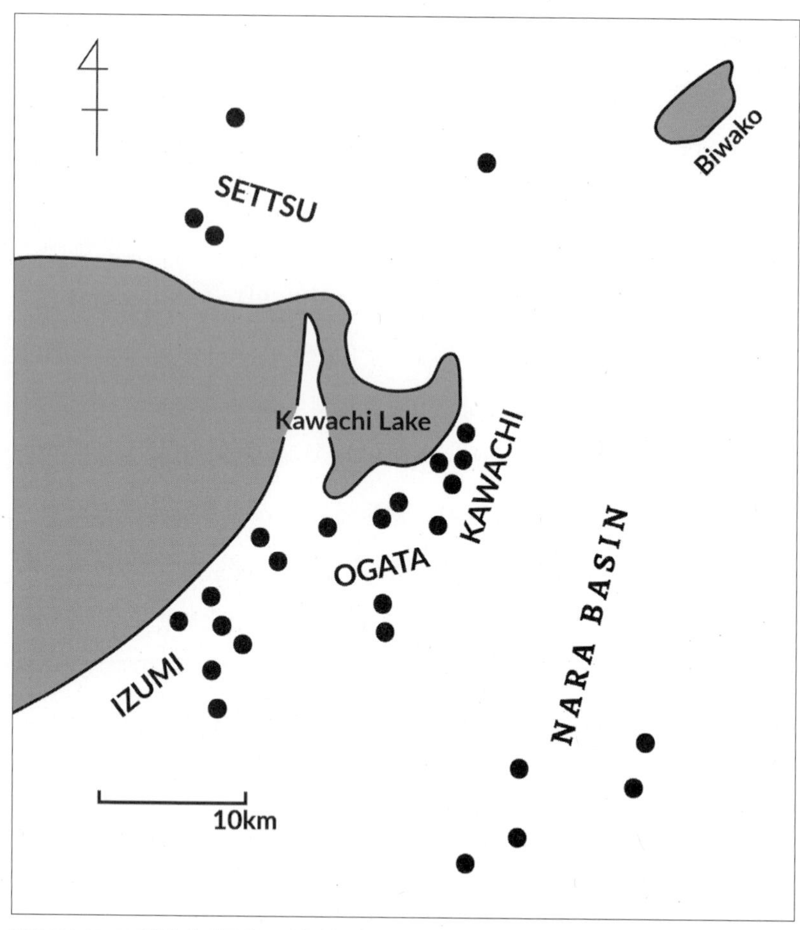

지도 5.1 AD 5C 近畿에 새롭게 등장한 철기 제조 유적들 (地村邦夫 2004: 49)

치한 葛城의 南郷에 대장간이 등장한 것은 5세기였다. 여러 지점들에서 슬래그(slag, 쇠똥), 송풍구, 그리고 철제 단검과 철도(鐵刀)와 같은 단조철기 제작 과정에서 남은 철 파편 등을 비롯한 발전된 단조철기 제작 활동의 증거가 보고되어 왔다(大阪府立近つ飛鳥博物館 2004: 22-25). 南郷 유적에서 보고된 연질 및 경질토기, 주판알 모양 방추차, 두꺼운 벽이 설치된 주거 구조물 등의 존재는 한반도 이주민들이 단조철기 공방을 운영했음을 알려

준다(滋賀県立安土城考古博物館 2001: 37; 大阪府立近つ飛鳥博物館 2004: 23).

5세기로 편년되는 南郷에서 멀리 떨어지지 않은 五条(고조)市 猫塚(네코즈카)古墳에서는 쇠스랑과 함께 집게(forceps), 망치, 끌, 모루를 비롯한 단조철(鍛造鐵) 대장장이 도구 세트가 보고되었는데(도면 5.1) (大阪府立近つ飛鳥博物館 2004: 24-25), 이러한 양상은 신라는 물론 가야와 백제의 엘리트 무덤 부장 풍습에서도 종종 관찰된다(村上恭通 1999: 437).

AD 3~4세기에는 당시 동아시아 철의 수도였던 가야 출신 이주민들이 열도에 새롭게 등장한 철 산업을 주도했지만, 5세기 중반 이후 특히 大阪의 河內湖 주변의 摂津와 河內에서는 백제 이주민들이 점차 주도권을 잡게 되었다. 이 지역에서 韓式 토기가 보고된 유적이 거의 100개소에 이른다(田中清美 2004: 90-92; 정징원·신경철 1984: 289-297).

3세기 말부터 철 제련, 생산, 제조에 종사해 온 백제, 후기 마한, 가야의 철 기술자들은 기술을 높은 수준으로 숙련하여 심지어 정련된 파인 스틸(fine steel)을 생산하기에 이르렀다(국립청주박물관 1997: 101-105). 大阪의 湯の山(유노야마)古墳과 七觀(시치칸)古墳과 같은 5~6세기 고분에서 발견된 철기(단검, 검, 화살촉, 괭이)의 상당수는 백제, 후기 마한, 가야에서 생산된 철기들과 매우 유사하다(도면 5. 2) (堺市博物館 2001: 44-51).

亀田修一(2016: 294-296)에 따르면, 특히 5세기 중반 이주민들이 열도로 도입한 鐵鉗(forcep, 집게)은 열도의 철 단조 기술에 혁신을 일으켰다. 당시까지 열도에 알려지지 않았던 포셉 덕분에 가열된 철 소재를 쉽게 다룰 수 있게 된 현지 대장장이들은 의도한 대로 또는 엘리트들의 주문대로 도구를 제작할 수 있게 되었다. 鐵鉗과 함께 원두정결합(圓頭釘結合) 기술도 도입되면서(村上恭通 1999: 120-130), 철기의 다양화 및 품질 향상이 가능해졌다.

古墳時代 중기에 이르러 새로운 철기 목록의 일부로 철제 투구와 개선된 갑옷이 열도에서 생산되기 시작했다. 갑주에는 챙이 있는 투구(미비부주)와 뿔이 달린 투구(충각부주), 그리고 장방형 또는 삼각형 철판을 원두정결합(圓頭釘結合)으로 연결한 帶金式 흉갑 등이 있다(도면 5.3) (Barnes 2000; 吉村武彦 2000: 104-111). 이들은 한반도 남부에서 발견되는 것들과 형태와 제조 방법에서 매우 유사하다(도면 4.5) (정징원·신경철 1984: 273-294; 武末純一 2013: 297-326). 大和 엘리트들이 위신재로 탐냈던 갑주(甲冑)들은 대량으로 생산되어 大和 엘리트 무덤에 부장되었다.

吉村武彦[요시무라 타케히코](2000: 110-111)와 鈴木一有[스즈키 카즈나오](2013: 192-193)는 충각부주와 帶金式 흉갑(胸甲)이 일본열도에서 압도적으로 많이 출토됨에 근거하여 한반도 남부 출토품들은 일본열도에서 제작되었고, 그 중 일부는 교역 및 교환의 일환으로 한반도로 보내졌다고 가정해 왔는데, 이러한 입장에는 상당한 논란이 있다(정징원·신경철 1984: 291-292; Farris 1996: 8; Barnes 2009).

투구와 흉갑을 비롯한 철제 무기류에서 보이는 두드러진 유사성의 인자로는 역사적 맥락, 도래인 현상, 그리고, 특히 최근 도착한 숙련된 장인(今來才技)이 있다. 大和 엘리트들은 첨단 군사 장비, 특히 가야와 백제의 것들을 비롯한 첨단 철기를 갈망했다. 따라서 AD 400년 직후 가야 철 기술자들의 近畿 핵심지역 도착은 大和 엘리트들에게 중대 사건이었다. 곧 도래인이 운영하는 철기 제조 공방이 布留[후루], 大県[오가타], 五条[고조], 南郷[난고] 등 近畿 핵심지역 전역에 등장했다. 가야 기술자들은 처음에는 고국에서 만들어 오던 것을 생산했지만, 시간이 경과하면서는 한반도의 기술자들처럼 필요 및 선호에 따라 새로운 도구를 개발해갔고, AD 475년 이후에는 여기에 백제 기술자들이 합류했다.

大和 日本 충갑부주와 帶金式 흉갑 제작에 절대적으로 필요한 원두정결합(圓頭釘結合) 기술은 한반도에 처음 등장했다가 가야와 백제 철 기술자

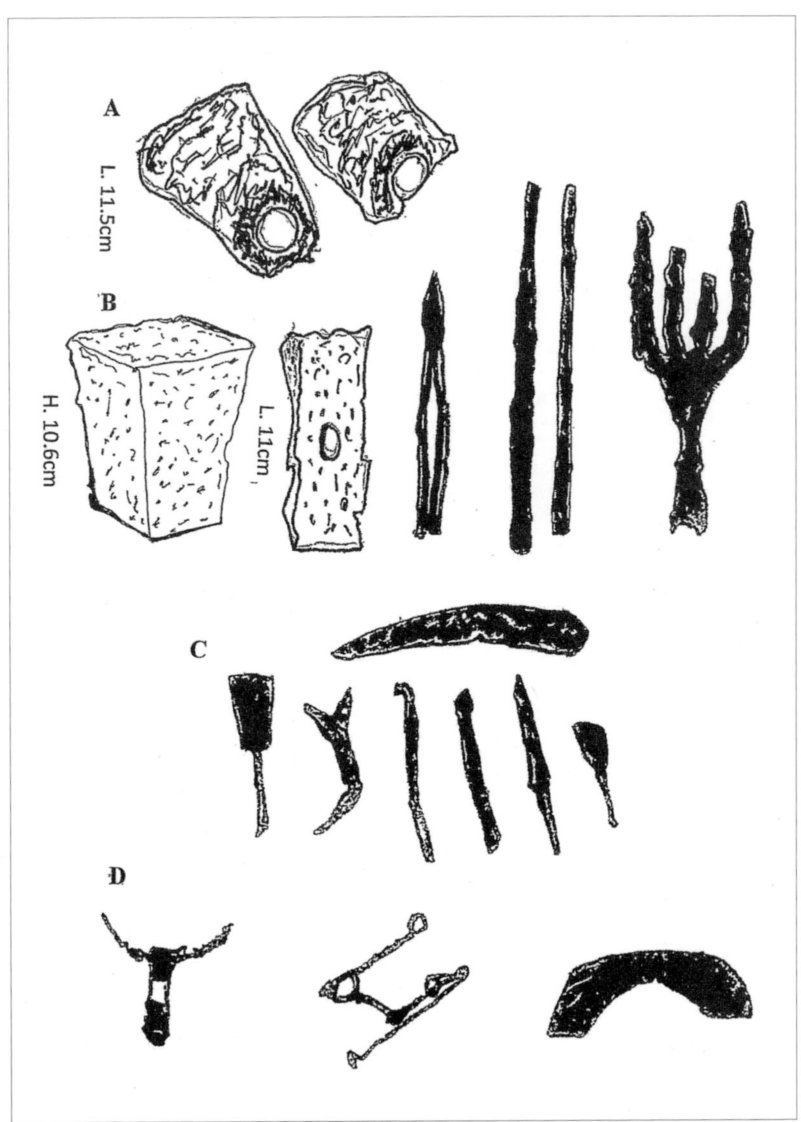

도면 5.1 近畿 핵심지역 출토 古墳時代 철 단조 도구와 현지 제작 철기

A: 5C 南郷 출토 송풍관(大阪府立近つ飛鳥博物館 2004: 23). B: 5C 奈良 五条 猫塚(네고즈카)古墳 출토 철 단조 공구(左부터: 철제 블록, 망치, 집게, 끌, 사지창(四枝槍) (大阪府立近つ飛鳥博物館 2004: 25). C: 5C 四條畷 蔀屋 유적 출토 현지 제작 철기(칼과 끌) (大阪府立近つ飛鳥博物館 2004: 24). D: 5C 奈良 출토 마구(榛原町 출토 안장편, 大宇陀町 출토 재갈, ウワナベ 5호墳 무덤 출토 등자) (奈良県立橿原考古学研究所附属博物館 1999: 62)

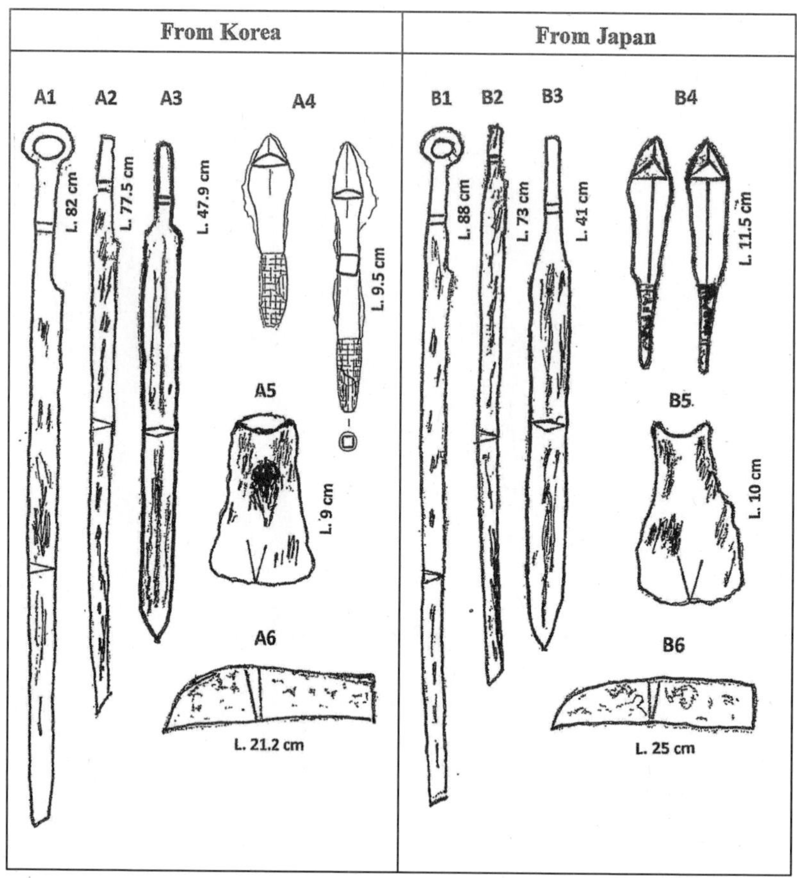

도면 5.2 한반도 남부·일본 출토 古墳時代 철기

A1: 복천동 출토 환두대도(부산대학교 박물관 1996b: 86). B1: 大阪 출토(堺市博物館 2001: 48). A2: 용원리 출토 철대도(국립중앙박물관 1999: 41). B2: 大阪 출토(堺市博物館 2001: 48). A3: 송대리 출토 철검(국립전주박물관 2009: 75). B3: 大阪 출토(堺市博物館 2001: 51). A4: 복천동 출토 철촉(부산대학교 박물관 1996b: 84). B4: 大阪 출토(堺市博物館 2001: 48). A5: 수촌리 출토 철부(국립공주박물관 2006: 108). B5: 大阪 출토(堺市博物館 2001: 51). A6: 기지리 출토 철겸(국립공주박물관 2006: 106). B6: 大阪 출토(堺市博物館 2001: 51)

들과 같이 열도로 전해졌다(정징원·신경철 1984: 289-29, 村上恭通 1999: 128-129, 188-189, 亀田修一 2000: 169).

도래인 철 기술자들은 550년경 철 제련 및 생산을 시작했고, 열도 최초의

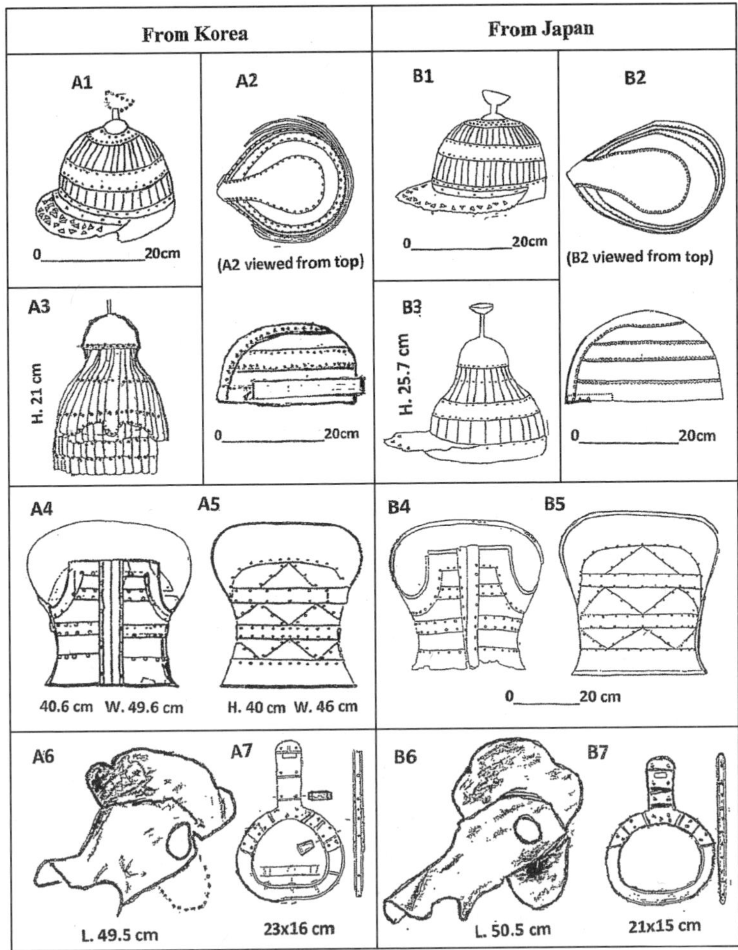

도면 5.3 한반도와 일본의 5C 투구, 흉갑, 마구

A1: 지산동 출토 챙 달린 원두정결합 투구(경상북도 1998: 334). B1: 福井 출토. A2: 지산동 출토 원두정결합 충각투구. B2: 奈良 출토. A3: 복천동 출토 몽골형 종판 투구(매듭). B3: 奈良 출토. A4: 지산동 출토 원주정결합 횡판 흉갑. B4: 大阪 출토(우재병 2000: 378). A5: 상백리 출토 삼각 횡판 원두정결합 흉갑(Barnes 2000: 67). B5: 奈良 출토. A6: 옥전 출토 마면갑(馬面甲). B6: 和歌山와가야마 출토. A7: 복천동 출토 금속으로 둘러싼 목제 등자. B7: 滋賀 출토 출전: Bl, A6(東京國立博物館編 1992: 113, 106); B3, B6(京都國立博物館 1987: 62, 71). A2, A3, A4, A7, B7, A8(정징원·신경철 1984: 280-286); B2, B5(奈良県教育委員会 1981b: 도면 #363, #364)

괴철로(塊鐵爐)는 岡山 고대 吉備 지구(district) 내 總社(소자)市 千引カナクロ谷(센피키 카나쿠로타니)와 砂子(사고)유적에서 확인되었다(滋賀県立安土城考古博物館 2001: 35-36, 84-88). 천연 철광석층을 포함한 경사진 구릉에서 보고된 12지점의 철 생산 유적에서 철광석 덩어리, 140기의 괴철로, 68기 이상의 숯 제조 시설과 많은 송풍구 파편이 확인되었다. 인근 여러 지점에서 단조철기 공방들이 확인되었고(滋賀県立安土城考古博物館 2001: 84-88), 瀨戶內海의 總社/岡山 지역은 古墳時代 일본의 철(鐵)의 수도가 되었다.

화성 기안리(旗安里)와 진천 석장리(石帳里)에서 확인된 용광로 잔해에서 밝혀진 바와 같이 한반도의 백제 철 기술자들은 L자형 대형 송풍구와 직선형 소형 송풍구의 두 유형의 송풍구를 이용했다(도면 4.1 E) (송의정 외 2004: 215-218; 국립청주박물관 2017: 95, 99, 100). 국립청주박물관에 따르면, 송풍구의 길이와 내경(內徑)은 각각 56.0~58.0㎝×18.3㎝, 10.4㎝×4.7㎝이다. 일본열도의 철 기술자들은 일반적으로 소형의 직선형 송풍구를 사용했다(도면 5.1 A) (大阪府立近つ飛鳥博物館 2004: 24).

제철 유적 주변에서는 이주민 취락과 고분군도 확인되었다(亀田修一 2000: 165-184, 2004b: 29-38, 2004c: 3-14, 亀田修一 2016: 283-297; 滋賀県立安土城考古博物館 2001: 35). 독자적으로 철을 제련하려는 7~8세기 이상에 걸친 노력 끝에 일본열도는 마침내 6세기 중반 이후 자체적인 제철이 가능해졌다. 최근 도착한 숙련된 장인[今來才技]은 먼저 도착한 도래인 대장장이 기술자들과 함께 吉備가 일본에서 가장 강력한 정치체 중 하나로 부상하는 데 일조했다(亀田修一 2000: 172-174). 따라서 철 생산에서 그들의 역할은 畿內의 大和 엘리트들이 열도 최고 지도자로 부상하는 데 절대적으로 중요했다.

최초의 본격적인 제철 산업이 열도에 6세기 중반 등장했음은 놀랍지 않다. 마한, 백제, 가야 출신 초기 도래인의 도착을 포함하여 한반도와 열도 간의 여러 세기에 걸친 교류와 상호작용은 왜(倭)의 철 제련 (철 생산)기술 발전에 도움이 되지 않았는데, 이는 중국 한(漢)의 경우처럼 한반도의 초기 국가들도 철 생산기술의 비밀을 국가 기밀로서 엄격하게 보호했기 때문이었다. 철 무역은 한반도 국가들에게 절대적으로 중요했기에 한반도의 정치체들은 제련 기술이 아닌 철 소재와 완제품만을 왜 엘리트에게 제공했다(김도영 2015: 59-63; 村上恭通 2007: 189-190, 288-289, 304-305). 한반도의 가야, 후기 마한, 그리고 백제 엘리트는 열도가 자체적으로 철을 생산하기 시작해서 철 자급자족을 하게 되면, 자신들의 가장 수익성 높은 무역은 종말을 고할 것이고, 이는 국가 경제에 큰 타격을 준다는 것을 이미 알고 있었다.

6세기 전반 가야 정치체들이 신라의 위협을 받게 되고 차례로 멸망하게 되면서 이러한 상황은 바뀌게 되었다. 신라는 한반도 남부의 주요 철 제조국이자 마지막 남은 가야 정치체였던 고령 대가야를 AD 562년 정복했다. 즉, 『日本書紀』 欽明 23年 신라가 "주민들을 학살했다"는 기록이 있다(Aston 1972 Vol. 1: 81). 물론 이는 대부분의 전쟁 기록과 마찬가지로 사건의 과장된 표현이겠지만, 마지막 가야 국가의 폭력적 종말을 암시한다. 대가야가 멸망하면서 국가 기밀 유지가 요구되는 정치체 역시 사라졌고, 결과적으로 철 기술자들을 포함한 대가야의 생존자 중 일부는 열도로 이주했다. 이미 대가야 사람들은 AD 562년 이전부터 신라의 침략을 예상하고 이주하기 시작했을 것이다.

6세기 중엽, 가야는 吉備臣(키비노오미)(이)라는 직급의 吉備 관료를 통해 吉備와 밀접한 관계를 유지했던 것으로 보인다(『日本書紀』 欽明 참조). 대가야 엘리트 무덤인 지산동 32호분에 부장된 열도에서 수입된 횡판 흉갑과 충각투구는 대가야와 열도 엘리트들 간의 긴밀한 교류와 상호작용을 잘 보여준다(Barnes 2000; 東京國立博物館 1992: 109, 151). 따라서 대가야 멸망 후 난민들의 吉備 (現 岡山)로의 이주는 놀랍지 않으며, 이는 總社-岡山 지역이 고대부터 천오백년 동안 賀夜郡(賀夜縣)으로 불린 이유를 설명해 주기도 한다. 古墳時代 吉備는 주요 가야 유이민 중심지였고, 또 1,500년 동안 가야 출신 이주민과 그 후손들의 터전이었다. 특히 일본 최초의 제철 산업은
가야군 아소코
賀夜郡 阿蘇鄕에서 시작되었다(亀田修一 2000: 8-14).

한반도와 마찬가지로 엘리트 무덤에 부장된 칼, 창촉, 화살촉, 마구, 갑주와 다양한 농구를 포함한 인상적인 철기로 입증된 숭배에 가까운 철에 대한 집착은 古墳時代 大和의 필수적인 구성 요소였다(大阪府立近つ飛鳥博物館 2002: 89-90).

2. 말 사육과 인마술

야마니시
山梨県과 福岡의 4세기대 무덤들에서 출토된 말 이빨과 마구류 잔해로 입증된 것처럼 古墳時代 전기 일본에는 말이 존재했다(福岡市博物館 2004: 124). 그러나 AD 400년경까지 일본에는 체계적인 말 사육 문화가 없었다(白石太一郎 2004: 9). 『日本書紀』 應神 15年(AD 404)에 따르면, 한반도의 백제 조정은 유학자이자 관료인 阿直岐를 좋은 말(良馬) 두 마리와 함께 大和 조정으로 보냈고, 阿直岐는 古墳時代 중기 일본의 말 사육 사업을 관장하게 되었다. 사후(死後) 신격화된 阿直岐는 滋賀縣 豊鄉町 소재 阿直岐神社에서 숭배되고 있다.

일본의 말 사육은 고구려 철갑 기병부대의 390년대 말 백제에 대한 군사적 침공의 직접적인 결과로 시작되었다. 고구려의 엄청난 기병(騎兵)과 직면했던 백제는 백제와 일본 양쪽에서 기병을 양성하기 위해 말 사육 농장을 건설했다. 阿直岐의 임무는 이미 일본열도에 와 있던 백제 이주민들을 활용하여 말 사육 농장을 시작하는 것이었고, 大和 조정은 자신들의 필요에 따라 이 노력을 환영했다. 곧 백제 출신 이주민들이 河內(오늘날 大阪), 東

京, 그리고 동쪽으로 넓은 關東과 북쪽으로 群馬縣과 長野縣에 말 사육장을 조성했다. 일본에서 말은 곧 철(鐵)과 함께 권력의 상징이 되었고, 위신재로서 엘리트 무덤에 부장되었다(滋賀県立安土城考古博物館 2001: 74; 白石太一郎 2004: 9-13; cf. 권재현·정위용 2015).

大阪 四條畷市(시조나와테) 蔀屋北(시토미야키타) 유적의 5C 묘광(墓壙)에서 5~6년생 말의 유해가 보고되었다. 이 말 유해 외에도 다수의 말 埴輪(하니와)와 말뼈와 함께 사육 농장에서 꼭 필요로 하는 소금 생산에 이용되는 제염토기(製鹽土器) 1,500점 이상도 출토되었다(大阪府立近つ飛鳥博物館 2004: 26-27). 현 일본 학계는 백제 출신 이주민들이 河內에 말 사육 농장을 처음 세웠을 뿐만 아니라 승마술(乘馬術)도 개발했음에 동의한다(森浩一 2001: 130-133; 大阪府立彌生文化博物館 2004: 48-49; 田中清美 2004: 88-95; 白石太一郎 2004).

기동력, 수송력, 야전 전투력을 향상시킬 수 있는 말의 실질적 능력을 고려할 때, 말 문화의 출현은 철 생산의 출현만큼이나 혁명적 사건이었다. 즉, 말의 출현은 훨씬 나중에 인류사를 뒤바꾼 기차, 자동차, 비행기, 그리고 탱크의 역사적 출현과 다를 바 없었다. 결과적으로 말 사육, 길들이기, 훈련 등을 담당하는 사람들이 古墳時代 사회에서 상당한 권력을 행사했다. 예를 들어, 『日本書紀』 繼體 1年 기록에 따르면, 河內 말 사육 농장의 대표 荒籠(아라코)는 왕 후보였던 繼體의 절친한 친구였다. 繼體는 말 농장을 담당했던 백제계 이주민 荒籠의 적극적인 지원에 힘입어 AD 507년 大和 왕위(王位)에 등극하여(森浩一 2001: 130-133) 위대한 일본 군주 중 한 명으로 부상했다.

당시 일본에서 군사적·정치적 우위를 점하고자 하는 이들은 말과 말을 이용한 이동 수단에 의존해야 했고, 말 사육은 河內와 다른 지역의 백제계 이주민들이 관장했기 때문에 荒籠의 지지는 매우 중요했다. 철기와 말 농장에 대한 접근이 용이했던 엘리트 지도자들은 경제적·군사적·정치적으로 정상에 등극하게 되어 있었다. 6세기 내내 한반도에서 기원한 금동 장식으로 눈부시게 빛나는 말은 철(鐵)과 함께 사회경제적 지위 및 정치 권력의 주요 상징이었다.

3. 홍수 통제, 토지 개간, 공공 사업

농업 경제에 기반한 古墳時代 사회에서 경작 가능한 토지의 통제는 정치 야망가들에게 절대적으로 중요했고, 가장 많은 토지를 통제하는 사람은 정상에 오를 수 있는 가장 큰 기회를 가졌다. 전쟁을 통해 더 많은 토지를 확보할 수도 있었지만, 관련 공학적 전문성과 적절한 장비를 구비했다면 늪과 황무지를 매립하고 개간하여 많은 토지를 확보할 수도 있었다.

마한/백제는 농경과 간척의 오랜 역사가 있었다. 백제는 AD 300년 벽골제와 적절한 수로 체계를 건설하여 한반도 서남부의 부안-김제 지역의 넓은 황무지와 늪지를 성공적으로 경작지화했다. 백제의 첫 도성으로 알려진 서울 풍납동 소재 거대 토성인 풍납토성의 존재로 입증되었듯이 공공 토목사업에도 뛰어났던 백제는 古墳 중기 大和 정권의 농경지 확장에 필요한 기술과 도구를 제공할 수 있는 위치에 있었다.

AD 396년과 407년 고구려의 군사적 침공으로 백제 옛 영토가 황폐화되면서 많은 백제 엘리트들과 숙련된 장인들은 일찍이 AD 400년 京都-大阪-奈良 지역으로 이주하기 시작했다(田中俊明 2001: 2-23; cf. 『日本書紀』 應神 14~20年). 일본으로 이주한 백제인들의 대부분은 京都-大阪-奈良 지역, 주로 河內平野와 奈良 분지 남부에 정착했다. 백제 이주민들은 농경지 확장을 위해 河內 습지의 배수를 위해 열도 최초로 대규모 댐과 수로 건설 프로젝트를 수행했고, 이는 궁극적으로 大和 권력의 성장과 지속 가능성에 크게 기여했다.

大阪의 茨田(만다), 龜井(카메이), 狹山(사야마) 유적의 고고학적 조사에 따르면, 古墳 중기에 백제 이주민들은 댐이나 제방 바닥에 유기물질과 나뭇잎을 여러 겹으로 까는 과정을 수반하는 부엽공법(敷葉工法)으로 알려진 특징적인 판축 및 댐 건설 기술을 이용하여 河內湖 주변에 둑과 댐을 건설했다(小山田宏一 2001: 94-97).

공공사업에 대한 노하우(knowhow)를 지닌 백제계 이주민들은 오늘날 河內平野에 조성된 거대한 전방후원분 축조를 감독하기도 했을 것으로 믿어진다. 고고학적 증거에 따르면, 이 고분들 주변에는 여러 임시 이주자 취
다이센나카 마치 모스 세키운조 료사이 아사카야마
락들이 발달했고(大仙中町, 百舌鳥夕雲町, 陵西, 淺香山), 여기서 주로 한반도 출신 이주민 장인들이 사용하던 제철 도구들이 보고되어 왔다(堺市博物館 2001: 94-95).

4. 금, 금동, 은 공예술

『日本書紀: 神功編』(Aston 1972 Vol. 1: 231)에 따르면, 한반도 남부의 신라는 오랫동안 일본인들에게 "금과 은의 땅…보물의 땅"으로 알려져 있었고, 왜(倭) 엘리트들은 한반도를 무척 탐냈다. AD 500년경까지 일본에는 금, 은, 금동 세공 기술이 없었다(大阪府立近つ飛鳥博物館 2003: 80). 따라서 일본 古墳時代 전기 및 중기에 등장한 엘리트 가문들은 금귀걸이, 금반지, 의식용 금신발, 금/은 대구(帶鉤), 그리고 금은으로 장식된 대도를 비롯한 한반도산(韓半島産) 귀중품을 매우 탐냈고, 이들은 한반도 남부로부터의 주요 수입품 목록에 포함되었다(滋賀県立安土城考古博物館 2001: 8-10, 61, 74-75; 大阪府立近つ飛鳥博物館 2003; 高田貫太 2014: 30-138).

수량의 차이는 있지만, 거의 모든 古墳時代 엘리트 무덤에서 한반도산 귀중품이 출토되었다(大阪府立近つ飛鳥博物館 2003; 福岡市博物館 2004).
에타후나야마
일례로 5세기 후반에 조성된 九州 熊本 江田船山古墳에는 백제 기원의 금동관, 금귀고리, 의식용 금동신발이 부장되었다(도면 5.4) (福岡市博物館

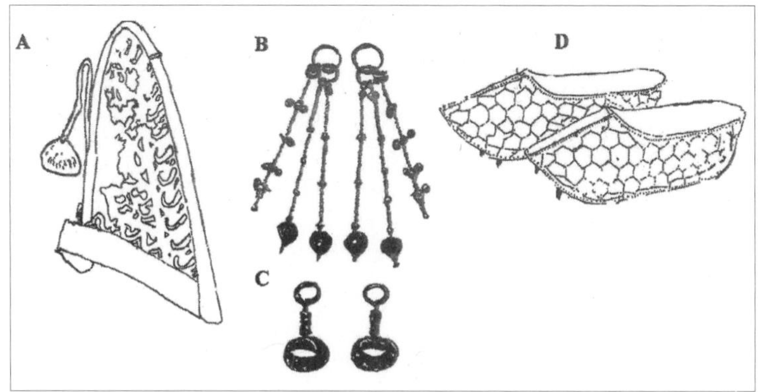

도면 5.4 일본 九州 江田船山古墳(5C 말) 출토 위신재

A. 금동관(높이 13.6cm), B&C. 금 귀걸이(길이 B: 15.4cm, C: 6.7cm), D. 금동 신발(길이 32.1cm) (福岡市博物館 2004: 48, 49, 98, 101)

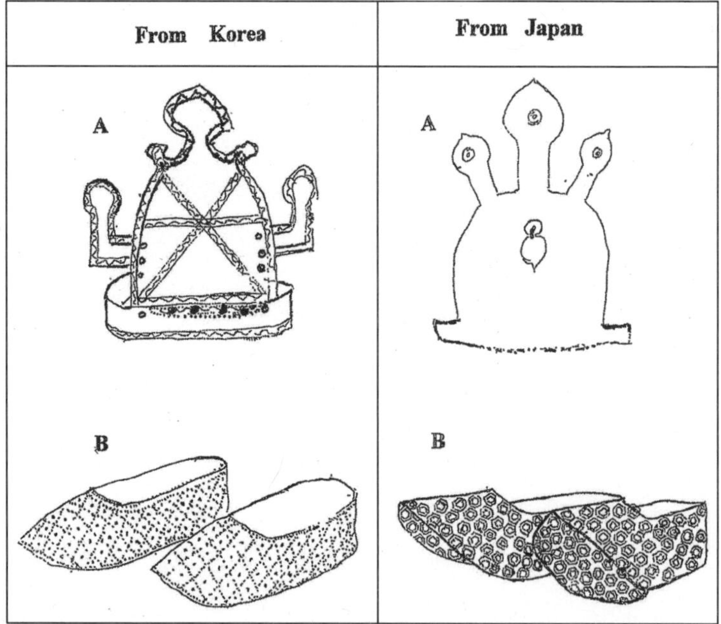

도면 5.5 한일 위신재 비교 (1)

한국: A. 고령 지산동 32호분 출토 금동관(높이 19.6cm) (경상북도 1998: 307), B. 익산 입점리 출토 금동 신발(길이 30.2cm) (익산시 2004: 15). 일본: A. 福井 二本松山古墳 출토 금동관(높이 23cm) (大阪府立近つ飛鳥博物館 2003: 44), B. 南河內 一須賀古墳 출토 금동신발(길이 38cm) (大阪府立近つ飛鳥博物館 2003: 58)

2004: 48, 49, 98, 101; 大阪府立近つ飛鳥博物館 2003: 41, 58, 88, 103, 108). 瀨戶內海 동단(東端) 明日香 근처에 소재하는 역시 5세기로 편년되는 新沢千塚(니자와 센즈카) 126호분에서는 금관, 금귀걸이, 금팔찌, 장식된 검이 보고되었는데 모두 한반도 남부에서 수입된 것으로 추정된다(奈良縣教育委員會 1977; 大阪府立近つ飛鳥博物館 2003: 64, 88, 108; 高田貫太 2014: 180-302).

일본열도에 도착한 가야 및 백제 출신 숙련된 장인들은 열도 엘리트들이 탐내던 귀중품(장신구) 생산을 시작으로(滋賀県立安土城考古博物館 2001) 현지에서 집약적인 공예 산업을 구축해 갔다(Pearson 2009: 5). 제철 산업

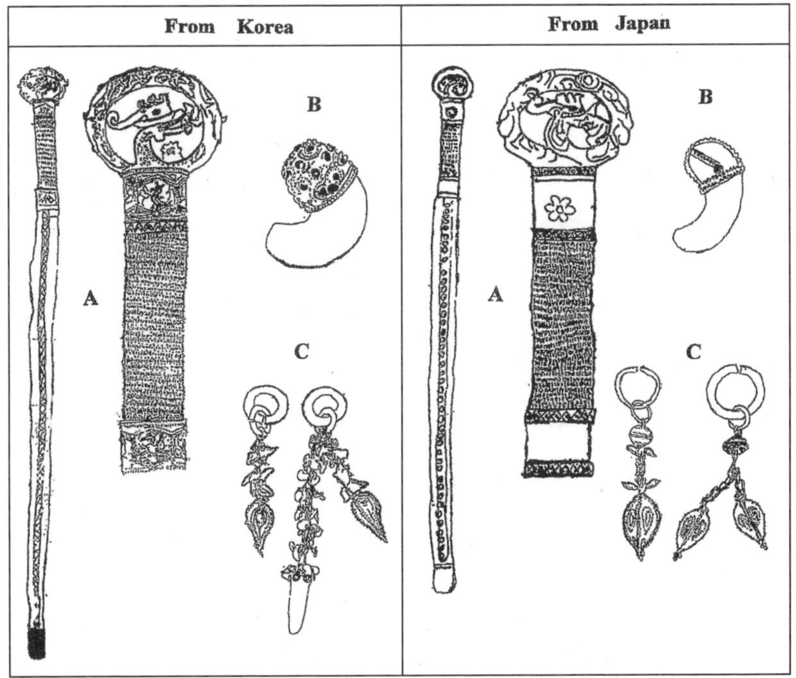

도면 5.6 한일 위신재 비교 (2)

한국: 공주 무령왕릉 출토 A. 용문환두대도(龍紋環頭大刀, 길이 82cm) (국립공주박물관 2004: 24), B. 금모자형 장식곡옥(金帽子形裝飾曲玉) (길이 3.5cm) (국립공주박물관 2004: 50), C. 금 귀걸이(길이 8.8cm, 11.8cm) (국립공주박물관 2004: 36-37). 일본: A. 千葉 山王山古墳 출토 용문환두대도(福岡市博物館 2004: 92), B. 和歌山 車駕之古址古墳출토 금모자형 장식곡옥(福岡市博物館 2004: 103), C. 滋賀 鴨稲荷山古墳/南河內 一須賀古墳 출토 금 귀걸이(福岡市博物館 2004: 100)

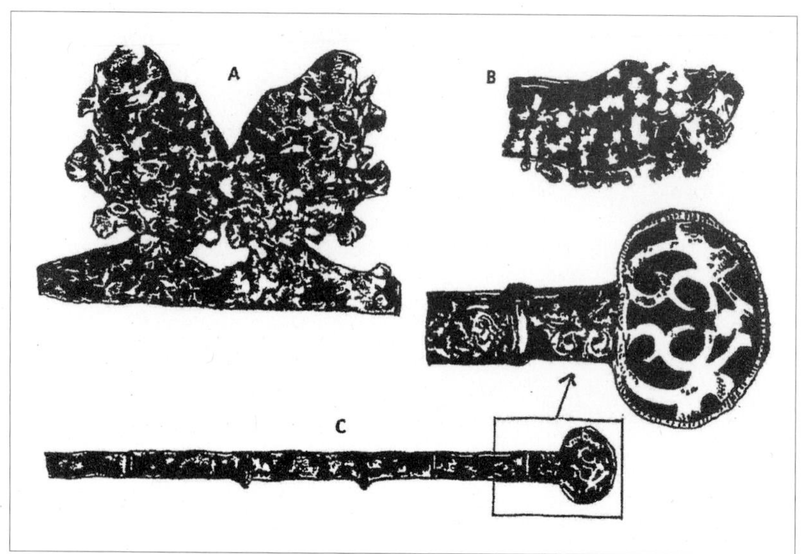

도면 5.7 일본화(현지화)된 위신재

A. 奈良 藤ノ木古墳古墳 출토 금동관(6C, 높이 52cm), B. 滋賀 鴨稲荷山古墳 출토 금동신발(6C, 길이 29cm), C. 岡山 大谷一古墳 출토 장식된 칼집에 넣어진 환두대도(길이 110cm)와 확대된 환두장식(換頭) (7C) (大阪府立近つ飛鳥博物館 2002: 49, 54, 63)

의 경우와 마찬가지로 한반도 출신 장인들은 처음에는 고국에서 만들던 제품들을 그대로 복제했으므로 5세기 및 6세기 초 무덤에서 출토된 많은 금·금동 제품들이 한반도산 수입품인지 일본열도 현지 생산품인지를 확인하는 것은 불가능하다(도면 5.5와 5.6) (福岡市博物館 2004: 135-138). 그러나 시간이 지나면서 이주 장인들과 열도에서 태어난 2세 장인들은 점차 자신만의 스타일을 개발하여 열도 고유의 현지화된 제품을 생산하게 되었다. 또 금(金)이 부족한 열도에서 古墳時代 중기 및 후기에 생산된 위신재의 대부분은 금동(金銅) 제품이었다(大阪府立近つ飛鳥博物館 2003: 73-83). 한편 滋賀 鴨稲荷山(카모이나리야마)古墳(6C), 奈良 藤ノ木(후지노키)古墳(6C), 岡山 大谷一(오타니 이치)古墳(7C) 출토품들은 일본에서 생산된 뛰어난 위신재의 예들이다(도면 5.7) (福岡市博物館 2004: 122-123).

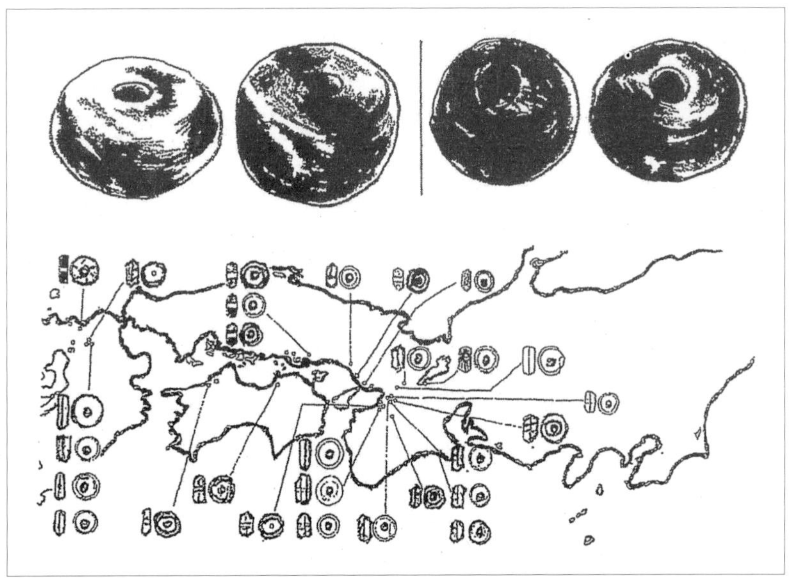

도면 5.8 한반도 서남부/열도 출토 주판알 모양 경질 소성 점토 방추차(직경 4.0~6.0cm)
左上 공주 출토(국립공주박물관 2006:163). 右上 大阪 陶器南 須恵器 생산유적(堺市博物館 2001: 69). 下 일본열도 내 주판알 모양 방추차의 지리적 분포(滋賀県立安土城考古博物館 2001: 22)

5. 잠사업

『日本書紀』 應神 14年 기록(AD 403)에 따르면, 백제 아신왕(阿莘王, 재위 AD 392~405)은 일본 大和 조정에 眞毛津이란 봉의공녀(縫衣工女)를 보냈는데, 그녀는 大和 일본에 비단 직조 및 바느질을 전수했다. 광주 신창동 유적에서 출토된 자료로 입증되었듯이 마한 사람들은 BC 1세기에 이미 비단을 생산했다. 후기 마한과 백제의 眞毛津을 비롯한 사람들이 누에 사육과 베틀을 이용한 비단 직조 노하우를 일본에 가져왔을 가능성이 높다.

무문토기시대 방추차의 존재로 입증되었듯이 직조 기술은 일본 彌生時代에 처음 소개되었다. 여러 古墳時代 유적에서 출토되는 백제에서 유행했던 경질 소성(도질) 점토로 제작된 주판알 모양 방추차들은 백제 출신 이주민들이 직조 기술을 일본에 가져왔음을 시사한다(도면 5.8) (滋賀県立安土城考古博物館 2001: 22). 따라서 眞毛津이 직조 기술을 최초로 전달했다기보다는 한반도에서 매우 고급의 새로운 수준의 비단 직조 기술을 일본으로 가져왔다고 볼 수 있다.

6. 須恵器 炻器 산업

須恵器로 알려진 일종의 석기질(炻器質)의 도질토기(陶質土器)는 古墳時代 중기에 갑자기 등장했다. 須恵器는 古墳時代 엘리트 계층의 위신을 과시하는 토기로 기종으로는 고배(高杯), 뚜껑있는 접시, 호(壺), 사발(鉢), 기대(器臺) 등이 있다. 古墳時代 모든 귀족 무덤에는 須恵器가 부장되었는데 종종 다량이 부장되기도 했다. 이는 고대 한반도에서 도질토기로 알려진 산업적으로 제작된 물레 성형의 고온소성(高溫燒成) 토기로 한반도 출신 이주민들이 일본열도에 처음 소개했다(도면 5.9).

한반도 남부지방에서 처음으로 석기질(炻器質) 도질토기(陶質土器)가 생산되었을 때, 주민들은 쇠처럼 단단하고 두드렸을 때 금속성 소리가 났기 때문에 이를 쇠그릇이라 불렀다. 사람들은 열도로 이주해서도 이를 계속 쇠그릇이라 불렀다. 大和의 서기(書記) 또는 필경사(筆耕士)가 한자(漢字)로 기록을 하게 되면서 須恵器(쇠그릇)란 용어로 옮겨지게 되었다(堺市博物館 2001: 96).

앞서 언급했듯이 AD 400년 고구려의 파괴적인 구야국(狗倻國) 침략으로 많은 가야 사람들이 고국을 떠났다. 김해 대성동 고분군 발굴성과에 따르면, "일본 須恵器의 등장은 본질적으로 한반도 남부 가야토기 기술의 재건이었다…. 둘 사이의 관련성에는 의심의 여지가 없다…. AD 400년 고구려군이 금관가야를 멸망시킨 후 한반도 남부의 가야국 사람들은 일본열도로

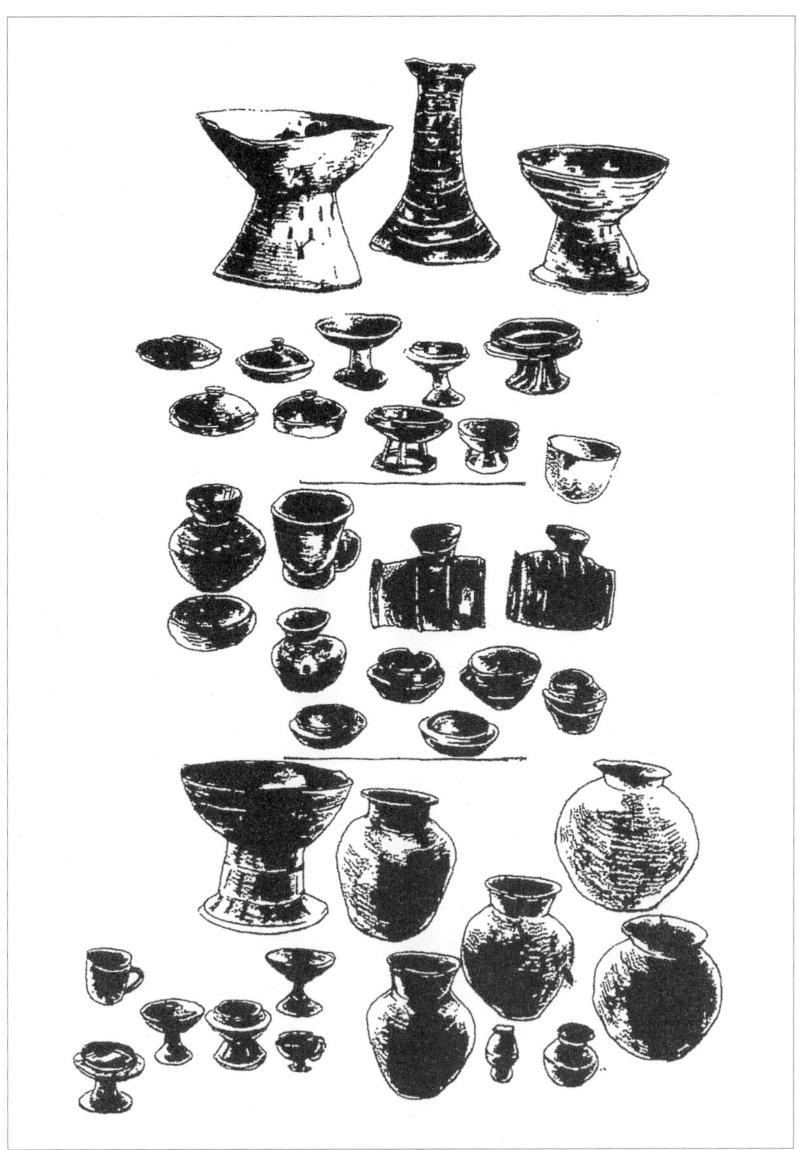

도면 5.9 일본열도 출토 한반도 삼국시대 陶質土器 기종

上: 5C 초 大阪 TG 232호분 출토 통형기대(筒形器臺)와 기타 기대(器臺)들(高 60~95cm); 고배(高杯)와 뚜껑(蓋)들(高 15~25cm) (堺市博物館 2001: 60). 中: 大阪 大庭寺 출토 초기 須惠器 통 모양 壺, 장군 壺, 접시와 잔(大阪府立近つ飛鳥博物館 2004: 30). 下: 초기 須惠器 壺, 고배(원래는 뚜껑이 있는 것으로 추정됨), 파배(把杯), 병(甁) (大阪府立近つ飛鳥博物館 2004: 30)

이주했다"고 한다(신경철·김재우 2000: 191-193).

도질토기(陶質土器)는 九州의 朝倉(아사쿠라) 가마 단지와 市場(이치바) 南組(미나미구미) 유적, 愛媛(에히메)縣 伊予(이요)市, 岡山縣 總社(소자)와 奥ヶ谷(오쿠가타니) 유적, 大阪 陶邑(스에므라) 유적 등 九州와 大阪平野 사이의 여러 지역들에서 거의 동시에 제작되기 시작했다. 陶邑 인근 大庭寺(오바테라) 가마들에서 나온 須恵器는 동부 가야의 부산과 김해 지역 도질토기와 매우 유사한 반면에, 九州의 朝倉 공방에서 제작된 須恵器는 서부 가야 지역의 도질토기와 유사하다(武末純一 1997: 93-126).

또 일본 고고학자들과 토기 전문가들은 당시 한반도 도질토기 기술자들이 현지에서 직접 기술적 기여를 하지 않았다면, 일본열도에서 須恵器는 생산될 수 없었을 것이라는 입장에 동의한다(定森秀夫 1991: 167-176). 일본 최고(最古)의 須恵器는 大阪 岸和田(키시와타)市 久米田(쿠메타)의 방대형 고분에서 출토되었다(虎間英樹 1993, 1994; 酒井清治 2013: 26-27, 46). 久米田 출토품에는 한반도 서남부 영산강 유역 도공들이 제작한 토기들은 물론 여러 남부 가야 소국에서 제작된 도질토기들과 동일한 토기들도 있었다(신경철 2000: 180-181). 이는 일본 도질토기는 처음부터 가야와 마한 기술자 모두를 포함한 한반도 남해안 전역에서 이주해 온 토기 기술자들에 의해 제작되었음을 의미한다.

AD 4C 김해 구야국(狗倻國)과 마한 소국들은 상호 방위 및 사업을 위한 정치적 동맹 관계에 있었던 것으로 추정된다. 그래서 AD 400년 고구려가 구야국을 유린했을 때 마한과 가야 엘리트들은 함께 畿內로 이주했고(신경철 2000: 194-198), 大庭寺 TG 232호 가마 須恵器에 가야와 마한 토기 기형이 모두 포함되어 있음은 자연스럽다. 마한 도공(陶工)이 제작한 須恵器 중에는 통 모양 항아리와 측면에 구멍이 있는 광구호(廣口壺)가 포함된다.

AD 400년 직후에는 가야와 마한의 도질토기 기술이 모두 열도의 須恵器 제작에 채택되었지만, 마한의 기술이 점점 더 중요해져 갔다(酒井清治

2004a; 白石太一郎 2004: 10; 신경철 2000: 181-185). 陶邑(스에무라) 유적 TK-73호 가마와 野井西(노노이시)유적 ON-231호 가마가 가동되는 시점에 이르면, 마한 유형 須恵器가 지배적 형태의 도질토기가 된다(酒井清治 2013: 98-101; 신경철 2000: 181-185). 지방 권력 센터들은 현지 이용을 위해 자체적으로 도질토기를 생산했지만, 大阪의 가마들에서 생산된 須恵器들은 지방 권력 중심지들에 분배되었다.

AD 369년 백제 근초고왕(近肖古王)의 마한에 대한 군사 작전 이후 백제의 영토 잠식으로 밀려난 마한계 이주민의 수가 꾸준히 늘어나면서 近畿에서 마한 기술의 지배력이 증가하게 되었다. 엘리트 계층의 매장 의례 용기로 오랫동안 사용되어 왔던 須恵器 그릇은 AD 700년대 초가 되면 보통 사람들의 일상 생활 용기의 일부가 된다. 陶邑 가마들은 800년대까지 계속 가동되었고, 須恵器 토기 전통은 12세기까지 지속되었다(武末純一 1997: 87-119).

III. 사상적 변화

1. 大和 조정의 유교화

AD 404년 백제 조정은 大和 조정에 유교 사상을 심으려 시도하기 시작했다. 즉, 백제 아신왕(阿莘王)은 404년 귀한 선물로서의 양마(良馬) 두 마리와 함께 백제 관리 아직기(阿直岐)를 大和 조정에 보냈다. 경학자(經學者)이기도 했던 阿直岐는 大和 왕세자 菟道稚郎子(우지노 와카이라츠코)의 선생이 되었다. 이듬해 또 한 명의 백제 학자 왕인(王仁)은 세자에게 유학을 가르치러 특별히 보내졌다(『日本書紀』 應神 15年, 16年). 경학 공부는 정권 지도자들에게 유교적 통치 이데올로기와 행정과 국정 운영에 필수적인 지혜와 지식을 숙지시켰고, 경전 공부를 통해 습득한 읽고 쓰는 능력은 통치자와 관리자의 직무 수행에 꼭 필요한 기록과 의사소통 능력을 제공했다.

본격적으로 일본의 사상적 변화를 야기하려는 체계적·조직적 노력은 한 세기 후 백제 무령왕(武寧王) 재위 중 시작되었다. 『日本書紀』 繼體 7年(513)과 10年(516) 기록에 따르면, 무령왕은 고마(웅진, 오늘날 공주)에 있는 왕궁에서 大和 군주 繼體에게 오경박사(五經博士)를 보냈다. 무령왕과 그의 뒤를 이은 다른 사람들의 노력의 결과로, 천황과 세자는 물론 大和 조정 관료들도 점점 유교화되었다. 6세기 후반에 이르러 大和 조정은 군주의 절대적 우위, 백성의 충성, 그리고 사회 질서와 조화의 향상을 정부 최고의 목표로 강조하는 유교적 정치 이념으로 확고히 뒷받침되었고, 유교의 윤리 및 정치 이념과 부합하는 국법과 다른 법률들이 공포되었다.

2. 국가를 위한 불교

무령왕의 아들 성왕(聖王)은 열정적인 선교로 불교를 진흥시켜 일본의 사상적 변혁을 시도했다. 일본열도에서 불교라는 새로운 종교의 가장 강력한 옹호자는 앞서 5C 말/6C 강력한 씨족 출신 고위 관료로 소개된 목협만치(木劦滿致)의 후손인 백제 출신 蘇我氏族이었다. 蘇我氏는 경쟁 파벌과 심지어 大和王 崇峻을 제거하는 대가를 치르면서까지 불교의 일본 전파를 강행했다. 또한 백제 왕실이 처음 불교 사절을 일본에 파견한 바로 그 시점에 백제의 유력 蘇我氏 친족인 목협금돈(木劦今敦)이 大和 조정을 방문했음 역시 단순한 우연은 아니었다(『日本書紀』 欽明 14年).

『日本書紀』欽明 13年 기록에 따르면, 백제 성왕은 大和 군주(君主) 欽明에게 석가불(釋迦佛) 금동상(金銅像), 불경, 그리고 깃발과 우산을 포함한 불교 장비와 함께 불교 사절을 파견했다. 성왕은 이러한 불교 물품들과 함께 大和 군주에게 다음과 같은 내용의 친서도 보냈다(Aston 1972 Vol. 2: 66):

> 이 교리는 모든 교리 중에서 가장 훌륭하다. 그러나 설명하기 어렵고, 이해하기도 어렵다…이 교리는…최고의 지혜의 완전한 이해로 이끌 수 있다… [백제] 왕 명(明)은 삼가 신하 [奴唎斯致契]를 조정에 전해 畿內 전역에 전파하여 "나의 법은 동쪽으로 전해질 것이다"라는 부처의 말씀을 실현시키고자 한다.

이 사건의 정확한 연대가 538년인지 아니면 552년인지는 학자들 간에 오랜 논쟁이 되어 왔다(辻善之助 1969: 34-42; 田村円澄 1981: 36-40; Inoue M. 1993: 171; Best 2006: 138-141). 그러나 백제 성왕(聖王)이 大和에 불교라는 새로운 종교를 주도적으로 전파했음은 분명하다.

불교는 처음에는 大和 조정에서 그리 환대받지 못했다. 『日本書紀』 欽明 13年 기록에 따르면, 欽明王은 백제의 희귀한 선물을 받고 기뻐했지만, 이를 어떻게 해야 할지 스스로 결정할 수 없었다. 당시 大和 정부의 재상으로 백제 목협만치(木劦滿致)의 후손인 蘇我稻目는 새로운 종교인 불교를 높이 평가하고 찬양했는데, 欽明王의 장인이기도 했던 그는 왕에게 상당한 영향력이 있었다.

그러나 두 강력한 大和 지도자 尾輿 物部弓大連와 鎌子 中臣連는 토착신들의 숭배만을 주장하며 격렬하게 불교를 반대했다. 『日本書紀』 欽明 13年 기록은 다음과 같다(Aston 1972 Vol. 2: 66-67):

> 그들은 왕에게 함께 항의하며 말하기를 "우리나라가 천하의 왕 노릇을 하는 것은 항상 천지사직의 180신들에게 봄, 여름, 가을, 겨울 제사 지내는 것을 일로 해왔기 때문이다. 우리가 그들 대신에 외국에서 온 신(蕃神)을 숭배한다면, 우리는 국가 신들의 노여움을 살 것이다."

효험을 시험하기 위해 왕은 稲目(이나메)에게 불상(佛像)을 집으로 가져가 예배할 것을 부탁하면서, 稲目의 집은 사실상 일본 최초의 불교 사원이 되었다. 이러한 일이 있은 후에 大和 수도(首都)에 치명적인 역병이 발생했고, 物部弓大連와 中臣連의 주장에 따라 왕은 불상을 難波堀江에 버리고 사원을 불태우도록 명령했다. 『日本書紀』 欽明 13年 기록은 다음과 같다(Aston 1972 Vol. 2: 67): "이때 하늘에 구름과 바람이 없었는데, 갑자기 불이 나서 대전(大殿)을 태웠다". 이처럼 기괴한 부자연스러운 사건에도 불구하고, 혹은 이 때문에 일본의 평민들은 부처를 숭배하고 불교 기도를 외우기 시작했고, 이듬해인 AD 553년 왕 자신이 열정적으로 새로운 종교를 장려했다.

AD 554년 백제 성왕이 신라와의 전쟁에서 전사하자, 그의 아들로 왕위를 계승한 위덕왕(威德王)이 大和 조정에 대한 백제의 불교 포교를 재개했다. 아버지가 시작한 이전 포교의 긍정적 효과에 고무된 위덕왕은 554년 8명의 다른 불교 승려들과 함께 담혜(曇慧)라는 고승을 보내 일본 사람들에게 불교를 가르치고 설파했다. 또 위덕왕은 유학자, 유교 경전 사본, 역법 전문가, 의원, 약초 전문가, 음악가를 大和에 보냈다(『日本書紀』 欽明 15年).

그러나 계속되는 신라와의 전쟁 때문에 위덕왕은 23년이 지난 후에야 大和에 다시 불교 포교단을 파견할 수 있었다. AD 577년, 위덕왕은 200권의 불경과 함께 사찰 건축가, 불상 장인, 승려 2인, 비구니 1인, 주금사(呪禁師, 주문을 읽어 질병을 물리치는 것을 담당하는 관리) 등 6인의 불교 선교단을 보냈다(『日本書紀』 敏達 6年).

그동안 大和에서, 불교는 강력한 蘇我氏의 지원 덕분에 꾸준히 성장해 갔다. 蘇我稲目의 아들 蘇我馬子가 572년 大和 조정의 새로운 大臣(재상)이 되었는데, 아버지처럼 열렬한 불교 신자였던 그는 신자를 모집하고 지도자들을 훈련시키는 등 적극적으로 불교를 장려했다. 馬子는 584년 당시 백제에서 "구원하러 세상에 올 부처"로 유행했던 미륵불(彌勒佛)을 포함한 두 석불상(石佛像)을 백제로부터 기증받았다.

馬子는 善信, 禪藏, 惠善 등 세 젊은 여성을 새로운 불교 신자로 모집하고, 그들을 비구니로 훈련시키는 비용을 개인적으로 지불했다. 그는 3년 후 그녀들을 백제 수도 부여로 보내 직접 백제 승려로부터 고급 (佛法) 교육을 받게 했다. 馬子는 집 근처 飛鳥와 石川에 불전을 세워 과거 백제로부터 얻은 석불상들을 모셨다(『日本書紀』 敏達 13年). 또 그는 用明王을 설득해 불교를 지지하게 하는 데 성공했다(『日本書紀』 用明 2年).

그러나 일본에는 蘇我氏의 반대 세력도 있었다. 物部弓大連와 中臣連 두 강력한 씨족은 불교를 격렬하게 반대했다(『日本書紀』 用明 2年). 이 두 토착 씨족은 처음부터 새 종교를 거부하고 蘇我氏와 불교를 파괴하려고 모든 방법을 동원했다. 物部弓大連는 馬子가 집 근처에 세운 개인 사찰과 탑을 불태우고 석불상을 산산조각 내어 근처 강에 던져버렸다(『日本書紀』 敏達 14年).

곧 物部弓大連와 지지자들은 587년 가을 蘇我馬子를 무너뜨리고, 새로운 종교를 괴멸시키기 위해 막강하게 무장된 군대를 모았다. 치열한 전투 과정에서 馬子는 "오! 제천왕(諸天王)과 대신왕(大神王)이시여 우리를 돕고 보호하여, 우리가 이기게 하소서. 이 기도를 들어주신다면, 탑이 있는 절을 세우겠습니다. 그리고 三寶(佛, 法, 僧)을 사방에 전파하겠습니다"라고 엄숙히 맹세하며 기도했다(『日本書紀』 崇峻; Aston 1972 Vol. 2: 114). 物部弓大連는 전사했고, 그의 지지자들은 사방으로 도망쳤다. 馬子가 적들에게 승리했다는 소식을 들은 백제 위덕왕은 고위 조정 관료 3명와 함께 승려 혜총(惠聰)을 중심으로 하는 승려 12인, 사찰 건축가 2인, 사찰 대장장이, 와박사(瓦博士) 4인, 불교 화공을 그에게 파견했다. 이 사절의 주된 목적은 일본 최초의 불교 사찰 건설을 돕는 것이었다(『日本書紀』 崇峻 1年).

蘇我馬子는 스스로 자랑스러워할 만한 진정한 절을 짓기 위해 서둘렀고, 『日本書紀』 用明 2年 기록에 따르면, 587년 "蘇我大臣은 자신의 맹세를 이행하여 飛鳥에 法興寺를 세웠다." 실제로 그는 이듬해인 588년 공사를 시작하여 8년 후인 596년 완성했다(『日本書紀』 崇峻 1年, 推古 4年).

飛鳥寺라고도 알려진 法興寺는 일본 최초로 돌 기초와 기와로 축조된 건물이며, 사지(寺址)에 대한 고고학 발굴로 京都-大阪-奈良 지역의 모든

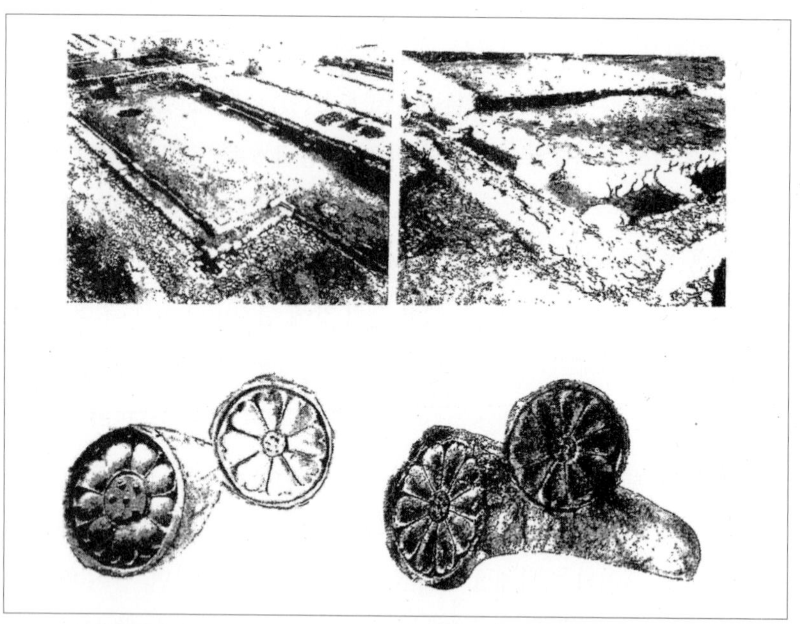

도면 5.10 백제 건축가와 와박사가 축조한 일본 최초의 불교 사찰터 飛鳥寺址

左上: 사찰로 통하는 중문 기초. 右上: 본당 기초 (奈良国立文化財研究所 n.d.: 52). 左下: 백제 수도 공주 출토 백제 막새기와(지름 14.5cm, 15.5cm) (국립공주박물관 1981: 96, 99) 右下: 飛鳥寺址 출토 막새기와(奈良国立文化財研究所 n.d.: 50)

초기 사찰들의 기와는 물론 法興寺 기와는 백제 와박사가 제작한 백제 기와의 현지 버전임이 밝혀졌는데, 이는 일본 최초의 불교 사찰들은 모두 백제 건축가들에 의해 세워졌음을 시사해 준다(이병호 2013: 35-36) (도면 5.10).

馬子는 아들을 法興寺의 주인으로, 각각 백제와 고구려의 유명한 승려인 혜총(惠聰)과 혜자(惠慈)를 상주 승려로 임명했다. 馬子의 587년 승리 이후 불교는 일본의 새로운 종교로 공식적으로 인정되었다. 불교는 大和 지도자들에게 새로운 사상, 새로운 윤리적 가치, 그리고 국민과 국가를 통합하는 정신적 토대를 제공했다. 따라서 백제의 문화, 예술, 건축, 불교가 보급되면서 古墳時代 大和는 고대 일본에서 가장 찬란한 문화의 시대였던 飛鳥時代시대에 돌입했다.

일본 문화를 영원히 재편한 일본의 불교 포교는 大和 조정 또는 大和 조정과 백제 조정 간에 상호 결정된 문제가 아니라 蘇我氏와 백제 조정 사이에서 그들만의 은밀한 동기에서 결정된 사안이었다. 蘇我氏 측에서는 새로운 종교를 통해 日本 내 자신의 정치적 기반을 강화하려 했다. AD 475년 고구려에 참패한 이후 여전히 국가 재건 과정에 있던 백제 조정은 大和와 공동의 사상과 정신적 힘을 공유하며 정치적·군사적 동맹을 강화하기를 원했다.

베스트(Best 2003: 176, 2006: 140-141)는 "[성왕]의 개인적 불교 신앙이 불교를 일본에 소개하기 위해 사절을 파견한 요인이었음에는 의심의 여지가 없지만, 선교의 시점과 맥락을 고려하면, 정치적 관심사가 1차적이고 직접적인 동기였다는 점에 의문의 여지가 거의 없다"고 예리하게 관찰했다.

역사상의 모든 정치 지도자는 자신의 정치적 의제를 진전시키려고 불교를 포함한 종교를 활용해 왔다. 그러나 교리적·사상적으로 보편적인 불교는 모든 존재의 일체성과 인류 통합을 강조하며, 국가 경계를 초월한다. 그러므로 처음부터 고구려와 백제는 불구대천의 적이었지만, 고구려 불교 지도자들은 이 새로운 종교를 일본 평민들은 물론 엘리트에게 가르치고 보급하려는 목적에서 백제의 불교 선교 활동에 적극적으로 참여하려 일본까지 왔다.

저명한 고구려 학승(學僧) 惠慈는 역시 유명한 백제 학승 惠聰과 함께 595년 飛鳥에 와서 法興寺에 거주하는 승려가 되어 大和 엘리트들과 평민들에게 불교를 가르치고 보급하였다. 20년(595~615) 동안 惠慈는 왕자이면서 推古王의 섭정 聖德太子의 개인교사 역할을 수행하며 그가 고대 일본에서 가장 학식높은 정치가가 되도록 가르치고 깨우치게 했다.

백제 조정은 602년 마지막으로 大和 조정에 고승(高僧) 관륵(觀勒)과 역법, 천문, 지리, 점술 관련 서적을 보냈다. 관륵은 飛鳥에서 여생을 보내며 일본 학생들을 교육했다(『日本書紀』 推古 10年). 또한 백제 조정은 이 단계에서 중국 문명의 혜택을 더 얻기 위해 중국으로 갈 수 있는 지점까지 도달할 수 있도록 일본 (그리고 많은 백제 주민들)을 돕는데 성공했음에 만족했다.

더욱이 600년에 이르러 大和 권력의 중심과 일본의 모든 중요한 기술 분야에서 백제인들과 그 후손들이 각계 각층을 선도하는 등 大阪-京都-奈良 지역에는 많은 백제인 공동체들이 제대로 뿌리를 내렸다. 『續日本紀』 寶亀 3年의 8세기 인구조사에 따르면, 大和 권력의 심장부인 남부 奈良 분지에 거주하는 사람의 80~90%가 주로 백제계 한반도 이주민이었다. 또한 攝津와 河內의 大阪 지역 전 부분이 百濟郡으로 지정되었다. 거기에는 향후 수백 년 동안 계속 이익이 되었을 大和 일본 통치자들과 강력한 동맹을 구축한 百濟 王氏族으로 알려진 백제의 지배 가문의 잔당들이 거주했다(古市晃 2001: 118-125).

3. 엘리트 묘제: 수혈식 묘제에서 횡혈식석실분으로

4C 말/5C 초 九州 북부에 처음 등장한 횡혈식석실분(Mizoguchi 2013: 256)은 475년 이후 발달된 웅진 백제 횡혈식석실분의 영향을 받아 구조적 변화를 겪었다. 이후 九州의 횡혈식석실분은 열도의 다른 지역들까지 퍼져 나가 북쪽으로는 東海와 北陸까지 확산되었다. 溝口居士는 "횡혈식석실분의 확산 시기는 한반도 내부의 갈등의 시기와 일치하며…. 또 이는 모두 한반도에서 유래한 정교한 기술을 수반하는 의례의 구성 및 수행 등 복합적인 지역 활동들이 형성되는 시기와도 일치한다."고 말한다(Mizoguchi 2013: 257-258).

백제 엘리트와 평민들이 AD 475년을 기점으로 近畿로 대거 이주하면서 이 지역 횡혈식석실분의 수도 점차 증가하기 시작했다. AD 550년에 이르

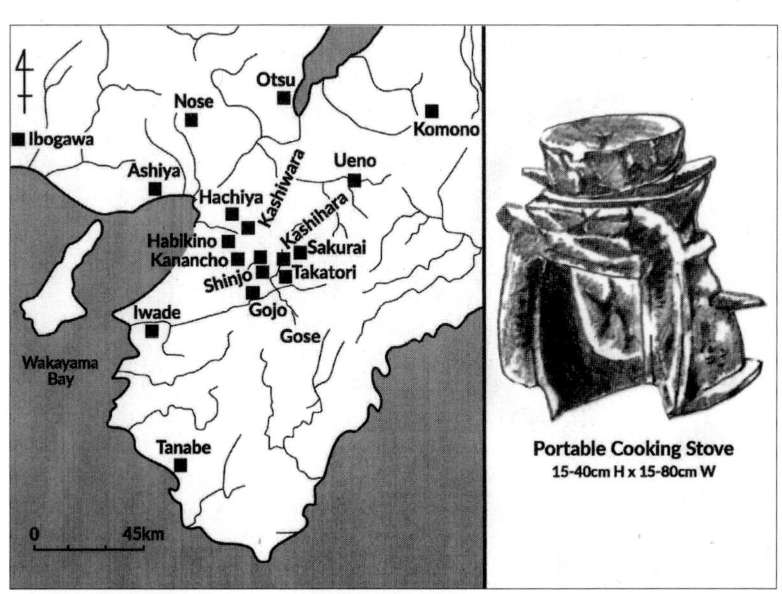

지도 5.2 畿內의 횡혈식석실분 유적 분포와 출토 미니어처 부뚜막 (Lucas Pauly 圖)
(滋賀県立安土城考古博物館 2004: 44, 69)

러 수천 기의 백제 횡혈식석실분이 12 이상의 群集墳을 형성하며 산마루에 등장했다(지도 5.2, cf. 도면 4.13) (石渡信一郎 2002: 242-244; Mizoguchi 2013: 300-304).

주요 이주민 정착지의 중심인 京都 太秦(우즈마사) 지구와 奈良 분지 남부에 이주민들이 축조한 일부 횡혈식석실분들의 규모는 거대했다. 예를 들어 길이가 75m에 달하는 蛇塚古墳(헤비즈카)의 내부에는 거대한 규모의 횡혈식석실이 조성되어 있다(京都文化博物館 1989: 40; 広瀬和郎 2013: 143-178). 飛鳥에 축조된 石舞台古墳(이시부타이)도 마찬가지로 규모가 엄청나다. 이처럼 거대한 거석 건축물은 주요 백제 이주민 거주지인 近江 지구의 숙련된 석공들이 축조했다(大阪府立近つ飛鳥博物館 2002: 91).

횡혈식석실분은 왜(倭) 엘리트들에게 인기를 끌게 되었고, 왕부터 마을 수장에 이르는 모든 부유한 엘리트들은 자신을 위해 횡혈식석실분을 조성했다(大阪府立近つ飛鳥博物館 2002: 91-92; 白石太一郎 2004: 11). 이러한 전국적인 변화의 촉매 작용을 한 결정적인 사건은 이전 應神 왕조의 수혈식 묘제를 횡혈식석실분으로 대체한 繼體王의 개인적 결정이었다. 이 결정은 應神 가문에서 繼體 가문으로 왕조가 변화했음을 알리는 신호이기도 했다(大阪府立近つ飛鳥博物館 2002: 91).

古墳時代 사회에서 횡혈식석실분이 규범화 됨에 따라 고인(故人)의 매장과 관련된 생각도 변화되었다. 과거 가족 구성원들을 함께 매장하지 않았던 토착 왜인(倭人)들이 그렇게 하기 시작하면서 일본의 매장 문화에 큰 변화가 일어났다(白石太一郎 2004: 12). 大和 사회가 과거 어느 때부터 훨씬 복합화됨에 따라 새로운 매장 체계를 통해 이루어진 가족의 단결과 연대가 중요한 가치가 되었다.

水野正好(미즈노 마사요시)(1981: 158)와 溝口居士(Mizoguchi 2013: 300-308)에 따르면, 횡혈식석실분 군집(群集)이 씨족(氏族) 기반의 지방 권력 집단에 대한 직접적인 통제를 강화하는 정치적 도구로 유용하다고 판단한 古墳時代 후기 大和 정권은 일본열도 전역에 대해 이를 채택할 것을 조장했다. 한반도의 경우 백제 통치자들은 이미 6세기 초부터 이 제도를 시행했다. 백제의 경우처럼 大和의 엘리트 매장 제도의 변혁 역시 사상적·정치적 동기에서 이루어졌다. 즉, 이는 일본 엘리트의 매장 관습을 변화시켰음은 물론 應神에서 繼體로의 왕조 변화도 내포하고 있었다. 더욱이 大和 조정의 지침에 따라 지방 엘리트들이 횡혈식석실분을 채택하게 되면서 古墳時代 사회 내부의 정치적 중앙집권화 및 통제도 강화되었다(吉井秀夫 2001: 104-117; 大阪府立近つ飛鳥博物館 2002: 90).

IV. 4C~6C 백제와 大和 엘리트 간 교환과 상호관계

古墳時代 중기 및 후기의 문화적·기술적 혁명에서 백제와 大和 지도자들 간의 긴밀한 교류와 상호작용은 특히 중요했다(Best 2003; 高田貫太 2014: 14-27). 그런데 이러한 현상의 기저에는 밀고 당기는 역학관계가 존재했다.

고구려와 신라의 위협에 직면한 백제는 왜(倭) 엘리트의 군사적 또는 외교적 지원이 필요했던 반면에 열도를 사회정치적·문화적으로 발전시키고자 하는 왜(倭) 엘리트는 한반도의 첨단 상품이 필요했다. 高田貫太(타카타 칸타)(2014: 14-27)는 古墳時代 엘리트 무덤에서 보고되는 (금 귀걸이, 정교하게 도안된 금동 벨트 버클, 등자, 철제 창촉 등) 한반도에서 기원하거나 제작된 수많은 위신재들을 한반도와 일본열도 사이의 공식적 교류 및 상호작용 체계의 측면에서 설명해 왔다. 베스트(Best 2003)는 마찬가지로 백제가 大和에 보낸 불교 사절단 역시 상호 필요의 맥락에서 구체화되었다고 이해한다.

1. 왕실 간 교류

고구려의 위협에 직면한 백제 근초고왕(近肖古王)은 AD 371년 大和 조정에 친교(親交)의 표시로 칠지도(七支刀, 현재 天理市 石上神宮 소장)를 보냈고(井上光貞 1973: 357-359; Brown 1993: 121-122; 田中俊明 2001: 5; 木村誠 2005: 74-80), 백제군과 왜군은 399년 고구려와의 전쟁에서 동맹군이 되었다(이형구·박로희 1996: 85-93). 구체적 의미에서 백제인과 왜인은 전우(戰友)로서 역사를 공유하며 연결되어 있었다. 더욱이 백제와의 교류 과정에서 왜인(倭人)은 백제의 문화와 기술에 감탄하게 되었고, 이는 나중에 일본이 생존의 위기에 처한 백제 사람을 적극적으로 환대하게 된 중요한 이유가 되었다.

백제 아신왕(阿莘王)은 백제와 大和와의 우호 강화를 목적으로 397년과 402년 大和 조정에 사절을 보냈다. 요리용 오븐, 즉 부뚜막(竈)과 조족문(鳥足文)이 시문된 사발과 접시 등 조리 용기들을 포함한 당시 백제와 후기 마한의 요리(料理) 문화가 갑자기 일본에 등장한 것으로 나타나듯이 사절 이후 많은 백제 이주민들이 畿內에 도착했다. 백제 난민들은 九州 북부는 물론 河内와 近つ飛鳥(치카라츠 아스카)에 자리잡았고, 河内는 백제계 도래인들의 중심 거주지가 되었다(임영진 2001: 48-73; 白井克也 2001: 76-93).

이 사건과 동시에 九州 북부에 등장한 횡혈식석실분은 곧 西日本 전역은 물론 本州 동부에도 확산되었다. 횡혈식석실분들과 함께 선진 철 단조기술과 마구, 대도(大刀), 세장한 철촉(細身鐵鏃), 원두정(圓頭釘) 결합기법이 채택된 소찰(小札)이나 미늘로 만든 갑옷과 수많은 금동 장신구를 비롯한 위신재들도 열도 전역에 출현했다(김태식 2014b: 261-264). AD 403년 백제왕은 大和 일본에서 "내목의봉(來目衣縫)의 조(祖)"로 알려지게 되는 봉의공녀(縫衣工女) 진모진(眞毛津)을 大和 조정으로 보냈다(『日本書紀』 應神 14年).

무엇보다도 고구려군의 기마부대에 효율적으로 대항해 싸울 수 있는 기마부대의 공급을 간절히 원했던 백제 조정은 AD 404년 양마(良馬)와 함께 아직기(阿直岐)를 大和 조정으로 보냈다.

고구려의 침략을 예상한 백제 개로왕(蓋鹵王, 재위 455~475)은 고구려에 대항하기 위한 군사 지원 및 공동 방어 모색을 위해 461년 동생 곤지 왕자를 大和 조정에 보냈다. 도부(陶部, 도공), 안부(鞍部, 안장 장인), 화부(畵部, 화가), 금부(錦部, 견직물 장인), 재봉 장인, 그리고 통역을 비롯한 많은 숙련된 백제 장인들이 2년 후인 463년 곤지 왕자를 뒤따라 일본에 보내졌다. 백제 장인들은 大和 首都의 桃原(모모하라) 지구와 眞神原(마가미하라) 지구에 정착했다(『日本書紀』 雄略 7年). 곧 이들은 東漢氏(야마토노아야)로 알려지게 되었다. 즉, 大和는 이미 백제 초기 한성기(漢城期)부터 한반도로부터 한자(漢字)는 물론 마장술과 다색(多色) 비단 직물 제조를 포함한 다양한 기술을 즉, 선진 문물을 전달받고 있었다.

한성(漢城)이 붕괴되고 4년이 지난 479년 백제 삼근왕(三斤王)이 갑자기 사망한 후 곤지 왕자의 아들 말다가 왕위에 오르기 위해 大和에서 고마나루(웅진, 오늘날 공주)로 갈 때 大和 군주 雄略은 500명의 군사를 동행시켰다(『日本書紀』 雄略 23年 7月).

본질적으로 이러한 교류 및 상호작용 체계의 밑바탕에는 상업적 이해 득실보다는 군사적 비상사태로 야기되는 밀고 당기기의 역학 관계가 깔려 있었다. 고구려의 침략에 따른 생존적 위기는 백제 조정을 밀어(push) 大和 조정과 동맹을 맺도록 했다. 大和의 선진 문화 및 기술에 대한 욕구는 大和

조정을 백제 엘리트들 쪽으로 밀어넣는 동시에 능력있는 사람들을 끌어당기게(pull) 했다.

백제 무령왕(武寧王)은 513년 오경박사(五經博士) 단양이(段楊爾)를 大和 조정에 보냈고, 3년 후 오경박사(五經博士) 고안무(高安茂)를 大和 繼體王에게 보내 단양이(段楊爾)를 대신해 일본 大和 조정에 계속 유학(儒學)을 교육하도록 했다(『日本書紀』 繼體 7年).

백제 성왕(聖王)은 552년(또는 538년, Brown 1993: 171) 大和 조정에 불교 사절을 파견하여 大和 군주 欽明에게 금동석가불상(金銅釋迦佛像), 불경, 각종 불교 도구(깃발과 우산)를 전했다. 『日本書紀』 欽明 13~14年(Aston 1972 Vol. 2: 65-71에서 인용) 기록대로, 강력한 정신적 힘으로서의 불교가 백성들의 통합과 大和國의 중앙집권화 과정에 큰 도움을 줄 것이라 믿었던 성왕은 大和를 백제와 같은 불교 국가로 만들겠다고 결심했다. 大和 군주 欽明은 이에 대한 감사의 표시로 "좋은 말 두 필, 목선(木船) 2척, 활 50점, 화살 50세트"를 비롯한 귀중한 선물로 백제에 답례했다. 欽明 14年 6月 欽明王은 백제 왕에게 "의박사(醫博士), 역박사(易博士), 역박사(曆博士), 복서(卜書), 역본(曆本), 그리고 각종 약물(藥物)을 보내달라"고 청했다.

欽明王의 다급한 요청에 신속하게 응답한 성왕(聖王)은 554년 2월 오경박사(五經博士) 2명, 역박사(易博士) 2명, 역박사(曆博士) 2명, 의박사(醫博士) 1명, 채약사(採藥師) 2명, 악인(樂人) 4명, 승려(僧侶) 9명으로 구성된 대규모 사절을 파견했다. 이 문화 사절은 앞서 도착한 "새로 온 숙련된 장인(今來才技)"들과 함께 古墳時代 중후기 사회에 크게 기여했다. 백제 성왕은 欽明王에게 계획된 신라와의 전쟁이 임박해지면, 지원 병력을 보내줄 줄 것을 공식적으로 요청했고, 欽明 15年 王은 군사 1,000명, 말 100마리, 배 40척으로 신속하게 대응했다.

백제가 기대했던 왜(倭) 엘리트들의 군사적 지원은 중무장 기병부대인 고구려와 신라 연합군에게는 비효율적이고, 너무 제한적이었기 때문에 사실상 실패로 끝났다. 특히 475년 고구려, 554년 신라[관산성(管山城)], 그리고 660년 나당연합군(羅唐聯合軍)과의 필사적 전투에서는 더욱 그랬다. 그럼에도 불구하고, 백제사 전기간을 통틀어서 백제 조정과 大和 왜(倭) 엘리트들은 동맹 관계에 있었다.

2. 大和에 거주하는 백제 엘리트의 중간 역할

이러한 백제 왕과 大和 군주 사이의 특별한 교류 뒤에는 곤지(昆支)와 목만치(木滿致) 그리고 그 후손들이라는 大和 수도에 거주하는 강력한 백제 유력 인사들의 존재가 있었다. 형 개로왕(蓋鹵王)의 명령으로 461년 "천황을 섬기러" 일본에 와서 大和 조정에서 근무했던 곤지는 아들이 다섯 있었다. 『日本書紀』 雄略 23年과 武烈 4年 기록에 따르면, 다섯 아들 중 末田(말다)(마타, 말타라고 표기하기도 함)와 斯麻(사마)(또는 시마)는 이복(異腹) 형제였다. 한편 斯麻는 개로(蓋鹵) 또는 末田의 아들이라는 설도 있다(Best 2006: 115). 大和 수도에서 15년을 지낸 곤지는 가족을 일본에 남겨둔 채 475년 위기에 처한 백제 왕실 회복을 돕기 위해 백제로 돌아왔다. 末田와 斯麻는 각각 479년 동성왕, 501년 무령왕이 되었다고 추정된다.

유력 목씨(木氏) 가문의 일원이자 백제 조정의 상류 계층인 목만치(木滿致) 또는 목협만치(木劦滿致)는 자신이 섬겼던 문주왕(文周王)이 정적(政敵)들에게 암살된 직후 백제를 떠났다. 백제 엘리트이자 백제 조정의 고위 관료라는 대단한 배경에 힘입어 그는 大和 조정의 행정 및 재정 분야 직무를 담당했다(鈴木靖民 1981). 증손자(曾孫子) 蘇我稲目(소가노 이나메)는 536년 大和 조정의 대신(大臣)이 되었다. 稲目의 아들 馬子(우마코)는 오랜 기간(572~626) 일본의 사회 문화적 구조를 변화시킨 일본에서 가장 영향력 있는 정치인으로 부상했다(제4장 蘇我氏의 등장 참조).

大和 조정의 일원으로서의 곤지와 목만치는 새롭게 부상하는 大和國이 동아시아 문명 세계의 효과적인 파트너가 되는데 필요한 것이 무엇인지 알고 있었다. 따라서 백제의 지식인으로서 이들은 가능한 한 백제 문명의 많은 부분을 大和 일본에 이식하고 싶었을 것이다. 이는 大和 관리들과의 만남에서는 물론 가족 및 친척들의 모임에서 자주 논의되어 온 핵심 주제였을 것이다. 따라서 『日本書紀』를 통해 곤지의 일본 도착 2년 후에 앞서 언급한 것처럼 大和 수도에 많은 숙련된 장인들이 도착했음을 알게 되었음은 놀라운 일이 아니다.

마찬가지로 곤지의 아들 사마가 무령왕으로서 백제에 사회적·정치적 질서를 확립하고, 나라를 확고한 기초 위에 올려놓자마자 513년부터 大和 수도에 문화 사절을 파견했음 역시 놀랄 일은 아니다.

무령왕(재위 501~523)과 繼體王(재위 507~531)은 각각 백제와 大和의 동시대 통치자였다. 隅田八幡(스다 하치만)神社 거울 비문에 따르면, 두 사람은 가까운(형제?) 관계였고, 이는 의심할 여지없이 6세기 초 숙련된 백제 기술자들의 大和 이주를 조장했다. 513년부터 백제가 마지막으로 문화 사절을 보낸 602년까지 백제에서 大和로의 문화 흐름은 미술, 음악, 약초학, 역법, 유학(儒學), 통치 기술, 그리고 새로운 이데올로기(유교와 불교)와 함께 철기 생산, 농업, 간척, 댐과 제방 건설, 건축, 기와 제작, 도질토기 생산, 금과 금동 공예, 말 사육과 말을 이용한 수송 분야에서의 선진 기술의 전달로 귀결되었다.

돌이켜 생각해 보면, 곤지와 목만치는 大和 日本를 문화적·사회적으로 완전히 백제화(百濟化)할 생각이었던 것으로 보인다. 즉, 그들의 의도는 大和가 문화적·기술적·사상적으로 백제처럼 되도록 돕는 것이었던 것으로 보인다. 이러한 노력의 일환으로 이미 蘇我氏가 된 목만치의 후손들은 심지어 자신들의 목적에 격렬하게 반대하는 物部(모노노베)와 中臣(나카토미)라는 두 유력 토착 가문과 전쟁을 벌이기도 했다. 필요하면, 그들의 목표에 지장이되는 왕 (당시 倭國王) 도 암살/제거해버렸다(제4장 II, 3, b "蘇我氏의 등장";『日本書紀』崇峻 五年 참조).

蘇我氏가 物部氏와 中臣氏와의 전쟁에서 587년 승리하게 되면서 飛鳥時代의 찬란한 불교의 개화와 604년 聖德太子의 유교와 불교 원리에 기반한 헌법십칠조(憲法十七條) 공포를 통해 일본 문명의 색채와 구성은 완전히 변화되었다. 이러한 노력 과정에서 大和 지도자들은 3명의 6C 백제 왕인 무령왕, 성왕, 위덕왕을 포함한 백제 엘리트들의 큰 격려와 도움을 받았다.

V. 聖德太子: 604년 憲法十七條 공포와 도래인

가장 위대한 6~7C 일본 정치가 聖德太子는 일본 불교의 설립자로도 존경받는다(聖德太子의 인생에 대해서는 Kidder 1999 참고).

『日本書紀』推古 12年 여름 4月, 推古王의 섭정이자 가장 존경받는 大和 정치가 聖德太子는 604년 문화적·사회적·정치적으로 일본 국가의 성격을 정의하고, 다가올 미래 시대의 운명을 계획하도록 설계된 憲法十七條를 공포함으로써 일본 역사의 새로운 장을 열었다. 그 주된 목적은 유교와 불교에 기반한 조화롭고 질서 있고 윤리적인 사회의 조성 및 유지였다.

제1조 "화합을 중시하라"는 명령으로 시작되는 헌법(憲法)의 제3조는 왕에 대한 복종을 절대적 의무로 강조했다("군주는 하늘이고, 신하는 땅이기" 때문에) (Aston 1972 Vol. 2: 129). 이는 유교적 사회·정치 윤리 체제에서 가

장 중요한 원칙이었다. 제2조에서 大和 사람들은 착하고 진실한 삶에서 가장 중요한 부분으로 불교의 세 가지 보물, 즉 부처, 부처의 가르침, 그리고 불교 사제(승려)를 숭배할 것이 요구되었다. 헌법 제6조는 백성과 관료들에게 요구하기를 "악한 것을 비난하고 선한 것을 장려하라 했는데, 이는 훌륭한 고대(古代) 규칙이었다"(Aston 1972 Vol. 2: 130). (헌법십칠조(憲法十七條)의 보다 자세한 내용은 브라운(Brown 1993: 180-181) 참고.)

憲法十七條는 일본열도 역사상 최고의 계몽이었다. 본질적으로, 이는 1천년 이상에 걸친 열도와 도래인과의 문화적 교류의 정점이었다. 그런데 憲法十七條의 바탕에는 461년 곤지 왕자를 시작으로 백제 학자들이 大和에 파견되는 5C 이후 도래인이 大和 지도자들에게 전달해 왔던 생각, 아이디어, 원칙들이 깔려 있었다. 木(蘇我)滿致는 곧 곤지의 뒤를 이었다. 백제 무령왕은 513년 오경박사(五經博士)를 大和 조정으로 보냈고, 3년 후에는 다른 오경박사를 繼體王에게 보내 일본 궁정에서 유교의 가르침을 조장할 것을 독려했다(『日本書紀』 繼體 7年). 한편 성왕은 538년 또는 552년 일본 통치 가문에 불교를 전파할 목적으로 한 무리의 승려들을 大和로 보냈다.

聖德太子가 用明王의 아들로 태어난 574년 蘇我氏를 포함한 大和 수도 飛鳥 거주 도래인들 사이에서 불교는 이미 세를 형성해 왔다. 蘇我 가문과 혈연 관계가 있는 聖德太子(門脇禎二 1991: 185)는 불교 신자가 되었다. 그는 또 18세가 되던 587년 物部弓大連와 中臣連가 이끄는 불교에 반대하는 파벌과 전쟁을 했던 蘇我 가문에 합류했다. 이들은 전쟁에 승리한 후 일본 최초의 불교 사원인 法興寺(飛鳥寺)를 건설하기 시작했고, 588년 13명의 승려와 3명의 오경박사를 비롯한 많은 백제 학자들이 大和 수도에 도착했다.

그래서 聖德太子가 推古王의 섭정이 되었던 593년 大和 수도 飛鳥는 백제 학자들과 불교도와 유생으로 북적거렸다. 聖德太子는 595년부터 백제 승려 혜총(慧聰), 고구려 승려 혜자(慧慈), 유학자 각가(覺哿) 등 한반도 출신의 세 저명한 학자의 제자가 되었다(『日本書紀』 推古 1年/2年). 이 도래인 학자들은 聖德太子가 604년 불교, 유교, 왕실 통치권의 최고 중요성을 분명하게 강조하는 憲法十七條를 공표했을 때도 여전히 太子를 지도하고 있었고, 憲法十七條는 이어지는 14세기 동안 일본의 사회문화적 기반이 되었다. 본질적으로 이 헌법은 서기전 800년경부터 서기 600년경까지 도래인과 열도의 왜인(倭人) 사이에 1,500년 동안 진행된 문화적·기술적 상호작용의 정점이라 할 수 있다.

VI. 大和 정권과 백제와의 지속적인 우애(友愛)

백제계 도래인은 7C까지 大和 정부 및 사회에 지배적인 영향을 미쳤고, 大和 왕궁(王宮)과 다른 중요한 건물 이름은 百濟(구다라)를 따라 명명(命名)되었다.

나당연합군(羅唐聯合軍)이 백제를 침략한 660년 3월 일본 大和의 齊明(사이메이)王(재위 655~661)은 패망한 백제의 부흥 지원에 착수했다. 齊明王은 661년 봄 신라군과 당나라군을 공격하기 위해 飛鳥에서 군사를 실은 배를 직접 이끌었지만, 도중에 사망하여 군사 작전은 일시적으로 중단되었다.

일본의 새로운 통치자로 어머니를 계승한 天智王(재위 661~671)은 백제 부흥군에게 100,000개의 화살을 포함한 전쟁 물자를 보냈다(『日本書紀』 天智 1年). 또 그는 당시 飛鳥에 거주하던 백제 왕족과 엘리트들을 보내 백제 본국의 부흥군에 합류하여 군대를 이끌도록 했다. 이듬해인 663년 3월 天

智王은 나당연합군을 내쫓는 것을 돕기 위해 27,000명의 병력을 동원했다.

왜군(倭軍)과 당군(唐軍)은 8월 27일 당시 당과 신라의 수중에 있던 백제 수도 인근의 백촌강(오늘날 금강으로 추정) 어귀에서 만나 치열한 전투가 벌어졌고, 백제를 위해 싸웠던 최초의 중일(中日) 전쟁의 결과는 『日本書紀』 天智 2年 다음과 같이 기록되었다(Aston 1972 Vol. 2: 280, 대괄호는 추가됨).

> 당군은 좌우에서 [大和] 함선들을 봉쇄하고, 사방에서 교전했다. 짧은 시간 안에 [大和] 황군(皇軍)은 패배했고, 많은 병사들이 물에 빠져 익사했다. 뱃머리와 고물을 돌릴 수 없었다. 朴市田來津(예치노 타쿠츠)[大和 將軍]는 하늘을 올려다보며 맹세했고, 이를 갈았고, 분노하여 수십 명을 죽이고 나서 전사했다.

『三國史記』에 따르면 663년 8월 27일 "연기와 불길이 하늘을 덮고 바다물이 붉게 되었다"(『三國史記』 卷 28; Best 2006: 407). 大和는 661~663년 당시 겨우 반세기 전에 형성된 신생 민족국가였다. 백제를 돕기 위해 신라나 고구려에 맞설 군대를 처음 보냈던 4세기 후반은 물론 그 이후로도 大和는 한반도에서 벌어진 모든 전투에서 패했다. 大和가 동원한 27,000명의 병력은 강력하고 전투력이 검증된 나당연합군 18만 명의 상대가 될 수 없었다.

왜 齊明王과 그녀를 계승한 아들 天智王은 분명히 희망이 없음에도 패망한 백제 왕국의 부흥을 돕고자 거의 3만 명에 이르는 젊은 大和 병사들을 투입하기로 결정했을까? 이 상황은 제2차 세계대전 당시 압도적인 태평양 주둔 미 해군에 대항하여 수천 명의 젊은 神風 조종사들을 보냈던, 유사하게 절박하고 절망적이었던 현대 일본 제국주의 정부의 이미지를 떠올리게 한다. 아마도 나당연합군이 백제와 고구려를 함락시키고 나면, 그 다음에는 일본을 침략할 것이라 생각했던 大和 조정은 무시무시한 나당연합군으로부터 일본 본토를 지키려는 필사적인 시도로 그러한 결정을 내릴 수 밖에 없었을 것이다. 大和 조정이 九州 福岡 근처의 좁은 쓰시마 해협을 가로질러 한반도를 바라보는 산길에 축조한 大野城(오노조)를 비롯한 거대한 방어용 성벽과 산성 요새에서 드러나듯이 대륙으로부터의 이러한 침략에 대한 공포는 현실적이었고 오랫동안 지속되었다.

大和 조정이 백제를 돕기로 결정했을 때 매우 중요했던 감정적 요소로 大和 일본 통치 귀족들의 감성과 지성에서 백제가 차지하는 독특하고 특별한 자리가 있었음이 분명하다. 백제는 大和 수도 飛鳥와 찬란한 문화를 건설하는 것을 포함하여 大和國의 발전에 크게 기여했다. 문화적으로는 물론 아니라 종족적으로도 大和는 백제 및 백제 사람들과 불가분의 관계에 있었고, 639년 百濟川邊에 큰 궁전(大宮)과 큰 탑을 축조하고, 百濟宮과 百濟大寺(후에 大安寺로 개칭)라 명명했던 舒明王의 경우처럼 수 세기 동안 大和 통치자들은 스스로를 백제와 동일시해 왔다. 이듬해 舒明王이 죽자 大和 조정은 빈궁(殯宮)을 설치하고, 백제대빈(百濟大殯)이라 명명하기도 했다(『日本書紀』 舒明 12年/13年).

백제 이주민과 그 후손인 蘇我氏는 536년부터 645년까지 일백 년 이상 大和 통치에 깊이 관여했다. 심지어 中臣鎌足(나카토미노카마타리)와 그의 동료들이 645년 폭압적인 大臣 蘇我入鹿를 암살함으로써 蘇我 가문 지배의 종지부를 찍은 이후에도 蘇我氏는 大和 통치자들과의 혼인 동맹을 통해 大和 사회에서 계속 권력을 행사했다(『日本書紀』 皇極 4年). 압도적이었던 大和 사회의 백제화의 결과로 6세기에 찬란한 飛鳥時代가 탄생했다. 近畿 핵심지역은 종족적·문화적·기술적으로 열도에서 백제의 재탄생이었다. 델머 브라운(Brown 1993: 176)은 "한국적 성격을 지닌 도시 문명이 분명하다"고 말한다.

역사적 관점에서 齊明王과 天智王의 백제 부흥을 돕겠다는 결정은 일본의 국방(國防)에 대한 우려만큼이나 형제애에 따른 의무감과 책임감에서 이루어졌다고 생각된다. 결국 大和의 많은 시민들, 특히 엘리트들은 백제 출신이었고, 백제는 그들의 조국이었다.

백촌강(白村江)에서의 군사적 참사 이후 당군(唐軍)에 살해되거나 포로가 되지 않은 상당수의 고위 관료, 장군, 그리고 백제 귀족은 유학자, 불교 승려, 숙련 장인, 그리고 일반 시민과 함께 바다를 건너 大和로 갔다. 이는 백제 국가 최고 인력 및 기술의 대대적인 일본으로의 철수였고, 이들은 이미 일본에 정착한 백제 이주민에 추가되었다(『日本書紀』 天智 2年).

5C경 백제 이주민들이 정착을 위해 개척했던 京都 동쪽 近江(오늘날 大津市)에 665~667년 기간 중 새로운 백제 이주민 2,400명이 영구 정착했다(『日本書紀』 天智 4年~6年; 堀真人 2009: 13-22). 동시에 天智王은 667년 大和 수도를 飛鳥에서 近江(으)로 천도했다. 2년 후인 669년 과거 백제 관료 여자신(餘自信)과 귀실집사(鬼室集斯)를 포함한 백제 이주민 700명이 추가로 近江에 정착하니, 近江은/는 백제 사람들로 북적이는 새로운 대도시가 되었다(『日本書紀』 天智 8年). 유학자, 승려, 필경사, 장군을 비롯한 다른 사람들은 奈良-大阪-京都 지역에 정착하여 다양한 공직들을 담당하며 大和 조정을 섬겼다. 살아남은 백제 왕족들은 大和 왕실 가문과 밀접한 관계가 있는 초기 백제 이주자들의 주요 중심지인 河内의 難波(나니와)에 정착했다(古市晃 2001: 118-125; 大阪府立近つ飛鳥博物館 2004: 7-13).

당시 아직 국가로서 초기 단계에 있던 大和 조정에 경험이 풍부한 정치인, 장군, 학자, 승려, 기술자, 화공의 대거 유입은 새로운 국가가 훨씬 더 성장하는데 큰 도움을 준 헤아릴 수 없는 가치의 혜택이었다.

大和 조정은 670년 공식 국명(國名) "日本(니혼)(떠오르는 태양의 나라)"을 채택했고, 오늘날 우리가 알고 있는 국가가 공식적으로 탄생했다. 그래서 백

제가 한반도에서는 멸망해 사라졌지만, 백제의 기억은 일본 땅에서 일본화(日本化)/일본인화(日本人化) 되어간 수많은 백제 이주민들과 후손들 사이에서 계속 번성했다. 大和 조정은 1년이 지난 671년 백제 조정에서 고위 관리로 근무해 왔던 이들에게 다양한 大和 귀족 등급은 물론 大和 정부의 고위 직위를 부여했다. 天智王이 鬼室集斯를 大和國의 모든 교육 기관과 프로그램을 담당하는 교육부 장관격의 學職頭로 임명한 것은 이러한 점에서 특히 유명한 사례이다(『日本書紀』 天智 10年).

797년 편찬된 『續日本紀』 桓武 延曆 8年은 奈良에서 일본을 통치하는 桓武王(재위 781~806)의 어머니가 백제 귀족 후손인 新笠夫人이라 기록했다. 桓武王은 곧 고대 일본의 군주가 되었고(今泉忠義 1986: 1099-1100; 上田正昭 1965: 15-19), 本州와 北海道 원주민들을 정복했다. 그는 강력한 불교 기득권층과 확고한 세습 귀족에 대해 부담을 느끼던 奈良의 大和 사회를 대대적으로 개혁했다. 중요한 개혁의 일환으로 794년 그는 자신의 왕궁과 大和 정부 소재지를 한반도 출신 秦氏의 주요 거주지였던 山城 지구로 옮겼다. 桓武는 한반도 이주민들의 도움으로 세운 수도를 平安京 (평화의 수도)라 명명했는데, 이 도시는 京都로 다시 태어나 1868년까지 천 년 이상 일본의 수도로 유지되었다(京都文化博物館 1989: 130-148).

최근까지 日王이었던 明仁(아키히토)는 2001년 12월 18일 69번째 생일 『續日本紀』 기록을 인용하며, “나 자신은 한국과 因緣을 느끼고 있다[私自身としは…韓國とのゆかりを感じています]”고 말하며 엄숙하게 일본을 상기시켰다(宮內廳 2001; French 2002).

『續日本紀』 寶亀 3年 기록에 따르면, 8C까지 강력한 東漢氏를 비롯해 대부분 백제 출신 도래인으로 구성된 도래인이 大和 권력의 심장부인 奈良 분지 남부 주민의 대다수(80~90%)를 차지했다. 이는 확실히 大和 수도권 주민의 압도적인 비율이고, 고대 한반도 사람들, 특히 백제 출신 도래인이 일본의 형성기에 어떤 역할을 했는지에 대한 실마리를 제공해 준다.

오래전부터 백제 출신 도래인과 후손들은 모두 일본인(日本人)이 되었지만, 奈良의 飛鳥寺, 百濟寺, 百濟村, 百濟野, 河內의 百濟王神社(백제왕의 사당)와 南百濟村(남백제 마을), 摂津의 百濟郡(백제 지구), 滋賀의 百濟寺와 百齊山城(백제의 산성)을 비롯해 近畿 핵심지역의 다양한 장소들에서 백제 출신 도래인의 기억은 일본열도에 여전히 살아 있다.

九州 남부 宮崎県에는 백제식 건물과 회당들이 있는 고대 백제 수도 부여의 축소판인 南鄕村(난고손)이란 아름다운 마을이 있다. 마을 입구에는 "百齊の里(백제 마을)"라고 기록된 표지판과 百齊の館(백제관)을 가리키는 도로 안내판이 있다. 인근을 흐르는 강은 한국에서 부여를 흐르는 금강을 따라 구마강으로 불린다.

스스로 고대 백제 엘리트의 후손이라고 믿는 마을 사람들은 매년 12월 師走祭り라는 평생 서로를 그리워했던 부여 출신 백제 왕자와 그 아들의 영혼을 위로하는 슬픔과 행복의 축제를 거행한다.

南鄕村 比木神社에 천 년 이상 대대로 보관되어 온 신성한 문서에 따르면, 백제 수도 부여가 나당연합군의 수중에 떨어진 후 백제 왕실의 정가(禎嘉) 왕자와 그 아들 복지는 망국에서 도망치고 있었다. 九州 남부를 향해 항해하던 중 이들은 폭풍으로 조난을 당해 헤어지게 되었다. 아버지는 결국 南鄕村에 도달했지만, 아들은 약 90km 떨어진 곳에 도착했다. 아들 복지(福智)는 아버지를 그리워하며 아버지를 찾아 나섰고, 마찬가지로 아들을 그리워하는 아버지도 아들을 찾아 나섰다.

서로를 찾던 중 그들은 정부군과 반군의 전쟁에 연류되어 둘다 전쟁 중에 南鄕村에 묻혔다. 서로를 그리워했으나 충족되지 않은 부자(父子)의 영혼이 神門神社와 比木神社에 각각 모셔졌다. 이틀 반 동안 계속되는 師走祭り 연례 축제에서 南鄕村 사람들은 90km를 의례적으로 걸으며 아들의 아버지 찾기를 재현한다. 즉, 일본과 백제와의 관계는 신성한 의식을 통해 열도의 작은 구석에 살아남아 있다.

토론: 정복이 아닌 협력

일부 저명한 역사학자들(江上波夫 1967, 1992; 水野祐 1967, 1975; Ledyard 1975)은 매우 혁명적인 大和 국가의 사회문화적 구조 변화를 한반도로부터의 침략과 정복의 관점에서 설명해 왔다.

정복론의 주창자 江上波夫에 따르면, 한반도 동남부 가야의 엘리트 기마전사들은 4세기 어느 시점에 九州 북부를 침략했고, 이후 그 후손들은 九州의 지역 세력과 연합하여 동쪽의 近畿 핵심지역으로 진군하여 近畿의 토착 지배 엘리트들을 제압하고, 고대 河內(오늘날 大阪)에 應神의 무덤으로 알려진 거대한 譽田山(콘다야마)古墳을 축조했음은 물론 應神 왕조를 세웠다.

제기된 다양한 고고학적 문제와 연대 문제 외에도(鈴木武樹 1975; Edwards 1983: 265-295; 佐原真 1993; Kidder, Jr. 1993: 108-110; 江上波夫·佐原真 2003; Barnes 2015: 354), 정복론의 큰 약점으로 4~5C 기마(騎馬) 지배 계층의 묘제가 近畿 핵심지역에서 확인되지 않았다는 점을 들 수 있다. 정복자들은 정복한 영토에 자신의 묘제 전통을 이식하는 것이 보통이므로 김해 대성동과 부산 복천동에서 보고된 것들과 유사한 4~5C 가야 엘리트들의 목곽묘(木槨墓)와 古墳時代 지배자의 묘제로 등장하는 4~5C대의 원형 봉토분이 발견되었어야 마땅하다. 그러나 3C대로 편년되는 ホケノ山(호케노야마)古墳을 제외하면, 4~5C대 무덤 대신 近畿 핵심지역의 古墳時代 전기 및 중기 大和 통치자들은 해자로 둘러싸인 전방후원분을 축조했다.

또하나의 결정적 인자는 역사적 증거, 즉 사료(史料)의 결핍이다. 한국

(『三國史記』와 『三國遺事』)과 일본(『古事記』와 『日本書紀』)의 고대 문헌에는 한반도 초기 국가의 일본열도 침략 기록이 전무하다. 또한 만약 한반도 초기 국가의 기마전사들이 일본열도를 침략하고, 정복하고, 지배했다면, 裵松之(372~451)와 蕭子显(6세기 초)과 같은 동시대 중국 역사 편찬자(編纂者)들은 이 사건에 주목하고 기록을 남겼을 것이다. 그러나 정복설을 지지하는 기록은 『三國志』에 대한 裵松之의 주석(註釋)과 『南齊書』(470~502)에도 보이지 않는다.

무엇보다도 414년 세워진 광개토대왕비(廣開土大王碑)에도 정복 관련 언급이 없다. 고구려 광개토대왕(廣開土大王, 재위 391~413)은 가야와 일본열도를 동맹 관계인 신라의 적으로 인식했다. 아들 장수왕(長壽王)은 400년 아버지가 김해를 중심으로 동남해안에서 가야(伽倻)와 왜(倭)의 군대를 공격하여 패퇴시켰음을 광개토대왕의 영예로운 성취의 일부로 비(碑)에 기록했지만, 가야 또는 광개토대왕 자신의 열도 침략과 정복은 전혀 언급하지 않았다. 가야나 고구려의 기병부대가 열도를 침략하여 정복했다면, 장수왕은 이 사건을 비(碑)에 기록했을 것임에 틀림없다.

현실적으로 가야는 4C나 그 이후 일본열도를 침략하고 정복할 이유도 없고 물리적 힘 역시 없었다. 첫째, 가야와 열도는 광개토대왕비에 언급된 바와 같이 오랜 친구이자 동맹이었다. 둘째, 4C의 가야는 군사적으로 해외 침략을 감행할 처지에 있지 못했다. 즉, 10년(약 315~325년) 동안 금관가야를 포함한 연안에 소재한 여덟 가야 소국들이 참혹한 내전에 연루되었고(백승옥 2011: 76~87), 김해의 금관가야는 서기 400년 고구려 기병부대의 침략으로 엄청난 타격을 받았다. 이 두 사건의 결과로 수많은 가야 이주민들이 열도로 유입되었고, 이러한 상황은 한 세기 후 신라가 마지막 남은 가야국 대가야(大伽倻)를 562년 멸망시키면서 엄청난 규모로 재현되었다.

江上波夫의 정복론을 따르는 레드야드(Ledyard 1975)와 홍원탁(Hong

2010: 25-26, 125-146)은 古墳時代 大和 사회의 압도적인 백제화를 근거로 가야보다는 열도의 정복자로 백제에 초점을 맞추어 왔다.

江上波夫의 주장대로 백제의 출자(出自)로 松花江 유역의 유목 민족 부여를 강조한 레드야드는 4C 처음부터 강국(强國)으로 한강 유역에 건국한 백제 엘리트들은 건국 직후 바로 대한해협을 건너 九州를 정복한 뒤 동쪽으로 진격해 5C에는 大阪-京都-奈良 지역을 정복했다고 상정한다. 레드야드는 고고학적으로 관찰되는 大和 사회에 대한 압도적인 백제 문화가 백제의 近畿 정복의 결과라고 주장한다

홍원탁은 『古事記』와 『日本書紀』에 대한 개인적 해석을 토대로 서기 371년 강력한 군사 지도자로 부상한 백제 근초고왕(近肖古王)과 아들 근구수(近仇首)가 열도 침략을 위해 백제 호무다 장군이 이끄는 군대를 파견했다고 주장한다. 성공적으로 九州에 상륙한 호무다와 그의 군대는 동쪽으로 진격하여 거의 20년만인 서기 390년 近畿 정복을 끝마쳤다고 한다. 홍원탁에 따르면, 백제 정복자들은 大和에 譽田(호무다)를 초대 통치자로 하는 새로운 應神 왕조를 세웠다. 즉, 홍원탁은 應神은 다름 아닌 近畿를 정복한 백제 장군이고, 大和는 실질적으로 백제의 식민지 국가였다고 주장한다.

레드야드와 홍원탁의 서사 역시 江上波夫의 경우와 같은 오류에 빠져 있다. 즉, 그들이 상정한 침략과 정복에 대한 고고학(考古學) 및 사료(史料) 증거가 결핍되었다. 가야의 경우와 마찬가지로 이러한 측면에서 가장 설득력 있는 증거인 4세기 백제 엘리트 무덤, 즉 피라미드 모양의 적석총이 大阪에는 없다.

本書에서 입증했듯이 大和 사회의 백제화는 실로 압도적이었다. 大和에는 수많은 백제 엘리트, 학자, 고위 관리들이 거주하고 있었다. 백제 출신 蘇我氏는 大和國의 사회-정치 및 문화 업무를 관장하고 있었다. 일본 국교로서의 불교 성립은 친백제(親百濟) 파벌이 토착 大和 엘리트들에 대한 군

사적 승리를 통해 이루어졌다. 6C 飛鳥時代에 절정에 이른 近畿 핵심지역의 백제화는 본질적으로 大和 권력의 심장부에서 이루어진 백제의 재탄생이었다. 그러나 大和 권력의 본산에서의 백제의 재탄생에 따른 압도적인 사회-문화적 변화는 군사적 침략이나 정복의 결과가 아니라 오히려 이는 3세기에 걸친 이주에 작동했던 밀고 당기기 역학(力學)의 맥락에서 전개된 사건과 과정이었다..

국가 간 전쟁들과 369년 시작되어 475년 백제 수도의 파괴로 마무리된 파괴적인 고구려의 침략으로 조성된 위기 상황에서 엘리트, 식자층, 다양한 분야 기술자를 포함한 많은 백제 사람들은 가야와 마한 사람들이 그랬던 것처럼 한반도를 탈출했다[밀기 인자(push factor)]. 한편 문화와 기술을 발전시키고 경쟁자들을 앞지르기를 갈망했던 近畿 핵심지역의 왜(倭) 엘리트들은 환영의 움직임을 강화했다[끌어당기기 인자(pull factor)]. 이러한 움직임은 직접 중국에 접근할 수 없었던 4C~6C 왜 엘리트에게 더욱더 시급했다. 가야와 백제 출신 피난민, 기술자, 엘리트들에 대한 환영은 그들과 大和 국가 사이에 오랫동안 존재해 온 우정으로 더욱 조장되었다. 결국 이들은 전쟁과 무역에서 동맹이 되어 왔다. 선사시대와는 밀고 당기기의 인자들의 성격이 다르긴 하지만, 본질적으로 이는 서기전 8C 최초의 도래인 현상과 彌生 혁신을 일으켰던 그 밀고당기기 역학과 그리 다르지 않았다.

반면에, 末松保和(스에마츠 야스카즈)(1949)가 시작하여 장기간 서양 학자들의 동조(Reischauer & Fairbank 1958: 468-469; Sansom 1958: 16-17; Hall 1970: 37-43)를 얻었던 古墳時代 중기 사회-문화적·기술적 혁신은 大和의 4C 한반도 남부 정복의 결과라는 가설이 있다. 『日本書紀』의 미심쩍은 서술에 기반한 "任那日本府說"로 알려진 이 주장은 大和 정부가 가야를 369년 정복했고, 가야가 신라 진흥왕(眞興王, 재위 540~576)에 의해 멸망하는 562년까지 任那日本府라는 군사적/행정적 기지를 통해 해당 지역을을 통치했다고 말한다. 이 주장의 옹호자들에 따르면, 大和國은 한반도에서 이익을 증진시키고 한반도의 선진 문화와 기술을 획득하기 위해 이 기지를 200년 동안 사용했다(小林行雄 1961: 41; 石母田正 1962: 18-19).

일제강점기(1910~1945)에 조선총독부(朝鮮總督府)는 일본 사학자들과 고고학자들을 동원하여 한반도 전역의 고고학 유적을 조사하고 지도를 만들기 위해 엄청난 인적·재정적 투자를 했다. 그 목적 중 하나는 任那日本府의 중심이라 믿었던 낙동강 하류역에서 任那日本府의 고고학적 증거를 찾는 것이었다. 제국주의 일본의 노력의 목적은 역사적으로 한반도 남부는 일본의 지배하에 있었음을 입증하여 20세기 한국에 대한 지배를 정당화하려는 것이었다.

그러나 35년간의 노력에도 불구하고, 가야 전역에서 大和 세력 실재의 물리적 상징인 전방후원분은 단 1기도 확인되지 않았다. 한반도 남부에서 任那日本府의 존재를 지지해주는 고고 자료 또는 고대 역사 기록은 단 한 조각도 발견되지 않았다. 사실 369년부터 562년까지의 기간 중에 국호(國號)로서의 日本은 아직 존재하지도 않았다. 즉, 日本이란 국명(國名)은 7세기 말에 와서야 비로소 역사상 처음 등장했으므로, "任那日本府" 자체가 허구(虛構)의 개념이자 용어이다.

더욱이 논의된 시기의 한반도와 일본열도를 포함한 동아시아의 문화·사회·정치 상황에 대해 상세한 기록을 남긴 고대 중국의 역사 편찬자들은 한반도 남부에 존재했다는"任那日本府"에 대해서 일절 언급한 바 없다.

역사적으로 古墳時代 일본열도의 사회-정치적 복합도는 꾸준히 성장하고 있었지만, 古墳時代 전기에는 중앙집권화된 정부도 없었고, 그 사회는 농업적 성격이 매우 강했다. 특히 바다를 건너 외국에서 특히 한반도를 상대로 전쟁을 일으킬 정도로 대규모 군사력을 동원할 능력이 없었다.

6세기까지 철을 생산하지 못했던 일본은 특히 313년/314년 낙랑(樂浪)과 대방(帶方)이 붕괴된 이후 철 소재 및 철기는 전적으로 한반도 수입품에 의존했다. 일본열도의 군사 공격 무기는 열악했다. 김태식(2014b: 68)은 다음과 같이 말한다:

> 철을 생산할 수 없었던 시절의 왜(倭)가 백제, 가야, 신라보다 좋은 철제 무기를 보유하는 것은 불가능했다…. 가야를 이끄는 가야 연맹의 우두머리인 김해의 금관 가야는 왜의 무기보다 훨씬 우월한 철제 갑옷과 투구, 마구, 철제 무기로 구성된 중무장된 군사 기술을 보유했다.

따라서 당시 일본은 정치적·군사적·기술적으로도 강력한 백제와 신라 왕국은 물론 기병부대와 치명적인 철제 무기로 중무장된 여러 가야 소국들의 본거지인 한반도를 정복할 수 있는 처지가 결코 아니었다(김태식 2014b: 169-179).

게다가 고구려는 400년 동남해안의 왜(倭)와 김해의 금관가야에게 치명적인 타격을 입히고, 신라와 가야의 영역을 자신의 세력권 아래 두었고, 왜인(倭人)들은 5세기 내내 감히 이 지역을 침범할 수 없었다(鈴木英夫 1987). 당시 왜인들은 한반도 서남부의 마한 소국들과 중서부의 백제, 그리고 외딴 지역에 있는 고성 소가야와 고령 대가야와 같은 고구려의 400년 침공에 영향을 받지 않은 가야 소국들을 교역 상대로 확보하려 노력했다(국립전주박물관 1994; 신경철 2000: 190-191; 하승철 2011: 95-140; 酒井清治 2013: 99; 김태식 2014a: 252, 258-264).

한반도 남해안에서 군사적·상업적 위치가 심각하게 위태로워진 5C 왜(倭) 통치자들은 중국 류송(劉宋, 420~479)과의 외교를 통해 동아시아에서 자신들의 정치적 지위와 위신을 높이려고 노력했다. 이러한 노력에서 왜 조정은 중국 황실로부터 적어도 일부 한반도 국가들보다는 더 높은 정치적/군사적 직위(또는 직함)를 받으려 시도했다. 그러나 중국 황제들은 왜에게 고구려와 백제에게 부여한 직위보다 한 단계 낮은 직함을 부여했고, 한반도의 모든 국가에 대한 왜왕(倭王)의 헤게모니 인정을 거부했다(井上秀雄 1973: 3; 김태식 2014b: 75-76).

한국과 일본의 고고학 연구성과와 『日本書紀』에 대한 비판적인 연구에 따라 저명 일본 학자들은 任那日本府說을 포기 또는 근본적으로 수정해 왔다(上田正行 1974; 吉田邦夫 1975; 鬼頭清明 1976; 山尾幸久 1978; 井上秀雄 1973; 鈴木英夫 1987; 直木孝次郎 1992; 鈴木靖民 1985, 1992, 1995; 田中俊明 1992; 木村誠 2005). 上田正行[우케다 마사유키](1974), 吉田邦夫[요시다 쿠니오](1975: 54-57), 鬼頭清明[키토 키요아키](1976) 등이 지지하고, 한국 역사학자들(김태식2014b: 327-334)이 일반적으로 인정하는 지배적인 견해에 따르면, 소위 "'任那日本府"는 4C~6C 서일본의 여러 왜 소국(小國)들이 철과 다른 귀중품 확보를 위해 한반도 남해안에 설치 및 유지했던 교역소들로 구성되었다.

요약하자면, 4C~6C 大和 일본이 "任那日本府"를 통해 한반도 남부의 일부를 지배했다는 주장은 역사적으로 인정될 수 없다(Brown 1993: 123). 8C 초 大和 조정이 자신의 정권을 정당화하고 미화할 목적으로 종종 허구적 서술도 가미하면서 『日本書紀』를 편찬했는데(津田左右吉 1924; 池內宏 1970; 鬼頭清明 1976), 그 과정에서 지나간 시대의 교역소들이 『日本書紀』에는 "任那日本府"로 탈바꿈하여 기록되었다.

기마민족정복설과 任那日本府 가설의 기저에는 일본 형성기의 주체에 대한 질문이 깔려 있다. 누가 또는 무엇이 고대 일본의 혁명적 변화를 주도했는가? 일본열도냐, 아니면 한반도인가? 繩文/倭/大和 사람들인가, 아니면 도래인(渡來人)인가? 본서 제1장 II절 6항에서 논의된 것처럼 이 문제는 이미 일본 학자들이 논의해 왔다(下條信行·田中良之 2014: 279-324; 金關

恕·大阪府立彌生文化博物館編 1995: 236-247).

이는 "닭이 먼저냐, 달걀이 먼저냐(chicken or egg)"라는 오랜 문제이다. 무엇이 무엇을 초래했을까? 어느 것이 먼저였을까? 고고학적·역사적 증거는 닭과 달걀이 동시기에 거기 있었음을 알려준다. 하나가 다른 하나를 초래하지 않았고, 그 둘은 동시에 작동했다. 화산에 시달린 섬에서 생존과 문화적 발전을 이룬 繩文人의 창의력과 뛰어난 적응력은 이미 일본열도에 있었다. 일본 사람들의 두드러진 특징인 창의력과 적응력이 없었다면, 주요 시기마다의 도래인의 도착이 일본 형성기의 혁명적 변화를 이끌어내지 못했을 것이다. 이는 모든 2차 문명이 작동하는 방식이다. 교류와 상호작용을 통한 외부 자극과 결합된 타고난 창의력과 적응력이 사회-문화적·기술적 변화라는 결과를 가져왔다. 이는 "황해 상호작용권"이라는 좀더 더 넓은 맥락에서 한반도에서 문명이 출현하고 발전해 온 방식이기도 하다(Barnes 2015: 309-331).

결론

본서는 고고학적·역사적 자료를 통해 일본의 형성기의 자극이 한반도에서 왔음을 입증하고자 했다. 한반도와 일본열도의 고고 자료에 따르면, 한반도의 무문토기시대 중기 및 송국리 문화 농민들이 九州 북부의 수도작(水稻作) 농경 탄생 및 彌生時代 시작에 촉매 역할을 했음에는 의심의 여지가 없다.

한반도 무문토기시대 중기 사람들의 九州 북부 도착과 통혼(通婚)과 경제-기술적 작업을 통한 현지 繩文 사람들과의 밀접한 교류의 결과로 열도 최초의 주요 종족적·문화적 혼성(混成, 또는 교배 hybridization)의 첫 사례가 발생했다. 이러한 혼성의 직접적 결과로 수도작(水稻作) 농경에 기반한 彌生人과 彌生社會가 출현했다.

도래인형(渡來人型) 彌生人의 급격한 증가와 함께 彌生時代 전기 사회는 점점 더 복합화되었고, 결과적으로 토지, 물, 그리고 기타 중요 자원에 대한 공동체들 간의 갈등이 초래되었다. 이러한 경쟁적인 彌生社會에 청동기를 지닌 한반도의 무문토기시대 후기 주민들이 정치적 권위/위신의 새로운 상징들(단검, 거울, 곡옥)을 포함한 다른 문화적 특징들과 금속 기술을 가지고 일본열도에 도착했다. 청동 무기와 청동기 기술을 확보한 일부 지역 엘리트들은 곧 彌生社會의 우두머리로 등장하며 사회계층화를 심화시켰다(c. 300 BC~AD 50). 이후 彌生時代 후기(c. AD 50~250)에는 일본열도 전역에서 다양한 지역 國(구니)의 "왜왕(倭王)"과 "왜여왕(倭女王)"이 등장했다.

고대 역사 기록과 함께 고고학적 정보는 古墳時代 전기 말/중기에 많은 한반도 주민들이 왜(일본) 엘리트들이 문명 발전에 필요로 했던 테크닉과 기술, 특히 철 생산 기술을 가지고 일본열도에 왔음을 매우 명확하게 알려준다. 古墳時代 말기(AD 500~600)에 한반도의 학자, 교사, 그리고 다양한 분야의 숙련 기술자들이 문명 사회와 관련하여 왜인(倭人) 지배 엘리트들을 가르치고 훈련시키기 위해 왔음 역시 인정된다. 일본의 고인구학(古人口學) 전문가들에 따르면, 서기전 800년부터 서기 600년까지 1400년 동안 100만 명 이상의 이주민이 한반도 남부에서 일본열도로 왔다고 한다.

『續日本紀』 寶亀 3年 기록에 따르면, 서기 8C 大和 정권의 심장부인 奈良 분지 인구의 80~90%, 즉 대부분이 강력한 東漢氏를 비롯한 한반도 출신 및 그 후손들이었으며, 그 지명 역시 한반도식이었다.

奈良(나라)라는 일본 유명 도시의 이름은 奈良 분지에서 지배적인 한반도 이주민 공동체에서 유래되었다고 믿어진다. 한국어의 "나라" 는 국가를 의미한다. 예상대로 奈良 분지에 거주했든 한반도 출신 주민들은 그들의 새로운 땅을 "새로운 나라(국가)" 라는 의미에서 "새 나라"라 불렀을 것이다. 시간이 흐르면서 "새 나라"에서 "새(new)" 부분이 빠지면서, 간단하게 "나라"가 되었다.

한반도 출신 전문가, 기술자, 화가, 그리고 기와공들은 일본 최초의 사찰인 飛鳥寺를 포함하여 일본 최초의 기와 지붕과 초석을 갖춘 건물을 축조했다. 한반도 기술자들은 최첨단의 철기와 철제 무기를 생산하는 제철 산업을 설치하고 운영했고, 일본에서 須恵器라 불리는 고급스러운 도질토기 그릇을 생산했다. 한반도 장인들은 귀한 보석(금 귀걸이, 금 펜던트, 장식 칼, 옥 장신구)을 만들어 한반도산 위신재에 목마른 현지 엘리트들에게 공급했다. 승마 문화에 숙련된 한반도 이주민들은 말 사육 농장을 운영하고 운송 수단을 혁신했다. 한반도 유학자는 유교 경전을 통해 지배 엘리트들에게 읽기, 쓰기, 관리 노하우와 기술을 가르쳤고, 승려들은 일본 최초의 사찰에 머물면서 불교 전파와 교육을 이끌었다.

5C경 京都 분지에 정착한 秦氏를 비롯한 다른 한반도 출신 이주민들은 뛰어난 공학 기술로 葛野川(가도노)을 통제하여 번창한 도시 平安京(헤이안쿄)를 조성했고, 다시 이를 1867년까지 일본의 황도(皇都)였던 京都로 발전시켰다. 이들은 황궁(皇宮) 이외에도 伏見稲荷大社, 松尾大社, 広隆寺 등 인상적인 사원의 재정을 조달하고 건설했다. 京都의 유력한 한반도 출신 엘리트들은 嵯峨野(사가노)에 스스로를 위해 내부에 횡혈식석실을 조성한 거대한 전방후원분들을 축조하기도 했는데, 길이가 75미터에 달하는 인상적인 蛇塚古墳(헤비즈카)은 그 중 하나이다. 다른 이주민들은 京都와 琵琶湖 사이의 오늘날 滋賀県 大津市인 近江에 정착했다.

일부 한반도 출신 이주민과 그 후손은 古墳時代 후기에 성공적인 기술 관료는 물론 국정을 인도 및 지도하는 유력 정치 관료로도 등장했다. 그 중 가장 두드러진 蘇我 가문은 蘇我稲目, 蘇我馬子, 蘇我入鹿로 대표되는 3대가 모두 大和 조정의 大臣을 지내며 536년부터 645년까지 1세기가 넘는 기간 동안 大和를 이끌었다.

한반도 주도의 일본 형성기 발전는 서기 600년경, 즉 백제가 603년 大和 조정에 보낸 마지막 문화 사절과 함께 종료되었다. 당시, 中國 大陸에는 隋의 등장과 함께 수백 년에 이르는 혼란기가 종료되면서, 大和 조정은 장기간 마한, 백제, 가야 출신 이주민들과 함께 발전해 왔던 일본 문명의 수준을 더 높이기 위해 중국에 문화사절을 파견하기 시작했다. 그러나 이 역시 도래인들이 주도했다.

『日本書紀』 推古 16年 기록에 따르면, 608년 大和 조정에서 파견한 문화사절 8명 중 7명 또는 8명 전원이 近畿 핵심지역에 거주하는 마한, 백제, 가야 출신의 후손들로 구성된 東漢(야마토노아야) 가문의 학자들이었다. 이들은 귀국 후

모두 중국 문화의 유용한 요소들을 신흥 일본 문명에 접목시키며 大和 정부의 관리로 근무했다.

백제가 663년 멸망한 후 학자-관료, 장군, 숙련된 기술자, 금은 세공 기술자, 화가 등 백제 사회 최고 실력자들은 大和와 열도 다른 지역들로 이주하여 새로이 등장하는 일본 국가에 문명이 요구하는 재능을 더해 주었다

서기전 9C부터 도래인이 다양한 시기에 일본열도에 도달하기 위해 대한 해협을 횡단했던 기저에는 밀고당기기의 역학이 있었다. 기후 변화, 인구압, 잦은 국가 간 전쟁과 같은 한반도의 바람직하지 못한 조건들은 많은 주민들을 떠나게 밀어냈고, 양호한 기후, 정착 가능한 개활지, 그리고 그들 앞에 펼쳐진 환영 매트를 포함한 열도의 우호적인 조건들은 그들을 끌어당겼다. 돌이켜 생각해 보면, 이는 대서양을 건너 아메리카 대륙으로 가는 유럽인들과 비슷한 경우였다. 도래인들처럼 유럽인들도 조국에서의 어렵고 힘든 문제에서 벗어나 새로운 삶과 새로운 가정을 위해 조국을 떠나 신세계로 떠나가고 있었다. 그리고 두 경우 모두 이주자들은 새로 선택된 나라의 생활 양식의 발전에 많은 것들을 제공했다.

역사상의 이주에 대한 앤쏘니(David Anthony 1990: 903)의 관찰에 비추어 보았을 때 우리는 고대 한반도 주민들의 일본열도 이주는 파도와 같거나 산발적이지 않았고 끊임없이 흐르는 "하천과 같은" 것이었다고 주장한다. "장애물과 어려움을 극복하여 경로를 만든 초기 이주민들은 나중에 올 이주민들에게 경로 정보를 제공했다. 따라서 이 경로는 종종 목적지를 매우 정확하게 겨냥했다." 밀고당기기 역학에 영향을 받은 많은 한반도 주민들이 주요 위기 상황에 남해를 건넜지만, 이런저런 이유로 일부 가족들과 개인들은 심지어 평화로운 시기에도 열도로 이주하기도 했다. 오늘날과 마찬가지로 이주민과 고향에 머물러 있는 그의 가족과 친구들 사이에는 지속적인 정보 교환이 있었고, 고향에 있던 가족과 친구의 일부는 바다를 건너 이

주 대열에 합류하기도 했다.

유럽의 초기 식민지 개척자들과는 달리 한반도 출신 이주민들은 심지어 최고 엘리트들과도 통혼을 통해 열도 토착 주민들과 문화적·종족적으로 혼합되어 7C에 이르면 日本人(니혼진)이라는 새로운 민족과 日本(니혼)이라는 새로운 국가를 탄생시켰다. 열도에 5C~7C에 등장한 새 문명은 일본열도와 한반도 두 민족의 협력적 노력의 산물인데, 본질적으로는 彌生時代 조기/전기에 있었던 열도의 종족적·문화적 혼합의 재발생(再發生)이었는데, 다만 이번에는 그 규모가 훨씬 컸다.

본서는 일본 역사상 1400년에 걸친 긴 도래인 이야기인데, 아직 도래인에 대해 많은 것이 알려져 있지 않다. 본서가 젊은 학도들/학자들의 도래인들에 대한 관심을 더욱 深化시키고 소개된 여러 가지 테마들에 대해서 더욱 진지한 연구가 계속되기를 기대한다. 궁극적으로 이 연구가 한국인과 일본인은 서로 상반된 차이점보다는 공통점이 더 많음을 이해하고, 이를 통해 우호적인 관계를 구축하고, 더 나아가 일본의 잔혹했던 과거 침략(1592~97)과 강제적이고, 가혹했던 20세기의 일제강점기로 인해 잃어버린 우애(Farris 1996: 1-2) 회복에 기여할 수 있기를 희망한다.

[인용문헌]

<國文>

강동석 2019「지석묘사회의 네트워크 구조와 성격 검토」『한국상고사학보』105: 6-43.

강인구·이건무·한영희·이강승 1979『송국리 I』서울: 국립중앙박물관.

慶尙南道 1998『남강 선사유적』창원: 慶尙南道·남강선사유적발굴단.

慶尙南道·東亞大博物館 1999『南江流域 文化遺蹟 發掘 圖錄』부산: 慶尙南道·東亞大博物館.

慶尙大博物館 1998『합천 옥전 고분군 Ⅱ: M3호분』진주: 慶尙大博物館.

慶尙北道 1998『伽倻 文化 圖錄』한국고대사연구회편, 대구: 예성.

慶星大學校博物館 2000a『김해 대성동 고분군 Ⅰ』부산: 慶星大學校博物館.

_______________ 2000b『김해 대성동 고분군 Ⅱ』부산: 慶星大學校博物館.

高久健二 1995『樂浪古墳文化硏究』서울: 學硏文化社.

곽장근 2017a『백제 문화의 꽃: 전북의 해양문화』전주: 전라북도 한국고전문화연구원.

_____ 2017b「장수군 제철유적의 분포양상과 그 의미」『호남고고학보』57: 4-25.

구자봉 1998「삼엽환두대도에 대하여」『과기고고연구』4: 69-96.

國立公州博物館 1981『公州博物館圖錄』公州: 國立公州博物館.

_____________ 1999『日本 所在 百濟文化財 調査報告書 I: 近畿地方』公州: 國立公州博物館.

_____________ 2002『금강: 최근 발굴 10년사』公州: 國立公州博物館.

_____________ 2004『國立公州博物館』公州: 國立公州博物館.

_____________ 2006『漢城에서 熊津으로』公州: 國立公州博物館.

國立光州博物館 1988a『咸平草浦里遺蹟』光州: 國立光州博物館.

_____________ 1988b『羅州 潘南古墳群: 綜合調査報告書』光州: 國立光州博物館.

_____________ 2013『和順 大谷里 遺蹟』光州: 國立光州博物館.

國立金海博物館 1998『國立金海博物館』金海: 國立金海博物館.

_____________ 1999『가야의 그릇받침』金海: 國立金海博物館.

國立羅州博物館 2013『國立羅州博物館』羅州: 國立羅州博物館.

國立文化財硏究所 1989a『彌勒寺』 서울: 國立文化財硏究所.

________________ 1989b『益山 笠店里 古墳 發掘調査報告書』 서울: 國立文化財硏究所.

________________ 1991『北韓文化遺蹟發掘概報』 서울: 國立文化財硏究所.

________________ 2001『韓國考古學事典』 서울: 國立文化財硏究所.

國立扶餘博物館 1992『扶餘博物館陳列品圖鑑』 扶餘: 國立扶餘博物館.

國立全州博物館 1994『扶安 竹幕洞 祭祀遺蹟』 全州: 國立全州博物館.

______________ 2009『마한, 숨쉬는 기록』 全州: 國立全州博物館.

國立中央博物館 1979『송국리 I』 서울: 國立中央博物館.

______________ 1993『韓國의 先·原史土器』 서울: 國立中央博物館.

______________ 1997『韓國 古代의 土器』 서울: 國立中央博物館.

______________ 1998『韓國 古代의 國家形成』 서울: 國立中央博物館.

______________ 1999『特別展: 百濟』 서울: 國立中央博物館.

______________ 2007『요시노가리: 일본 속의 고대 한국』 서울: 國立中央博物館.

______________ 2008『갈대밭 속의 나라 茶戶里』 서울: 國立中央博物館.

國立中央博物館·國立光州博物館 1992『한국의 청동기문화』 서울: 범우사.

國立晋州博物館 2001『진주 대평리 옥방1지구 유적 1-2』 晋州: 國立晋州博物館.

______________ 2002『청동기시대의 大坪·大坪人: 그 3천여 년 전의 삶』 晋州: 國立晋州博物館.

______________ 2016『국제무역항 늑도와 하루노쓰지』 晋州: 國立晋州博物館.

國立清州博物館 1997『鐵의 歷史』 清州: 國立清州博物館.

______________ 2017『清州博物館圖錄』 清州: 國立清州博物館.

권오영 2005『고대 동아시아 문명 교류사의 빛 무령왕릉』 서울: 돌베개.

_____ 2008「백제의 생산기술과 유통체계 이해를 위하여」『백제 생산기술의 발달과 유통체계 확대의 정치사회적 함의』 한신대학교 학술원편, pp. 11-38, 서울: 학연문화사.

권재현·정위용 2015「고구려 철갑 기병에 맞선 백제, 倭에 말 공급해 기병 육성」『동아일보』 2015년 7월 16일, 서울: 동아일보사.

吉井秀夫 2002「일본 출토 백제토기의 제문제」『日本 所在 百濟文化財 調査報告書 Ⅲ: 近畿地方』 pp. 113-128, 公州: 國立公州博物館.

김경택·이기성·이건일·김수영 2015『송국리: 부여 송국리 발굴조사 40주년 자료집』 부여:

한국전통문화대학교 고고학연구소.

김권구 1999 「경상북도」 『韓國支石墓遺蹟綜合調査硏究』 서울대박물관편, pp. 673-854, 서울: 문화재청·서울대박물관.

_____ 2003 『청동기시대 영남지역의 생업과 사회』 영남대학교 대학원 박사학위 청구논문.

김규혁·김재진 2001 「관창리유적 출토 수로 목책의 수종조사」 『관창리 유적 B-G 구역』, pp. 525-550, 연기: 고려대학교 매장문화연구소.

김길식 1994 「부여 송국리 유적 조사 개요와 성과」 『마을의 고고학』 한국고고학회편, pp. 177-193, 한국고고학회.

김낙중 2009 『영산강유역 고분 연구』 서울: 학연문화사.

김대환 2017 「일제강점기 조선고적조사사업과 한국고고학사」 『한국상고사학보』 97: 79-100.

김도영 2015 「동북아시아 철기문화의 전개와 限冶供鐵 정책」 『한국고고학보』 94: 32-68.

김두철 2010 「棺床과 前期伽倻의 墓制」 『한국고고학보 』 75: 126-169.

김범철 2010 「호서지역 지석묘의 사회경제적 기능」 『한국상고사학보』 68: 5-24.

김병섭 2013 「남강유역 조기~전기 무문토기의 편년」 『한국 청동기시대 편년』 한국청동기학회편, pp. 241-280, 서울: 서경문화사.

김상민 2019 「한반도 동남부지역 철기생산기술의 등장과 발전배경」 『한국상고사학보』 104: 35-70.

김승옥 2006a 「분묘 자료를 통해 본 청동기시대 사회 조직과 변천」 『계층사회와 지배자의 출현』 한국고고학회편, pp. 39-82, 용인: 한국고고학회.

_____ 2006b 「송국리 문화의 지역권 설정과 확산 과정」 『금강: 송국리 문화의 형성과 발전』 호남고고학회·호서고고학회 공동학술대회.

김용간·석광준 『남경유적에 관한 연구』 평양: 과학·백과사전출판사.

김장석 2009 「호서와 서부 호남지역 초기철기·원삼국시대 편년에 대하여」 『호남고고학보』 33: 46-69.

_____ 2012 「남한지역 장란형토기의 등장」 『고고학』 11: 5-49.

_____ 2018 「한국 신석기-청동기시대 전환과 조기청동기시대에 대하여」 『한국고고학보』 109: 8-39.

김장석·김준규 2016 「방사성탄소연대로 본 원삼국시대·삼국시대 토기편년」 『한국고고학보』 100: 46-85.

김재홍 2006 「공주 수촌리, 금산 수당리 출토 백제 살포」 『한성에서 웅진으로』 국립공주박물관편, pp. 181-186, 공주: 국립공주박물관.

김태식 1993 『가야연맹사』 서울: 일지사.

_____ 2014a 『사국시대의 가야사 연구』 서울: 서경문화사.

_____ 2014b 『사국시대의 한일관계사 연구』 서울: 서경문화사.

김태식·송계현 2003 「기마문화의 일본 전파」 『한국의 기마민족론』 김태식·송계현편, pp. 276-302, 서울: 한국마사회 마사박물관.

김혁중 2020 「천안 두정동 유적 출토 이형철기의 성격」 『한국상고사학보』 108: 37-60.

김훈희 2011 「궐수형 유자이기의 변천과 의미」 『한국고고학보』 81: 39-76.

남익희 2015 「일본 오사카부(大阪府) 도야마(堂山) 1호분 출토 스에키(須惠器)의 계보와 제작배경」 『한국고고학보』 96: 140-159.

노중국 2003 「마한과 낙랑·대방군과의 군사 충돌과 목지국의 쇠퇴」 『대구사학』 71: 65-90.

_____ 2009 「마한의 성립과 변천」 『마한, 숨쉬는 기록』 국립전주박물관편, pp. 215-223, 전주: 국립전주박물관.

노희숙 1997 『한국 선사 옥에 대한 연구』 한양대학교 대학원 석사학위 청구논문.

도유호·황기덕 1957 『궁산 원시 유적 발굴 보고』 평양: 사회과학원 출판사.

류창환 2010 「삼국시대 기병과 기병 전술」 『한국고고학보』 76: 129-160.

목포대박물관 2003 『함평 중랑유적 1: 주거지』 무안: 목포대박물관.

武末純一 1997 「토기로 본 가야와 고대 일본」 『가야와 고대 일본』 김해시 학술위원회편, pp. 93-126, 김해: 김해시.

_______ 2002 「日本 北部九州에서의 國의 形成과 展開」 『영남고고학』 30: 25-58.

문안식 2007 「고흥 길두리고분 출토 금동관과 백제의 성」 『한국상고사학보』 55: 33-52.

문화재청·서울대박물관 1999 『韓國支石墓遺蹟綜合調査研究』 서울: 문화재청·서울대박물관.

박병욱 2015 「紡錘車 분석을 통한 청동기시대 호서지역 製絲術 변화」 『한국고고학보』 94: 5-31.

박보현 2006 「백제의 관모와 식리」 『한성에서 웅진으로』 국립공주박물관편, pp. 171-180, 공주: 국립공주박물관.

박순발 2000 「백제의 국가 형성」 『동아세아의 국가 형성』 제10회 백제연구소 국제학술대회, 백제연구소편, pp. 33-51, 대전: 충남대학교 백제연구소.

_____ 2001 「백제의 남천」 『古代の河內と百濟』 枚方歷史フォーラム実行委員会編, pp.

25-46, 枚方: 大巧社.
_____ 2002「대형 고분의 출현과 백제 국가 형성」『동아시아 대형 고분의 출현과 사회 변동』 국립문화재연구소편, pp. 81-95, 서울: 국립문화재연구소.
_____ 2009「마한 사회의 변천」『마한, 숨쉬는 기록』 국립전주박물관편, pp. 260-268, 전주: 국립전주박물관.
박순발·이성준·土田純子·정원재 2004『부여 구봉·노화리 유적』 대전: 충남대학교 백제연구소.
박시형 2007『광개토왕릉비』 파주: 푸른나무.
박양진 1999「충청남도」『韓國支石墓遺蹟綜合調査研究』 서울대박물관편, pp. 1067-1086, 서울: 문화재청·서울대박물관.
박진석 1996『고구려 호태왕비 연구』 서울: 아세아문화사.
박찬흥 2011「백제 성왕·위덕왕대의 왜계 백제관료」『사림』 39: 167-189.
박천수 1999「기대를 통하여 본 가야세력의 동향」『가야의 그릇받침』 국립김해박물관편, pp. 93-106, 김해: 국립김해박물관.
_____ 2002「고총을 통해 본 가야의 정치적 변동」『동아시아 대형 고분의 출현과 사회 변동』 국립문화재연구소편, pp. 195-218, 서울: 국립문화재연구소.
裵眞晟 2006「無文土器社會의 威勢品 副葬과 階層化」『계층화와 지배자의 출현』 한국고고학회편, pp. 87-109. 용인: 한국고고학회.
_____ 2007『無文土器社會의 成立과 階層化』 서울: 서경문화사.
복천박물관 1999『古代戰士: 고대전사와 무기』 부산: 복천박물관.
釜山大博物館 1995『蔚山檢丹里마을遺蹟』 釜山: 釜山大學校博物館.
__________ 1996a『先史와 古代의 文化』 釜山: 釜山大學校博物館.
__________ 1996b『東萊 福泉洞 古墳群 Ⅲ』 釜山: 釜山大學校博物館.
北條芳隆 2000「前方後圓墳의 展開와 그 多様性」『韓國의 前方後圓墳』 백제연구소편, pp. 29-44, 대전: 충남대학교 출판부.
森浩一 1982「일본내의 도래계 집단과 그 고분 (古墳)」『백제연구』 13: 161-164.
석광준 1979「우리나라 서북지방 고인돌의 변천에 대하여」『역사과학』 79(1): 29-34.
성정용 1997「대전 신대동·비래동 청동기시대 유적」『호남고고학의 제문제』 한국고고학회편, pp. 205-236,
_____ 2003「한성기 백제 마구의 편년과 그 기원」『국사관논총』 101: 1-28.

_____ 2006「4~5세기 백제의 물질문화와 지방 지배」『한성에서 웅진으로』 국립공주박물관편, pp. 209-227, 공주: 국립공주박물관.

_____ 2009「중서부지역 마한의 물질문화」『마한, 숨쉬는 기록』 국립전주박물관편, pp. 233-246, 전주: 국립전주박물관.

소재윤 2004「百濟 瓦建物址의 變遷過程에 대한 硏究: 웅진·사비기의 금강유역을 中心으로」『한국상고사학보』 45: 49-70.

손명조 2012『한국 고대 철기문화 연구』 과천: 진인진.

송만영 2001「남한지방 농경문화 형성기 취락의 구조와 변천」『한국 농경문화의 형성』 한국고고학회편, pp. 75-110, 한국고고학회.

_____ 2006「남한지방 청동기시대 취락 구조의 변화와 계층화」『계층화와 지배자의 출현』 한국고고학회편, pp. 9-37. 한국고고학회.

松木武彦 2002「日本列島에 있어서 대형 墳墓의 출현」『동아시아 대형 고분의 출현과 사회 변동』 국립문화재연구소편, pp. 160-166, 서울: 국립문화재연구소.

송의정 2008「茶戶里遺蹟 發掘調査의 成果」『茶戶里遺蹟 發掘 成果와 課題』 國立中央博物館編, pp. 18-25, 서울: 國立中央博物館.

송의정·홍진근·윤용희·김상민·이용범 2014『華城 旗安洞 製鐵遺蹟』 국립중앙박물관 고고역사부편, 서울: 국립중앙박물관.

송정식 2003『가야·신라의 종장과 판갑』 부산대학교 대학원 석사학위 청구논문.

신경철 1993「최근 가야지역의 고고학 성과」『가야사론』 고려대학교 한국학연구소편, pp. 99-119, 서울: 고려대학교 한국학연구소.

_____ 2000「고대 낙동강, 영산강 그리고 왜」『韓國의 前方後圓墳』 백제연구소편, pp. 163-198, 대전: 충남대학교 출판부.

신경철·김재우 2000『김해 대성동 고분군 Ⅱ』 부산: 慶星大學校博物館.

신경환·장경숙·이남규 2008「백제 철기 제조공법의 특성」『백제 생산기술의 발달과 유통체계 확대의 정치사회적 함의』 한신대학교 학술원편, pp. 233-271, 서울: 학연문화사.

신나현 2019「고대 장군의 변천과 사용」『한국상고사학보』 105: 229-258.

신용민 2008「다호리 유적 목관묘 시기의 묘제」『茶戶里遺蹟 發掘 成果와 課題』 國立中央博物館編, pp. 118-146, 서울: 國立中央博物館.

신형식 1981『삼국사기연구』 서울: 일조각.

심봉근 1999『한국에서 본 日本 彌生文化의 전개』서울: 학연문화사.

안재호 2000「한국 농경사회의 성립」『한국고고학보』43: 41-46.

예맥문화재연구원 2014『춘천 중도 LEGOLAND KOREA Project C구역내 유적 정밀 발굴조사 부분 완료(1차) 결과서』춘천: 예맥문화재연구원.

오영찬 2006『낙랑군 연구』파주: 사계절.

우병철 2015「삼국시대 장식대도의 제작기술과 지역성」『한국고고학보』96: 104-139.

우재병 2000「4~5세기 무기·무장체계에 보이는 가야와 왜의 교역체계 변동」『한국 고대사와 고고학: 학산 김정학박사 송수기념논총』간행위원회편, pp. 367-385, 서울: 학연문화사.

圓光大學校 馬韓百濟文化研究所 2000『益山 永登洞 遺蹟』익산: 원광대학교 마한백제연구소.

윤용진 1981「한국청동기문화연구: 대구평리동출토 일괄유물 검토 」『한국고고학보』10·11: 1-22.

이강승 1987「부여 구봉리 출토 청동기 일괄유물」『삼불 김원용교수 정년퇴임기념논총』기념논총간행위원회편, pp. 141-168, 서울: 일지사.

이건무 1992a.「한국 청동기의 제작기술」『한국의 청동기문화』국립중앙박물관편, pp. 138-142, 서울·광주: 국립중앙박물관·국립광주박물관.

_____ 1992b.「한국식 동검문화」『한국의 청동기문화』국립중앙박물관편, pp. 133-137, 서울·광주: 국립중앙박물관·국립광주박물관.

_____ 2002.「영남지역의 초기철기문화」『영남지방의 초기철기문화』영남고고학회편, pp. 1-22, 대구: 영남고고학회.

_____ 2007.「한국 선·원사문화와 吉野ヶ里」『한일문화 교류, 한반도와 일본 규슈』국립중앙박물관편, pp. 8-20, 서울: 국립중앙박물관.

_____ 2008「茶戶里遺蹟 發掘의 意義」『茶戶里遺蹟 發掘: 成果와 課題』國立中央博物館編, pp. 7-15, 서울: 國立中央博物館.

이건무·윤광진·이영훈·신대곤 1989「의창 다호리유적 발굴 진전보고」『고고학지』1: 5-174.

이경아 2005.「植物遺體에 基礎한 新石器時代 農耕에 대한 觀點의 再檢討」『한국신석기연구』10: 27-49.

이기백 2006『한국사신론』서울: 일조각.

이남규 2008 「백제 철기의 생산과 유통에 대한 시론」 『백제 생산기술의 발달과 유통체계 확대의 정치사회적 함의』 한신대학교 학술원편, pp. 187-229, 서울: 학연문화사.

이남석 2000 「백제고분과 그 연원문제」 『백제를 찾아서』 국립공주박물관편, pp. 149-157, 공주: 국립공주박물관.

이동주 2000 「남강유역 신석기시대 문화와 일본열도」 『진주 남강유적과 고대 일본』 인제대학교 가야문화연구소편, pp. 35-96, 김해: 인제대학교 가야문화연구소.

이명훈 「청동기시대 옹관묘의 전개양상」 『한국상고사학보』 93: 42-74.

이병도 1972 『三國遺事』 서울: 대양서적.

_____ 1977 『三國史記』 서울: 을유문화사.

이병호 2013 「飛鳥寺에 파견된 百濟 瓦博士의 性格」 『한국상고사학보』 81: 35-60.

이상길 1994 「창원 덕천리유적 발굴조사보고」 『九州考古学会·嶺南考古学会第一回合同考古学会』 九州考古学会·嶺南考古學會編, pp. 83-100, 福岡: 九州考古学会·嶺南考古學會.

_____ 2000 「청동기 매납의 성격과 의미」 『한국고고학보』 42: 23-55.

_____ 2006 「제사와 권력의 발생」 『계층사회와 지배자의 출현』 韓國考古學編, pp. 117-149, 한국고고학회.

이성주 1991 「원삼국시대 토기의 유형, 계보, 변천, 생산 체제」 『한국고대사논총』 2: 235-297.

_____ 1999a 「지석묘: 농경사회의 기념물」 『韓國支石墓遺蹟綜合調査研究』 서울대박물관편, pp. 423-441, 서울: 문화재청·서울대박물관.

_____ 1999b 「지석묘: 농경사회의 기념물」 『韓國支石墓遺蹟綜合調査研究』 서울대박물관편, pp. 855-907, 서울: 문화재청·서울대박물관.

_____ 2007 『청동기·초기철기시대 사회변동론』 서울: 학연문화사.

이송래 1992 「考古學的으로 본 高句麗建國 以前의 桓仁-輯安地區의 文化社會性格(時論)」 『동북아 고대문화의 원류와 전개』 제11회 마한·백제문화 국제학술회의, 마한·백제문화연구소편, pp. 141-153, 익산: 원광대학교 마한·백제문화연구소.

_____ 1999 「전라북도」 『韓國支石墓遺蹟綜合調査研究』 서울대박물관편, pp. 909-930, 서울: 문화재청·서울대박물관.

_____ 2002 「복합사회의 발전과 지석묘 문화의 소멸」 『전환기의 고고학 I』 한국상고사학회편, pp. 214-152, 서울: 학연문화사.

이수홍 2014「청동기시대 주거생활 변화와 지역성의 사회적 성격」『한국고고학보』90: 4-35.

이양수 2007「요시노가리로 가는 길: 한반도 남부에서의 출발점」『요시노가리: 일본 속의 고대 한국』國立中央博物館編, pp. 266-293, 서울: 國立中央博物館.

이영문 1990「유물상으로 본 호남지방의 지석묘」『한국 지석묘 연구의 제문제』한국고고학회편, pp. 31-60, 서울: 한국고고학회.

_____ 1998「韓國 琵琶形銅劍 文化에 대한 考察: 琵琶形銅劍을 中心으로」『한국고고학보』38: 63-104.

_____ 1999「전라북도」『韓國支石墓遺蹟綜合調査研究』서울대박물관편, pp. 931-1010, 서울: 문화재청·서울대박물관.

이영철 2002「호남지역의 3~5세기 주거지의 편년 II」『호남문화재연구원 연구논문집』2: 29-49.

이영훈 1997「진천 석장리 철 생산유적」『철의 역사』國立清州博物館編, pp. 101-105, 청주: 國立清州博物館.

이은창 1968「대전 괴정동 청동기문화 연구」『아세아연구』11: 7-99.

이종욱 1982『신라 국가의 형성』서울: 일조각.

_____ 1994『고조선사 연구』서울: 일조각.

이종철 2000.『남한지역의 송국리 유형 주거지에 대한 일고찰』전북대 대학원 석사학위 청구논문.

_____ 2015『송국리 유형 문화의 취락체제와 발전』전북대 대학원 박사학위 청구논문.

이창희 2011「토기로 본 가야 성립 이전의 한일 교류」『가야의 포구와 해상 활동』김해시 학술위원회·인제대학교 가야문화연구소편, pp. 51-99, 김해: 인제대학교 가야문화연구소.

이청규 2002「영남지역의 청동기에 대한 논의와 해석」『영남지방의 초기철기문화』영남고고학회편, pp. 23-37, 대구: 영남고고학회.

이택구 2008「한반도 중서부지역의 마한 분구묘」『한국고고학보』66: 44-89.

이한상 1997「장식대구의 하사에 반영된 5~6세기 신라의 지방 지배」『군사』35: 1-37.

_____ 2004「삼국시대 환두대도의 제작과 소유방식」『한국고대사연구』36: 257-286.

_____ 2006a「한성백제 장식대구의 제작가법」『한성에서 웅진으로』국립공주박물관편, pp. 166-170, 공주: 국립공주박물관.

_____ 2006b「장식대도로 본 백제와 가야의 교류」『백제연구』43: 61-83.

이현혜 1984『삼한사회형성과정연구』서울: 일조각.

이형구 2004 『발해 연안에서 찾은 한국 고대문화의 비밀』 서울: 김영사.

이형구·박노희 1996 『광개토대왕릉비 신연구』 서울: 동화출판공사.

이형기 2020 「문헌으로 본 가야의 국가적 성격」 『한국상고사학보』 107: 71-93.

이형원 2009 『청동기시대 취락구조와 사회조직』 서울: 서경문화사.

이홍종 2007 「고대 한일관계를 통해 본 彌生社會의 형성」 『한일문화 교류, 한반도와 일본 규슈』 국립중앙박물관편, pp. 24-35, 서울: 국립중앙박물관.

이희준 1998 「금관가야의 역사와 유적」 『가야문화사도록』 한국고대사연구회편, pp. 154-156, 대구: 예성.

익산시 2004 『입점리고분전시관도록』 익산.

임효택·곽동철 2000 『김해 양동리 고분 문화』 釜山: 東義大學校博物館.

장덕원 2017 『진천 석장리 유적의 제철 시설 성격 재검토』 청주: 중원문화재연구원.

庄田愼矢 2009 『청동기시대의 생산활동과 사회』 서울: 학연문화사.

全榮來 1987a 「석기 비교: 일본과의 비교」 『한국사론』 17: 131-263, 서울: 국사편찬위원회.

______ 1987b 「금강유역 청동기문화의 신자료」 『마한·백제문화』 10: 69-126.

______ 1991 『韓國 支石墓의 形式 變遷』 九州大 考古研究所 特講 資料.

定森秀夫 1997 「初期須惠器와 韓半島製陶質土器」 『한국 고대의 토기』 국립중앙박물관편, pp. 129-137, 서울: 국립중앙박물관.

정수옥 2012 「한반도 취사문화가 일본 古墳시대에 미친 영향과 수용 과정」 『한국상고사학보』 76: 109-134.

정의도 2000 「남강유적의 환호유적」 『진주 남강유적과 고대 일본』 인제대학교 가야문화연구소편, pp. 97-137, 김해: 인제대학교 가야문화연구소.

정징원·신경철 1984 「고대 한국 갑주에 대한 소고」 『윤무병박사 회갑기념논총』 윤무병박사 회갑기념논총 간행위원회편, pp. 289-297, 서울: 통천문화사.

정징원·하인수 1998 「南海岸地方과 九州新石器時代文化 交流研究」 『한국민족문화』 12, 한국민족문화연구소편, pp. 1-90, 부산: 부산대학교.

조법종 2010 「고대 한일관계의 성립」 『한일관계사연구논문집 11: 농경·금속 문화와 한일관계』 한일관계사연구논문집편찬위위원회편, pp.1-73, 서울: 경인문화사.

조선유적유물도감편찬위원회 1989 『조선유적유물도감 2』 평양: 조선유적유물도감편찬위원회.

조진선 2005 『세형동검문화의 연구』 서울: 학연문화사.

_____ 2019 「전근대의 한일항로와 세형동검문화의 파급 경로」 『한국상고사학보』 105: 45-80.

주보돈 2000 「백제의 영산강유역 지배 방식과 전방후원분 피장자의 성격」 『韓國의 前方後圓墳』 백제연구소편, pp. 49-99, 대전: 충남대학교 출판부.

지건길 1979 「예산동서리석관묘 출토 청동일괄유물」 『백제연구』 9: 151-181.

川上洋一 2014 「야요이 토기의 변화와 한반도계 토기의 관계에 대한 몇 가지 문제」 『한국상고사학보』 86: 31-52.

최몽룡 1978 「전남지방 소재 지석묘의 형식과 분류」 『역사학보』 78: 1-50.

_____ 1999 「한국 지석묘의 기원과 전파」 『韓國支石墓遺蹟綜合調査研究』 서울대박물관편, pp. 9-17, 서울: 문화재청·서울대박물관.

_____ 2009 「마한 연구의 새로운 방향과 과제」 『마한, 숨쉬는 기록』 국립전주박물관편, pp. 199-214, 전주: 국립전주박물관.

최병현 2015 「신라 조기 경주지역 목곽묘의 전개와 사로국 내부의 통합과정」 『한국고고학보』 95: 102-159.

최성락 1986 『영암 장천리 주거지 II』 무안: 목포대박물관.

_____ 1993 『한국 원삼국시대 연구』 서울: 학연문화사.

_____ 2017a 「영산강 유역 고대 사회와 백제에 의한 통합 과정」 『지방사와 지방문화』 20(1): 279-299.

_____ 2017b 「호남지역 철기문화의 형성과 변천」 『도서문화』 49: 105-146.

최영주 2007 「조족문토기의 변천 양상」 『한국상고사학보』 55: 79-114.

최영창 2012 「마한시대 생산한 비단조각 광주서 나왔다」 『문화일보』 2012년 12월 11일, 서울: 문화일보사.

崔完奎 2000 「호남지역의 마한 분묘 유형과 전개」 『호남고고학보』 11: 7-27.

_____ 2001 「마한 분묘 유형과 전개」 제7회 역사문화 강좌 특강 (2001 11 9), 익산: 원광대학교.

_____ 2009 「마한 묘제의 형성과 전북 지역에서의 전개」 『마한, 숨쉬는 기록』 국립전주박물관편, pp. 247-259, 전주: 국립전주박물관.

_____ 2013a 「김제 벽골제의 발굴 성과와 그 의미」 『호남고고학보』 11: 7-27.

_____ 2013b 「金堤 碧骨堤의 發掘成果와 그 意味」 『碧骨堤の謎を探る』 狭山池シンポ

ジウム 2013, 大阪: 狭山市教育委員會.
최종택·장은정·박장식 2001 『三國時代鐵器研究』 서울대박물관 학술총서 10, 서울: 서울대박물관.
七田忠昭 2007b 「요시노가리(吉野ケ里) 유적: 사가평야 야요이 문화의 생성·발전과 한반도」 『요시노가리: 일본 속의 고대 한국』 國立中央博物館編, pp. 338-358, 서울: 國立中央博物館.
平郡達哉 2013 『무덤 자료로 본 청동기시대 사회』 서울: 서경문화사.
浦項綜合製鐵株式會社技術研究所·高麗大學校 生産技術研究所 1985 『백제의 제철 공정과 기술 개발: 철기 유물의 금속학적 고찰을 통해서』 서울: 浦項綜合製鐵株式會社技術研究所·高麗大學校 生産技術研究所.
하승철 2011 「외래계 문물을 통해 본 고성 소가야의 대외교류」 『가야의 포구와 해상 활동』 김해시 학술위원회·인제대학교 가야문화연구소편, pp. 149-214, 김해: 인제대학교 가야문화연구소.
하인수 2006 「신석기시대 한일 문화교류와 흑요석」 『한국고고학보』 58: 4-39.
한병삼·이건무 1977 『남성리 석관묘』 서울: 국립중앙박물관.
홍형우 1999 「강화 지석묘」 『韓國支石墓遺蹟綜合調査研究』 서울대박물관편, pp. 213-224, 서울: 문화재청·서울대박물관.

<日文·中文>

加藤謙吉 1983 『蘇我と大和王権』 東京: 吉川弘文館.
甲元眞之 1997 「米, 鉄, 墓」 『縄文と彌生』 11回 「大学と科學」 公開シンポジウム組織委員会編, pp. 104-110, 東京: クバプロ.
岡內三眞 1996 『韓国の前方後円形墳』 東京: 雄山閣.
江上波夫 1967 『騎馬民族國家』 東京: 中央公論社.
________ 1992 『江上波夫の日本古代史: 騎馬民族説四十五年』 東京: 大巧社.
江上波夫·佐原真 2003 『騎馬民族は来た!? 来ない?!』 東京: 小学館.
岡村秀典 1986 「中國の鏡」 『彌生文化の研究6: 道具と技術』 金関恕·佐原真編, pp. 69-76, 東京: 雄山閣.
兼康保明 1997 「近江の渡來文化」 『渡来人』 森浩一· 門脇禎二編, pp. 61-84, 東京: 大巧社.

京都國立博物館 1987『日本の甲冑』京都: 京都國立博物館.

京都文化博物館 1989『海お渡って人と文化』京都文化博物館編, 京都: 京都文化博物館.

堺市博物館 2001『堺発掘物語: 古墳と遺跡から見た堺の歴史』堺市: 堺市博物館.

高橋護一 1987「遠賀川式土器」『彌生文化の研究4: 彌生土器Ⅱ』金関恕·佐原真編, pp. 7-16, 東京: 雄山閣.

古市晃 2001「百済王氏と百濟郡」『古代の河内と百濟』枚方歴史フォーラム実行委員会編, pp. 118-125, 枚方: 大巧社.

高田貫太 2014『古墳時代の日韓関係』東京: 吉川弘文館.

古田武彦·渋谷雅男 1994『日本書紀を批判する: 記紀成立の真相』東京: 新泉社.

高倉洋彰 1995「朝鮮半島から稲作伝播」『東アジアの稲作起源と古代稲作文化: 報告·論文集』和佐野喜久生編, pp. 283-288, 佐賀: 佐賀大学農学部.

________ 2011「交差年代決定法による彌生時代中期·後期の実年代」『AMS年代と考古学』高倉洋彰·田中良之編, pp. 203-232, 東京: 学生社.

菅野和太郎 1932「我國の商工階級と歸化人」『彦根高等商業學校 調査研究』29.

関晃 1956『帰化人: 古代の政治·経済·文化を語る』東京: 至文堂.

廣瀬雄一 2005「對馬海峽을 사이에 둔 韓日新石器時代의 交流」『한국신석기시대연구』9: 41-54.

広瀬和郎 1997『縄文から彌生への新歴史像』東京: 角川書店.

________ 2013「山城·蛇塚古墳をめぐる二, 三の問題」『國立歴史民俗博物館研究報告』178: 143-176.

橋口達也 1986「犧牲者」『彌生文化の研究9: 彌生人の世界』金関恕·佐原真編, pp. 104-113, 東京: 雄山閣.

橋本輝彦·木場佳子 2004「赤尾崩谷古墳群の調査」『今来才伎: 古墳·飛鳥の渡来人』大阪府立近つ飛鳥博物館編, pp. 86-87, 大阪: 大阪府立近つ飛鳥博物館.

亀田修一 1997「考古学から見た吉備の渡来人」『朝鮮社会の史的展開と東アジア』東京: 山川出版社.

________ 2000「鉄と渡来人」『福岡大学綜合研究所報』240: 165-184.

________ 2003a「渡来人の考古学」『七隈史学』4: 1-14, 七隈史学会.

________ 2003b「陸奥の渡来人: 予察」『古墳時代における渡來系文化の受容と展開』専

修大学文学部編, pp. 55-65, 東京: 專修大学.

________ 2004a「渡来人と金屬器生産」『鉄器文化の多角的探究』鉄器文化研究会編, pp. 75-94, 朝活: 鉄器文化研究会.

________ 2004b「日本の初期の釘·鎹が語るもの」『考古學研究會50周年記念論文集(文化の多様性と比較考古學)』考古學研究會編, pp. 29-38, 岡山: 考古學研究會.

________ 2004c「五世紀の吉備と朝鮮半島」『吉備地方文化研究』14: 1-19.

________ 2005「地域における渡来人認定方法」『第八回九州前方後圓墳研究會資料集: 九州における渡来人受容と展開』九州前方後圓墳研究會編, pp. 1-16, 福岡: 九州前方後圓墳研究會.

________ 2010「渡来人のムラをさがす」『飛鳥と渡来人: 古代國家を支えた人々』明日: 明日村まるごと博物館 フォーラム.

________ 2011「考古學からみた日本列島と朝鮮半島の交流: 古墳時代の西日本地域を中心して」『東アジア世界史研究センター年報』5: 111-130, 東京: 專修大學.

________ 2012「渡来人の東國移住と多胡郡建郡の背景」『多胡碑が語る古代日本と渡来人』土生田純之·高崎市編 東京: 吉川弘文館.

________ 2016「4~5世紀の日本列島の鉄器生産集落: 韓半島とのかかわりを中心に」『日韓4~5世紀の土器·鉄器生産と集落』日韓交渉の考古学-古墳時代研究会編, pp. 283-321 福岡: 日韓交涉の考古学-古墳時代研究会.

九州歴史資料館 1980「青銅の武器」『展図錄: 日本金屬文化の黎明』福岡: 九州歴史資料館.

久住猛雄 2004「古墳時代初頭前後の博多湾岸遺跡群の歴史的意義」『大和王權と渡来人』大阪府立彌生文化博物館編, pp. 54-61, 大阪: 大阪府立彌生文化博物館.

国史大辞典編集委員会編 1993『國史大辭典 14』東京: 吉川弘文館.

堀真人 2009「渡来人の墓」『紀要』22: 13-22, 大津: 滋賀県文化財保護協会.

宮內庁 2001「天皇陛下の記者会見」『天皇陛下お誕生日に際し』東京: 宮內庁.

宮本一夫 2017『東アジアの初期農耕と彌生起源』東京: 同成社.

宮本長二郎 1986「住居と倉庫」『彌生文化の研究 7: 彌生集落』金関恕·佐原真編, pp. 9-23, 東京: 雄山閣.

________ 1996『日本原始古代の住居建築』東京: 中央公論美術.

鬼頭淸明 1976「任那日本府の検討」『日本古代国家の形成と東アジア』東京: 校倉書房.

金関恕·大阪府立彌生文化博物館編 1995『彌生文化の成立: 大変革の主體は「繩紋人」だった』東京: 角川書店.

今井啓一 1965『奈良と歸化人』至文堂編 30(5), 東京: 至文堂.

________ 1969『歸化人の研究』東京: 綜藝舍.

今泉忠義 1986『訓讀日本紀』京都: 臨川書店.

今村峯雄·藤尾愼一郎 2009「炭素14年の記録から見た自然環境變動: 彌生文化成立期」『彌生時代の考古学 2: 彌生文化 誕生』設楽博己·松木武彦·藤尾愼一郎 監修, pp. 47-58, 東京: 同成社.

吉田邦夫 2005「年代測定の新展開」『*Radioisotopes*』54(7): 233-255.

吉田晶 1975『古代國家の形成』岩波講座: 日本歴史 2, 東京: 岩波書店.

吉井秀夫 2001「百濟墓制の導入と展開」『古代の河內と百濟』枚方歴史フォーラム 実行委員会編, pp. 104-117, 枚方: 大巧社.

________ 2007「古代東アジアから見た武寧王の木棺」『日韓交流の考古學』茂木雅博編, 東京: 同成社.

吉村武彦 2016『蘇我氏の古代』東京: 岩波書店.

奈良国立文化財研究所 n.d.『飛鳥資料館案內』奈良: 奈文研.

奈良県教育委員会 1977『新沢千塚126号墳図面·写真』奈良橿原考古学研究所編, 橿原: 橿考研.

______________ 1981a『新沢千塚139号墳図面·写真』奈良橿原考古学研究所編, 橿原: 橿考研.

______________ 1981b『新沢千塚115号墳図面·写真』奈良橿原考古学研究所編, 橿原: 橿考研.

______________ 1981c『新沢千塚109号墳図面·写真』奈良橿原考古学研究所編, 橿原: 橿考研.

奈良県立橿原考古学研究所附屬博物館 1988『奈良県立橿原考古学研究所附属博物館: 綜合案內』奈良: 橿考研.

______________________________(編) 1999『大和の考古学』奈良: 橿原考古学研究所.

唐津市文化振興財團 1993『からつ末盧館-菜畑遺跡』唐津: 唐津市文化振興財團.

端野晋平 2003「支石墓伝播のプロセス: 韓半島南端部·九州北部を中心として」『日本

考古学』16: 1-25.

________ 2014「渡來文化の形成とその背景」『列島初期稲作の担い手は誰か』古代学協会編, 下條信行監修, pp. 79-124, 東京: 古代学協会.

大塚初重 1992「古墳文化と渡来人の役割」『巨大古墳と伽耶文化: "空白"の四世紀·五世紀を探る』西嶋定生編, pp. 50-68, 東京: 角川書店.

大阪府教育委員會 1994『堂山古墳群』大阪: 大阪府教育委員會.

大阪府立近つ飛鳥博物館 2002『未盜掘古墳の世界』大阪: 大阪府立近つ飛鳥博物館.

____________________ 2003『黃泉のアクセサリ』古墳時代の装身具平成15年度春季特別展, 大阪: 大阪府立近つ飛鳥博物館.

____________________ 2004『今來の才伎: 飛鳥の渡来人』大阪: 大阪府立近つ飛鳥博物館.

大阪府立彌生文化博物館 1999『渡来人登場: 彌生文化を開いた人々』大阪府立彌生文化博物館図録 18, 大阪: 大阪府立彌生文化博物館.

____________________ 2004『大和王權と渡来人』大阪: 大阪府立彌生文化博物館.

大和岩雄 1990「秦氏はいつどこから來た?」『東アジアの古代文化』62: 196-226.

渡辺昌宏 1999「方形周溝墓の源流」『渡来人登場: 彌生文化を開いた人々』大阪府立彌生文化博物館図録 18, 大阪府立彌生文化博物館編, pp. 82-85, 大阪: 大阪府立彌生文化博物館.

都出比呂志 2005『前方後圓墳と社会』東京: 塙書房.

東京國立博物館編 1992『伽倻文化展』東京: 朝日新聞社.

東潮 1999『古代東アジアの鉄と倭』広島 : 渓水社.

藤尾愼一郎 2007「彌生時代の開始」『縄文時代から彌生時代へ』西本豊弘編, pp. 7-19, 東京: 雄山閣.

藤尾愼一郎·今村峯雄·西本豊弘 2010「彌生時代の開始年代: AMS炭素14年代測定による高精度年代體系の構築」『総研大文化科学研究』1: 69-96.

鈴木武樹 編 1975『論集騎馬民族征服王朝說』東京: 大和書房.

鈴木一有 2012「清州 新鳳洞 古墳群: 清州新鳳洞古墳群の鐵器にみる被葬者集團」『百濟學報』8: 105-132.

鈴木靖民 1981「木滿致と蘇我:蘇我氏百濟人說によせて」『日本のなかの朝鮮文化』50,

朝鮮文化社編 京都: 朝鮮文化社.

________ 1985『古代対外関係史の研究』東京: 吉川弘文館.

________ 1992「任那日本府は存在したか」『巨大古墳と伽耶文化: “空白”の四世紀·五世紀を探る』西嶋定生編, pp. 162-168, 東京: 角川書店.

________ 1995「伽倻[弁韓]の鉄と倭」『伽倻諸國의 鐵』仁濟大學校 伽倻文化研究所編, pp. 35-45, 서울: 新書苑.

柳田康雄 1989a「伊都國の考古學」『吉野ケ里遺跡展』近江: 佐賀県教育委員会.

________ 1989b「朝鮮半島における日本系遺物」『九州における古墳文化と朝鮮半島』福岡県教育委員会編, pp. 10-54, 東京: 学生社.

________ 1992「原三國時代の韓半島南部に見られる日本文化」『三韓·三國時代 韓·日間의 文化交流』第7回 韓國上古史學會 學術發表會, pp. 31-40, 서울: 韓國上古史學會.

馬場悠男 1997「縄文人」『縄文と彌生』第11回「大學と科學」公開シンポジウム組織委員會編, pp. 26-37, 東京: クバプロ.

末松保和 1949『任那興亡史』東京: 大八洲出版 (增訂版 1956, 1961 吉川弘文館).

梅沢伊勢三 1962『古事記及び日本書紀の成立に関する研究』東京: 創元社.

________ 1988『古事記と日本書紀の検証』東京: 吉川弘文館.

木村誠 2005「朝鮮三國と倭」『日本と朝鮮』武田幸男編, 東京: 吉川弘文館.

武末純一 2001「北部九州の集落」『彌生時代の集落』金関恕監修, 大阪府立彌生文化博物館編, pp. 102-117, 東京: 学生社.

________ 2005「三韓と倭の考古学」『日本と朝鮮』武田幸男編, pp. 62-65, 東京: 吉川弘文館.

________ 2008「茶戸里遺跡と日本」『茶戸里遺蹟 發掘 成果와 課題』國立中央博物館編, pp. 258-307, 서울: 國立中央博物館.

________ 2010「金海龜山洞遺跡A1地區の彌生系土器をめぐる諸問題」『古文化談叢』65: 145-173.

________ 2012「原三國時代論の諸問題」『原三國時代·三國時代 歷年代論』世宗文化財研究院編, pp. 73-128, 서울: 學研文化社.

________ 2013a「新鳳洞古墳群に見られる日本文化系要素」『新鳳洞古墳群을 새롭게 보다』忠北大博物館編, pp. 258-307, 서울: 學研文化社.

________ 2013b「金海会峴里貝塚出土の彌生系土器」『朝鮮學報』228: 1-19. 天理: 朝鮮學會.

武末純一·伊庭功·辻川哲朗·杉山拓己 2011「金海會峴里貝塚出土の近江系土器」『古代文化』63: 257-268.

門脇禎二 1973「蘇我氏の出自について」『日本文化と朝鮮』朝鮮文化社編, pp. 79-91, 東京: 新人物往来社.

________ 1991「蘇我氏と渡来人」『古代豪族と朝鮮』京都文化博物館編, pp. 169-212, 東京: 新人物往来社.

飯田第冶 1912『新譯日本書紀』東京: 嵩山房.

裵眞晟 2014「韓半島南部における初期農耕文化の動態: 石製工具通して」『列島初期稲作の担い手は誰か』古代学協会編, 下條信行監修, pp. 49-77, 東京: 古代学協会.

白石太一郎 2004「今来才伎: 渡来人集団と倭國の文明化」『今来才伎: 古墳·飛鳥の渡来人』大阪府立近つ飛鳥博物館編, pp. 7-13, 大阪: 大阪府立近つ飛鳥博物館.

__________ 2009『考古学からみた倭国』東京: 青木書店.

柏原市教育委員會 1986『高井田横穴群Ⅰ』柏原市文化財概報 1985-Ⅵ, 柏原市教育委員會編, 柏原: 柏原市教育委員會.

________________ 1988『大県遺跡』柏原市文化財概報 1988-2, 柏原市教育委員會編, pp. 1-55, 柏原: 柏原市教育委員會.

________________ 1994『平尾山古墳群』柏原市文化財概報 1994-2, 柏原市教育委員會編, 柏原: 柏原市教育委員會.

________________ 1997『大県の鉄』柏原市教育委員會編, 柏原: 柏原市教育委員會.

白井克也 2000「日本出土の朝鮮産土器·陶器」『日本出土の舶載陶磁』東京國立博物館編, pp. 90-120, 東京: 東京國立博物館.

________ 2001「百濟土器·馬韓土器と倭」『古代の河内と百濟』枚方歴史フォーラム 実行委員会編, pp. 76-93, 枚方: 大巧社.

福岡市教育委員会編 1995『史跡板付遺跡環境整備報告』福岡市埋藏文化財調査報告書 第439集, 福岡: 福岡市教育委員会.

__________________ 1996『吉武遺跡群』福岡市埋藏文化財調査報告書 第461集, 福岡: 福岡市教育委員会.

福岡市博物館編 2004『秘められた黄金の世紀展: 百済武寧王と倭の王たち』福岡: 福岡

市博物館.
北野耕平 1989「古墳時代陶器と鉄生産關係」『陶質土器の國際交流』大谷女子大学 資料館編, pp. 105-123, 東京: 柏書房.
寺沢薫 2001「環濠聚落」『彌生時代の集落』金関恕監修, 大阪府立彌生文化博物館編, pp. 26-28, 東京: 学生社.
山尾幸久 1977『日本國家の形成』東京: 岩波書店.
_______ 1978「任那に関する試論: 史料の檢討を中心に」『古代東アジア史論集』末松保和博士古稀記念会編 下巻, pp. 198-202, 東京: 吉川弘文館.
_______ 1984『日本國家の形成』東京: 岩波書店.
山上弘 2004「馬飼の里が見つかった」『今来才伎: 古墳·飛鳥の渡来人』大阪府立近つ飛鳥博物館編, pp. 74-75, 大阪: 大阪府立近つ飛鳥博物館.
山田英雄 1972「日本書紀の編集過程と紀年法」『古事記·日本書紀Ⅰ』日本文学研究資料刊行会編, pp. 247-254, 東京: 有精堂.
_______ 1991『日本書紀』東京: 教育社.
森貞次郎 1985『稲と青銅と鉄』東京: 日本書籍.
三品彰英 1971『日本書紀研究』東京: 碻書房.
森浩一 2001「繼體王朝と百濟」『古代の河內と百濟』枚方歴史フォーラム実行委員会編, pp. 130-133, 枚方: 大巧社.
上林史郎 2004「古墳·飛鳥の渡来人」『今来才伎: 古墳·飛鳥の渡来人』大阪府立近つ飛鳥博物館編, pp. 61-68, 大阪: 大阪府立近つ飛鳥博物館.
常松幹雄 2011「彌生時代中期における倭人のまなざし」『AMS年代と考古学』高倉洋彰·田中良之編, pp. 172-202, 東京: 学生社.
上田正昭 1965『帰化人: 古代國家の成立をめぐって』東京: 中央公論社.
_______ 1991「古代史のなかの渡来人」『古代豪族と朝鮮』京都文化博物館編, pp. 45-80, 東京: 新人物往来社.
西谷正 1997『東あじあにおける支石墓の綜合研究』福岡: 九州大學考古研究所.
西本豊弘 2006『彌生時代のはじまり』東京: 雄山閣.
_______ 2007『縄文時代から彌生時代へ』東京: 雄山閣.
石渡信一郎 2001『百濟から渡來した應神天皇: 騎馬民族王朝の成立』東京: 三一書房.

石母田正 1962「古代史概說」『岩波講座: 日本歷史』, pp. 1-77, 東京: 岩波書店.

設樂博己 2006「彌生時代改訂年代と氣候變動: SAKAGUCHI1982論文の再評價」『駒沢史学』67: 129-154.

小林達雄 2008『繩文の思考』東京: 筑摩書房.

小林行雄 1961『古墳時代の硏究』東京: 靑木書店.

小山田宏一 2001「古代河內の開發と渡来人」『古代の河內と百濟』枚方歷史フォーラム実行委員会編, pp. 94-97, 枚方: 大巧社.

_________ 2004a「大和王權と渡来人·渡來系情報」『大和王權と渡来人』大阪府立彌生文化博物館編, pp. 28-39, 大阪: 大阪府立彌生文化博物館.

_________ 2004b「渡來した先端鍛冶技術」『大和王權と渡来人』大阪府立彌生文化博物館編, pp. 14-19, 大阪: 大阪府立彌生文化博物館.

小田富士雄 1986a「北部九州における彌生文化の出現序說」『九州文化史硏究所紀要』31: 143-145.

小田富士雄 1986b「朝鮮半島からもたらされた靑銅器」彌生文化の硏究 6: 道具と技術2』金関恕·佐原真編, pp. 35-44, 東京: 雄山閣.

小田富士雄· 韓炳三 1991『日韓交涉の考古學: 彌生時代篇』大阪: 六興出版.

水野祐 1967『日本古代の国家形成: 征服王朝と天皇家』東京: 講談社.

______ 1975「[騎馬民族說]批判序說」『論集騎馬民族征服王朝說』鈴木武樹編, pp. 319-321, 東京: 大和書房.

水野正好 1981「群集墳の構造と性格」『古墳と国家の成立ち』小野山節編, pp. 143-158, 東京: 講談社.

枡本哲 2004「平石古墳群の調査成果」『今来才伎: 古墳·飛鳥の渡来人』大阪府立近つ飛鳥博物館編, pp. 76-85, 大阪: 大阪府立近つ飛鳥博物館.

埴原和郞 1993「渡来人に席巻された古代日本」『原日本人』朝日新聞社編, pp. 6-29, 東京: 朝日新聞社.

埴原和郞編 1984『日本人の起源』東京: 朝日新聞社.

新川登亀男·早川万年編 2011『史料としての日本書紀: 津田左右吉を読みなおす』東京: 勉誠出版.

新宅信久 1994「江辻遺跡の調查」『九州考古学会·嶺南考古学会第一回合同考古学会』

合同考古学会組織委員会編, pp. 118-135, 福岡: 合同考古学会組織委員会.
辻善之助 1969『日本仏教史第一巻』東京: 岩波書店.
安志敏 1985「長江下流域先史文化の日本列島への影響」『考古学雑誌』70(3): 297-311.
岩永省三 1991「日本における青銅武器の渡來と生産の開始」『日韓交渉の考古学: 彌生時代篇』小田富士雄·韓炳三編, pp. 114-119, 東京: 六興出版.
________ 2005「彌生時代開始年代再考, 青銅器年代論から見る」『九州大学博物館研究報告』3: 1-22.
桜井市立埋藏文化財センタ 2005『大陸文化と奈良盆地における渡來系集團の動向』桜井: 桜井市立埋藏文化財センタ.
嚴文明 1992「東北亞農業的發生與傳播」『東北亞 古代文化의 源流와 展開』第11回 馬韓·百濟문화 國際學術會議, 馬韓·百濟文化研究所편, pp. 95-100, 益山: 圓光大學校 馬韓·百濟文化研究所.
鈴木英夫 1987「伽倻·百濟と倭: 任那日本府論」『朝鮮史論文集』(朝鮮史研究会編) 24: 63-95.
鈴木英夫 1996『古代の倭国と朝鮮諸國』東京: 青木書店.
奥野正男 1985『騎馬民族の來た道: 朝鮮から河内に至る遺跡·出土品全調査』福岡: 毎日新聞社.
遠山美都男 2001『日本書紀はなにを隠してきたか』東京: 洋泉社.
林沄 1990「中國東北系銅劍再論」『考古學文化論集』4: 234-250, 北京: 文物出版社.
滋賀県立安土城考古博物館 2001『韓国より渡り来て古代国家の形成と渡来人』近江八幡市: 滋賀県立安土城考古博物館.
全榮來 1986「日本稲作文化の傳播経路」*Ethnos in Asia* 30: 107-117, 国分直一編, 東京: 新日本教育圖書.
田中良之 2014「いわゆる渡來說の成立過程と渡來の実像」『列島初期稲作の担い手は誰か』古代学協会編 下條信行 監修, pp. 3-48, 東京: 古代学協会.
田中俊明 1992『大伽倻聯盟の興亡と任那』東京: 吉川弘文館.
________ 2001「百濟と倭の関係」『古代の河内と百濟』枚方歴史フォーラム 実行委員会編, pp. 2-23, 枚方: 大巧社.
田中清美 2014「摂津·河内の渡来人」『今来才伎: 古墳·飛鳥の渡来人』大阪府立近つ飛鳥博物館編, pp. 88-95, 大阪: 大阪府立近つ飛鳥博物館.

田村円澄 1978『百濟文化と飛鳥文化』東京: 吉川弘文館.

________ 1981「飛鳥の仏教」『図說: 日本仏教史 第1巻: 仏教との出会い』京都: 法蔵館.

定森秀夫 1991「日本と朝鮮を結ぶ環」『古代豪族と朝鮮』京都文化博物館編, pp. 213-230, 東京: 新人物往来社.

井上光貞 1973『日本の歴史 1』東京: 中央公論社.

井上滿郎 1991「渡来人と平安京」『古代豪族と朝鮮』京都文化博物館編, pp. 81-130, 東京: 新人物往来社.

________ 2000「渡来人がいなかったら日本の歴史は200年遅れていた」『サピオ』12(10): 16-18, 東京: 小学館.

井上秀雄 1973『任那日本府と倭』東京: 東出版社.

井上主税 2008「茶戸里遺跡にられる倭と關聯する考古資料について」『茶戸里遺蹟 發掘 成果와 課題』國立中央博物館編, pp. 235-255, 서울: 國立中央博物館.

佐原真 1993『騎馬民族は来なかった』東京: 日本放送出版協会.

佐原真·金関恕 1981『稲作の始まり』東京: 講談社.

佐賀県教育委員会 2008『吉野ケ里遺跡と古代韓半島: 2000年の時空を越之て』佐賀: 佐賀県教育委員会.

酒井清治 2004a「須恵器生産のはじまり」『國立民俗博物館研究報告』110: 339-365.

________ 2004b「須恵器生産の受容と変遷」『今来才伎: 古墳·飛鳥の渡来人』大阪府立近つ飛鳥博物館編, pp. 69-73, 大阪: 大阪府立近つ飛鳥博物館.

________ 2013『土器から見た古墳時代の日韓交流』東京: 同成社.

竹内理三 1948「古代の帰化人」『國民の歴史』國民の歴史研究会編, pp. 2-6, 東京: 実業之日本社.

中橋孝博·飯塚勝 1998「北部九州の縄文~彌生移行期に関する人類學的考察」*Anthropological Science* 106(1): 31-53.

中山清隆 2003「北部九州の初期支石墓」『東北亞 支石墓의 起源과 展開』한서고대학연구회編, pp. 78-80, 전주: 한서고대학연구소, 아시아사학회.

中村大 2002「階層社会」『季刊考古學』80: 38-41.

中村新太郎 1981『日本と朝鮮の二天年』, 東京: 東邦出版社.

中村直勝 1915「近江と歸化人」『歴史と地理』(星野書店編) 7(6), 京都: 星野書店.

池內宏 1970『日本上代史の一研究: 日鮮の交渉と日本書紀』東京: 中央公論美術出版.

志田諄一 1959「上手野氏と歸化系民族」『日本上古史研究』3(4): 62-70.

地村邦夫 2004「その後の渡来人」『大和王權と渡来人』大阪府立彌生文化博物館編, pp. 46-49, 大阪: 大阪府立彌生文化博物館.

直木孝次郎 1992「河內王權について」『巨大古墳と伽耶文化: "空白"の四世紀·五世紀を探る』西嶋定生編, pp. 135-157, 東京: 角川書店.

辰巳後輔 2017「細川谷古墳群の基礎的研究」『明日香村文化財調査研究紀要』16, 明日香村教育委員会編, 奈良: 明日香村教育委員会.

津田佐右吉 1924『古事記及び日本書紀の研究』東京: 岩波書店.

__________ 1948『日本古典の研究 1』東京: 岩波書店.

__________ 1950『日本古典の研究 2』東京: 岩波書店.

真庭市教育委員会 2008『大谷古墳群』, 岡山真庭: 真庭市教育委員会.

次田潤 1924『古事記新講』東京: 明治書院.

天理大学參考館 2014『參考官撰: 韓式系壺』明日香村教育委員会編, 天理: 天理大学參考館.

請田正幸 1974「六世紀前期の日朝関係: 任那日本府を中心として」『朝鮮史研究会論文集』11: 39-50, 東京: 朝鮮史研究会.

村上恭通 1999『倭人と鉄の考古學』東京: 青木書店.

________ 2004「日韓の鉄技術比較: 3·4世紀を中心として」『大和王權と渡来人』大阪府立彌生文化博物館編, pp. 70-75, 大阪: 大阪府立彌生文化博物館.

________ 2007『古代國家成立と鉄器生産』東京: 青木書店.

春成秀爾1990『彌生時代の始まり』東京: 東京大学出版会.

春成秀爾·藤尾愼一郎·今村峯雄·坂本稔 2003「彌生時代の開始年代: 14C年代の測定結果について」『第69回日本考古学協会總会研究發表要旨』日本考古学協会編, pp. 65-68, 東京: 日本大学.

七田忠昭 2005『吉野ケ里遺跡』東京: 同成社.

________ 2007a「吉野ケ里遺跡: 佐賀平野に花開いた韓半島文化」『韓日文化交流: 韓半島와 日本九州』國立中央博物館編, pp. 116-133, 서울: 國立中央博物館.

________ 2017『邪馬台國時代の国の都: 吉野ケ里遺跡』東京: 新泉社.

樋口隆康 1995「江南からの稲作伝播」『東アジアの稲作起源と古代稲作文化: 報告·論

文集』和佐野喜久生編, p. 282, 佐賀: 佐賀大学農学部.

坂靖 2018『蘇我氏の考代学』東京: 新泉社.

坂靖·青柳泰介 2017『葛城山の王都·南郷遺跡群』東京: 新泉社.

片岡宏二 1999『彌生時代渡来人と土器·青銅器』東京: 雄山閣.

________ 2006『彌生時代渡来人から倭人社会へ』東京: 雄山閣.

平尾和久編 2004『伊都国歴史博物館』前原: 伊都国歴史博物館.

平野邦雄 2018『歸化人と古代國家』東京: 吉川弘文館.

下條信行 2014a「生産具(磨製石器)からみた初期稲作の荷い手」『列島初期稲作の担い手は誰か』古代学協会編, 下條信行監修, pp. 175-228, 東京: 古代学協会.

________ 2014b「西日本における初期稲作と担い手」『列島初期稲作の担い手は誰か』古代学協会編, 下條信行監修, pp. 229-278, 東京: 古代学協会.

下條信行·田中良之 2014「対談: 列島初期稲作の担い手は誰か」『列島初期稲作の担い手は誰か』古代学協会編, 下條信行監修, pp. 279-324, 東京: 古代学協会.

下中弘 1993『日本史大事典』東京: 平凡社.

虎間英樹 1993「久米田古墳群出土の初期須恵器」『韓式系土器研究Ⅳ』韓式系土器研究会編, 大阪: 韓式系土器研究会.

________ 1994「久米田古墳群出土の初期須恵器」『韓式系土器研究Ⅴ』韓式系土器研究会編, 大阪: 韓式系土器研究会.

花田勝広 2000「大壁建物集落と渡来人」『古代文化』52(5): 287-300, 52(7): 407-417.

________ 2002『古代の鉄生産と渡来人:倭政権の形成と生産組織』東京: 雄山閣.

________ 2004「韓鍛冶と渡来工人集團」『国立歴史民俗博物館研究叢書』110: 55-71.

和佐野喜久生 1995「古代アジアの稲粒と稲作起源」『東アジアの稲作起源と古代稲作文化: 報告·論文集』和佐野喜久生編, pp. 3-52, 佐賀: 佐賀大学農学部.

丸山二郎 1934『近江歸化人の安置』東京: 岩波書店.

黑川真頼 1880『天日槍歸化時代考』東京: 文會社.

<영문>

Aikens, C. Melvin and Takayasu Higuchi

1982 *Prehistory of Japan*. New York: Academic Press.

Akazawa, Takeru

1982 Culture change in prehistoric Japan: Receptivity to rice agriculture in the Japanese Archipelago, In *Advances in World Archaeology*, edited by F. Wendorf and A. Close, pp. 151-211, New York: Academic Press.

Allen, Chizuko T.

2008 Early migrations, conquests, and common ancestry: theorizing Japanese origins in relation with Korea, In *Sungkyun Journal of East Asian Studies* 8(1): 105-130. Seoul: Sunggyunkwan University Academy of East Asian Studies.

Anthony, David.

1990 Migration in archaeology: the baby and the bath water. *American Anthropologist* 92: 895-914.

Aston, W. G.

1972 *Nihongi: Chronicles of Japan from the Earliest Times to A.D. 697*, an English translation of the *Nihon Shoki*, compiled in 720 AD. Rutland and Tokyo: Charles E. Tuttle Company.

Baker, P. T., and W. T. Sanders

1972 Demographic studies in anthropology. *Annual Review of Anthropology* 1: 151-178.

Barnes, Gina L.

1988 *Protohistoric Yamato*. Ann Arbor: University of Michigan.

1989 Mahan, Paekche and state formation on the Korean Peninsula. 『마한문화 연구의 제문제』 제10회 마한·백제문화 국제학술회의, pp. 69-82. 익산: 원광대학교 마한백제문화연구소.

1991 Early Korean States: a review of historical interpretation, In *Hoabinhian, Jomon, Yayoi, Early Korean States*, edited by G.L. Barnes, pp. 113-162. Oxford: Oxbow Books.

1992 The development of stoneware technology in southern Korea, *In Pacific Northeast Asia in Prehistory*, edited by C.M. Aikens and S.N. Rhee, pp. 197-208. Pullman: Washington State University.

1993 Miwa occupation in wider perspective, In *The Miwa Project: survey, coring and excavation at the Miwa site, Nara Japan*, edited. by G. L. Barnes & M. Okita, pp. 181-192. BAR International Series 582. Oxford: Tempvs Reparatvm.

2000 Archaeological armor in Korea and Japan: Styles, technology, and social setting, In *Clashes of Iron: Arms, Weaponry, and Warfare in Early East Asian States*, edited by G.L. Barnes, pp. 60-95. Leiden: Brill.

2007 *State Formation in Japan: Emergence of a Fourth Century Ruling Elite*. London: Routledge.

2014 A hypothesis for early Kofun rulership. *Japan Review* 27: 3-29. Kyoto: International Research Centre for Japanese Studies, National Institute for the Humanities.

2015 *Archaeology of East Asia: The Rise of Civilization in China, Korea, and Japan*. London: Oxbow.

Bausch, Ilona R.

2017 Prehistoric networks across the Korea Strait (5000~1000 BCE): 'early globalization' during the Jomon period in north-west Kyushu, In *The Routledge Handbook of Archaeology and Globalization,* edited by T. Hodos, pp. 413-438. London: Routledge.

Best, Jonathan W.

1982 Diplomatic and cultural contacts between Paekche and China. *Harvard Journal of Asiatic Studies* 42(2): 443-501 Cambridge: Harvard-Yenching Institute.

2003 Buddhism and polity in early 6th century Paekche. *Korean Studies* 26(2): 165-215. University of Hawaii Press.

2006 *A History of the Early Korean Kingdom of Paekche*. Cambridge (MA) and London: Harvard University Asia Center.

2016 Problems in the Samguk Sagi's representation of early Silla history. *Seoul Journal of Korean Studies* 29(1): 1-6.

Blanton, R. E., S. A. Kowalewski, O. Feinman, and J. Appel

1981 *Ancient Mesoamerica*. Cambridge University Press.

Brown, Delmer.

1993 The Yamato Kingdom, In *The Cambridge History of Japan, Vol. 1, Ancient Japan*, edited by J. W. Hall et al. Cambridge University Press.

Burmeister, Stefan.

2000 Archaeology and migration: Approaches to an archaeological proof of migration. *Current Anthropology* 41: 539-567.

Byington, Mark E. (ed.)

2009 *Early Korea: The Samhan Period in Korean History*. Cambridge, MA: Korea Institute, Harvard University.

2012 *Early Korea: The Rediscovery of Kaya in History and Archaeology*. Cambridge, MA: Korea Institute, Harvard University.

2016a *The History and Archaeology of Koguryo Kingdom*. Cambridge, MA: Korea Institute, Harvard University.

2016b *The Ancient State of Puyo in Northeast Asia: Archaeology and Historical Memory*. Cambridge, MA: Korea Institute, Harvard University.

Byington, Mark and Gina L. Barnes

2014. Comparison of texts between the accounts of Han 韓 in Sanguozhi 三國志 in the fragments of *Weilure* 魏略, and *Hou-Han shu* 後漢書. *Crossroads* 9: 97-112.

Carneiro, Robert L.

1970 A Theory of the Origin of the State. *Science* 169: 234-243.

Chamberlain, Basil H.

1902 *Things Japanese*. London: John Murray.

Chapman, Robert

1990 *Emerging Complexity*. Cambridge University Press.

Choi, Mong-lyong

1992 Trade system of the Wiman State, In *Pacific Northeast Asia in Prehistory*, edited by C.M. Aikens and S.N. Rhee. Pullman: Washington State University.

Cooke, N. P., V. Mattiangeli, L. M. Cassidy, K. Okazaki, C. A. Stokes, S. Onbe, S. Hatakeyama, K. Machida, K. Kasai, N. Tomioka, A. Matsumoto, M. Ito, Y. Kojima, D. G. Bradley, T. Gakuhari and S. Nakagome

2021 Ancient genomics reveals tripartite origins of Japanese populations. *Science Advances* 2021(7): 1-15

Crawford, Gary W.

2006 East Asian plant domestication, In *Archaeology of Asia*, edited by M.T. Stark, pp. 77-95, Malden, MA: Blackwell.

2008 The Jomon in early agriculture discourse: issues arising from Matsui, Kanehara and Pearson. *World Archaeology* 40(4): 445-465.

D'Andrea, A. C.

2007 Update: early agriculture in Japan: research since 1999, In *The Emergence of Agriculture: A Global View*, edited by T. Denham and J. P. White. London: Routledge.

Earle, T. K.

1987 Chiefdom in archaeological and ethnohistorical perspective. *Annual Review of Anthropology* 16: 279-308.

Eckert, C., K. B. Lee, Y. I. Lew, M. Robinson, and E. W. Wagner.

1990 *Korea, Old and New: A History*. Cambridge, MA: Korea Institute, Harvard University.

Edwards, Walter

1983 Event and Process in the Founding of Japan: The Horserider Theory in Archaeological Perspective. *The Journal of Japanese Studies* 1(2): 265-295.

Farris, William W.

1996 *Ancient Japans Korean Connections. Korean Studies* 20: 1-22.

1998 *Sacred Texts and Buried Treasures: Issues in the Historical Archaeology of Ancient Japan*. Honolulu: University of Hawaii Press.

French, Howard W.

2002 Japan rediscovers its Korean past. *The New York Times*, March 11, 2002.

Gardiner, K. H. J.

1969 *The Early History of Korea*. Honolulu: University of Hawaii Press.

Habu, Junko

2004 *Ancient Jomon of Japan.* Cambridge University Press.

Hall, John W.

1970 *Japan from Prehistory to Modem Times*. New York: Delacorte Press.

Hanihara, Kazuro

1991 Dual structure model for the population history of the Japanese. Japan *Review* 2: 1-33.

2000 The dual structure model: a decade since its first proposal, In *Newsletter Special*

Issue: Interdisciplinary Study on the Origin of Japanese Peoples and Cultures, edited by Keiichi Omoto, p. 4. Kyoto: Nichibunken.

Haury, Emil W.

1958 Evidence at point of pines for a prehistoric migration from Northern Arizona, In *Migrations in New World Culture History*, edited by R.H. Thompson, pp. 1-7. Tucson: University of Arizona Press.

Higuchi, Takayasu.

1986 Relationships between Japan and Asia in ancient times: Introductory comments, In *Windows on the Japanese Past: Studies in Archaeology and Prehistory*, edited by R. Pearson, K. Hutterer, and G.L. Barnes, pp. 121-126. Ann Arbor: University of Michigan Center for Japanese Studies.

Hong, Wontack

2010 *Ancient Korea-Japan Relations: Paekche and the Origin of the Yamato Dynasty*, Seoul: Kudara International.

Hudson, M. J.

1999 *Ruins of Identity: Ethnogenesis in the Japanese Islands*. Honolulu: University of Hawai'i Press.

Inoue, Mitsusada (with DM Brown)

1993 The century of reform, In *The Cambridge History of Japan, Vol. I Ancient Japan*, edited by D.M. Brown, pp. 163-223. Cambridge University Press.

Jinam, Timothy A., Hideki Kanazawa-Kiriyama, and Naruya Saitou

2015 Human genetic diversity in the Japanese Archipelago: dual structure and beyond. *Genes & Genetic Systems* 9(3): 147-152.

Joyce, Rosemary A.

2001 Burying the dead at Tlatilco: Social memory and social identities, In *Social Memory, Identity, and Death: Anthropological Perspectives on Mortuary Rituals*, edited by M.S. Chesson, pp. 13-26, Archaeological papers of the American Anthropological Association, No. 10. Airlington: AAA.

Kanazawa-Kiriyama, Hideaki et al.

2017 A partial nuclear genome of the Jomons who lived 3000 years ago in Fukushima, Japan. *Journal of Human Genetics* 62: 213-221.

Kaner, Simon and Ken'ichi Yano

2015. Early agriculture in Japan, In *The Cambridge World History Vol. II: A World with Agriculture, 12,000 BC~500 AD*, pp. 343-410, edited by G. Baker and C. Goucher. Cambridge: Cambridge University Press.

Kidder, J. Edward Jr.

1993 The earliest societies in Japan, In *The Cambridge History of Japan, Vol. 1, Ancient Japan*, edited by J. S. Hall et al., pp. 48-107. Cambridge: Cambridge University Press.

1999 *The Lucky Seventh: Early Horyu-ji and Its Time*. Tokyo: International Christian University Hachiro Yuasa Memorial Museum.

Kim, Habeom

2019 *An Emic Investigation on the Trajectory of the Songgukri [sic] Culture during the Middle Mumun Period(2900~2400 cl. BP) in Korea: A GIS and Landscape Approach*. Ph.D. dissertation, University of Orgon.

Kim, Minkoo

2015 Rice in ancient Korea: status symbol or community food? *Antiquity* 89: 838-855.

Kuwabara, Hisao

2015 Yayoi period. *Japanese Journal of Archaeology* 3: 54-56.

Kwak, Seung-ki, Gyeongtaek Kim, and Gyeoung-Ah Lee

2017 Beyond rice farming: evidence from central Korea reveals wide resource utilization in the Songguk-ni culture during the late-Holocene. *The Holocene* 27(8): 1092-1102.

Kwon, O-jung

2013 The history of Lelang commandery, In *The Han Commanderies in Early Korean History*, edited by M.E. Byington, pp. 81-99. Cambridge, MA: Korea Institute of Harvard University

Ledyard, Gari K.

1975 Galloping along with the horse riders: Looking for the founders of Japan. *Journal of Japanese Studies* 1(2): 217-254.

Lee, Gyoung-ah

2003 *Changes in Subsistence Systems in Southern Korea form the Chulmun to*

Mumun Periods: Archaeological Investigation. Ph.D. dissertation. University of Toronto.

2011 The transition from foraging to farming in Prehistoric Korea. Current Anthropology 52 Supplement 4: S307-S329.

Lee, In-sook

1993 The Silk Road and Ancient Korean Glass. *Korean Culture* 14(4): 4-13.

Lee, Ki-baek

1988 *A New History of Korea*. Harvard University Press.

Lyons, Patrick D.

2003 Ancestral Hopi Migrations. *Anthropological Papers of the University of Arizona*, No. 68. Tucson: University of Arizona.

Manning, Patrick

2013 *Migration in World History*. London and New York: Routledge.

Matsui, Akira, and Masa'aki Kanehara

2006 The question of prehistoric plant husbandry during the Jomon period in Japan. *World Archaeology* 38: 259-73.

Matsumura, H.

2001 Differentials of Yayoi immigration to Japan as derived from dental metrics. *Homo* 52(2): 135-156.

McBride II, Richard D.

2006 Is the Samguk Yusa reliable? Case studies from Chinese and Korean sources. *The Journal of Korean Studies* 11(2): 163-190.

Mizoguchi, Koji

2000 Burials of kings or of tribal leaders? Interpreting the evidence from monumental tombs in southern Japan. *Archaeology International* 4: 47-51

2002 *An Archaeological History of Japan, 30,000 BC to 700 AD*. Philadelphia: University of Pennsylvania Press.

2005. Genealogy in the ground: observations of jar burials of the Yayoi period, northern Kyushu, Japan. *Antiquity*, Vol. 79 (304): 316-326.

2009 Nodes and edges: A network approach to hierarchisation and state formation in Japan. *Journal of Anthropological Archaeology* 28: 14-26.

2013 *The Archaeology of Japan: From the Earliest Rice Farming Villages to the Rise of the State*. Cambridge: Cambridge University Press.

2014 The centre of their life-world: the archaeology of experience at the Middle Yayoi cemetery of Tateiwa-Hotta, Japan. *Antiquity* 88(341): 836-950.

Mizuno, F., J. Gojobori, M. Kumagai, H. Baba, Y. Taniguchi, O. Kondo, M. Matsushita, T. Matsushita, F. Matsuda, K. Higasa, M. Hayashi, L. Wang, K. Kurosaki, and S. Ueda

2021 Population dynamics in the Japanese Archipelago since the Pleistocene revealed by the complete mitochondrial genome sequences. *Scientific Reports* 2021(11): 12018

Murdoch, James

1910 *A History of Japan*. London: Kegan Paul, Trubner and Co., Ltd.

National Museum of Korea

2003 *National Museum of Korea*, edited by K. M. Lee et al. Seoul: National Museum of Korea.

Oh, Yongje, M. Conte, S. H. Kang, J. S. Kim, J. H. Hwang

2017 Population fluctuation and the adoption of food production in prehistoric Korea: using radiocarbon dates as a proxy for population change. *Radiocarbon* 59(6): 1761-1770.

Oh, Young-chan and Mark E. Byington

2013 Scholarly studies on the Han commanderies in Korea, In *The Han Commanderies in Early Korean History*, edited by M. E. Byington, pp. 11-48. Cambridge, MA: Korea Institute, Harvard University.

Okazaki, Takashi

1993 Japan and the Continent, In *The Cambridge History of Japan, Vol. 1, Ancient Japan*, edited by J. W. Hall et al., pp. 268-316. Cambridge University Press.

Pearson, Richard

1976~78 Lolang and the rise of Korean states and chiefdoms. *Journal of the Hong Kong Archaeological Society* VII: 77-90, Hong Kong Archaeological Society.

2004 New Perspectives on Jomon Society. *Bulletin of the International Jomon Culture Conference* 1: 63-70.

2007 Debating Jomon Social Complexity. *Asian Perspectives* 46(2): 361-399.

2009 Fifth-century rulers of the Kawachi Plain, Osaka, and early state formation in Japan: some recent publications. *Antiquity* 83: 523-527.

2016 *Osaka Archaeology*. Oxford: Archaeopress.

Phillipi, D. L.

1968 *Kojiki*. A translation from classical Chinese with an Introduction and Notes. Tokyo: University of Tokyo Press.

Piggott, Joan R

1997 *Emergence of Japanese Kingship*. Stanford University Press.

2002 A review article of The Lucky Seventh: Early Horyu-ji and Its Time, by J. Edward Kidder, Jr. (1999). *Journal of Japanese Studies* 28(2): 460-464.

Reischauer, Edwin O.

1964 *Japan, Past and Present*. New York: Alfred A. Knopf.

Reischauer, Edwin O., and John K. Fairbank

1958 and 1960 *East Asia: The Great Tradition*. Boston: Houghton Mifflin Co.

1964 Japan, *Past and Present*. New York: Alfred Knopf.

Rhee, Song-nai

1984 *Emerging Complex Society in Prehistoric Southwest Korea*. Ph. D. dissertation, University of Oregon, Eugene.

1992a Secondary state formation: The case of Koguryo, In *Pacific Northeast Asia in Prehistory*, edited by C. M. Aikens and Song-nai Rhee, pp. 191-196. Pullman: Washington State University Press.

1992b Huanren-Jian region prior to the formation of Koguryo state from archaeological perspectives, In *Ancient Cultures of Northeast Asia: Their Origins and Development*, edited by Institute of Mahan & Paekche, pp. 123-140. Iksan: Wonkwang University.

1999 「Society and culture of ancient Naju region in light of archaeology」『나주지역 고대사회의 성격』 목포대박물관편, pp. 909-930, 무안: 목포대박물관.

Rhee, Song-nai and Mong-lyong Choi

1992 Emergence of complex society in prehistoric Korea. *Journal of World Prehistory* 6(1): 51-95.

Rhee, Song-nai, C. Melvin Aikens, Sung-rak Choi, and Hyukjin Ro
2007 Korean Contributions to agriculture, technology, and state formation in Japan: archaeology and history of an epochal thousand years, 400 BC~AD 600. *Asian Perspectives* 46(2): 404-459.

Rouse, Irving
1986 *Migration in History*. New Haven, CT: Yale University Press.

Sanders, W. T. and B. J. Price
1968 *Mesoamerica: The Evolution of Civilization*. New York: Random.

Sansom, George B.
1958 *A History of Japan to 1334*. London: The Cresset Press.

Service, Elman R.
1971 *Primitive Social Organization: An Evolutionary Perspective*, New York: Random House.
1975 *Origins of the State and Civilization*. New York: Norton.

Shin, Sook-chung, Song-nai Rhee, and C. M. Aikens
2012. Chulmun Neolithic intensification, complexity, and emerging agriculture in Korea. *Asian Perspectives* 51(1): 68-109.

Shoda, Shin'ya
2007 A comment on the Yayoi period dating controversy. *Bulletin of the Society for East Asian Archaeology* 1: 1-17.
2010 Radiocarbon and archaeology in Japan and Korea: What has changed because of the Yayoi dating controversy? *Radiocarbon* 52: 2-3.
2015. Metal adoption and the emergence of stone daggers in northeast Asia, In *Flint Daggers in Prehistoric Europe*, edited by C. J. Frieman and B. V. Eriksen, pp. 149-160. Oxford: Oxbow Books.

Shoda, Shinya, Oksana Yanshina, Jun-ho Son, and Naoto Teramae
2009. New interpretation of the stone replicas in the Russian Maritime Province: re-evaluation from the perspective of Korean archaeology. *The Review of Korean Studies* 12(2): 187-210.

Shultz, Edward J.
2005 An introduction to the Samguk Sagi. *Korean Studies* 28: 1-13.

Steponaitis, Vincas P.

1978 Locational theory and complex chiefdoms: A Mississippian example, In *Mississippi Settlement Patterns*, edited by B. C. Smith, pp. 417-453. New York: Academic Press.

Wada, Seigo

1986 Political interpretations of stone coffin production in protohistoric Japan, In *Windows on the Japanese Past: Studies in Archaeology and Prehistory*, edited by R. Pearson, K. Hutterer and G. L. Barnes, pp. 349-374. Ann Arbor: University of Michigan Center for Japanese Studies.

Walsh, Rory

2017 *Ceramic Specialization and Exchange in Complex Societies: A Compositional Analysis of Pottery from Mahan and Baekje in Southwestern Korea*. Ph.D. dissertation. University of Oregon.

Yi, Hyunhae (aka Hyeon-hye Lee)

2009. The formation and development of the Samhan, In *The Samhan Period in Korean History (Early Korea, vol. 2)*, edited by M. E. Byington, pp. 17-59. Korea Institute, Harvard University.

Yoshimura, Kazuaki

2000 Iron armor and weapons in protohistoric Japan, In *Clashes of Iron: Arms, Weaponry, and Warfare in Early East Asian States*, edited by G. L. Barnes, pp. 104-111, Leiden: Brill.

[역자 후기[6)]]

역자는 2021년 9월[7)] *Archaeology and History of Toraijin: Human, Technological, and Cultural Flow from the Korean Peninsula to the Japanese Archipelago, c. 800 BC ~ AD 600* (Oxford: Archaeopress[8)] Publishing LTD)이란 책을 항공우편으로 받았다. 저자는 미국 부쉬넬 대학교(Bushnell University, 전 Northwest Christian College, Eugene, Oregon) 명예 교학 부학장 겸 교수 이송래 박사(Dr. Song-nai Rhee)와 오레곤 주립대학교(University of Oregon) 명예 박물관장 겸 인류학과 교수 에이켄스 박사(Dr. C. Melvin Aikens), 그리고 영국 더럼 대학교(Durham University) 일본학과 명예교수이자 런던 대학교 소아즈(SOAS, School of Oriental and African Studies, University of London)[9)] 연구교수

6) 이 글은 2021년 「Rhee, S., C. M. Aikens & G. Barnes 共著 『渡來人의 考古와 歷史 Archaeology and History of Toraijin』」란 제목으로 『한국상고사학보』 114호 (pp. 297–305)에 게재된 서평의 수정 및 보완임을 밝힌다.

7) 2021년 출판된 책에 심각한 편집상의 오류가 있어 폐기처분하고 2022년 새로 출판했다는 이야기를 2023년 4월 이송래 박사에게 들었다.

8) Archaeopress는 2017년 현재 경북대학교 고고인류학과에 재직 중인 곽승기 박사(Dr. Kwak, Seungki)의 미국 워싱턴 주립대학교(University of Washington) 인류학과 박사학위 청구논문의 축약본인 *The Hunting Farmers: Understanding Ancient Human Subsistence in the Central Part of the Korean Peninsula during the Late Holocene*이란 모노그라프(monograph)를 출판한 바 있다.

9) 소아즈 (SOAS, School of Oriental and African Studies, University of London)는 영국 런던 소재 공립대학으로, 런던대학교를 구성하는 17개 칼리지 중 하나로 1916년 설립된 동양연구학교(School of Oriental Studies)가 전신이다. 1938년 아프리카 연구센터가 설립되면서 현재 명칭으로 변경되었고, 1941년 현 위치인 런던 러셀스퀘어로 교사를 이전하였다. 아시아, 아프리카, 중동 지역의 법학, 정치학, 경제학, 인문학, 언어학 등의 분야에서 세계적인 권위를 인정받는 교육기관이다(네이버 지식백과).

(professorial Research Associate) 반즈 박사(Dr. Gina Barnes)의 3인이었다.

며칠 후 당시 한국상고사학회장 충북대 고고미술사학과 김범철 교수로부터 책의 서평을 준비해 달라는 이야기를 듣고, 저자들과 오랜 인연을 맺어온 역자는 깊은 고민에 빠지게 되었다. 에이켄스 박사는 역자의 오레곤 주립대학교 대학원 과정 지도교수이시고, 이송래 박사는 박사학위 심사위원이실 뿐만 아니라 오레곤 주립대학교 대학원 진학과 유학 생활 전반에 큰 도움을 주신 은인이시다. 스승이자 평생의 은인인 두 분의 연구 성과를 제자가 논평한다는 자체가 어불성설이었고, 특히 이 책이 이송래 박사께서 반세기 이상 심혈을 기울여 온 평생의 역작(力作)임을 알고 있던 역자는 난감하기 그지없었다. 이미 한국상고사학회 김범철 회장은 역자가 서평을 준비한다는 내용의 전자우편을 이송래 박사께 보냈고, 이송래 박사 역시 매우 고맙고 기쁘다는 내용의 전자우편을 역자에게 보냈다.

본서의 내용을 비판적 시각에서 조목조목 논평할 수 있는 처지도 아니고, 또 그럴 능력도 없는 역자는 목차를 포함한 책의 구성을 검토하고, 주저자(main author)라 할 수 있는 이송래 박사와의 교신 내용을 바탕으로 본서의 집필 목적과 중점 사항들을 소개하고, 본서의 의미를 되새겨보는 방식으로 서평을 작성한 바 있다. 이러한 인연이 이어져 이 책의 한글 번역 작업을 진행하게 되었다.

이 책은 韓日史上 가장 역동적인 사회문화적 변혁기인 청동기/철기시대[일본 彌生(야요이)時代]부터 고대국가의 등장 및 발전기인 삼국시대[일본 古墳(고훈)時代]에 이르는 1,400년에 이르는 방대한 시간대의 서사를 60개 남짓한 표, 도면, 지도를 포함한 200쪽 내외의 텍스트로 담았다.

일본열도의 복합사회 및 고대국가 출현과 발전에서 한반도 출신 渡來人의 역할과 의미를 다룬 유일무이한 영문 서적이란 점에서 본서는 이미 일반적인 평가를 필요로 하지 않을 만큼 엄청난 가치를 지닌다.

이는 1963년 초판 이후 1986년 4판이 나온 Chang, Kwang-chih[張光直]의 *The Archaeology of Ancient China*(Yale University Press, New Haven and London)와 1982년 출판된 C. Melvin Aikens와 Takayasu Higuchi[樋口隆康] 공저의 *Prehistory of Japan*(Academic Press, New York)이 수십 년 동안 각각 유일한 영문판 중국 고고학 개설서 및 일본 고고학 개설서로 국제 학계에 엄청난 영향력을 미쳤음을 고려하면 쉽게 납득된다.

본서의 기본 골격은 2007년 *Asian Perspectives*[10]에 발표된 Korean Contributions to Agriculture, Technology, and State Formation in Japan: Archaeology and History of an Epochal Thousand Years, 400 BC~AD 600 [일본의 농경, 기술, 국가 형성에의 한반도의 공헌: 일천 년(400 BC~AD 600) 동안의 고고와 역사] (Rhee, Aikens, Choi and Ro 2007)란 논문에서 이미 정립되었다. 이송래 박사와 에이켄스 박사는 이후 15년에 걸쳐 논문 내용을 수정하고 보완하면서 본서를 준비했고, 동아시아 고고학 연구에서 본서가 지닌 의미를 인정하고, 그 집필 방향에 동의한 지나 반즈(Gina Barnes) 박사가 공저자로 합류했다.

본서는 표 1건, 지도 11건, 도면 47건을 포함한 본문 228면(텍스트 192면, 인용문헌 30면, 색인 6면)과 목차(표, 도면, 지도 목록 포함), 일러두기(stylistic notes), 감사의 말과 서문(preface) 등 12면을 합쳐 총 240면으로

10) *Asian Perspectives: Journal of Archeology for Asia and Pacific*은 아시아와 태평양 지역의 역사/선사 시대를 다루는 학술지로 고고학, 민족지고고학, 고인류학, 형질인류학, 민족지학 논문과 서평을 수록한다. W. G. Solheim Ⅱ 박사 주도로 『극동선사학회보 (*Bulletin of the Far-Eastern Prehistory Association*)』로 1957년 창간되었고, 현재 3월과 9월 연 2회 발간된다.

구성되었다.[11] 본문은 독립된 章으로 볼 수 있는 서론, 5개 장(章), 그리고 토론과 결론 부분으로 이루어졌다. 여느 영문 서적처럼 본서의 주요 내용은 6개의 절(節)로 구성된 서론(Introduction)에 압축되어 있고, 특히 다섯 번째 절은 다음과 같은 일곱 가지 질문을 개진했다.

(1) Where did the Toraijin come from?
(2) What was their historical and socio-cultural background?
(3) Why did they leave their homeland, risking their lives on the turbulent and notoriously dangerous waters of the Tsushima Strait?
(4) Where did they live in the Archipelago?
(5) What did they do in the Archipelago?
(6) How did the Archipelago people treat the Toraijin?
(7) What contributions did the Toraijin make to the ancient Japanese society?

결국 본서는 고고 자료와 사료에 토대를 둔 이 일곱 가지 질문들에 대한 답변과 그 배경 설명이라 할 수 있다. 언급했듯이 본서는 192면이라는 짧은 텍스트에 약 1400년에 걸친 방대한 서사를 담았다. 독자들은 스스로 논평자가 되어 텍스트를 읽어가면서 본서의 내용에 동의, 비판, 반박, 그리고 이의 제기를 하면서 그 의미를 파악해 나갈 수 있을 것이다. 3인의 저자들은 피상적으로 정의되어 왔던 渡來人의 정체 및 역할에 대한 대토론의 장을

11) 자세한 본서의 구성 및 소개는 『한국상고사학보』 114호에 게재된 서평(김경택 2021)과 역서 본문 참조.

마련하려는 목적에서 본서를 내놓았다.

서평을 준비하고, 또 번역 작업을 하면서 거의 반년 동안 전자우편을 통해 매주 2~3회 이송래 박사와 의견을 교환했는데, 한국어판 서문(『도래인의 고고학과 역사』 한국어판을 내면서)에 개진된 대로 본서는 다음과 같은 다섯 가지 테마, 전제, 또는 관점으로 정리될 수 있다.

1) 본서의 대전제: 인류사회는 기술(technology) 발달을 기반으로 경제적·군사적·정치적으로 발전했다.
2) 모든 물품은 교역과 교역 체계를 통해 전파될 수 있지만, 선사/고대의 경우 복잡한 물품 제작 기술과 최첨단 기술은 주로 기술 소유자의 이동/이주를 통해 전파/이식되었다.
3) 고고학적 자료에 기반한 도래인의 정체성 설명
4) "밀고-당기기 역학(push-pull dynamics)"에 기반한 선사/고대 한반도 주민의 일본열도로의 이주 설명
5) 도래인(渡來人)과 토착 열도인(土着列島人)들은 적대적(敵對的)이기보다는 협력을 통해 열도 사회를 발전시켜 나갔다.

한편 이송래 박사에 따르면, 본서의 원초적인 집필 동기는 다음과 같다.

> 이 책의 기원은 거의 70년 전으로 거슬러 올라간다. 1955년 유학 길에 올라 미국 대학에서 동양사를 공부할 기회가 있었는데, 미국 대학의 동양사학과에서 한국사는 완전히 무시되고 있었고, 그나마 대학 도서관에서 찾은 몇몇 자료의 경우 한국사는 日本學者들의 시각에서 서술되었고, 또 '임나일본부설'이 강조되어 정신적으로 큰 충격을 받았다. 나의 조국인 Korea의 역사와 고대 한일관계에 대해 좀더 알고 싶

은 마음이 생겨 자료를 수집하며 연구를 진행했고, 드디어 이 책으로 작은 결실을 보게 되었다. 곧 90세가 되는데 생을 마감하기 전에 이 책을 발간할 수 있게 되어 매우 감사하다. 후학들이 이 책의 부족한 부분은 수정하고 보완해서 더 좋은 책들이 나오기를 기원한다.

역자는 2009년 『구미고고학의 관점에서 본 한국고고학』(제주: 도서출판 각)이란 번역서를 출판하고, 거의 15년이 지나 다시 번역서를 출판하게 되었다. 번역을 마치고 나면, 무엇인가를 해냈다는 시원함과 성취감보다는 계속 머리 속을 맴도는 미진한 부분들에 대한 찝찝함이 번번히 번역 의지를 꺾어왔지만, 두 스승님의 권유와 격려에 힘입어 오랜만에 번역 작업을 하게 되었다. 약 1400년에 이르는 청동기시대부터 역사시대에 이르는 긴 시간대를 다루다 보니 역자의 무지함이 적나라하게 드러났고, 특히 번역을 마친 지금도 생소하고 어색하기만 한 마구류와 갑주 관련 용어들은 정말 자신이 없다. 부디 독자 스스로 도면과 텍스트 내용을 고려하여 이해해 주시기 바란다.

이 번역서로 미국 유학시절 전혀 준비되지 않은 너무나 부족한 역자를 따뜻하게 지도하고 이끌어 주신 에이켄스(Aikens) 선생님과 이송래 선생님 두 분의 은혜를 조금이나마 갚을 수 있기를 기대해 본다. 또 역자가 만 19세로 학부 2학년이던 1983년 사제(師弟)의 연을 맺은 이래 부족하고 못난 제자를 배움과 학문의 길로 이끌어 40년이 지난 2023년 현재까지 고고학으로 밥벌이할 수 있게 만들어 주신 스승 최몽룡 선생님께 다시 한 번 감사드린다. 본서 출판일에서 멀지 않은 2023년 9월 13일 77세 생신을 맞는 선생님께 이 책이 작은 선물이 되었으면 한다. 어려운 상황에서도 본서의 출판을 재정적으로 지원해 주신 재단법인 한양문화재연구원 강병학 원장님께 깊이 감사드린다. 그리고 흔쾌히 본서의 출판을 맡아 주신 주류성출판사 최병식 박사님과 직원 여러분께 감사의 말씀을 전한다.

구글(Google Books)에 나온 본서 광고를 소개하며 역자 후기를 마무리한다.

『渡來人의 고고와 역사 *Archaeology and History of Toraijin: Human, technological, and cultural flow from the Korean Peninsula to the Japanese Archipelago c. 800 BC~AD 600*』는 일본열도 역사의 형성기 동안 주로 한반도에서 온 이주민인 渡來人의 역할을 탐구한다. 서기전 1천년기 초 한반도로부터 도작 농경민의 이주는 대륙과 섬 사이의 세 가지 주요 기술 이전 물결 중 첫 번째였다. 두 번째로 서기전 4C경 청동기와 철기 제작기술을 열도에 가져왔고, 세 번째로 서기 5/6C에는 첨단 기술자와 행정 기술, 그리고 유교와 불교를 가져왔다. 이 책은 최근 고고 자료와 고대 역사 기록을 근거로 서기전 800년부터 서기 600년에 이르는 1400년 동안의 渡來人 이야기를 파노라마 조감도로 제시하며 다음 7가지 질문에 대답한다[12].

12) 도래인 관련 7가지 질문은 앞서 언급했으므로 여기에서는 생략한다.

찾아보기[索引]

(ㄱ)

(ㄴ)

(ㄷ)

(ㅁ)

(ㅂ)

(ㅅ)

(ㅇ)

(ㅈ)

(ㅊ)

(ㅋ)

(ㅌ)

(ㅍ)

(ㅎ)

渡來人의 考古學과 歷史

지은이 이송래·멜빈 에이켄스·지나 반즈

옮긴이 김경택

펴낸날 2023년 9월 11일

펴낸곳 주류성출판사

서울특별시 서초구 강남대로 435

TEL | 02-3481-1024 (대표전화) • FAX | 02-3482-0656

www.juluesung.co.kr | juluesung@daum.net

값 24,000원

잘못된 책은 교환해 드립니다.

ISBN 978-89-6246-511-2 93910